本书编辑委员会

主　任：朱　炎

副主任：高小平　王立平

委　员：童腾飞　石宇良　沈荣华　吴爱明

本书作者（以姓氏笔画为序）

王小蕾　王立平　叶祝发　沈荣华　吴爱明

卓　然　林　琦　胡小丽　落　杰　谭　毅

服务型政府职能体系

吴爱明 沈荣华 王立平 等著

人民出版社

责任编辑:陈寒节

责任校对:湖 催

图书在版编目(CIP)数据

服务型政府职能体系/吴爱明,沈荣华,王立平 等著.
—北京:人民出版社,2009.9
ISBN 978 – 7 – 01 – 008134 – 2

Ⅰ 服…　Ⅱ①吴…②沈…③王…　Ⅲ.地方政府–行政
管理–研究–中国　Ⅳ. D625

中国版本图书馆 CIP 数据核字(2009)第 139346 号

服务型政府职能体系
FUWU XING ZHENGFU ZHINENG TIXI

吴爱明　沈荣华　王立平　等著

人民出版社 出版发行
(100706　北京朝阳门内大街 166 号)

北京新魏印刷厂印刷　新华书店经销

2009 年 9 月第 1 版　2009 年 9 月北京第 1 次印刷
开本:710 毫米×1000 毫米　1/16　印张:22.25
字数:329 千字　印数:1 – 3000 册

ISBN 978 – 7 – 01 – 008134 – 2　　定价:43.50 元

邮购地址:100706　北京朝阳门内大街 166 号
人民东方图书销售中心　电话:(010)65250042　65289539

目　录

第一章 政府职能与公共服务

在人类向后工业社会和信息时代进发的征程上,随着经济全球化的发展、民主诉求的增长和多元治理主体的日益成熟,我们不得不再次思考关于政府的一些基本问题:它的作用应该是什么,它能做些什么和不能做些什么以及如何更好的做这些事情。在今天世界经济更趋一体化、经济竞争更加激烈的格局中,一个国家或地区能否健康发展,与其政府的自我改革意识和改革举措息息相关,世界范围内一个行政改革的时代正在到来。而这次改革的方向,无论是发达国家还是发展中国家都无一例外地指向了同一个焦点——公共服务。

第一节 政府职能及其发展演变

从行政与社会的互动关系角度看,政府职能是一个社会的行政体系在整个社会体系中所扮演的角色和发挥的作用。它反映了国家行政管理活动的实质与方向,是政府活动的全面概括。政府职能源于社会的需求。当社会需要某种权威来调节社会活动、维持基本的社会秩序、实现社会价值的权威性分配以及提供公共产品和服务时,政府及政府的职能便得到产生和发展。然而,社会的需求是不断变化的,这就决定了政府职能的不断发展演变。行政体系正是通过满足社会所提出的需求,化解社会压力,在实现与社会系统的动态平衡中得到发展的。

一、政府职能概述

(一)政府职能的内涵

何谓政府职能?这是经济学家、政治学家和社会学家们长期争论的问题,也是长期困扰世界各国经济和社会发展实践的问题。世界银行在1997年世界发展报告《变革世界中的政府》中指出,总结几个世纪以来的经验教训,政府可以用多种方式来改善发展成果:一是提供一种宏观经济和微观经济环境,这种环境为有效的经济活动设定正确的刺激机制;二是提供能促进长期投资的机构性基础设施——财产、和平、法律与秩序以及规则;三是确保提供基础教育、医疗保健以及经济活动所必需的物资基础设施,并保护自然环境。世界银行以经济学的视角总结了政府职能的具体内容。我国行政学者也从行政学的视角对政府职能进行了界定:从行政与社会的互动关系角度来看政府职能简单的说就是一个社会的行政体系在整个社会体系中所扮演的角色和所发挥的作用。①"政府职能是指行政机关在管理活动中的基本职能和功能作用,主要涉及政府管什么、怎么管、发挥什么作用的问题。"②"政府职能是根据社会需求,政府在国家和社会管理中承担的职责和功能。"③本书认为,政府职能的本质,即政府应该承担的责任和义务以及政府应该发挥的作用。对于政府职能的理解主要应把握"政府该做什么,怎样做好"这一核心。至于具体表述可以根据所研究侧重点的不同有所差异。

(二)政府职能的基本特征

"横看成岭侧成峰,远近高低各不同",从不同的视角来看,政府职能具有不同的特点。本书主要围绕政府行政体系及其与社会系统的相互作用来分析,概括政府职能的特点如下:

1.社会性。政府职能源于社会需求。当社会需要某种权威来调节社会活动、维持基本的社会秩序、实现社会价值的权威性分配、实现社会一体化、

---

① 许文惠、齐明山、张成福:《行政管理学》,人民出版社1997年版,第55页。
② 夏书章:《行政管理学》(第二版),中山大学出版社1998年版,第49页。
③ 李文良:《中国政府职能转变问题报告》,中国发展出版社2003年1月版,第60页。

提供公共产品和服务时,政府及政府的职能便得到产生和发展。政府作为众多社会组织中的一种,是为社会需要而存在,为社会利益而存在。它必须为促进社会的进步和发展,为社会日益增长的物质和文化需求服务。根据系统论,政府是从属于整个社会大系统的,社会的发展变化必然会导致政府在职能、体制、组织、结构等方面做出适应性的调整。政府不能闭关自守,政府职能的范围和内容应当适社会需要而定,它不能自我独立的确定自己的行为,它的职能应当根据政治和社会的需要而作出。

2. 整体性。政府行政体系和行政行为不是孤立和独立的。正如一切物理系统、生物系统和社会系统一样,行政系统也是由相互依存的次级系统(子系统)构成的整体。这个整体不是各个次级系统简单相加之后的混合物;而是次级系统与次级系统之间以及各次级系统与系统整体之间休戚与共、脉息相通的有机体。这些次级系统之间存在着相互依存的关系,即任何一个次级系统的性质和功能发生变化,都有可能导致其他次级系统的性质和功能发生变化,甚至可能导致整个系统的性质和功能发生变化。由于行政体系的这一特性,政府职能也具有整体性的特征。尽管各次级系统有其个性与功能,但不能脱离整体的系统职能而存在;反之,整体职能亦必须依仗各次级系统的职能方能完整和存在。

3. 权变性。政府职能的范围和内容源于社会的需要,随着社会的变化,政府职能也是不断变化、发展的。对政府职能作出及时的调整与适应是政府行政体系赖以生存与发展的前提条件。事实上,在不同的历史时代和不同的环境条件下,尽管政府的基本职能维持一定的稳定性,但政府职能的重点、内容、强度和实现政府职能的方式均表现出差异。例如:国家性质发生变化、社会形势和任务发生变化,必然引起政府职能的相应变化;随着社会环境和国家体制的改变,政府职能的某些具有功能也会发生改变,甚至是根本性的变革。随着科学技术和整个社会的发展,人类需求日益多样化,政府职能也会增加新的内容、方法和手段。

(三)政府职能的内容

政府职能可以从不同的角度进行考察和划分:从职能的作用领域看,有政治职能、经济职能、文化职能、科技教育职能、社会管理职能等;从职能的属性来看,有统治职能、保卫职能、管理职能、服务职能等;从职能的性质来看,有行政立法职能、行政司法职能、行政监察职能等;从职能的过程和作用方式看,有计划职能、指导职能、协调职能、控制职能、沟通职能、监督职能等。

对于政府职能的具体内容,不同历史文化传统、处于不同时空环境的国家有不同的职能。亚当·斯密认为政府的最佳作用只在于这样三大职能:保护本国社会的安全;为保护人民不使社会中任何人受其他人的欺辱和压迫;建立并维持某些公共机关和公共工程。[1] 按照布坎南的理论,政府的职能可以分为三个层次:一是执行现行法律的那些行动;二是包括现行法律范围内的集体行动的那些活动;三是包括改变法律本身和现行成套法律规定的那些活动。[2] 中国台湾张金鉴教授在对诸多研究成果进行总结的基础上提出,在一般意义上行政职能大体上可以分为:维护、保卫、扶助、管制、服务、发展六大范畴。[3] 中国内地学者一般从政府的政治职能、经济职能和社会管理职能三个方面来论述政府的职能。

本书认为政府行政管理,事实上涉及两大领域:一是政府对整个社会公共事务的管理;二是政府对公共行政体系自身事务的管理。据此,我们将政府职能划分为两大范畴:一是政府对社会公共事务管理方面的作用;二是政府对自身事务的管理。政府对整个社会公共事务的管理,称为发展行政的职能或政府的基本职能,即政府通过自身的力量推动社会体系发展的职能,它涉及经济、政治、社会、文化四个主要方面。政府对自身体系的管理,称为行政发展的职能或政府的运行职能,它涉及政策的管理、资源的管理和执行的管理。行政发展的职能和发展行政的职能相辅相成,行政体系的发展是

---

① 〔美〕亚当·斯密:《国民财富的性质和原因的研究》,郭大力、王亚南译,商务印书馆 1994 年版,第 254、272、284 页。

② 〔美〕詹姆斯·M. 布坎南:《自由市场和国家——80 年代的政治经济学》,平新乔、莫扶民译,上海三联书店 1989 年版,244 页

③ 张金鉴:《行政学典范》,台湾"中国行政学会"1992 年版,第 103~104 页

发展行政的一个条件,而发展行政则是行政体系赖以维持和生存的基础,也是行政发展的目标和目的。

二、政府职能的发展演变
(一)政府职能发展演变的原因
1.行政环境的改变

谈到行政环境我们不得不首先介绍一种行政学理论——行政生态学理论。因为行政生态学主要是研究政府与其周围环境之间关系的学问。行政生态学应用生态学的理论和方法来研究行政系统,从而探讨行政环境与行政管理之间的关系。在自然界,生物机体与其周围环境之间的有机联系构成生态系统。在行政管理领域,行政系统与其周围行政环境之间的有机联系,便构成行政生态环境。行政系统是指由行政组织和行政人员组成的、具有活力的行政现象和行政过程。正如斯蒂尔曼在《公共行政学》中指出的那样,行政生态学为我们提供了一种诊断工具,运用这一工具,我们可以诊断行政模式的建构及其运行过程,并加以改进。

所谓行政环境主要是指直接或间接的作用或影响行政组织、行政心理、行政行为和管理方法与技术的行政系统内部和外部的各种要素的总和。[①]

行政环境具有复杂性。它是多种多样、多层次、多结构的,有自然地理的、政治的、经济的、文化的和社会的,有物质的也有精神的。行政环境具有限制性。包括:行政环境的历史限制性、行政环境的意识形态限制性、行政环境的传统文化限制性。总之,行政管理只能在行政环境所提供的空间和条件下进行,不能超越历史和现实所能够提供的各种条件。行政环境具有差异性。首先表现在国与国之间的差异,其次是一国之内不同地区的行政环境也有差别。中国的行政管理要以中国独特的行政环境为出发点,照搬西方行政理论和模式意义不大。行政环境还具有动态变化性。近年来世界范围内难以预测的行政环境的突变日益增多,在未来的国际国内事务中,这

---

① 李文良:《中国政府职能转变问题报告》,中国发展出版社2003年1月版,第61~63页。

类突发事件会越来越多。政府必须加强应变能力,适应行政环境的变化。

政府职能必须与行政环境相适应。政府职能要符合行政环境的基本性质,首先是符合社会环境特别是社会制度的性质。因为行政管理是社会管理的一种特殊形式,社会环境特别是社会制度对行政管理的影响极大。政府职能要适应行政环境的现状和发展水平。各国的历史背景和文化传统对行政管理有深刻的影响,特别是社会生产力和经济发展现实状况和发展水平。政府职能以及其能达到的科学管理水平,必须与生产力状况和经济发展水平相一致。政府职能要适应行政环境的发展方向。行政环境是一历史过程,有它的过去、现在和未来。所以政府职能不可一成不变,而要随行政环境的改变而相应的转变职能。只有这样才能保证行政管理的先进性、时代性。①

2. 行政改革

何为"行政改革"? 学术界较为一致的理解主要有两种:一是广义上认为行政改革指的是政府根据社会、政治、经济发展的要求,为提高政府的行政效率与效能,而进行的谋求行政体制、组织机构、工作制度、管理方式的改善以及科学化、现代化、效率化的活动。另一种是狭义上认为行政改革指的是行政机构及体制的组织形式的改组与调整,以及由此引发的诸如职能、管理方式、人员结构等方面的变化。

为什么要进行行政改革? 总结国内外学者的研究成果,从现实依据出发,行政改革的发生,主要有以下三个方面的原因:

首先,行政改革是社会经济发展的必然要求。政府行政管理作为上层建筑的重要组成部分之一,归根结底是由经济基础所决定并为经济基础服务的。经济活动和经济力量以及整个社会每前进一步,都会更加直接的向行政管理提出改革的要求。世界经济和社会生活各方面发生的巨大变化必然要求承担社会管理职责的政府不断进行职能和管理方式的调整和改革,使政府组织与一定的社会—经济—文化条件达到生态—生长的动态平衡。

---

① 李文良:《中国政府职能转变问题报告》,中国发展出版社 2003 年 1 月版,第 65 页。

以加强政府对社会事务的有效管理,保证社会和经济秩序的稳定。

其次,行政改革是行政机构不断进行自我调节、改造的必然需要。行政机构不断进行自我调节和改造可以控制自我膨胀。行政机构及其人员都有自我膨胀的倾向。这种盲目、不合理的自我增长和膨胀,势必降低行政效率,影响行政管理作用的发挥,因而政府必须通过不断的行政改革来谋求自我约束和自我改造、优化。行政机构不断进行自我调节和改造可以促进组织发展。行政机构及其人员的增长并不都是不合理的,那些随着政府职能的扩大而增长的机构和人员,是一种正常的自然趋势。而这种合理的自然增长,也必然需要政府组织通过行政改革来实现。行政机构不断进行自我调节和改造可以应对管理内容的变化。政府组织的目标修正以及管理任务的变化和人员素质的提高,必然导致组织结构、机构设置和人员岗位的变动,需要政府组织通过行政改革来谋求自我调整。

最后,行政改革是科学技术进步作用于行政管理的必然结果。世界范围内兴起和发展着的新技术革命,为行政管理广泛运用电子设备、决策技术、系统分析、网络规划等技术手段和科学方法来解决复杂问题,为全面实现行政管理与科学技术的结合,达到行政管理的专业化、技术化、职业化和现代化,为管理机关提供有效管理的新模式、新方法,提供了可能,开辟了道路。这必将引起行政管理方式的巨大变革,从而进一步引起普遍的行政改革。

3.行政发展

行政发展是行政活动所追求的目标。行政发展是一个复杂的过程,它追求一个国家在特定社会环境中实现政治、经济、文化、教育、科技等社会各方面的协调共进。行政发展是要破坏、消除、改革一国政府由于制度、政策、权力运作而带来的弊端,从而使人类的政府行为更为科学、更为合理并以此指导获得人类社会进步的物化结果。

关于行政发展的含义至今尚无共识。总结各国学者的看法,本文认为行政发展可作如下的理解:所谓行政发展是指各国政府为满足本国社会发展的需要而采用科学方法,变革与健全行政体制及制度,调整行政活动方式和行政关系,提高行政效能,以促进本国政治、经济、文化、社会各领域协调共进的行政活动过程。

　　行政发展的前提是满足本国政治、经济与社会发展的需要。只有当该国的行政管理现状与其政治、经济、社会发展发生矛盾和冲突时,才会提出行政发展问题。行政发展的基本方式是以科学的方法来改革与完善行政体制、制度及行政方法与行政关系。只有运用现代管理的科学方法来改革行政体制,即重塑行政权力结构及组织关系,才能使之更加有利于行政效率的提高以达到体制改革的目的。行政发展的目的是提高行政效能。行政发展的目的不仅仅是提高行政效率,行政效率只是一种量的比率关系,行政效能则是效率与目标的统一,它包含着伦理的价值判断因素,它不仅要求效率,同时还要求行政效果和社会效益,这是一个全面的综合指标。行政发展所追求的是效率与效能的统一、质与量的统一、眼前利益与长远利益的统一。行政发展的本质是促使、推动本国的政治、经济、文化、社会不断协调和全面发展,从而加速本国现代化的进程。①

　　行政发展具有进步性。行政发展的方向与社会历史发展的方向是一致的,其本质决定了行政发展的方向一定是向前进的。行政发展是行政形态不断完善自身的过程。行政发展具有整体性。行政发展的本质强调社会的协调发展及社会发展的整体推进性,是多种行政价值的整合,是社会诸因素即政治、经济、科学、技术、文化、卫生等的协调发展,是强调整个社会的全面发展。行政发展具有过程性。行政发展既可以看作一个过程,也可以看作是一个过程的结果。从过程的意义来看,行政发展意味着行政由一种形态向另一种形态的进化,从而使其具有描述性的功能,因此可以运用这一概念考察或描述行政发展的历程;从过程的结果来看,行政发展意味着行政有一种形态向另一种形态进化的完成,从而使其具有量度性的功能。

　　4.政府治理模式的变迁

　　所谓政府治理,主要是一种政治管理的过程,包括政治权威的规范基

①　何颖:《行政发展论》,《中国行政管理》1997年第七期,第53~54页。

础、处理政治事务的方式和对公共资源的管理,并且特别关注在一个限定的领域内维持社会秩序所需要的政治权威的作用和对行政权力的运用。

政府治理模式是政府治理理念、治理制度和具体治理方式的总称,它们都处于动态的发展过程中。从宏观上划分,政府治理模式变迁可分为两大类型,即传统的政府治理模式和新的政府治理模式。传统的政府治理模式,又称"工业社会的政府组织模式"。政府组织结构及其运作方式根据韦伯的官僚制原则建立起来;政府机构是公共物品和公共服务的唯一提供者;政策制定(政治)与政策执行(行政)分开;行政管理被看作是一种特殊的管理形式,具有永久性和稳定性;实行政治中立的公务员制度;实行公务员永业制;实行政府内部层级管制。

传统的政府治理模式曾在公共事务管理中发挥过重要的、积极的作用,但是,随着后工业社会和信息社会的到来,这种政府治理模式受到了严峻的挑战,政府治理模式的转变势在必行。首先是来自经济全球化的挑战。全球化趋势加强是政府能力表现一国综合国力和竞争力的一种主导性因素,政府如何引导和调控国民经济运作、参与国际经济竞争、促进经济发展,成为人们关注的焦点。经济全球化对政府的公共管理提出了更高的要求。其次是新技术革命尤其是信息革命的推动。信息技术的快速发展为建立起灵活、高效、透明的政府创造了可能性。信息时代的来临要求政府对迅速变化着的经济作出反应,同时,新通信技术以及接触政府信息的便利使公民和社会团体更容易参与公共管理活动。这要求对政府组织及其运作过程作出变革与调整。①

在全球化迅猛发展的背景下,世界各国政府都在探求新的治国方略和管理方式,掀起了一轮又一轮突破、变革传统政府治理模式的运动浪潮。传统政府治理模式变迁的过程就是新的政府治理模式生长的过程,也就是当今政府改革和探索的过程。在这一过程中,不同国家和不同学者从实践和理论两方面积极探索,形成了几种新的政府治理模式。其中最具代表性的

---

① 唐娟:《政府治理模式变迁:理论范式和实践绩效》,《行政与法》2004 年第 10 期,第 7 页。

就是企业型政府模式、新公共管理的多治理模式和 B. 盖伊·彼得斯关于政府未来的治理模式。这些新的治理模式为政府未来的治理指明了方向，随着不断的探索实践，政府的治理模式将在逐步的转变中更具合法性、透明性、责任性、法治性、回应性和有效性，从而达到政府治理的目标——善治。

（二）西方国家政府职能的发展演变

从理论上讲，行政环境的不断变化，行政改革浪潮的冲击，行政发展与政府治理模式的变迁共同决定了政府职能不断发展演变的必然性。然而，世界各国行政实践的历史和过程则在现实层面上更加清晰的展现了这种发展演变。纵观西方国家的行政实践，其政府职能的发展演变大致经历了四个阶段：

第一阶段，政府对经济不干预时期。这一阶段主要是在 20 世纪 30 年代以前，即自由资本主义时期，政府职能理论受古典经济自由主义理论的支配，普遍推崇自由放任的经济政策，充分肯定市场的作用，把政府的作用限制在狭小的范围之内，提出政府最好的政策是自由放任，政府职能只是充当维护个人财产和国家安全的"守夜人"，"政府管得越少越好"。最典型的代表是亚当·斯密在其《国民财富的性质和原因的研究》著作中，把政府职能限定在三个方面：一是"保护本国的社会安全，使其不受其他社会的暴行与侵略"；二是"保护人民不使社会中任何人受其他人的欺侮和压迫"；三是"建设并保护某些公共事业及某些公共设施"。斯密的主张在 19 世纪和 20 世纪初得到广泛传播，以这种思想为指导的行政实践也在世界主要资本主义国家得以推行。

第二阶段，政府对经济进行强干预时期。主要流行于 20 世纪 30 年代至 70 年代。政府职能理论受凯恩斯主义理论的左右。1929～1933 年世界性经济大危机，使资本主义国家纷纷跌入经济泥淖中不能自拔，自由放任理论也在无力的抗争中偃旗息鼓，促使凯恩斯主义、美国制度学派、瑞典斯德哥尔摩学派等政府强干预理论的成长。"罗斯福新政"拉开了整个资本主义国家政府干预的序幕，为整个西方国家建立了实践榜样。随后凯恩斯发表的《就业利息和货币通论》一书，为政府干预市场提供了全面的理论基础。凯恩斯认为,现实中市场机制的失灵或能力不足,为政府干预经济活动留出了空间,特别强调政府应通过财政和货币政策调控市场经济的运行,实现政府对于整个经济生活的全面干预。"罗斯福新政"和凯恩斯主义相互印证,对西方资本主义国家产生了深远的影响。战后,西方国家普遍采用了政府强干预政策,采用各种手段实施对经济的宏观调控,运用各种政策抑制经济危机,使政府职能在经济领域得到全面扩展。

第三阶段,政府对经济放弃或减少干预时期。政府职能理论受新自由主义理论的影响。20 世纪 70 年代,石油危机触发了经济滞胀和高失业率,凯恩斯主义理论一时难以解决,自由主义经济思想卷土重来。新自由主义发起了对凯恩斯主义"干预"学说的批判。新自由主义经济学派包括现代货币学派、理性预期学派、供给学派、公共选择学派等。以费尔德曼的货币主义理论为代表,主张重新回到自由市场时期,并指出市场缺陷与市场失灵固然可怕,而政府缺陷或失灵危害更大。供给学派主张用企业的自由经营取代政府干预。公共选择学派主张把经济学理论和分析方法用于政治社会领域,在政府决策和社会、个人选择之间建立起内在联系。英国撒切尔首相在 20 世纪 80 年代采用新自由主义理论搞公共事业的私有化、自由化,通过引入私人投资,以降低政府的投资和财政赤字。同一时期,美国总统里根采用供给学派理论,尽可能减少政府干预,让企业自由经营,在石油天然气行业搞私有化、自由化,降低社会福利水平,并用减税来刺激社会投资。

第四阶段,政府对经济进行适度干预时期。政府职能理论受新凯恩斯主义理论的影响。20 世纪 80 年代私有化、自由化只是达到了减少政府财政赤字的目的,公共服务质量并没有由此而提高,企业的社会责任被忽视了。由于新自由主义理论的失误,导致了 90 年代西方经济持续衰退,一些新自由主义经济学派的学者转向新凯恩斯主义,提出了政府必须对经济进行"适度"干预、加强社会责任的理论。这一时期的具有代表性的理论有新公共管理理论(新管理主义理论)和新制度学派理论。休斯在 1998 年认为:20 世纪 80 年代以来,西方发达国家政府的管理模式已发生新的变化,以官僚制为基础的传统行政管理模式正在转变为一种以市场为基础的新公共管理模式。罗兹指出新公共管理的特点是:注重管理而不是政策,注重绩效评估和效率。奥斯本和盖布勒在《重塑政府》一书中提出新公共管理是一种"企业化政府"模式。这一时期,英国首相布莱尔提出的"第三条道路"和克林顿政府提出的公众(雇员)参与决策的制度,都是超越传统的官僚强干预体制和政府不干预体制的新型政府"适度干预"体制。欧盟由于统一了货币、统一了市场,对经济进行了适度干预, 从 2005 年起,经济进入了复苏期;日本经济于 2005 年停止了衰退,进入了新一轮增长周期;美国政府由于改变了对华歧视的政策,增强了政府间的高层战略对话,发挥了经济的互补作用, 使中美经济实现了"双赢";整个发展中国家, 也调整了政府对经济不干预的政策,加强了国家对经济的宏观调控和市场监管,使经济步入了 30 年以来景气状态。①

(三) 我国政府职能的发展演变

我国的政府职能是随着社会主义革命和建设的不同发展阶段而发展变化的。重新梳理我国政府职能的发展过程,正确把握我国政府职能演变的历史,对于我们在社会主义市场经济和全球化背景下,科学构建我国政府职能体系具有重要的意义。

1994 年 10 月 1 日,中华人民共和国宣告成立。巩固新政权和发展经济是摆在新中国面前迫切需要解决的两件大事。在内忧外患的情况下,政府必须集中一切政治和经济力量巩固新生政权,同时,恢复和发展经济,解决全国 4 亿人口的吃饭、穿衣问题。达到这两个目的的基本方法就是建立高度集权的计划经济体制。

十一届三中全会以后,我国进入了改革开放的新时期。随着改革开放的不断深入,计划经济体制的弊端日益明显。如何解决弊端,进一步使政府职能科学化,就成为需要党和政府迫切解决的大问题。1980 年 8 月,邓小平同志在《党和国家领导制度的改革》中就讲到我们的各级领导机关,

---

① 齐桂珍:《国内外政府职能转变及其理论研究综述》,《中国特色社会主义研究》2007 年第 5 期,第 87～88 页。

"管了很多不该管、管不好、管不了的事"。1984 年，在党的十二届三中全会通过的《中共中央关于经济体制改革的决议》中，不仅首次明确我国的体制改革方向是发展有计划的商品经济，而且也对政府的经济职能进行了规范和限制，即制订经济和社会发展的战略、计划方针和政策；制订资源开发、技术改造和智力开发的方案；协调地区、部门、企业之间的发展计划和经济关系；部署重点工程特别是能源、交通和原材料工业的建设；汇集和传播经济信息，掌握和运用经济调节手段；制订和执行经济技术交流和合作等。1987 年党的十三大明确提出转变政府职能，认为"为了避免重走过去'精简—膨胀—再精简—再膨胀'的老路，这次机构改革必须抓住转变职能的关键"。为此，在 1988 年机构改革中，把"转变职能，下放权力，调整内部结构，精简人员"作为总的指导思想。1992 年确立社会主义市场经济的理论，使我国开始了由计划经济向市场经济的根本转变，这就意味着我国政府职能的转变发生了质的变化。这时，把政企分开作为转变政府职能的根本途径，凡是国家法令规定属于企业行使的职能，各级政府都不要干预。下放给企业的权利，中央政府和地方政府都不得截留。政府的职能主要是统筹规划，掌握政策，信息引导，组织协调，提供服务和检查监督。1998 年机构改革中，紧紧抓住转变政府职能这个关键，进一步把综合经济部门改组为宏观调控部门，调整和减少专业经济部门，加强执法监管部门。1999 年开始省级政府机构改革，到 2001 年初结束。通过改革，进一步理顺了各部门职责，转变了职能。2003 年十六届二中全会审议通过《关于深化行政管理体制和机构改革的意见》，标志着我国新一轮国务院机构改革的开始。通过深化国有资产、金融监管、流通管理、食品安全和安全生产监管等体制和宏观调控体系的改革，并随之国资委、银监会、商务部、药监局和发改委的新建和重建，使政府对市场的监管职能明显加强。

2003 年 9 月 15 日，国务院总理温家宝同志在国家行政学院省级干部管理创新与电子政务专题研究班上作了《深化行政管理体制改革，加快实现政府管理创新》重要讲话。在讲话中，他在继续强调社会主义市场经济条件下，政府职能包括经济调节、市场监管、社会管理和公共服务的同时，特别强调社会管理和公共服务职能,他说:"非典疫情的发生和蔓延,给我们的一个重要启示,就是要在继续加强经济调节和市场监管职能的同时,更加重视政府的社会管理和公共服务职能。"并且,详细论述了社会管理和公共服务职能。这标志着我国政府职能转变又到了一个新的阶段,虽然这一阶段还不成熟、完善,但却为政府职能的发展指明了方向。①

三、未来我国政府职能的发展方向

(一) 从管制到服务

所谓管制行政就是政府以管理者或统治者的身份对公民进行管理和制约,管制行政是一种政府行政理念,贯穿于政府行政管理活动始终。管制行政是近千年来各国政府行政活动的传统,一直伴随着人类走进 21 世纪,依然没有退出历史的舞台。管制行政有如下特征:一是政府与公民的关系不对等。政府以公民的管理者、统治者的身份出现,公民处在政府的权力的管治之下,公民必须服从政府的管理;政府通常高高在上,并不将公民视为对等的主体。二是政府职能无所不包。政府对公民采取不信任的态度,对公民活动的所有领域都有管理和控制的意向,管制政府就是通常所谓的"全能政府"。政府的权力渗透到公民生活的方方面面。政府职能几乎无所不包。三是政府的行政方式以强制手段为主。政府以强制手段进行行政管理活动。公民在政府权力的强制下不得不服从政府的管制。我国曾长期实行计划经济体制。在这种体制下,政府的活动被视为一种自上而下的管制。整个社会以便于管理为原则,以命令、指示、指令为手段,严格规定企业和一切社会组织乃至公民的行动路线和行为方向。

20 世纪 70 年代以来,英、美、日等发达国家为了走出财政危机、信任危机和管理危机,掀起了一场声势浩大的行政改革运动,包括英国的"走向未来计划"、日本的"实现重视国民生活型的行政和适应国际化的行政"及美

---

① 李文良:《我国政府职能转变的历史追溯》,《北京电子科技学院学报》2007 年第 15 卷第 3 期。

国的"重塑政府"等等。各国在对政府职能进行重新定位和设计的探索中,提出了各种各样的改革方案。通观这些变革,相同的一点就是重新定位政府的职能,由过去的重管制轻服务、"以政府为心"到开始注重公共服务、"以满足社会公众的需求"。政府不再充当高高在上、"自我"服务的官僚机构。政府官员需要向私人企业的经理和管理人员学习,以顾客为导向,响应社会需求,热心为公众服务。社会公众是政府税收的"纳税人"和享受政府服务的"顾客"。总之各国均已迈出走向服务行政的步伐。中国的公共行政,深处国际公共行政发展的大环境中,当然离不开其历史背景和时代特殊性。更何况在社会主义中国,人民本就是国家的主人,政府是执行人民意志、为人民服务的"公仆"机关。政府存在的使命、根本宗旨就是为人民服务,为中国社会求发展,为中国人民群众谋幸福。政府行为最大目的在于提供公共服务。政府即"公共服务的机关"。只有正确认识政府行为的服务性质,才能找到评判政府行为成败得失的价值尺度。因此,我国政府职能必须实现由"管制行政"向"服务行政"的转变。①

(二) 从全能到有限

计划经济时期,我国政府长期扮演着全能型政府的角色,其特征突出表现为:一是政治职能是政府职能的重心。重阶级斗争,轻经济建设,"以阶级斗争为纲"是政府一切行政管理活动的统率和灵魂。二是以行政手段直接管理经济。政府管理经济的唯一手段就是行政命令。政府把所有的经济活动都纳入国家到钢性经济计划体系中实行集中管理。三是政企不分。企业不是独立的责任主体和利润主体,而是各级政府机构的附属物。四是重计划、否市场。把计划和市场绝对对立起来,错误地认为计划经济等同于社会主义,市场经济等同于资本主义,进而根本否认市场配置社会资源的基础性作用。五是强政府(国家)、弱社会。由于政府不但包揽经济事务,也包揽了许多社会事务,政府权力触及到社会生活的各个角落,所以,社会被

---

① 宋源:《从管制行政到服务行政——当代中国公共行政发展的必然走向之一》,《黑龙江科技信息》2003 年第 1 期。

政府纳入到政府体系之中,政府权力凌驾于社会之上,造成社会功能缺失。人们只能看到政府,却不见社会。

十一届三中全会以后,党和政府逐渐意识到全能型政府的种种弊端,开始积极探索,转变政府职能,打造有限型政府。主要措施如下:一是转变政府职能,以经济职能为重心。在党的十一届三中全会以后,党和政府把工作重点转移到经济建设上来,各级政府以经济建设为中心,实现了职能重心的转变,开创了我国现代化建设的新局面。同时随着我国市场经济体制的建立和完善,特别是我国加入 WTO,政府社会管理和公共服务职能日益凸显。二是以经济和法律手段间接管理经济。政府充分运用价格、财政、税收、信贷、工资、利润等经济杠杆,来组织、调节经济活动,达到宏观调控的目的。利用法律手段规范各种经济行为,为经济可持续发展保驾护航。三是政企分开。在有限型政府职能体系下,企业是自主经营和独立经济核算的法人经济实体。政府不能直接干预企业的生产活动,政府应围绕着如何促进企业竞争力做好服务。四是充分发挥市场配置社会资源的基础作用。凡是市场能发挥功能的地方,政府都应让位于市场;市场失灵的地方由政府来弥补。二者互相配合、互相协调,共同发挥着配置社会资源的有效功能,推进我们经济的进一步发展。五是政府(国家)和社会相互协调。改革开放以来政府与社会的关系发生显著变化,逐渐从国家主义模式中走出,政府开始还权于社会,社会逐步走向独立与自治。①

如今虽然改革开放已经走过了 30 年的历程,政府职能的转变取得了巨大成就,但是计划经济和全能型政府的弊端仍在一些领域存在。塑造有限政府任重而道远。

(三) 从经济建设到公共服务

1978 年中共十一届三中全会形成的以邓小平为核心的中央领导集体,勇担历史重任,力挽狂澜,作出把党和政府工作重心转移到经济建设上来的

---

① 李文良:《我国政府职能转变的历史追溯》,《北京电子科技学院学报》2007 年第 15 卷第 3 期。

战略决策。1987年中共十三大胜利召开,提出了社会主义初级阶段的理论,制定了"一个中心两个基本点"的基本路线。我国政府在党的领导下,在基本路线的指引下,围绕经济建设这个中心,忠实履行政府职能,取得了举世瞩目的成就。

然而,时过境迁,随着市场经济的发展、社会问题的暴露和社会矛盾的凸现,政府职能从经济建设转向公共服务成为必然。

政府职能从经济建设转向公共服务,是经济社会协调发展的迫切要求。在市场经济条件下,政府片面强调经济建设职能有两个严重的误区:一是政府长期作为经济发展的主体力量,起主导作用;二是不恰当地把本应由政府或政府为主提供的公共产品和公共服务推向市场、推向社会,国内外大量的实践证明,长期以GDP经济增长为主要目标,忽视经济社会协调发展和社会公平的增长是一种不可持续的增长。政府职能从经济建设转向公共服务,是我国市场化改革进程的必然选择。市场经济的主体是企业而且主要是民营企业,政府不应当也不可能再充当经济建设的主体力量。政府主导型的市场经济是不成功的。从政府主导型经济向市场主导型经济转变,是市场化改革的必然趋势。政府是市场经济的服务者而不是审批者,政府的主要职责是创造市场经济发展的大环境,维护市场经济秩序,为经济发展提供有效的宏观调控。国有资产市场化是实现国有资产保值增值的正确途径。只有推动政府及时转变以GDP为中心的经济管理模式,通过为经济发展营造良好的法规政策环境和有序竞争的秩序,加大公共管理力度,保证公共产品和公共服务的充分供给,才能为经济增长提供新的动力。政府职能从经济建设转向公共服务,是新阶段我国政府职能转变的基本目标。我国经济转轨时期,政府在发展经济中的作用十分重要。但是,市场经济发展到一定阶段,随着社会不确定因素的逐步增多,政府就要强化其公共服务的职能。转轨进程中政府职能的现状是经济建设的职能比较强,公共服务的职能相当薄弱。政府把自己的主要职责放到管理社会公共事务、提供有效的公共服务方面,才能使社会发展与经济发展同步进行,才能够有效地应对各类突发性公共事件。①

<h2 style="text-align:center">第二节 服务型政府及其职能</h2>

纵观世界各国政府改革的实践,从管制行政走向服务行政已经成为无法阻挡、不可逆转的世界性趋势。服务已经成为21世纪政府行政管理的本质,服务精神是21世纪政府行政的灵魂。我国政府职能的发展演变历程也遵循着从全能型政府到有限政府再到服务型政府的轨迹。如何打造服务型政府已经成为各级政府行政实践的核心和学术界理论研究、探讨的中心。那么服务型政府究竟是怎样的政府? 它与有限政府、法治政府、责任政府有什么关系? 服务型政府应该承担哪些职能? 这些问题值得我们探讨和回答。

一、服务型政府

(一) 政府与服务

近年来,在政府一词前加上修饰词来强调政府在某个方面的特征似乎成为学界的流行趋势,有限政府、责任政府、透明政府、法治政府等相关概念层出不穷。那么为什么要用"服务"一词来修饰政府? 政府与服务究竟有着何种关系? 在探讨服务型政府之前,我们有必要搞清楚这些问题。其实政府与服务二者是血脉相连,密不可分的。

首先,可以说"管理就是服务",政府进行行政管理活动,必然不能无视服务精神的存在。从实质来看,管理是社会发展到一定阶段的产物,在本质上管理与服务是统一的。社会生产力的发展,使社会群体产生分化,并逐步形成组织(包括国家),各组织内部以及组织之间都存在着严重的利益冲突,为了避免无谓的消耗,各组织成员相互订立盟约,把部分权力让渡出来

---

① 迟福林、方栓喜:《加快建设公共服务型政府的若干建议》,《经济研究参考》2004年第13期。

形成公共权力由部分选举产生的代表掌握。掌握权力的少数人根据其成员的要求、管理公共事务,维护组织和其成员的利益。可见,管理的实质,就是利用组织及其成员赋予的权力为公共利益服务。因此,从本质上讲,管理就是服务。

其次,可以说"服务是政府职能的必然选择"。根据"契约理论",政府的合法性是建立在公民与政府、公民之间的政府契约的基础上的,政府的一切权力来自公民之间的契约,来自公民的委托,政府应该保护全体公民的公共利益,维护和平和社会秩序。可见,政府是公民间契约的产物,它在本质上是一种为公民和社会共同利益服务的组织。虽然随着社会的发展,它日益凌驾于社会之上,但这种服务性质不可能改变。政府最根本的职能仍然是服务职能。政府必须为促进社会的发展和进步服务,为满足人民日益增长的物质文化需求服务。

(二)服务型政府的提出

"服务型政府"是中国公共管理理论研究者和实践者提出的,到目前为止,几乎在西方所有文献中都找不到与服务型政府相对应的表达方式。"服务型政府"可谓我国土生土长的一种表述。然而目前还有一种与之相近的表述"公共服务型政府"非常流行,二者是什么关系呢? 为什么多了"公共"二字? 其实,"公共服务"是西方行政话语体系中的一个词汇,而"公共服务型政府"则是我国部分学者在新公共管理理论和新公共服务理论的影响下,借用西方行政话语体系中"公共服务"一词,结合我国实际而提出的一种中西合璧的表述方式。事实上,政府本身就是公共性机构,其提供的服务必然应该是公共服务,否则就是违法的。没有必要再加上"公共"二字进行强调。另一方面,公共服务是所有政府的一项基本职能,即使是管制型政府也不例外。提供公共服务只是服务型政府的职能之一,不是全部。所以不能以偏概全,为了突出政府提供公共服务的职能就将政府命名为公共服务型政府。

"服务型政府"是我国地方政府和学术界首先提出并在某些地方实行,而后被中央政府采纳的一个概念。从 2001 年开始,各地陆续有了这方面的讨论和实践,中央政府则是在2004年开始强调。2004年2月12日,温家宝总理在中央党校举办的省部级主要领导干部"树立和落实科学发展观"专题研究班结业式上发表了《提高认识,统一思想,牢固树立和认真落实科学发展观》的讲话,第一次提出要"努力建设服务型政府"。同年3月8日,温家宝总理在参加全国人大会议期间,又强调:"管理就是服务,我们要把政府办成一个服务型的政府,为市场主体服务,为社会服务,最终是为人民服务。"这是对服务型政府明确而最具权威性的阐述。在2005年3月5日召开的全国人大十届三次会议上,温家宝总理又把建设服务型政府写进了政府工作报告中,并经人大批准。以后温总理又在不同场合讲过多次。而胡锦涛总书记在2005年也两次讲这个问题。可见服务型政府作为我国政府的改革目标,早已为中央所确认。

何谓服务型政府?有人从管理模式的角度出发,认为是指用有限管理社会的权力,对经济社会管理负有限责任,通过向市场主体提供公共服务等方式,是政府对市场主体的互动式管理的政府模式。有人从政府的功能出发,认为服务型政府就是要使政府由原来的控制者变为服务者,政府以控制管理为要务转变为以提供服务为目标,管理目标由经济领域转到公共服务领域。有人从特征视角出发,认为服务型政府是以全新的政府理念为支撑,在服务中使自己充满生机和活力,不断追求发展和进步的政府;它突出以民为本,以提高政府服务技能和服务水平为中心,以三个文明协调发展为目标,构建以市场为导向、以公共服务为特征的公共管理体系。① 有人从理念和宗旨的层面着眼,认为服务型政府就是在社会本位和公民本位理念的指导下,在整个社会民主秩序的框架下,通过法定程序,按照公民意志组建起来的以公民和社会服务为宗旨的政府。② 尽管众说纷纭,但对服务型政府本质的理解和基本特征的勾勒却也大同小异。

(三)服务型政府与有限政府、法治政府、责任政府

服务型政府、有限政府、法治政府、责任政府等不同类型政府的提出是

---

① 陈戈寒:《论服务型政府》,《江汉论坛》2004年第10期。
② 刘善堂:《论服务型政府的构建》,《理论界》2004年第3期。

对不同时期政府职能重心的不同表述与强调,是在不同历史时期、不同条件和环境下所提出的行政改革的目标和政府职能转变的方向。

1. 有限政府

"有限政府"的提出主要是为了适应我国社会转型、经济体制转轨和深化行政管理体制改革的客观需要,而对转变政府职能提出的要求。首先,建设"有限政府"是我国社会转型的客观需要。1999 年,我国将"依法治国,建设社会主义法治国家"写进宪法,我国社会正处于由"人治"社会向"法治"社会的转型过程中。法治社会要求政府以宪法和法律为总纲,依法行政,接受法律的制约与监督,在法律允许的范围内行事。政府的权力、职能、规模等都是有限的。其次,建设"有限政府"是我国经济体制转轨的客观需要。我国正处于由计划体制向市场体制转轨的过程中。社会主义市场经济是市场在资源配置过程中起基础作用的经济。政府必须转变政府经济管理职能,适应市场经济的发展。再次,建设"有限政府"是深化行政管理体制改革的客观需要。长期实行计划经济、扮演全能型政府使我国政府的职能不断增加、权力不断扩张,加上法律限制的缺失,导致不依法行政、超越职权、滥用职权的现象屡见不鲜,严重损害政府形象。只有深化行政管理体制改革,建立有限政府,才能保证行政管理的公正性和有效性。① 总之,有限政府与全能政府相对的,主要强调我国从计划经济向市场经济的过渡中,政府经济职能的转变。

2. 法治政府

"法治政府"的提出主要是为了发展社会主义市场经济,建设社会主义法治国家以及使我国政府尽快适应 WTO 规则对政府的要求。首先,建设法治政府是发展社会主义市场经济的必然要求。市场经济需要法治,需要以法治为支撑和规范经济活动的各个主要环节。政府须综合运用经济手段、法律手段和必要的行政手段,最重要、最根本的还是要靠法制,要靠法治政府制定法律、严格依法行政。其次,建设法治政府是建设社会主义法治国家

---

① 边双燕:《论建设"有限政府"》,《经济论坛》2006 年第 5 期。

的根本途径。党的十五大提出了依法治国,建设社会主义法治国家的治国方略。九届全国人大提出行政改革的一个重要目标在于实行依法行政。2004 年温家宝总理在《政府工作报告》中阐释了全面推进依法行政的要义,指出"各级政府要做到有权必有责、用权受监督、侵权要赔偿"。再次,建设法治政府是我国加入 WTO 的客观要求。WTO 是多边贸易体制的法律基础和组织基础,它通过规定各国政府所应承担的主要契约义务来规范各国国内贸易立法与规章的制定和实施。国外有的学者把 WTO 规则称之为"国际行政法典"。WTO 组织的法律基础、法律体系框架、争端解决机制,都贯穿着法治的精神。作为一个法治化的国际组织,它要求其成员的政府必须是法治化的政府。①

3. 责任政府

"责任政府"的提出主要是在政府面临国内外诸多新问题和新挑战以及公民宪法意识和权利意识不断提高、加之西方行政改革潮流冲击的情况下,中国政府行政改革的目标选择。首先,建设"责任政府"是在社会加速发展的时期,我国政府面临着国内外的许多新问题和新挑战,不得不深刻思考的一个迫在眉睫的课题。随着发展的深入,我国进入了一个社会矛盾多发期,贫富差距、自然灾害、恐怖主义、分裂势力、重大事故等各种问题的频繁发生对政府的能力提出了更高的要求。其次,建构责任政府还是实现宪法规定的人权和公民权利的必然要求。我国宪法对国家机关包括行政机关的职权和责任作了原则性规定。尤其是从 2004 年宪法修正案来看,对政府的一些重要职能进行了重新定位和定性,对政府的责任提出了更新更高的要求。公民宪法意识和权利意识的提高迫使政府承担责任。再次,建构责任政府是顺应西方行政改革潮流的必然选择。最近十多年来,西方国家行政改革的主流趋势基本上是追求政府的责任行政,我国的行政改革的脉动以及责任政府的建构不可避免会受到西方国家行政改革潮流的影响。因此

---

① 康宗基:《试论当前我国加强法治政府建设的紧迫性》,《内蒙古农业大学学报(社会科学版)》2005 年第 2 期,第 7 卷,总第 24 期。

建构现代化的责任政府也是顺应这种全球化的行政改革潮流的选择。①

4.服务型政府

服务型政府的兴起,原因是多方面的,也是复杂的。它既是我国改革开放以来政府改革发展的必然趋向,又是我国加入 WTO,融入全球化进程的必然选择。建设服务型政府,是近年来各级政府实践"三个代表"重要思想,贯彻党的十六大和十六届三中全会、四中全会精神,全面建设小康社会,落实科学发展观,加快构建和谐社会的有益探索和重要实践。

胡锦涛总书记在党的十七大报告中强调,要加快行政管理体制改革,建设服务型政府,并对深化行政管理体制改革提出了明确要求。建设服务型政府,既是提高我们党执政能力和完善社会主义市场经济体制的必然要求,也是深化行政管理体制改革的切入点。②

建设服务型政府是我国市场经济发展的必然要求。社会稳定和社会持续发展方面带来的压力逼迫中国政府必须向服务型政府转变。SARS 危机加深了我们党和政府对建立公共服务型政府的认识。加入 WTO 直接推动了我国政府的转变,即从干预经济发展到努力为经济发展服务。西方政府的政府再造实践给我们进行服务型政府建设提供了借鉴。③

二、服务型政府职能体系分析

服务型政府的职能主要是指服务型政府应该承担的主要职责,为公民、社会组织和社会提供的主要服务内容的基本方面。党的十六大提出,我国政府的职能是经济调节、市场监管、社会管理和公共服务。党的十六大的这个论述是党和国家对我国现阶段政府职能准确而客观的描述。本书将服务型政府职能划分为横向和纵向两个维度进行分析。横向职能体系主要包

① 孙彩虹:《责任政府:当代中国政府改革的目标选择》,《中国行政管理》2004 年第 11 期,总第 233 期。

② 唐铁汉、李军鹏:《学习贯彻十七大精神切实加强服务型政府建设》,《新视野》2006 年第 6 期。

③ 吴玉宗:《服务型政府:缘起和前景》,《社会科学研究》2004 年第 3 期。

括:经济调节职能、市场监管职能、社会管理职能和公共服务职能;而纵向职能体系主要包括:中央政府职能体系和地方政府职能体系。

(一)服务型政府横向职能体系分析

1.经济调节职能

从经济层面上说,政府存在是为了纠正"市场失灵",为社会提供市场不能有效提供的公共产品和公共服务,制定公平的规则,加强监督,确保市场竞争的有效性,确保市场在资源配置中的基础作用。政府经济调节职能的主要内容包括以下几点:

(1)维持经济总量平衡。市场经济条件下,政府的经济调节职能主要是解决宏观经济运行方面的问题。世界各国经济发展中所经历的经济危机与经济周期表明,市场经济自身不会长期的平衡发展,"看不见的手"不可能自动地调节供求在总量和结构上的均衡。实践证明,政府在解决社会总供给与总需求的失衡、稳定宏观经济方面发挥着无以替代的作用。因此,在开放的市场经济条件下,保持宏观经济总量平衡,特别是保持适当的经济增长率、通胀率、失业率和国际收支及其内在的平衡是政府经济调节的基本目标,也是政府管理经济的重要职能。

(2)进行经济结构调整。我国社会主义市场经济下的宏观调控除了对经济总量平衡和经济增长进行调节外,还包括对经济结构进行全性、战略性调整。从一定意义上讲,研究结构问题比研究总量问题更加重要,实现结构的合理化比保持总量平衡难度更大。现阶段,我国政府进行经济结构调整的主要任务可归纳为三个方面:第一,为建立充满生机和活力的市场经济体制,要进一步调整所有制结构。国有经济要有进有退,同时,要大力发展股份制经济,继续鼓励发展个体和私营经济;第二,为了应对我国加入WTO所带来的机遇和挑战,要围绕产业升级加快产业结构调整;第三,为落实国家西部大开发和振兴东北等老工业基地战略,要以城市化为中心,促进区域经济结构调整和经济发展,以此逐步缩小我国东、中、西部地区之间的差距。同时,政府还应通过制定和实施各种中长期计划、财税政策、金融政策、贸易政策等来履行经济结构调整职能,体现国家的发展战略,以保证国民经济各产业、各部门、各地区协调发展和稳定增长。

（3）公平收入分配。市场效率以能力差别为前提，以包括个人技能、知识、资本和其他各种经济资源在内的资源多寡为条件，在实现效率的同时必然导致收入差别的产生和扩大。然而从长期角度观察，收入分配不公又可能对效率造成破坏性影响。收入分配不合理对生产规模的大小也有重大影响。随着我国经济告别短缺并迅速走向较严重的相对过剩，消费需求不足已严重制约着我国经济社会发展战略目标的实现。政府应积极运用工资政策、税收、社会保障等办法发挥调节收入分配职能。特别是要注重制度公平和机会公平。①

2. 市场监管职能

所谓市场监管主要是指政府通过法律法规并依法对包括一般商品市场（消费品市场和生产资料市场）和生产要素市场（金融市场、劳动力市场、技术与信息市场、房地产市场、产权市场等）中的一切行为进行监督管理的政府管理活动。②

政府的市场监管职能，主要体现在对一切市场交易行为制定政策规范、开展监督检查、纠正违法违规行为、维护市场主体合法权益等紧密衔接的运行环节。政府通过法定程序而制定关于市场主体的资格认证与市场准入的条件、市场交易行为规范、交易双方权利义务等法律规范。政府市场监管的职能机关为确保各类市场交易行为能够规范有序地开展，依法对市场主体资格、市场交易行为方式与手段、交易对象与物品的质量标准进行检查和评价。市场监管职能部门对检查中所发现的违法违规行为，依据有关政策法律强制予以纠正并给以相应处罚的管理活动。市场监管职能部门对合法交易行为中的各种侵权行为予以纠正，以保护交易双方当事人合法权益。

政府在实际开展市场监管的活动中，其监管重点是在市场交易活动中的市场准入、公平竞争和维权保护三方面。（1）严格市场准入监管，确保市

---

① 周绍鹏：《加强政府经济调节 改善宏观经济调控》，《天津行政学院学报》第10卷第1期，2008年1月。

② 戈世平：《转变政府职能 加强市场监管》，《华东经济管理》2003年第17卷第1期。

场主体的合法性。政府对市场准入的监管主要是指政府依据国家的有关法律法规,依法对各类市场主体的资格进行审查,根据一定的标准判断其是否具备进入市场开展交易活动的条件的许可或审批行为。目的是确保各类市场主体都能符合国家有关法律规定而成为合法的市场主体,以从市场交易行为的源头防止不合法交易行为的发生。(2)维护公平竞争秩序,提高市场竞争效率,确保公平竞争的市场秩序。政府根据国家有关法律法规,依法对各类市场主体的各种市场交易行为合法性进行审查与监督控制。其目的是保护合法的市场交易行为,采取国家强制手段纠正和处罚各种违法的市场交易行为,为经济与社会发展创造公平竞争的良好市场秩序环境。(3)监督市场交易行为,保护市场主体权益。作为政府市场监管职能部门,要根据国家有关市场交易行为的法律法规,对各类市场交易行为的过程与结果进行监督检查,尤其是对市场交易的双方是否诚信、依法履约等行为进行监管并依法纠正侵权行为和强制违约者履约,使得市场交易双方的合法权益能够得到切实保障。

3. 社会管理职能

所谓的社会管理,"就是通过制定社会政策和法规,依法管理和规范社会组织、社会事务,化解社会矛盾,调节收入分配,维护社会公正社会秩序和社会稳定;加强社会治安综合治理,保障人民群众生命财产安全;保护和治理生态环境。加强社会环境,必须加快建立健全各种突发事件应急机制,提高政府应对公共危机的能力。"[1]

我国社会主义市场经济的发展过程中,各种社会关系和社会活动不断增多,利益矛盾与冲突日益复杂化,社会管理体制面临着一系列新情况,如收入分配的两极分化日益严重、社会弱势群体的合法权益难以得到保护、群体性抗争上访逐渐增多、生态环境破坏加剧、能源安全受到威胁、治安形势严峻、社会丑恶现象甚嚣尘上,尤其是 2003 年的 SARS 危机集中暴露了政

---

[1]   中国行政管理学会课题组:《强化政府社会管理职能 提高政府社会智力能力》,《中国行政管理》2005 年第三期,总第 237 期。

府危机处理能力薄弱的问题。因此,各级政府必须加强社会管理职能。①

政府所承担的社会管理职能相当广泛,有的学者从"社会"的形成以及"社会"的主体的角度论述政府社会管理的范围,认为中国政府社会管理的范围应当包括对个人、社会组织、社会舆论、社会运动等的服务和管理。②有的学者从解决社会矛盾的角度论述政府社会管理,认为政府社会管理包括:依法管理和规范社会组织、社会事务,化解社会矛盾,调节收入分配,维护社会公正、社会秩序和社会稳定;加强社会治安综合治理,切实保障人民群众生命财产安全,特别要加强安全工作,深化安全专项整治,落实防范和整改措施,堵塞漏洞,消除重大安全隐患;完善社会管理体制,建立健全处理新形势下人民内部矛盾和各种社会矛盾的有效机制、社会治安综合治理机制、城乡社区管理机制等。③

从现实国情来看,目前我国政府的社会管理职能重心应该集中在以下几个方面:(1)健全社会治安综合治理机制,强化社会安全管理,维护社会秩序和稳定。(2)完善社会保障制度,构筑社会稳定的"安全网"。(3)控制人口增长,保护和治理生态环境,促进经济的可持续发展。(4)完善就业服务体系,提供有利于扩大就业的政策环境。(5)强化卫生服务职能尤其是食品药品监管职能,确保人民群众的生活和生命安全。(6)建立健全科学有效的社会预警和公共危机处理的机制。

4. 公共服务职能

政府公共服务职能主要是指:政府直接或间接提供公共产品和公共服务以满足社会和公众需求的职责和功能。温家宝总理指出:公共服务,"就是提供公共产品和服务,包括加强城乡公共设施建设,发展社会就业社会保障服务和教育、科技、文化、卫生、体育等公共事业,发布公共信息等,为社会

---

① 林丽方、林永煌:《政府社会管理职能的定位》,《发展研究》2005 年第 11 期。
② 常宗虎:《中国政府社会管理范围初探》,《中国民政》2003 年第 1 期。
③ 唐铁汉:《确立科学发展观与转变政府职能》,《国家行政学院学报》2004 年第 3 期。

公众生活和参与社会经济、政治、文化活动提供保障和创造条件。"①党的十六届三中全会和温家宝总理在 2004 年的政府工作报告中明确指出："各级政府要全面履行政府职能,在继续搞好经济调节、市场监管的同时,更加注重履行社会管理和公共服务职能。"

　　努力建设服务型政府,提高公共服务能力,为全体居民提供大体均等的公共服务,是市场经济条件下政府的首要职责。当前,政府公共服务的重点应该集中在关系国计民生的教育、医疗、就业和社会保障上。在确保普及义务教育的基础上,发展多层次、多形式的教育,解决"上学贵"的问题,满足人民受教育的需求。抓紧改革医疗保险,医院管理制度和医药生产流通体制。积极推广农村合作医疗制度,解决人民"看病难、看病贵"的问题。实行积极的就业扶持政策,努力增加就业岗位,降低失业率。扩大养老等社会保障的覆盖面,做实个人账户,提高统筹层次,妥善解决农民工保险账户可流动问题,使工伤、医疗、养老保险在农民工中得到普及。为了提高公共服务能力,政府要调整财政支出结构,尽可能多地增加社会发展和公共服务方面的投入。同时,鼓励社会资金兴办医院、学校等社会事业,对现有国有医院进行参股,以扩大公共服务的供给。② 关于政府公共服务职能的具体问题本书将在下一节详细论述。

(二)服务型政府纵向职能体系分析

1. 中央政府职能体系分析

　　中央政府是我国最高国家行政机关,是各地政府的最高领导机关,在我国国家事务和公共事务的管理中起着举足轻重的作用。市场经济条件下中央政府的职能主要表现在宏观调控、行政立法、执法监管和服务提供四个方面。从构建服务型政府的角度来看,中央政府的职能主要可以分为:制度供给服务、公共政策服务和全国性公共产品和公共服务提供三个方面。

---

①　温家宝:《提高认识 统一思想牢固树立和认真落实科学发展观》,《人民日报》2004 年 3 月 1 日第一版。

②　唐铁汉:《深化改革转变职能 提高政府公共服务能力》,《中国行政管理》2004 年第 7 期,总第 229 期。

（1）制度供给服务。政府是作为秩序化统治的机构而存在，以为人们和社会提供社会秩序的制度供给为己任。政府有义务为社会制定一个权威的人人必须遵守的制度框架或者制度模式。政府必须根据人类最基本、最具有普适性的价值如自由、平等、公正、安全、公平等来向社会提供制度、执行制度和纠正已过时的制度。同时应该根据社会环境和自然环境的变化，不断推进制度创新。制度供给是涉及整个国家和全体人民的最宏观、最重大的服务，只有作为一个国家政府体系的首脑机关——中央政府才能担此重任。中央政府制度供给的内容相当广泛，包括政治制度、经济制度、法律制度、财政制度、社会保障制度等。

（2）公共政策服务。公共政策是"政府为了解决和处理公共问题，达成公共利益或公共目标，经过政治过程，所发展出来的原则、方针、策略、措施和办法。"[①]服务性政府制定的公共政策是从公共性和以人为本的角度出发，为提高人民群众的物质文化生活水平，为解决社会稳定发展和经济可持续发展问题而制定的各种政策，如环境保护政策、社会保障政策、义务教育政策、金融政策、财政政策等。中央政府基本制度供给之后，其主要的任务就是提供良好的公共政策服务。提供公共政策服务要求中央政府根据社会环境的变化和公民社会需求的变化，根据社会发展面临的各种实际情况，制定出满足公众要求的政策。政策比制度具有更强的时间性、针对性、灵活性和适应性，是解决公共服务需求问题的最有效和最有力的手段，公共政策服务的水平直接体现政府的行政能力和公共管理水平。

（3）其他全国性公共产品和公共服务提供。一般而言，国防（含边防）、外交、空间研究、基础科学研究等全国性公共服务，国道等全国性基础设施，以及我国参与提供的国际性公共产品和公共服务属于中央政府的责任。中央政府的公共服务事权范围主要包括：涉及国家整体利益的全国性公共产品和服务；对于自然垄断和金融业等特殊行业的政府管制，对安全、卫生等方面的强制性标准的制定等社会性管制。

---

① 张成福、党秀云：《公共管理学》，中国人民大学出版社 2001 年版，第 99 页。

2.地方政府职能体系分析

确立地方政府公共服务的职能定位,提高地方政府公共服务意识,是提升地方政府公共服务能力的前提。服务职能的定位和服务意识的建立在某种程度上左右着地方政府公共服务能力的实现程度。只有明确各级地方政府的职能定位,将为社会提供公共产品和服务作为地方各级政府的核心职能,才能切实将主要精力用在公共产品与服务供给的薄弱环节上。

(1)在建立和维护市场经济体制和秩序方面,地方政府应当发挥重要作用。为民营经济和社会中介组织的发展创造良好的外部环境,进一步调整国有经济的战略布局,推进国企改革,使市场经济的微观基础更加健全起来。地方政府应进一步改革农村户籍管理制度、农村土地流转制度和相关的体制、政策规定,打破横亘在城乡劳动力市场之间的藩篱,深化劳动就业制度改革,尽快形成信息畅通、合理流动的城乡劳动力市场。在市场发育和体制转型时期,地方政府应针对各类经济违法现象和不良行为大力整顿和规范本地区市场经济秩序,强化市场监管功能,维护公平竞争,要修订和完善有关制度,更要严格执法、公正执法。

(2)在弥补市场失灵方面,地方政府主要负责保护本地的生态环境,对地方性的垄断行业实施规制。一方面要研究制定政策,减少或禁止对生态环境有破坏作用的产品生产和出口,政府要通过自身行政权威的发挥和职能的履行,制定各种法规和市场规则,规制一切市场主体与市场行为,维护市场契约关系和市场秩序,全面实施可持续发展;另一方面对允许实行垄断性经营以维护规模经济的企业,政府要在产品价格、服务质量、企业准入和退出等方面形成符合市场经济要求、有效率的规制体制。对非垄断性行业,政府可以宽泛市场准入规则,引入多元化竞争,充分发挥竞争机制的作用,努力为企业平等参与市场竞争创造良好的社会环境。

(3)组织公共产品生产、提供公共服务,是地方政府经济社会职能的核心内容。地方政府的财政支出,应该主要放在满足公共需要上,这就要求加快建立公共财政体系,将地方政府财政支出职能转变到公共支出职能上来。由地方政府通过财政来解决公共基础设施建设和公共服务的投资,弥补社会保障资金短缺,加大农村义务教育投入。政府不仅要生产有形公共产品,而且要加强无形公共产品的提供,加强法律法规和方针政策的制定,以保障公共秩序、维护社会安定。解决效率问题是市场的优势所在,但公平问题是市场所解决不了的,这就需要地方政府利用其行政权威优势,通过税收、转移支付、社会保障,进行社会财富再分配,消除贫困和扶助低收入阶层。

(4)作为地方基层政府的乡镇政府是管理农村的基本行政单位,是党和政府联系广大农民群众的桥梁和纽带,是建设社会主义新农村的重要组织力量。更加需要积极转变职能,提高社会管理和公共服务水平,打造服务型政府,更好地为"三农"服务。总的来看,乡镇政府的公共服务职能主要包括销售服务、信息服务和科技教育培训服务。销售服务主要是对现有的供销系统进行彻底的改革,用现代化物流配送的理念,构建连锁经营体系,建立起顺畅的通道以满足农民对农产品的需求,也给农场品进市场上超市提供了市场渠道。信息服务的内容则是整合农村信息资源,加大投入,实现农民与所需信息的零距离。科技教育培训服务主要是坚持以农民需求为中心,以培养有文化、懂技术、会经营的新型农民为主线,推进绿色证书和专业证书制度,培训 18 岁到 35 岁的青年农民和农业技术人员。

三、服务型政府职能特点透析

从对服务型政府横向、纵向两大维度职能体系的分析和探讨中可以看出,服务型政府的职能具有公共性、有限性、服务性、法治性几大特征。

(一)公共性。服务型政府职能的公共性特点主要强调的是政府在履行职能的过程中,要正确处理国家与市场的关系、政府与公民的关系,严格界定政府作用的领域和范围,将政府的作用严格限定在公共领域;在政府作用的领域之外,是不受国家权力和政府权力的直接干预的、只受市场规律支配和法律规范制约的私人领域即市场领域和公民领域。

服务型政府的作用主要集中于公共领域。服务型政府的存在基础是"弥补市场失灵",而弥补市场失灵的重要手段就是公共产品和服务。所以服务型政府的职能主要是提供公共产品与公共服务,政府财政资源主要向公共产品和公共服务领域投入。政府是公共利益的鲜明代表,服务型政府更是将保证公民权利、维护公共利益、谋求公共福利作为首要职责。服务型政府是为市场主体和全社会服务的公共管理者和公共服务者,体现和代表着最广大人民群众的根本利益。

(二)有限性。服务型政府职能的有限性源于政府能力的有限性和政府权力的有限性。政府职能发展演变的历史告诉我们,政府不是全能的,"政府失灵"是世界各国难以避免的共同问题。政府权力受到法律、民意机构和社会的限制。服务型政府履行职能的前提是遵循市场机制优先原则。市场机制是覆盖整个社会生活的基本运行机制,而政府则只是作用于市场失灵的领域。政府不是经济增长与社会发展的直接提供者,而是经济社会发展的合作者、催化者与促进者。政府及其工作人员必须按照法律规范行使自己的权力,并且要在社会的监督之下行使权力。服务型政府职能受到法律和民意的限制。没有法律的授权和人民的认可,政府不能随意扩大服务职能。服务型政府的优先职能主要体现在社会管理和公共服务上。

(三)服务性。服务型政府职能的服务性表现在:政府的首要职能是提供公共产品和服务。政府在履行职能的过程中贯穿着服务精神,渗透着服务理念。政府履行职能的过程不再是以管制者和统治者的身份对公民进行控制、统治和监督的过程,而是以公仆身份提供服务和帮助,满足需求的过程。一切政府职能的履行都以"人民高不高兴、人民满不满意、人民赞不赞成、人民满不满意"为衡量标准。政府履行职能的态度是热情、和蔼和亲切的,履行职能的程序、方式和手段是真正为公民提供方便、快捷、周到有效的服务的。

(四)法治性。服务型政府职能的法治性就是政府在履行职能,行使公共行政权力的过程中,严格按照宪法和法律的规定,来履行职能、行使权力和履行行政行为。政府及其各部门必须有法律授权的行政资格才能行政,必须在法律规定的权限范围内行政,也必须按照法定程序来行政。政府不能随心所欲的行政。如果政府违法行政,必须承担法律责任。如果政府的违法行政行为给公民造成了侵害,必须给以赔偿。

第三节 服务型政府职能核心——公共服务

在当代市场经济条件下,政府职能定位的基本原则是明确政府职能的公共性、有限性和服务性,以建立公共服务型政府为政府职能定位的终极目标。现代政府的实质是服务型政府。政府职能的公共性和有限性都决定了政府职能的核心是公共服务。政府只有通过提供充足优质的公共服务,才能证明自己存在的价值与合法性。没有公共服务就没有现代政府。

一、公共服务

政府公共服务是市场经济条件下发挥政府作用、履行政府职能的核心问题,也是促进经济增长和社会发展的重大理论与实践问题。深入研究公共服务的内涵、特征、分类与主要领域是研究公共服务问题的基本前提,也是我们促进公共服务发展的首要条件。

(一)公共服务的内涵

政府职能与社会发展紧密相连,随着社会的变革,我国政府职能发生了巨大变化,公共服务职能成为政府的主要职能。在理论界,自 2004 年美国学者登哈特(Denhart)夫妇的著作《新公共服务》被译成中文版以后,与公共服务有关的话题亦越来越多,但对"公共服务"的界定一直处在争论之中,即使在欧美发达国家也没有一致的定论。

当前,界定"公共服务",主要有三种方式:

第一种方式,从物品的角度,即根据物品的特性来界定公共服务。

"公共服务,就是提供公共产品和服务,包括加强城乡公共设施建设,发展社会就业、社会保障服务和教育、科技、文化、卫生、体育等公共事业,发布公共信息等,为社会公众生活和参与社会经济、政治、文化活动提供保障和创造条件。"[①]"一般来说,公共服务属于公共物品,具有消费的非竞争性和

---

① 吴双:《建设公共服务型政府问题综述》,《信息与研究》2005 年第 3 期。

非排他性。……政府提供的公共物品主要有:纯公共物品和准公共物品。具体可以分为三类。第一类:具有非竞争性和非排他性的服务。第二类:非竞争性和非排他性弱的服务。第三类:非竞争性和非排他性强的服务。"①该组概念是用物品特性来解释公共服务。

第二种方式,从政府的角度,即根据政府的特性来界定公共服务。

"所谓公共服务,广义上可以理解为不宜由市场提供的所有公共产品,如国防、教育、法律等,狭义上一般指由政府直接出资兴建或直接提供的基础设施和公用事业,如城市公用基础设施、道路、电讯、邮政等。"②"根据经济学中给定的定义,公共产品是指政府向居民户提供的各种服务的总称。公共产品包括的范围很广泛,诸如国防、治安、司法、行政管理、经济调节等,都是政府向居民户提供的服务。此外,由政府提供经费而实现的教育服务、卫生保健服务、社会保障服务等,也是公共产品。"③虽然政府服务不是公共服务的全部,但政府是重要的公共部门之一,政府服务无疑是判定公共服务的重要标尺。

第三种方式,从服务的角度,即根据服务的特性来界定公共服务。

公共服务是一个有着特定含义的概念。它是指为社会公众提供的、基本的、非盈利性的服务,即:第一、公共服务是大众化的服务。公共服务不是只为特定少数人提供的服务。第二,公共服务是基本服务。人们日常生活中离不开水、电、气、安全、教育、文化等方面的服务,否则,人们就不能正常地生活。公共服务是满足人们日常生活中基本需求的服务。第三,公共服务是内容广泛的服务,公共服务既要提供物质产品(水、电、气、路、通讯、交通工具)等,又要提供非物质产品(安全、医疗、教育、娱乐)等。并且,公共服务是一种低价位的服务,以保证人们能够持续性地消费。④

① 王锋、陶学荣:《政府公共服务职能的界定、问题分析及对策》,《甘肃社会科学》2005 年第 4 期。
② 刘旭涛:《行政改革新理论公共服务市场化》,《中国改革》1999 年第 3 期。
③ 郝克明:《面向 21 世纪我的教育观》,广东教育出版社 1999 年版,第 6 页。
④ 李朝祥:《政府公共服务职能的市场化》,《广西社会科学》2003 年第 4 期。

综合上述观点,本书认为作为名词,公共服务主要指政府为满足社会公共需要而提供的产品与服务的总称。它是以政府机关为主的公共部门生产的、供全社会所有公民共同消费、平等享受的社会产品。① 作为动词,公共服务就是指政府及其公共部门运用公共权力,通过多种机制和方式的灵活运用,以回应社会公众差异性需求的活动过程。

(二)公共服务的特征

服务是指为集体或别人工作,或为他人提供帮助,即满足他人需求的行为。公共服务即满足公共需求的行为,是为公共利益提供的一般性或普遍性服务。理解公共服务,重点在于对公共服务基本特征的把握。

公共服务具有如下基本特征:

1.权利性。实现普遍人权是公共服务的价值基础,公共服务是维护基本人权的活动,区别于行使国家主权的活动。公共服务权是公民的一项基本权利。许多国家都以法律的形式作出规定,明确提出公民享有公共服务的权利。《世界人权公约》《经济、社会、文化权利国际公约》等人权公约和国际劳工组织的宣言、公约和建议书亦规定各成员国要保证公民享有公共服务权利。

2.公益性。公共服务的宗旨是满足公共需求,实现公共利益。公共利益最大化是公共服务不断追求的目标。为特定人提供的服务属于私人服务,它根据特定人的需求个别安排服务;为不特定人提供的服务是公共服务,只能根据一般性需求安排一般性服务。

3.普遍性。每个公民都有享受公共服务的权利,公共服务覆盖全社会。对公民实行普遍的公共服务,是各国公共服务立法共同奉行的一条基本原则。

4.公平性。全体公民平等的享有公共服务的权力,在基本公共服务待遇面前人人平等。《世界人权宣言》第一条规定:"在尊严和权利上一律平

---

① 陈昌盛、蔡跃洲:《中国公共服务综合评估报告(摘要)》,《中国经济时报》2007年1月22日。

等。"公共服务的公平性也是政府干预公共服务的重要原因,因为市场机制的运作不可能解决公平问题。

（三）公共服务的分类

1.从公共服务功能角度分类。从公共服务的功能角度,可将公共服务分为维护性公共服务、经济性公共服务和社会性公共服务三类。

（1）维护性公共服务。主要指确保统治秩序、市场秩序、国家安全的公共服务。包括全权利保护公共服务、维护市场秩序的公共服务、维护社会秩序的公共服务、国防公共服务等等。维护性公共服务主要可分为产权保护与市场秩序服务、一般政府服务、国防支出等几种,旨在保证国家机器的存在和运作。

（2）经济性公共服务。经济性公共服务主要指政府为促进经济发展而提供的公共服务,主要可分为公用事业的公共生产、生产者的公共补贴、公共基础设施建设、环境保护公共服务等几种。

（3）社会性公共服务。社会性公共服务主要指政府为促进社会公正与和谐和为全社会提供的平等的公共服务。包括:教育公共服务、公共医疗卫生服务、社会保障公共服务、就业公共服务等。社会性公共服务可分为教育科技公共服务与转移支付型公共服务。

2.从公共服务水平角度分类。从公共服务的水平角度,可将公共服务分为基本公共服务和非基本公共服务两类

（1）基本公共服务。基本公共服务主要指政府为满足社会基本需求而提供的公共服务与产品,包括:义务教育、公共卫生、公共文化、体育、社会保险与社会救助、公共安全保障等内容。基本公共服务是政府依照法律法规,为保障社会全体成员基本社会权利、基础性福利水平,必须向全体居民均等提供的基础性公共服务。

（2）非基本公共服务。非基本公共服务主要指混合公共服务或政府为满足更高层次的社会公共需求而提供的公共服务和产品,如高于社会保险

水平的高福利等等。①

3.从依法行政角度分类。从依法行政角度,可将公共服务分为四类:

第一类是宪法明文规定属于政府职责范围,同时没有其他竞争者的服务项目,即那些非排他性、非选择性、非竞争性的公共服务项目,如国防建设、民政和民族事务等。

第二类是宪法规定属于政府的职责,但有选择性和竞争性的公共服务项目,即虽具有非排他性,但又具有选择性和竞争性的服务项目。如文化教育、医药卫生和体育事业以及城乡建设等。

第三类是宪法没有明文规定属于政府的职责,事实上存在许多市场竞争者的服务项目,如影视业、娱乐业、旅游业和通信业等。

第四类是宪法既无明文规定是政府的职责,而社会上又缺乏实际竞争者的服务项目,如高等教育、科研事业、消防环保等。②

(四)公共服务的主要领域

温家宝总理指出:公共服务,"就是提供公共产品和服务,包括加强城乡公共设施建设,发展社会就业、社会保障服务和教育、科技、文化、卫生、体育等公共事业,发布公共信息等,为社会公众生活和参与社会经济、政治、文化活动提供保障和创造条件。"从温家宝总理对公共服务的界定可以看出:公共服务主要包括教育、医疗卫生、社会保障、就业、公共事业、公共安全、环境保护、基础设施建设等方面的内容。根据各国政府承担的公共服务职能来看,社会保障公共服务、教育公共服务、医疗卫生公共服务等方面是当代政府公共服务的主要领域和核心部分。

1.社会保障公共服务。社会保障是现代社会的"稳定器"、"调节阀",它关系到社会的稳定以及经济、社会的可持续发展。现代社会保障的诞生、发展和改革,无一不是在政府主导和广泛介入下进行的。社会保障本身就是政府的一项基本职能。通过建立社会保障制度,保障公民基本生活,促

---

① 李军鹏:《公共服务学——政府公共服务的理论与实践》,国家行政学院出版社2007年版,第4~6页。

② 曹闻民:《论公共服务改革中的政府责任》,《中国行政管理》2000年第10期。

进社会公平，维持社会经济生活的正常运行，既是政府的重要职责，也是义不容辞的义务。从世界社会保障发展的一般规律看，政府在社会保障中的主要职能有三：一是通过立法建立制度，并对执行情况进行监督检查。二是通过公共预算对社会保障给予财政支持。三是直接经办基本社会保障业务，为公民提供社会保障公共产品和公共服务。

2. 教育公共服务。所谓教育公共服务，一般指由政府主导、非政府公共组织及其他企事业单位共同参与，在教育公共产品的生产和供给中所承担的相关职责和履行的职能。它以满足广大公民(包括被监护人如未成年子女等)及其组织特定的教育需求为宗旨，以教育公平为导向，对公共教育资源进行优化配置，实现为社会培养人才、提高公民素质、促进经济发展、建设和谐社会目标的社会生产与供给过程。进入 21 世纪以来，教育公共服务作为构建新型公共服务体系中的关键环节之一，越来越引起世界各国政府的重视，教育公共服务水平已经成为衡量一国文明发展水平的重要指标。①

3. 医疗卫生公共服务。党的十七大报告提出"健康是人全面发展的基础"的重要论断，把人人享有基本医疗卫生服务作为全面建设小康社会的一项重要奋斗目标。医疗卫生服务体系所提供的劳务和产品中，有相当大的一部分属于公共产品和公共服务如预防保健和公共卫生，或者是外部性十分明显的准公共产品和服务如基本医疗，随着各国经济社会发展和经济全球化，越来越多的国家将基本医疗纳入公共产品的范畴或逐步扩大基本医疗的公共品范围。提供公共产品和公共服务是政府的责任，对外部性十分明显的准公共产品和服务，政府至少要负责兜底。这是当今世界各国政府、理论和实际工作者的普遍共识。②

---

① 蒋云根：《我国现阶段教育公共服务存在的问题及对策研究》，《天津行政学院学报》第 10 卷第 1 期。

② 李钢强、孙振球：《论基本医疗卫生服务中的政府责任》，《中国现代医学杂志》2008 年第 18 卷第 7 期。

二、公共服务与发展

政府履行公共服务职能的根本目的是促进发展,其一是通过强化政府公共服务职能促进经济持续、快速、健康发展;其二是通过公共服务提高社会发展水平;其三是通过公共服务提高生活质量和人的素质,从而提升人类发展指标。纵观经济增长和人类发展的历史,我们可以得出这样的结论:公共服务是现代经济增长的奥秘,也是现代社会和人类发展的动力。

(一)公共服务与经济发展

1.公共服务——弥补市场失灵的良方。政府公共服务职能的存在是因为市场失灵的存在。在市场经济条件下,政府职能定位的基本依据是:政府要顺应市场,为各类产权主体实施平等的法律保护、提供无歧视的公共服务、进行无差别的公共管理、履行有效的市场监管职能;在市场有缺陷的地方,政府要充分发挥作用,弥补市场失灵。市场失灵是指由于市场机制本身的某些缺陷和外部条件的某种限制,而使得单纯的市场机制无法把资源配置到最佳状态。如单纯的市场调节会导致收入分配严重的两极分化,影响社会公平与稳定,市场也不能自动地给社会提供充足的公共产品和公共服务等。市场失灵的存在决定了单纯的市场机制难以保障资源配置的合理化,也难以保证经济社会的协调发展,这就决定了市场经济条件下政府作用的范围和内容。现代市场经济国家都把市场失灵作为确立政府职能的前提。正是在这一意义上,有些经济学家从市场失灵需要政府干预的角度来定义公共服务,如 PaulA. Grout 和 Margret Stevens 指出,公共服务是指给公众提供具有如下特征的任何一种服务:在这些服务的提供中存在着潜在、严重的市场失灵,说明了政府干预的合理性,政府干预的方式包括生产、资助和监管。

2.公共服务——促进经济增长的原动力。现代公共服务对经济增长的促进作用主要体现在如下几个方面。

第一,私人部门生产率的提高越来越依赖公共部门生产率的提高。现代市场经济中,公共服务的地位发生了根本性的变化,由原来的辅助性作用转变为决定性的、主体性的作用。公共服务与市场竞争共同构成现代经济增长的混合动力机制，私人部门生产率的提高严重依赖于公共服务水平的提高。教育为经济增长提供优秀的人力资源、公共基础研究为企业技术创新服务。社会保障在促进变革、提高生活标准、减轻企业负担和提高经济生产率方面具有重要作用。

第二，政府公共服务投入是现代经济平衡增长的关键。政府通过税收形成的公共收入，投入到公共服务领域，形成稳定、持续、庞大的消费市场。

第三，公共服务业本身就是经济增长的重要组成部分。政府的教育、医疗、社会保障、科技投入成为促进现代服务特别是公共服务业发展的重要力量，公共部门生产成为生产力的重要组成部分。现代公共服务是经济高速增长的根本保证，是人均 GDP 突破 3000 美元、8000 美元、20000 美元这几个经济增长瓶颈的根本动力。政府需要通过提供人力资本投资的公共服务、社会保障公共服务和促进技术创新的公共服务来促进经济增长。

（二）公共服务与社会发展

1. 公共服务——社会发展的基础与核心。社会发展的基础是实现人的基本权利，公共服务的目标就是实现每一个公民的基本权利，因而，公共服务是社会发展的基础。现代社会发展的核心是创造公正、平等、实现人的基本权利的社会环境。社会公平正义主要是指权利公正和社会公平。权利公正是指公民享有的基本权利平等，人人享有基本的政治自由、经济权、劳动权、受教育权和受社会福利保障的权利。社会公平包括收入分配公平、就业公平、受教育公平、报酬公平、参与社会与决策的公平。实现社会公正，关键是正确处理效率与公平的关系，合理调整国民收入分配格局，完善公共服务体系和制度。社会发展的巨大障碍是社会分裂和社会动荡。社会分裂和社会动荡将导致生产力的巨大损失。而公共服务所具有的调节收入分配、促进社会和谐的功能能够有效抵御经济危机和社会危机的冲击，确保经济平稳增长，从而保障社会的顺利发展。政府公共服务具有社会稳定器的作用。

2. 公共服务——社会进步的标志。公共服务需求增长是社会发展进入新阶段的重要标志。人类社会发展是一个需求不断拓展和得到满足的过程。这一过程反映在经济结构方面的变化,就是伴随技术进步和物质产品供给能力的提升,服务业快速发展并超过物质产品的生产。特别是伴随着物质产品生产及其相关服务业的发展,公共服务的需求和供给扩张日益成为经济乃至社会发展的重要特征。根据国际经验,一国的人均 GDP(国内生产总值)从 1000 美元向 3000 美元过渡的时期,也是该国公共产品和服务需求快速扩张的时期。从 2003 年开始,按汇率折算的我国人均 GDP 已经超过 1000 美元。而如果按购买力平价计算,我国人均 GDP 达到这一水平的时间可能大大提前。事实上,在 20 世纪 90 年代初期,我国就基本解决了温饱问题,社会公共服务需求已经出现了长期增长的趋势。总体来说,我国改革开放 30 年来,公共服务需求的增长正在出现逐步加速的趋势,标志着中国经济、社会发展正在进入一个新的历史发展阶段。加快公共服务体系建设是党的十六大以来不断受到重视和强化的重要任务。党的十七大报告提出加快推进以改善民生为重点的社会建设六大任务,如教育、医疗、社会保障、就业和收入分配,都离不开公共服务体系的建设。因此,加快公共服务体系建设,既是社会发展到一定阶段的必然要求,是构建社会主义和谐社会的重要内容,也是社会进步的标志。①

(三)公共服务与人类发展

人类经济增长并不是人类追求的唯一目标,人类发展、生活质量与社会公正也是人类追求的基本价值。公共服务同时也是促进人类发展的重要力量。

1. 公共服务——基本人权的保障。在人权的演变史中,人们努力实现人们的人格完整、自由和平等。整个人类社会通过几个世纪的不懈努力,基本形成了关于人权与人权保护的国际规范体系。18 世纪,公民权利得以确立,为社会所有成员在法律面前人人平等目标的实现奠定了基础;19 世纪,公民政治权利的确立与扩大成为重要成就;20 世纪的最大成果是人的经济社会和文化权利的确立与扩大,为人人享有基本生存条件奠定了基础。其

---

① 高尚全:《完善公共服务体系 加快服务型政府建设》,《中国改革》2007 年第 12 期。

中公共服务权利是人的重要经济、社会和文化权利。公共服务权利的核心是获得适当的基本生活水准的权利。这种权利要求每个人至少享有必需的基本生存权——适当的食物和营养的权利,衣着、住房和必要的照顾。教育是实现人权的前提条件。每个人都拥有受教育的权利。人人有权接受义务初等教育,高等教育对一切人平等开放。健康权包括获得保健服务的权利,以及获得安全的饮用水、适当的卫生设备、适当的营养、有关健康的信息、环境卫生和职业卫生等健康条件的权利,其目标是人人享有健康。社会保障权包括社会保险、社会救助,包括对年老、残疾、失业、疾病、生育、鳏寡、孤儿等的社会保障。文化权利主要是人人有参与文化生活的权利。就业权保证人人可以自由选择工作,并从中获得收入。以上列举各种人权都可以囊括在公共服务权利之中,同时也只能通过公共服务得以实现。公共服务是基本人权实现的保障。

2. 公共服务——促进人类发展指标提升的主导力量。"人民是一国真正的财富。发展最根本的目标就是为人类创造一个适合人们享受更长、更健康和更富创造性的生活的环境。人类发展过程不仅意味着人们选择自由的增加过程,而且还表示人们可以获得福利的增加。"①人类的发展包括两方面的内容:一方面是人类能力的形成,例如不断改善的健康状况和不断增加的知识水平;另一方面是人们如何利用已有的能力来工作或享受生活。公共服务提高了人们的生活质量和人的素质,从而提升了人类的发展指标。加尔布雷思曾指出:"经济增长不再是社会迫切的需要,社会成就不再靠社会生产总值来衡量,社会迫切需要的是追求和谐的生活,是悠闲有保障和安乐,如果全神贯注于畅销品的生产,并以此作为人类发展的指标,我们的生活质量将受到损害。"生活质量指标是衡量人类发展的重要指标之一,生活质量标准就是指足够的物质资源、相当高的就业水平、良好的居住条件和交通工具等;同时,公民身体健康,并能在自由和正义的环境中,进行自我教育、发展自己的才能。生活质量的提高有赖于健全的公共服务体系。

---

① 1990 年联合国人类发展报告。

三、公共服务的提供

(一) 政府公共服务提供分析

所谓"政府提供公共服务",从政治层面上说,人民赋予政府的权力,不是要政府成为统治者,而是要政府确保为社会各阶层(包括弱势群体)提供一个安全、平等和民主的制度环境,全心全意为人民服务,实现有效的治理;从经济层面上说,政府的存在是为了纠正"市场失灵",为社会提供市场不能够有效提供而私人和社会团体又无力或不愿提供的、与其公共利益相关的、非排他性的公共产品和公共服务,制定公平的规则,加强监管,确保市场竞争的有效性,确保市场在资源配置中的基础性作用。在微观经济中,政府不应该直接作为主体参与市场竞争或者依靠垄断特权与民争利;从社会层面上说,为了确保社会健康、长远发展,需要政府提供稳定的就业、义务教育和社会保障,调节贫富差距,打击违法犯罪等。

政府的公共服务是政府行为的最终产出,是政府行为与公民需求最主要的结合点,也是公民评价政府及其领导者的主要尺度。当代西方国家的行政改革实践表明,注重政府的服务功能已经成为一种趋势。政府的公共服务取之于国民的税赋,用之于国民的福祉。政府投资兴办及监管的公共设施、公共卫生、公共交通、公共通讯、公共咨询、公共信息、公共教育等事业,全都属于政府公共服务的范畴。典型的政府公共服务方式有公园、公立图书馆、公立学校、政府公共信息网页等。现代国家政府普遍面临的世纪性挑战就是要提供更为广泛、更为快捷、更为有效、更为公平的公共服务。政府应该以社会的需求为导向,有针对性地提供高质量的公共服务。[①]

政府在公共服务的供给中具有明显的优势,同时也有突出的局限性,优势主要体现在政府公共服务供给具有规模性、强制性与公平性,可以确保依法建立均等化的公共服务体系。局限性主要表现在官僚机构的低效率性,

---

① 唐世军:《论政府职能与政府提供公共服务》中国行政管理学会 2004 年年会暨政府社会管理与公共服务论文集, 2004 年。

难以充分、及时满足多样化、差异性的社会公共服务需求。因而政府在公共服务方面需要有一个正确的角色定位,要充分发挥政府在公共服务中的主体地位和主导作用,确保政府公共服务的合理规模,同时切实提高公共服务的绩效和效率。

政府在公共服务中的作用主要表现在如下几个方面:(1)公共服务规划与建设。确定公共服务的制度安排,完善公共服务体系、制度与机制,科学规划公共服务的发展。(2)确定适合经济社会发展的公共服务政策。(3)直接生产和提供核心公共服务和公共产品,确保基本公共服务的供给。(4)履行公共服务的协调、监管职能,负责对公共服务供给价格、服务水平与质量的监管,确保公共服务的绩效和质量。①

(二)政府公共服务模式分析

公共服务模式是一个国家根据本国市场经济模式、历史传统与公共管理哲学的状况而形成的带有本国特色的公共服务制度。公共服务模式是一种较为稳定的公共服务范式,决定着公共服务的质量、水平、供给方式和发展变化。

1.世界各国政府公共服务模式概览

由于各国的国情和公共管理哲学的差异,导致政府公共服务范围、标准与供给方式的不同,各国形成了具有不同特色的公共服务制度与公共服务模式。

依据德国学者莱布福瑞德(Leibfried)对于欧洲福利国家的分类以及英国学者简·莱恩对于公共部门管理的分类可以将世界各国政府公共服务模式分成四类:(1)斯堪的纳维亚模式、俾斯麦模式、盎格鲁—撒克逊模式和拉丁模式:斯堪的纳维亚模式是北欧国家使用的模式,这种模式属于现代化模式,这种模式注重的是充分就业,由福利国家提供就业机会,在必要的时候通过补贴为公众提供补偿。(2)俾斯麦模式是指以法国和德国为代表的

---

① 李军鹏:《公共服务学——政府公共服务的理论与实践》,国家行政学院出版社 2007 年版,第 78~79 页。

大陆欧洲模式,这种模式的类型属于制度型,它把经济增长作为重点,对于公众的福利首先考虑的是各种补偿手段,由政府提供的就业机会则是在必要情况下最后考虑的方案。(3)盎格鲁—撒克逊模式是英国(包括美国)采用的模式,这种模式的类型被叫做剩余型。该模式优先考虑的重点是经济发展,强调对劳动和工作的约束,从经济角度进行补偿则作为最后考虑的手段。(4)拉丁模式是南欧国家采用的模式,这种模式被称为初级型。该模式优先考虑的是如何赶上欧洲其他国家的发展步伐,福利国家则作为该模式为公众保证在未来实现的制度之。

目前,我国学者在研究中将世界各国的公共服务模式大致划分为三种类型:(1)"公平与效率兼顾型"公共服务模式。该模式是一种将政府公共补贴与工作贡献、市场保障相结合的制度模式,公共服务强调公平、效率与法制原则,保障待遇与条件实行贡献与权益相结合的原则。这一模式的主要特征是在政府公平分配的前提下,建立起个人积累为主、政府补助、商业保险辅助的社会保障与公共服务制度体系;政府的公共补贴主要是救济贫困者,保证国民的基本生活需要。以美国和德国为典型代表。(2)"全面公平型"的公共服务模式。该模式把"公平"作为首要价值理念。它强调以国家为主体,实行对全民的普遍保障。国家承担着保障全体国民的义务和责任,每一个人都享有社会保障的权利。这种模式的公共服务制度覆盖面广、种类多、层次高,公共服务遵循"全民普及、公正公平"的原则,服务保障项目多、体系健全、公民受益面宽。以英国和北欧的瑞典为其典型。(3)"效率主导型"的公共服务模式,就是通过国家立法等强制手段,以个人或家庭的储蓄来进行自我保障。这种模式国家负担轻,对经济效率产生正面影响。新加坡和智利是其典型。[①]

2.我国公共服务模式构建的方向

分析西方国家公共服务的基本模式可以得出以下启示:由于具体历史环境的不同和意识形态的制约,西方国家的公共服务存在着不同的模式,这

些模式之间的差别甚至是巨大的,既有基本价值取向的区别,也有具体运作机制的区别。欧洲模式比较强调平等的价值观,主张通过政府干预的手段,以提供公共服务的途径来达到社会平等的基本目的。盎格鲁—撒克逊模式更崇尚民主的价值取向,更倾向于依靠个人的努力和市场的运作达到社会资源的公平配置,其注意的中心是经济的最大限度发展。考察西方国家公共服务模式的建立过程却可以发现,已经形成的意识形态因素在决定各个国家选用何种公共服务模式的时候甚至起着决定性的作用。因此,作为盎格鲁—撒克逊模式最纯粹表现的美国模式中,我们可以清晰地看到强调个人奋斗的新教伦理的影子,而欧洲资产阶级革命用"自由、平等、博爱"作口号,其中独缺盎格鲁—撒克逊模式非常强调的民主,这一点非常耐人深思。确立了这样的认识,我们就必须认真研究如何在"三个代表"和科学发展观的指导下建设中国公共服务体系的问题。西方国家公共服务的不同模式各有利弊,中国应该在综合吸取不同模式优劣的基础上确定自己公共服务体系的建设方向。

建设服务型政府的关键是要建立中国特色的公共服务模式。根据中国人口总量和就业人口总量巨大、人口老龄化、城市人口激增的特有国情,中国特色的政府公共服务模式应该朝着以下四个方面着眼。以加强政府社会性公共服务为重点,建立"社会性公共服务支出为主体"的公共服务支出模式。以优先发展科技教育共公共服务为重点,建立"科教优先"的公共服务增长模式。以人人都享有基本公共服务为目标,建立"覆盖全面、水平适度、公平与效率兼顾、可持续发展"的公共服务消费模式。推进公共服务的社会化,建立"多中心治理"的公共服务供给模式。[①]

(三)政府公共服务手段分析

1. 公共服务政策

政府必须为社会和公民提供哪些公共服务和公共产品,必须由民主、科

---

① 李军鹏:《公共服务学——政府公共服务的理论与实践》,国家行政学院出版社 2007 年版,第 130~134 页。

学的公共政策程序来决定。公共服务政策取决于一个国家对特定历史状况和经济发展条件下国家发展的价值目标的判断与发展方向的选择。

(1)城市公共服务政策

城市公共服务政策涉及城市居民生活的方方面面,主要表现为:

城市居民最低生活保障政策。该政策是政府对城市贫困人口按最低生活保障标准进行差额救助的新型社会救济制度。1993年6月,上海市民政局在调查研究的基础上,提出了建立城镇最低生活保障线的方案,开创了我国城市居民最低生活保障制度的先河。在1994年召开的第十次全国民政会议上,民政部长多吉才让提出要对城市救济对象逐步实行按当地最低生活保障标准进行救济,1995～1996年,部分沿海城市开始试点;1996年3月,建立城市最低生活保障制度被列入八届全国人大四次会议批准的《中华人民共和国经济和社会发展"九五"计划和2010年远景目标纲要》;1997年9月,国务院下发《关于在全国建立城市居民最低生活保障制度的通知》,提出到1999年底,所有城市和县人民政府所在地的镇都要建立起居民最低生活保障制度;1999年9月28日,朱镕基总理签署国务院271号令,颁布《城市居民最低生活保障条例》,并于1999年10月1日起正式施行,它标志着全国城市居民最低生活保障工作开始步入法制化管理的轨道。①

城镇住房保障政策。自1998年中国房改启动以来,福利分房的旧体制被打破,取而代之的是"建立和完善以经济适用住房为主的多层次城镇住房供应体系"的最初房改思路。然而过分强调市场化、忽视社会保障的结果使城市中低收入家庭买不起房,这种完全由企业和市场主导的房地产市场格局,绝非是房改政策的初衷。② 国发[1998]23号文件提出实施不同住房供应政策,"最低收入家庭租赁由政府或单位提供的廉租住房,中低收入家庭购买经济适用房,其他收入家庭购买市场商品住房。2003年《国务院关于促进房地产市场持续健康发展的通知》中提出要"加快建立适合我国国情

---

① 李妍:《构建号社会保障制度的最后一道安全网——城市居民最低生活保障制度及其完善》,《云南财贸学院学报》第18卷第3期。

② 王巨辉:《我国现阶段住房保障政策研究》,《合作经济与科技》2008年6月号下。

的住房保障制度"。2007 年 8 月,国务院下发《国务院关于解决城市低收入家庭住房困难的若干意见》明确表示,加快建立健全以廉租住房制度为重点、多渠道解决城市低收入住房困难的政策体系。2007 年 11 月住房和城乡建设部会同国家法改委、国土资源部等部委联合发布《廉租住房保障办法》、《经济适用住房管理办法》等文件,进一步完善了住房保障政策体系。①

再就业政策。从 2002 年开始,我国政府先后出台了一系列再就业扶持政策,目前的再就业政策主要由以下九项构成:低保政策、小额担保贷款政策、个体经营收费优惠政策、再就业税收政策、再就业培训政策与服务、创业优惠政策、再就业职业指导服务、就业援助政策、从事非全日工作、临时性工作等享受社会保险补贴政策,形成了一个涵盖财政、税收、金融等领域的较为完整的促进就业的政策体系,再就业政策效果显著,保证了我国再就业形势的稳定。②

(2)农村公共服务政策

农村公共服务是农村社区为满足农业、农村发展或农村生产、生活共同所需而提供的社会服务,是以信息、技术或劳务等服务形式表现出来的一种农村公共产品。农村公共服务政策包括经济、政治、文化和社会等方面,主要表现为:

农村义务教育政策。2001 年,国务院颁布《关于基础教育改革与发展的决定》,要求"进一步完善农村义务教育管理体制。实行在国务院领导下,由地方政府负责、分级管理、以县为主的体制"。2005 年、2006 年一号文件又提出"明确各级责任、中央地方共担、加大财政投入、提高保障水平、分步组织实施"的原则,在农村逐步建立义务教育经费长效保障机制。2007 年一号文提出,在全国农村全部免除义务教育阶段的学杂费。至此,农村义务教育正全面纳入公共财政保障范围。

农村公共卫生政策。2002 年 10 月,党中央、国务院作出了《关于进一

---

① 周宇:《住房保障政策:描绘"居者有其屋"的蓝图》,《中国建设信息》2008 年第 7 期。
② 李婕、范丽平:《论我国再就业政策的现状及对策》,《当代经济》2007 年 第 12 期。

步加强农村卫生工作的决定》,明确了加强农村公共卫生工作、推进农村卫生服务体系建设、建立和完善新型农村合作医疗制度与医疗救助制度等任务。次年,实行了新型农村合作医疗制度试点。2006年一号文件明确了新型农村合作医疗的实施和目标,较大幅度地提高了中央和地方财政补助标准。2004年中央提出实施农村医疗卫生基础设施建设规划,加快农村医疗卫生人才培养,提高农村医疗服务水平和应对突发公共卫生事件的能力。

农村社会保障政策。除了农村合作医疗和医疗救助外,农村社会保障体系还包括五保户供养制度、农村最低生活保障制度、农村特困户救助制度、农村扶贫、农民养老保险等。2006年一号文件提出,有条件的地方可以探索建立农村社会保障制度。目前,农民的基本养老保障、基本医疗保障和最低生活保障体系基本构建起来,农民老有所养、病有所治、贫有所济的问题逐步得到解决。公共财政对农村社会保障制度建设的投入逐步加大。

农业技术推广政策。2007年一号文件指出:"要加快农业技术推广体系改革和建设,积极探索对公益性职能与经营性服务实行分类管理的办法,完善农技推广的社会化服务机制。深入实施农业科技入户工程,扩大重大农业技术推广项目专项补贴规模。鼓励各类农科教机构和社会力量参与多元化的农技推广服务。"①

我国公共服务供给体制从过去的城市偏好转换到城市和农村并重,表明我国党和政府正视中国经济社会发展客观存在着的二元结构,并希望通过统筹的方式协调和处理城乡关系,解决新时期的农业、农村和农民问题。当前,我们应该做的就是要进一步完善已有的制度,并且要创造性地探求新的办法。

2. 公共服务机制

公共服务机制主要是解决公共服务的运行科学化问题,包括公共服务科学决策机制、公共服务绩效评价机制、公共服务激励约束和协调机制、公共服务管理和监督机制等,确保公共服务资源得到公平配置和高效使用,真

---

① 黄世贤:《试论我国现有农村公共服务政策》,《中国党政干部论坛》2008年第4期

正建立公共服务安排者、生产者和消费者之间的激励相容机制,确保公共服务的效率和效益。

(1)公共服务科学决策机制。在公共服务的提供中,决策机制的创新是根本性的。合理科学的决策机制能够反映社会各方面的利益和诉求,公众参与更加广泛、信息更加透明、民智或民意的表达将更加充分,公共服务提供的内容也会更加贴近现实。因此,应建立公众参与、专家咨询、政府决策三者相结合的决策机制,保证公共服务决策的科学化、透明化、民主化和制度化。在重大公共服务的决策上,除必须依据法律法规与国家政策的要求和规定的程序、权限进行决策外,还应引入集体决策和专家咨询制度,重视社会公示和社会听证制度,建立立项调研制度等,提高公共服务决策的社会化参与度和有效性,强化公共服务决策责任制。

(2)公共服务绩效评价机制。评估公共服务提供的绩效,是对政府支出活动的效益、效率和有效性进行评价,其评价的出发点是基于公共资金的性质,评价的指导思想是"战略导向"、"结果导向"与"公共导向",评价的目的是考量服务的投入、服务的过程、服务的产出以及服务的效果,以实现良好的公共服务政策目标。

(3)公共服务激励约束和协调机制。为了让公共服务的提供数量与质量快速上台阶,尽快与公共需求的发展变化相对接,构建激励约束机制也是现实有效的策略。在建立财政激励约束机制方面,应坚持依据绩效综合评价结果来调节对公共服务提供多元主体的支持力度,奖惩结合,充分发挥正向激励、逆向约束的作用。如在吸引社会力量参与公共服务提供中,可采取税收优惠、政府采购、财政贴息等手段,充分发挥财政"四两拨千斤"的作用。而协调工作是公共服务提供中的又一核心,在公共服务提供机制中,应该营造一种"和谐提供"的体制氛围。这里的协调,既有政府间的协调,也有政府与社会的协调,目前这两方面都要有所突破。

(4)公共服务管理和监督机制。与我国政府提供公共服务不足的同时,公共服务提供中的"重建设、轻管理",经营管理效率低下是一个较为普遍的现象,特别反映在政府财政全资提供的公共服务项目中,这主要是由于责权不明晰所导致的结果。因此,在强调公共服务提供的同时,还应加强对其的管理,引进先进的管理模式,如以 PPP 模式提供并管理某些公共服务事业,其效率得到了大幅度的提高。而财政监督是公共服务提供管理的内在要求,国家权力机关、政府财政部门、专业审计部门以及社会公众对公共服务提供的规模、结构、效率、合法性、合规性都负有监督的责任和义务。只有在提供与管理和监督并重的前提下,财政资金才会得到合理、节约、高效的使用,政府对公众提供的服务才能真正落到实处。①

---

① 徐摘自《中央财经大学学报》2006 年第 12 期《提高政府公共服务能力的财政思考》。

第二章 公共服务理论

公共服务具有悠久的历史。工业社会以前,在中世纪西欧的封建采邑制和中国传统社会的家产制统治模式下,公共服务就已经存在,只不过二者都从属于政治统治的目的,是统治者为增强统治能力、缓和社会矛盾的延伸物,无论在质还是量上都不能与工业社会以降的公共服务同日而语。所以,工业社会以前基本上没有成型完备的公共服务理论。其实,也只有在公共服务成为一个令当政者头疼的问题的时候,有关公共服务的理论才有大行其道的实际需要和社会背景。

人类社会进入到工业社会以后,私人行政演变成公共行政,政府提供公共服务的职能相对于前工业社会日益凸显,一系列的有关公共服务的理论也浮出水面。这些理论要么本身就是关于公共服务的,如公共物品理论;要么是其内容涉及公共物品的相关问题,如治理理论。这些理论来自不同的学科领域,如公法学派的主张来自法学,公共物品理论主要来自经济学,新公共管理和新公共服务则主要来自公共行政学领域,而治理理论的学科归属则较为模糊(有的将之归入政治学,其实它涉及管理学、政治学、经济学等众多学科领域)。这些理论不仅来自西方,也包括中国在马克思思想影响下的共产党人公共服务思想。这些理论分别从不同角度提出了公共服务的有关议题:公法学派基于法理学、法哲学的视角,提出了其关于公共服务的定义、范围确定和判定标准等;公共物品理论则从处理政府与市场在资源配置方面的角色关系入手,在对政府的职能进行界定的前提下,详细区分了公共物品的性质和各种公共物品不同的供给方式;新公共管理理论力求改变政府官僚机构在公共服务供给上效率低下的现状,高举效率大旗,力主公共服务的社会化和市场化,赞同将私人部门的管理思想和方式移入公共部门,将公民看成接受公共部门公共服务的顾客;治理理论杂涉旁收,撇开其内在的混乱不论,它主张构建一个全社会共同治理的网络,强调公共服务中各方力量的参与,实现公共服务供给主体的多元化,提出转变政府在公共服务中的角色,实现善治的目标;新公共服务理论则是作为一种对新公共管理对立的理论提出来的,它质疑新公共管理过度市场化和效率原教旨主义的主张,要求重拾民主宪政的价值,保障公民权和公共利益的实现;中国本土的公共服务思想则是在传统文化基础上,以马克思的相关思想为支点,结合中国的实际情况不断发展完善的,强调官员的公仆人格和"全心全意为人民服务",暗示公共服务的阶级偏向,注重满足人民在生活中最迫切的公共服务需求。

所有这些与公共服务有关的理论都力图解决各自时代背景下更宽范畴的问题,它们的视角、主张都打上了时代的烙印,甚至相互对立(如新公共管理和新公共服务)。但是,梳理它们的来龙去脉,全面了解它们的思想光芒对于建立一个系统的公共服务理论具有无可替代的借鉴意义,这也是服务型政府理论构建无法回避的工作之一。

第一节 公法学与公共服务理论

近代以来,受英美古典自由主义理论和法国社会契约论的影响,国家主权理论和个人权利本位在公法理论中占据了主流地位。在这种理论框架之中,国家被看作拥有凌驾于法律之上特权的主体,而个人则被看作为拥有绝对的、不可剥夺的自由权、生命权和财产权等天赋权利的人格主体。"但是,由于个人追求其自由发展的活动必然会对其他人产生影响,而这种影响又往往会导致冲突和矛盾,因此,人们需要有一个中立的、具有一定权威性的实体来协调彼此之间的冲突、裁断相互之间的矛盾。在这种意义上,国家要么被认为是'必不可少的恶'(英美理论),要么被认为是与个人具有相似属性的一种人格主体(法国理论)。根据这样的国家理论,公法(这里主要是指宪法和行政法)的主要作用在于明确界定和保护个人权利,以个人权利来制约和抗衡国家的公共权力。这种理论范式在英美学说中一直得到保留,而在以法国和德国为代表的欧陆国家却早已受到修正和改造。"①

一、法国公法学的贡献

法国公法学家莱昂·狄骥(Leon Duguit)针对"国家—个人"二元对立的观点,提出了兼具现实主义和功能主义特色的公共服务理论。莱昂·狄骥从社会学家涂尔干(Durkheim)提出的社会连带学说出发,对不受限制的"国家主权"概念和"天赋的、不可剥夺的个人权利"的概念进行了猛烈抨击。作为公法学的先驱,狄骥主张用"国家责任"来取代"主权不受限制",用"义务"的概念来取代"权利"的概念,用"公共服务"来取代"主权命令"。他认为,"公共服务的概念正在逐渐取代主权的概念而成为公法的基础"②。

莱昂·狄骥在《公法的变迁:法律和国家》一书中指出,"公共服务就是指那些政府有义务实施的行为"③,"对一项公共服务可以给出如下定义:任何因其与社会团结的实现与促进不可分割、而必须由政府来加以规范和控制的活动,就是一项公共服务,只要它具有除非通过政府干预,否则便不能得到保障的特征。"④在他看来,国家的组成和公职人员的存在都是为了给公共事业服务,国家责任是一种基于公共负担均等理念上的责任,即以公共资金为支撑的公共保险来对抗公共服务中可能存在的风险。出于维护公民利益的目的,公共服务必须得到以国家强制力为后盾的法律保护。狄骥还对公共服务内容的变化趋势进行了探讨,认为公共服务的内容始终是多种多样、处于流变状态的,且公共服务的规模随着公共需求的增长而扩大。

法国行政法学中"制度理论"的奠基人莫里斯·奥里乌(Maurice Hauri-

---

① 郑戈:《如何保障公共权力的良性运作——"法国公法与公共行政"首批出版译者评介》,见 http://www.gongfa.com/zhenggefaguogongfa.htm
② [法]莱昂·狄骥:《公法的变迁·法律与国家》,郑戈、冷静译,辽海出版社、春风文艺出版社1999年版,第40页。
③ 同上书,第50页。
④ 同上书,第53页。

ou)也同意狄骥借助"公共服务"这一概念所表达的思想,认为政府公职人员在履行其公务职能时由于过失而造成的损害应当由国家承担赔偿责任,但与狄骥过分强调公共服务而忽略公共权力的取向不同,奥里乌更强调行政的公共服务职能与其公共权力属性之间的共存和平衡。① 奥里乌认为,公共服务是行政要实现的目的,而公共权力是实现这种目的的手段,公民将从公共服务中获益。

继莱昂·狄骥之后,另一位法国学者古斯塔夫·佩泽尔(Gustave Peiser)也对公共服务的概念进行了研究。他指出,公共服务的概念是"法国公法中最难分析的概念之一","对狄骥而言,行政法就是公共服务的法律,国家本身就构成公共服务的整体"。② 他将公共服务定义为"一公共团体为了满足普遍利益的需要而进行的活动"③。相对于狄骥对公共服务的定义,佩泽尔的定义外延更广。他认为,"公共服务的用语可以有组织的含义和物质的含义。在组织含义上,公共服务意味着一个组织,一个行政机构。在物质含义上,公共服务指的是某项活动,某项具有普遍利益特点的使命。"④值得强调的是,公共服务并非只能由公共组织来提供,"公共组织完全可以管理具有私人性质的活动,而一个私人组织也可从事具有公共服务性质的活动"⑤。

然而,随着时代的发展,政府公共服务的内容突破了原有的范围,从单纯的司法、警察、国防、国家财政等主权类服务发展到教育、卫生、医疗保障等社会和文化服务,以及工商业公共服务⑥等。在谈到公共服务的未来时,佩泽尔认为只有公共服务的维持和增加才能保持人口的稳定,"非国家化"

---

① 郑戈:《如何保障公共权力的良性运作——"法国公法与公共行政"首批出版译者评介》,见 http://www. gongfa. com/zhenggefaguogongfa. htm

② [法]古斯塔夫·佩泽尔:《法国行政法》,廖坤明、周洁译,国家行政学院出版社2002年版,第187页。

③ 同上书,第187页。

④ 同上书,第187页。

⑤ 同上书,第190页。

⑥ 工商业公共服务通常是指国家直接从事经济活动或者把某些私营企业国有化。

将成为公共服务的重要特征之一。

公法的作用领域也随之深入到某些原本应由民法等私法去规范的领域。公法和私法作用域的交叉使公共服务理论受到挑战,日渐式微。

二、德国公法学的贡献

在德国公法学界,厄斯特·福斯多夫(Ernst Forsthoff)最早提出了"服务行政"这一概念,其1938发表的论文《当作服务主体的行政》开启了"德国行政法学重视'服务行政'之门"①。在该文中,福斯多夫提出了所谓"生存照顾"的概念,认为国家应当提供保证公民个人基本生存需要的物质和服务,以促进个人发展和社会经济发展。他所提出的"'生存照顾'一词已系表彰现代国家行政任务重心之所在"②。"任何一个国家为了维持国家稳定,就必须提供人民生存之照顾。国家惟有提供生存照顾,确保国民的生存基础,方可免于倾覆之命运。"③

彼德·巴杜拉(Peter Badura)在福斯多夫建立的"服务行政"学说的基础上,进一步指出,"行政并非系仅是国家实现法律与行政目标的手段,而是应当作为国家福利目的的工具,来满足社会正义的需要"④。福斯多夫提出的"服务行政"和"生存照顾"主张利用国家行政权力,适度扩大对个人生活的干预。关于此,哈特穆特·毛雷尔(Hartmut Maurer)教授指出:"国家要提供个人需要的社会安全,要为公民提供作为经济、社会和文化等条件的各种给付和设施(例如水、电和煤气,交通管理等等);为了保证社会公平、保持或者促进经济结构的繁荣,国家还必须对社会和经济进行全面的干预。"⑤

不过,社会环境的变迁促使福斯多夫对其在20世纪30年代提出的"生

---

① 陈新民:《公法学札记》,中国政法大学出版社2001年版,第47页。
② 同上书,第46页。
③ 同上书,第53页。
④ [德]彼德·巴杜拉:《自由法治国家的行政法和社会法治国家的行政法》,第328页;转引自:于安:《德国行政法》,清华大学出版社1999年版,第12页。
⑤ [德]哈特穆特·毛雷尔:《行政法学总论》,高家伟译,法律出版社2000年版,第17页。

存照顾"概念又产生了新的见解。福斯多夫在 1959 年发表了题为"服务行政的法律问题"的论文,认为"除了在国家陷入战争及灾难的非常时期外,在承平期间,应有'社会之力'来解决其成员的生存照顾之问题,而非依赖国家及行政之力量"①。"至此,福斯多夫已经正式提出了生存照顾'辅助性理论',生存照顾是当社会不能凭己力维持'稳定'时,国家才扮演的一种'国家补充功能'。"②由于可以通过社会力量来解决人民生存照顾的问题,因此,生存照顾一词已经不再完全具有初创时期的公法色彩。而举国家之力和社会之力来提供的生存照顾服务,可能会比单由前者提供的服务更具质量保障。

第二节 公共物品理论

公共物品的英文对应词是 public goods,是和私人物品相对的概念,国内有些学者将其译为"公共产品",台湾学者则习惯于将其译为"公共财"。根据公共物品的特性,我们通常把公共物品划分为纯公共物品、俱乐部物品和公共池塘资源物品。纯公共物品指的是向全体社会成员共同提供的且在消费上不具竞争性也不具排他性的物品;俱乐部物品是指在消费上具有非竞争性和排他性的公共物品;公共池塘资源是在消费上是非排他的、但同时又具有竞争性的公共物品。俱乐部物品和公共池塘资源物品则通称为"准公共物品",即不同时具备非排他性和非竞争性的物品。公共物品的不同性质决定了公共服务提供方式的不同。

公共物品理论是新政治经济学的一项基本理论,也是正确处理政府与市场间关系、解决政府职能转变和公共服务市场化等问题的基础性理论。在公共物品理论从最初创立到走向成熟的过程中,形成了许多具有代表性的流派和观点,对政府公共服务职能体系的构建起到了巨大的指导作用。

---

① 陈新民:《公法学札记》,中国政法大学出版社 2001 年版,第 85 页。
② 同上书,第 85 页。

"在西方的传统理论中,'公共服务'和'公共物品'甚至被看作是可以等同和相互替换的概念"①,而且"按西方人研究问题的思维逻辑,似乎对公共物品的研究可以代替对公共服务的研究"②。通过对公共物品理论的研析,我们可更加清晰地认识公共需求的性质,并客观地把握公共服务职能的界限。

一、公共物品理论的起源

首先对公共物品现象给予关注的政治哲学家和政治经济学家们。英国的政治哲学家托马斯·霍布斯(Thomas Hobbes)在1657年完成的著作《利维坦》中提出了社会契约论和利益赋税论。他指出,国家的本质"用一个定义来说,这就是一大群人相互订立信约、每个人都对它的行为授权,以便使它能按其认为有利于大家的和平与共同防卫的方式运用全体力量和手段的一个人格。"③不过,人们一旦同意授权,就得对法律和公共权力绝对服从。主权者的职责取决于人们赋予主权时所要达到的目的,那便是为人民求得安全,此安全不单纯是指保全性命,还包括每个人通过合法的劳动,在不危害国家的条件下可以获得生活上的一切其他的满足。④ 这可以看作是公共物品理论的重要思想源头。霍布斯的关于公共物品的思想包括三点:1.政府本身就是一件最重要的为个人提供公共服务的公共物品;2.公共物品是以个人为基础的;3.政府收支即是公共收支。

休谟(David Hume)在《人性论》中提出了著名的"公地悲剧"。他指出,两位邻人可能就在一块平地上排水达成协议,但在1000人之间却难以达成协议,因为每个人都企图坐享其成。休谟认为,在自利的个人之间存在某些共同消费的产品,而人们对提供这些产品存在"搭便车"的心理和可能性。因此,某些多人有益的事情,只能通过集体行动或由政府参与来完成。

如果说霍布斯和休谟关于公共物品的研究倾向于政治层面的话,威廉

---

① 柏良泽:《公共服务研究的逻辑和视角》,《中国人才》2007年第3期,第28页。
② 同上文,第28页。
③ [英]霍布斯:《利维坦》,黎思复、黎廷弼译,商务印书馆1985年版,第132页。
④ 同上书,第260页。

·配第(William Petty)、亚当·斯密(Adam Smith)、萨伊(Jean B. Say)以及约翰·穆勒(John S. Mill)则主要倾于从经济学的角度来探讨公共物品现象。1662年,英国古典政治经济学的创始人威廉·配第在《赋税论》中集中讨论了公共经费问题和公共支出问题。在《赋税论》发表一个世纪之后,亚当·斯密首次将公共支出与市场失灵联系起来。他从自由经济学的角度出发,认为只要取消政府限制,自由资本主义制度将确立起自身的一致与和谐,因而政府不应该插足直接管理和指挥私营企业的活动,但本性自由的资本主义制度又需要政府执行三个不言而喻的职责:"其一,保护本国社会的安全,使之不受其他独立社会的暴行与侵略;其二,为保护人民不使社会中任何人受其他人的欺侮或压迫,换言之,就是设立一个严正的司法行政机构;其三,建立并维持某些公共机关和公共工程(这类机关和工程,对于一个大社会当然是有很大利益的,但就其性质说,设由个人或少数人办理,那所得利润决不能偿其所费,所以不能期望个人或少数人出来创办或维持这种事业)。"①这就明确指出了政府的作用在于维护市场秩序、社会正义和私有财产的安全,从事一些公共工程等具有公共性质的活动。

穆勒详细探讨了政府活动的适应范围,指出政府必须提供保障人们生命和财产安全的法律体系和制度,这是保证自由放任制度正常运行的基本前提。穆勒还较模糊地意识到后来公共产品理论明确提出的"搭便车"问题,指出在很多情形下,公共服务的提供是重要的,但却没人感兴趣,因为提供这些服务并不必然自动获得适当报酬。如铸币,制定度量衡制度,绘制地图和航海图,道路、路灯、港口、灯塔和堤坝的建设等。穆勒反对政府在公共服务领域施予过多的干预,政府管得太多会加大政府的权力,影响政府的工作效率。

18世纪末19世纪初,法国经济学家萨伊在对市场运行情况进行研究的基础上,提出了著名的萨伊定律,认为每个生产者之所以愿意从事生产活

---

① [英]亚当·斯密:《国民财富的性质和原因的研究》(下卷),郭大力、王亚南译,商务印书馆1988年版,第254页、第272页、第284页。

动,若不是为了满足自己对该产品的消费欲望,就是为了想用自己生产的物品来换取他人的物品或服务;供给能够创造其本身的需求,总供给与总需求必定是相等的。由于市场本身具有宏观调节和平衡的功能,政府没有必要进行过多的宏观干预。萨伊认为政府在公共服务方面的职能包括制定详细周密的计划,建设和维修公共工程,提供诸如创办各类学校、图书馆和博物馆等公共服务,主持一些大型的科学研究项目,并推动科学技术知识的广泛传播。

不过,上述这些思想家们所指涉的公共物品概念和范畴始终囿于自由主义的思维框架内。因为在他们看来,管得最少的政府才是最好的政府,政府应当从干预中摆脱出来,仅履行某些特定的职责,实行自由放任的政策。所以,尽管这一时期的政治哲学家和政治经济学家们对公共物品理论的产生作出了巨大的贡献,但由此论及公共服务理论时,有学者认为,"真正导致公共服务理论产生的事件是自由主义的分裂"。①

在政治哲学和政治经济学领域之外,历史学派和国家社会主义者们也对公共物品理论的产生作出了巨大贡献。19世纪前半叶,完成了产业革命的英国已经成为了"世界工厂",而德国却仍处在封建割据的状态,为了发展德国本国的工业,客观上要求采取保护贸易政策,并在意识形态上对抗英国亚当·斯密的自由经济理论。在这种背景下,德国历史学派的先驱李斯特(F. List)提出了发展国民生产力的理论,主张利用国家来介入经济活动。19世纪国家社会主义思想的主要代表阿道夫·瓦格纳(Adolf Wagner)对国家如何介入经济活动进行了进一步的探讨。瓦格纳比较了公共经济与私人经济的异同,认为公共经济是一个经济组织,它的主体是代表国家的政府;公共经济为国家提供安全,完成国家赋予的任务,特别是生产无形产品;公共经济部门由大量的政府雇员组成。瓦格纳的理论建立在国家对社会经济发展起决定性作用的基础之上,与斯密所倡导的"尽可能小的政府"相对

---

① 李军鹏:《公共服务学:政府公共服务的理论与实践》,国家行政性学院出版社2007年版,第26页。

立。然而,由于历史学派和国家社会主义者对国家的作用过于关注,因而也就不可能在充分分析市场失灵的基础上提出公共物品理论。

二、公共物品理论的形成

19 世纪末,奥地利和意大利的一些学者将古典边际效用价值论运用到公共财政问题上,阐释了政府和财政在市场经济运行中的合理性与互补性,提出并论述了公共服务要成为具有价值的公共物品。边际效用价值论的引用意味着对公共物品的研究正式从政治学角度转移到经济学角度上来,这通常被看作是公共物品理论成为一种系统理论的标志。

1896 年,瑞典经济学家克努特·威克塞尔(Knut Wicksell)指出,公共物品供应应使个人效用最大化。国家所提供的公共服务给予个人的边际效用应该与个人因纳税而损失的财富的边际效用相等。公共服务(公共物品)的范围和规模并不是取决于个人,而是取决于社会各阶层和利益体之间的协商。因此,威克塞尔将政治过程引入到公共经济的分析当中,认为政治程序的介入有助于个人说出其对公共物品的真实偏好。在《财政理论研究》中,威克塞尔成功地将"边际成本定价"这一方法应用于公用事业服务和具有垄断性质的寡头产品的提供等,并由此而提出了"纯公共物品理论"。威克塞尔另一个重要的贡献是,明确提出了"搭便车"问题。值得一提的是,"将政治程序引入到公共物品研究领域"为现代公共选择理论奠定了初步的思想基础。

而公共物品理论初步形成的真正标志,则是 1919 年林达尔模型的提出。林达尔(Erik R. Lindahl)1919 年在其博士论文《公平税收》中首次提出了"公共物品"这一概念,他认为,公共物品是国家对人民的一般给付,个人或个人集团对公共物品所支付的价格就是赋税。他在威克塞尔相关研究的基础之上,建立了林达尔均衡模型,用以分析政治上平等的两个消费者如何共同决定公共物品的供应并相应分担其税后份额的问题。林达尔认为,公共物品的价格并非取决于某些政治选择机制和强制性税收,而是取决于个人意愿,并且在个人对公共产品的供给水平以及它们之间的成本分配进行讨价还价的过程中实现均衡。如果每一个社会成员都按照其所获得的公共物品或公共服务的边际效率的大小,来分担相应的资金费用,则可以实现公共物品或公共服务的最佳供给。但实际的情况是,理性的"免费搭车者"大量存在,公共物品或公共服务往往很难实现有效供给。因此,政府有必要采取强制性的融资方式(主要是税收)获得用于提供公共物品或公共服务的资金。

1920年,庇古(Arthur C. Pigou)在运用马歇尔(Alfred Marshall)"外部性"概念的基础上,第一次将外部性概念和社会费用视为公共经济学的基础。他以外部性概念为中心对社会净产品和个人净产品进行了区分。个人净产品是私人的内在净成本或净利益,它能以市场来衡量。社会净产品则可能比个人净产品更大或更小,因为它除了个人在买卖中产生的净成本或净利益外,还要包括影响他人而又无法通过市场市场价格表现的净成本或净利益。他没有直接使用"公共物品"这个概念,但其所用的外部性概念接近于公共物品概念,即当个人净产品为零而社会净产品构成整个产品的价值时,外部性就等于公共物品。庇古认为,如果要达到社会总福利的最大化,任何经济活动的边际社会净利益与边际社会净成本必须相等。当社会净利益超过个人净利益时,政府应对没能由市场价格体现而无法获得外部利益的经济人予以相应补贴,补贴额等于边际外部收益;而当社会净成本超过个人净成本时,政府应对带来外部净成本的经济人征税,且税额等于边际外部成本。作为政府补贴的极端形式,政府要承担市政规划、警察和清除贫民窟的全部经费。庇古对经济学最大的贡献,在于他系统地建构了福利经济学的理论体系。他在著作《福利经济学》中深入论述了经济福利的有关概念、福利与国民收入之间的关系、社会资源的最优配置以及国民收入与劳动的关系,并提出了国民收入均等化和国家干预主义的政策建议。国家干预的工具包括政府管制、直接提供物品和服务、政府补贴等。

继庇古之后,奥尔森(M. Olson)在20世纪50年代世界经济中外部性问题愈加凸显的情况下,从"集体行动"问题着手,得出了"外部性具有不可分割性"的结论,亦即,任何个人都不可能排他性地消费公共物品。所以,在处理环境污染等公共问题时,必须由政府通过规定或法令来解决外部性。

1929~1933年,世界范围内的资本主义经济危机爆发,凯恩斯主义应运出现在历史舞台上。凯恩斯主义主张政府应当对社会生活进行全面的干预,增强政府在社会保障及其他社会公共事务方面的作用,提供更多的基础设施和公共设施,为公民建立"从摇篮到坟墓"的保障。认为只有通过政府的干预,利用财政政策、货币政策和就业政策等宏观调节手段,才能解决社会经济危机保持社会稳定发展。凯恩斯主义出现以后,各国政府开始明确地承担起它们应负的使命,具体包括:努力促进充分就业、稳定物价、维持经济增长和实现收支平衡。

三、公共物品理论的新发展

1954年,萨缪尔森(P. A. Samuelson)发表了《公共支出的纯理论》一文,较为详细地阐述了公共物品的概念。他对公共物品的定义是:任何人消费这种物品不会导致他人对该物品消费的减少。萨缪尔森认为,由于市场失灵的存在,市场经济中存在着不可避免的不完全竞争、外部效应等生产或消费无效率的情况,所以必须由政府来加以干预,通过政府提供公共物品来调节经济的运行。政府提供公共产品与公共服务具有提高市场效率、实现社会平等和稳定经济三个重要作用。萨缪尔森建立了萨缪尔森模型,用以分析公共物品的最佳供应问题。他认为,某种私人物品的总消费量等于全部消费者对私人物品消费的总和,而公共物品的消费总量则等于任何一位消费者的消费量。

然而,萨缪尔森所定义的"公共物品"只是同"纯私人物品"相对的"纯公共物品",在现实生活当中,更多的物品则是介于纯公共物品和纯私人物品之间,要么只具有非排他性,要么只具有非竞争性,我们称之为准公共物品。1965年,詹姆斯·布坎南(James M. Buchanan)正式提出了准公共物品理论,对萨缪尔森的公共物品理论进行了补充和完善,成为政府重新界定公共服务范围的重要依据。

马斯格雷夫(Richard A. Musgrave)在其《比较财政分析》一书中指出,

市场机制不能解决社会需要的提供问题,需要通过税收—支出程序把为提供社会需要而配置资源的成本分摊给要求满足这种需要的人,因此,社会需要的满足应当由预算来提供,但他也指出,"这并不意味着这种产品的生产必须由政府来进行"①,且消费者需要像使用私营部门提供的商品一样为某些特殊的公共物品或公共服务付费,如铁路、电力等。马斯格雷夫对公共部门在经济中的作用持一种积极、正面的态度。在他看来,政府不仅是公共物品的主要提供者,还通过社会福利和转移性支出调节收入分配,并运用凯恩斯经济政策来保证较高水平的就业率。

尽管有学者认为"公共服务不受物品性质的限制,当社会情势或生存状态关系公共利益时,任何物品都可以作为公共服务的内容被政府提供",②但是,从公共物品理论着手探讨政府的公共服务职能已经在事实上成为学者们最为依赖的研究路径。而且,在面对信息不对称条件下公共服务的提供、公共服务志愿供给等新时代课题时,日益更新的公共物品理论不断为我们提供着解决方案。

第三节　新公共管理理论

20世纪70年代末至80年代初,西方市场经济国家逐渐进入了以经济低迷、通货膨胀、财政赤字、高失业率为特征的"滞胀"阶段,凯恩斯主义的全面干预理论开始受到来自各方面的挑战,与此同时,新自由主义则进入了人们的视域并受到越来越多的关注,一场席卷全球的行政改革浪潮由此拉开帷幕。西方国家将此次行政改革运动看作是一场"重塑政府"、"政府再造"的"新公共管理运动",并由此而形成了相应的"新公共管理理论"。新公共管理运动以英国撒切尔政府的私有化运动为始,先后有40多个国家推行了不同程度的行政改革,促成了全新的公共服务理念和模式的产生。

---

① ［美］理查德·A.马斯格雷夫:《比较财政分析》,董勤发译,上海人民出版社、上海三联书店1996年版,第8页。

② 柏良泽:《公共服务研究的逻辑和视角》,《中国人才》2007年第3期,第30页。

一、新公共管理运动的背景

新公共管理运动所带来的西方各国行政系统的巨变渊源于其特定的国内外背景。从某种角度来看,产生这种巨变的原因实质上是因为传统的运行模式已经无法应对新的环境系统的挑战,新公共管理理论是政府部门因应国内外环境变迁而求适应的产物。

第一,官僚制的式微,行政科学本身以及经济学、社会学、政治学等学科对政府、行政问题的理论研究积淀。作为工业社会主导行政模式的官僚制,由于据之组织起来的政府部门效率日渐低下、行政人员墨守成规、公共服务质量低劣等问题在全球范围内凸显,使得在 20 世纪中期以后,官僚制似乎成了"众矢之的",打破官僚制的改革也如火如荼。在这种情况下,行政科学以及其他相关学科的专家、学者们急切希望在以往研究的基础上找到替代官僚制的理论模式。

第二,西方国家政府所面临的财政危机、管理危机和信任危机是"新公共管理运动"的主要驱动力。[①] 第二次世界大战以后,受凯恩斯主义和"福利国家"观念以及"人民社会主义"观念的影响,西方国家政府加大了对市场和社会经济生活的干预。政府管的事情逐渐增多,使得政府的职能和规模不断扩张,政府角色急剧膨胀。同时,公共服务、社会福利的投入越来越大,对政府和财政形成了巨大的压力并出现了持续的财政赤字,国家已缺乏充足的财力资源保证公共物品的正常供给。政府机构中制度僵化和冗员充斥、公共决策失误以及政府部门固有的垄断性等导致政府管理中的失灵、低效和官僚主义,社会问题层出不穷,政府形象受损,引发民众对政府治理能力的怀疑,形成所谓的管理危机和信任危机。

第三,经济全球化与信息技术革命的催化作用。全球经济一体化无疑为各国的商业活动甚至政治活动提供了新的更广阔的舞台。随着国际贸易

---

① 参见周志忍:《当代国外行政改革比较研究》,国家行政学院出版社 1999 年版,第 12～16页。

及投资自由化的不断深入,商品、人才、资本、技术等经济要素在国际间的交流更加频繁和便捷。为了适应全球经济一体化所形成的国家之间全面竞争的态势,各国政府必须改善其服务,创造良好的环境来吸引国内外资本。而现代信息技术的发展和应用,极大地影响着政府的机构设置、职能和行为选择,为政府公共服务创新提供了技术上的可能和深层次的动力支持。在经济全球化的条件下,通信科技的高度发达使得公共管理者能够随时随地了解其他国家的发展动向,这无疑为引进和借鉴别国的经验提供了条件和可能。

第四,私营企业优秀管理经验的示范效应。首先,它提高了公众对高水准服务的认识和期待。公众希望在政府机构办理各种业务时,能够像在其他私营机构一样,享受到快捷、优质的服务,而不是无奈地面对繁杂的手续和拖沓的办事人员。其次,企业管理经验向公众表明,公共服务的提供可以有更优的办法,政府应该向私营企业学习,提供高质量的、多样性的、可选择的公共服务。

第五,公众监督作用的加强。随着电视机、因特网等大众传播媒介的普及以及公众政治参与意识的增强,政府和公共部门的活动越来越趋于"透明化"。面对日益增长的监督作用,政府和其他公共部门不得不尽量完善自己,努力革新除弊。

二、新公共管理理论的理论基础

新公共管理运动之所以对西方各国的行政实践产生了巨大影响,在某种程度上应该归功于西方经济学理论的系统化和成熟化。尤其是经济学中的公共选择理论和委托代理理论,成为新公共管理理论的直接理论基础。

(一)公共选择理论

现代公共选择理论是20世纪60年代初期在西方经济学界逐渐形成发展起来的一个研究领域,它将政治学与公共物品理论予以结合,力求揭示个人对公共服务的真实偏好,本书在前面提到威克塞尔的思想时已有所论及。美国学者詹姆斯·布坎南是公共选择学派的主要代表人物,是公共选择理论的主要传播者和杰出贡献者。公共选择理论以设在美国弗吉尼亚州的乔治·梅森大学的"公共选择研究中心"为学术大本营,以戈登·图洛克(Gordon Tullock)1966年创办的《公共选择》杂志为学术阵地。丹尼斯·缪勒(Dennis C. Mueller)认为公共选择理论是"对非市场决策的经济学研究,或者简单地定义为是把经济学运用于政治科学的分析"①。

公共选择理论是新公共管理理论的立论基础,是许多国家设计行政改革方案的重要依据。公共选择理论的基本命题是在推翻哈韦路假设②的基点上建立起来的,认为"自利"是人类行为的出发点,政治家的行为亦不例外,全心全意为人民服务的哈韦路假设是站不住脚的。政府并非是按公众要求提供公共物品和公共服务的机器,而是由自利的人选出,并由自利的人组成的群体。它把政治舞台模拟成一个经济学意义上的交易市场,供方是政府、政治家、官僚和党派,需方是公众、选民和纳税人。供方和需方的行为始终遵循着一个共同的效用最大化的原则,即选民总是把选票投给那些能给他们带来最大利益的人;政治家或官员则总是对那些最能满足自己利益的议案报以青睐。由于人的自利和贪欲,必然产生以权谋私的行为;也就必须通过一定的宪法与规则体系对政治家和官员的行为进行制约。在民主政治体制下,这种制约的最终力量必须来源于普通民众或选民,这也是保证"政治市场"能像经济市场那样合理有效运行的最根本因素。

公共选择理论认为市场确有局限性,有时需要政府的干预,然而政府的介入只是增加把事情办得更好的可能性,并不具有必然性。只有当市场显然完全瘫痪时,才应考虑求助"公共服务",而当市场仅仅是一般疲软时,则不应这样做。③ 如果政府能够真正减少在提供商品和服务方面的作用,使市场力量的作用最大化,整个社会经济将从中受益。由于官僚机构在提供

---

① [美]丹尼斯·C.缪勒:《公共选择理论》,杨春学等译,中国社会科学出版社1999年版,第4页。

② 哈韦路假设:哈韦路是英国伦敦达官贵人的居住地。原设想这里的人士都是一心为公、不为私利的,但事实证明相反,他们每个人都有不同的私欲。

③ [法]亨利·勒帕日:《美国新自由主义经济学》,李燕生译,北京大学出版社1985年版,第143页。

公共服务时缺乏竞争、有效的激励机制和完善的监督体制，所以难免出现垄断现象，政府效率日趋低下而规模却不断膨胀。

既然"政府失灵"、效率低下、数次改革都收效甚微，而且没有任何逻辑理由证明政府官僚机构必须包揽所有的公共服务，所以，公共选择理论主张打破政府垄断地位，建立公与公、公与私、私与私之间的竞争机制。具体说来，公共选择理论主张：①1. 组织类型的理性选择——私营企业，非赢利性公共机构，半独立性公共公司，政府官僚机构等各种类型的组织，都可以提供公共服务。2. 市场机制与个人选择——公私组织之间，公共组织之间的充分竞争可以为公民提供"用脚投票"（即自由选择服务机构）的机会，而这将决定单个公共机构的存亡。3. 分权化——在"权威分割"状态下，允许不同组织之间在职能和管辖区域上的重叠交叉。4. 公共服务组织小规模化——规模小（小的标准为：便于控制，利于提高效率，政治代表性，体现地方自治），数量才能多；数量多，选择才会便利。5. 自由化——主要表现是放松管制，包括放松市场管制和社会管制。公共选择理论的核心观点之一便是，只要有可能，就应当把决策问题转交给私营部门。

（二）委托代理理论

1932 年，美国法学家伯利（Adolf A. Berle）和美国经济学家米恩斯（Gardiner C. Means）共同出版了《现代公司与私有财产》一书。在此书中，他们首次提出所有权和控制权相分离的命题，为日后委托代理理论的产生奠定了基础。委托代理理论是 20 世纪 60 年代末 70 年代初一些经济学家深入研究企业内部信息不对称和激励问题时发展起来的，主要研究在所有权和控制权相分离的状况下，如何更好地规范委托人和代理人之间的关系，以及如何更好地激励代理人。委托代理理论的前提假设是，委托方和代理方之间互不信任。

"当委托人赋予某个代理人一定的权利——比如使用一种资源的权利，一种代理关系就建立起来了，这位代理人受契约（正式、非正式的）制约代

---

① 周志忍:《当代国外行政改革比较研究》,国家行政学院出版社 1999 年版,第 23～24 页。

表着委托人的利益,并相应获取某种形式的报酬。"①委托代理理论认为,由于构成代理关系双方的自身条件和需求不同,在行为目标上也因此会出现这样或那样的冲突,同时,信息不对称使委托人很难验明代理人的实际行为是否合理或是验明成本很高,产生所谓的"代理问题"。总的说来,除非委托人完全理性,能够将代理人可能存在的机会主义行为全部考虑到并写进契约,或者委托人与代理人之间信息对称,或者代理人完全忠诚并与委托人目标完全一致,否则,"代理问题"都不可避免。因此,必须设计适当的激励和约束机制,尽可能降低"代理问题"对委托人所造成的伤害。在激励方面,委托代理理论认为,除了给予代理人相对固定的基本工资外,还需要利用有弹性的奖金等激励手段;实行年薪制、股票期权等长期激励手段,让代理人拥有部分的剩余索取权;重视非物质方面的激励,如追加授权、颁发荣誉奖章等。在约束方面,重视代理人的绩效产出,设定合理绩效标准,若未达到预期目标则免除代理人资格;对权力严格控制,尤其是财务权力,力图形成权力合理分配、相互制衡与监督的机制;发挥"经理人市场"的作用,使代理人在竞争的压力下不断努力去实现委托人的目标。"公民与政府的关系可以看成是一种委托——代理关系,公民同意推举某人以其名义进行治理,但是必须满足公民的利益并且为公民服务。"②有学者将公共管理者定义为"受国家和公民的委托,行使公权力,负责运用资源及指挥公务人员,达成政府施政目标的人","是一个公经理人"。③

简·莱恩(Jan - Erik Lane)在分析政治家与专门经理人契约关系的基础上,设计了以下模型来描述新公共管理的基本框架。

---

① [冰岛]思拉恩·埃格特森:《新制度经济学》,吴经邦等译,商务印书馆1996年版,第40页。

② [澳]欧文·E.休斯:《公共管理导论》,彭和平等译,中国人民大学出版社2001年版,第268页。

③ 张成福、党秀云:《公共管理学》,中国人民大学出版社2001年版,第32页。

表1 新公共管理:基本框架

委托人	代理人	招标/投标	赛局参与者
(a)政府	(a)执行代理机构	(1)竞赛	(i)企业家
(b)国家	(b)购买机构		(ii)公共或私人公司
(c)部门		(2)拍卖	(iii)私人、公共或第三部门组织
	(c)管制者	创造公平竞争环境	第三方战略

资料来源:[英]简·莱恩:《新公共管理》,赵成根等译,中国青年出版社2004年版,第11页。

委托代理理论引发了公共管理者们对公共服务外包和公务员激励问题的新思考,为缩减政府规模、降低政府代理成本、培育更有效率意识和责任意识的公务员,作出了重要贡献。

公共选择理论和委托代理理论"融合了许多经济学家以市场为解决方法的观念"①。这种以市场为基础的改革理念促成了以市场、结果和顾客为导向的新公共管理运动,为新公共管理运动中公共服务创新提供了坚实的理论支持。

三、新公共管理理论与公共服务

新公共管理运动为我们思考新背景下的公共服务变革注入了新的血液。在新公共管理运动中,戴维·奥斯本(David Osborne)和特德·盖布勒(Ted Gaebler)为如何用企业精神改革公共部门开出了10种"药方"。包括:1.起催化作用的政府:掌舵而不是划桨;2.社区拥有的政府:授权而不是服务;3.竞争性政府:把竞争机制注入到提供服务中去;4.有使命感的政府:改变照章办事的组织;5.讲究效果的政府:按结果而不是按投入拨款;6.受顾客驱使的政府:满足顾客的需要,不是官僚政治的需要;7.有事业心的政府:有收益而不浪费;8.有预见的政府:预防而不是治疗;9.分权的政府:从等级制到参与和协作;10.以市场为导向的政府:通过市场力量进行变革。由此"药方"可见,奥斯本和盖布勒非常强调将市场力量引入到公共服务的

---

① [澳]欧文·E.休斯:《公共管理导论》,彭和平等译,中国人民大学出版社2001年版,第16页。

提供中来,并强调政府服务中的顾客意识。"只有顾客驱动的政府,才能提供多样化的社会需求并促进政府服务质量的提高。"①奥斯本和盖布勒所提出的这十条原则对世界范围内的政府改革都产生了巨大的影响,例如新西兰改革、英国撒切尔政府和美国里根政府所进行的政府改革都是遵循新公共管理的原则进行的。

新公共管理十分强调公共服务的市场化、社会化,并积极主张以顾客为中心的服务、以公民为导向的服务,使西方各国政府公共服务的理念和方式发生了全新的变化。

第一,新公共管理理论主张利用民营化的形式,将公共服务的生产和提供都交由市场和社会,尽量利用自由市场机制来解决问题;而政府则要减少直接管制,只需"掌好舵",并采取适当的监督和激励机制,以保证公共服务提供者的行为始终符合公共利益。英国和日本等国的民营化比较彻底,而其他国家的民营化程度则相对要低一些,政府的干预和调节仍然在公共服务中起着重要作用。

第二,视社会公众为"顾客",公共服务的宗旨应是"顾客满意"。社会公众为政府缴纳了税收,因而政府应该对这些"顾客"有求必应,向"顾客"公开政府信息,为"顾客"提供优质高效的物品和服务。新公共管理理论主张从顾客的角度来审视公共服务,在公民服从于法律的前提下,给予公民充分的言论表达自由、更广泛的权力和更多的选择,让公共服务提供者听到顾客们的声音。

第三,对公共服务实行绩效控制。传统公共行政下的公共服务因受着繁文缛节的羁束而出现效率低下等弊端。新公共管理则主张对公共服务实施以"3Es"——经济(Economy)、效率(Efficiency)和效果(Effectiveness)——为标准的系统、全面的评估,以此来提高公共服务的质量和效率,增强顾客满意度。

---

① [美]戴维·奥斯本、特德·盖布勒:《改革政府——企业精神如何改革着公营部门》,上海市政协编译组、东方编译所编译,上海译文出版社1996年版,第164页。

第四,将竞争机制和私营部门的先进管理经验引入公共部门。新公共管理理论强调运用市场的力量,使公共部门与私营部门之间、公共部门内部各机构之间展开充分的竞争,以促进公共服务的质量改进。在20世纪80年代,公开竞标被大量运用,成为公共服务市场化早期的主要标志。同时,新公共管理理论主张借用私营部门的质量管理、目标管理和项目成本预算等方法,尽可能地降低公共服务的供给成本。

第五,新公共管理以管理主义为主线,强调管理者充分的授权赋能,再辅以严格的责任制,以此来保证公共部门在提供公共服务时既具有弹性,又具有规范性。在美国,联邦政府将改革卫生、医疗、教育与社会福利的权力授予各州,以便其度身量制改革方案,取得更大的改革成效。

第六,推行公共服务的电子化。新公共管理运动和互联网等信息技术的迅速普及同期。电子化的推行大大提高了政府系统的反应、沟通和决策能力,降低了公共服务的行政成本。同时,政府依靠电子形式让公众更方便地查询政府信息、参与公共决策和享受服务,可以增强政府的公共服务能力,拓展政府提供公共服务的领域,同时也会提升公民对公共服务的满意度。

新公共管理理论"是有关政府公共服务提供方式的一种理论",尽管它"并不能概括公共部门改革的全部内容,但是,如果政府希望提高公共服务的效率,新公共管理确实提供了一种新的途径。"①摆脱了繁杂的具体事务的政府,规模缩小、开支减少,同时可以将更多的精力投入到公共政策制定、监督公共政策执行等方面去。

第四节　治理理论

世界银行最先使用了现代意义上的"治理"概念。1989年世界银行在《撒哈拉以南非洲发展问题的报告》中概括当时非洲的情形时,首次使用了

---

① ［英］简·莱恩:《新公共管理》,赵成根等译,中国青年出版社2004年版,第53页。

"治理危机"（Crisis in Governance）一词,并将治理界定为"一国在各个层次执行其经济、社会资源之权力的行为"①。治理理论的主要创始人之一詹姆斯·罗西瑙（James N. Rosenau）将"治理"定义为"一系列活动领域里的管理机制,它们虽未得到正式授权,却能有效地发挥作用"②。与罗西瑙将治理定义为"一种活动"不同,罗伯特·罗茨（R. A. W. Rhodes）认为治理是一种新的规则,他给"治理"归纳了六种定义:1.作为最小国家的管理活动的治理,它指的是国家削减公共开支,控制机构规模,以最小的成本取得最大的效益;2.作为公司管理的治理,它指的是指导、控制和监督企业运行的组织体制;3.作为新公共管理的治理,它指的是将市场的激励机制和私人部门的管理手段引入政府的公共服务;4.作为善治的治理,它指的是强调效率、法治、责任的公共服务;5.作为社会控制论系统的治理,它指的是政府与民间、公共部门与私营部门之间的合作与互动;6.作为自组织网络的治理,它指的是建立在信任与互利基础上的社会协调网络。③毛寿龙教授认为"治理"所对应的英文单词是"govern","既不是指统治（rule）,也不是指行政（administration）和管理（management）,而是指政府对公共事务进行治理,它掌舵而不划桨,不直接介入公共事务,只介于负责统治的政治与负责具体事务的管理之间,它是对于以韦伯的官僚制理论为基础的传统行政的替代,意味着新公共行政或者新公共管理的诞生。"④曾风行西方的"第三条道路"⑤

---

① 江明修:《志工管理》,台湾智胜文化事业公司2003年版,第350页。

② ［英］鲍勃·杰索普:《治理的兴起及其失败的风险:以经济发展为例的论述》,漆芜译,《国际社会科学杂志》（中文版）1999年第2期,第32页。

③ R. A. W. Rhodes: *Understanding Governance: Policy Networks, Governance, Reflexivity and Accountability*, Open Unibersity Press, 1997, pp. 46 ~ 52.

④ 毛寿龙等:《西方政府的治道变革》,中国人民大学出版社1998年版,导言第6~7页。

⑤ "第三条道路"是90年代末期,随着新一代左派政党领导人执政之后,在欧洲和美国出现的一股政治思想潮流。关于政府的职能和作用,它既不主张放任自流,也不主张国家干预,而强调国家对经济生活和社会生活的适度控制;关于公共服务改革,它建议由单纯的压缩社会福利支出转变为公共服务的结构调整和公共服务授权方式的更改。英国前首相托尼·布莱尔和美国前总统比尔·克林顿都是"第三条道路"的极力推崇者。在学术界,英国著名社会思想家安东尼·吉登斯（Anthony Giddens）对"第三条道路"理论的研究较为深入和系统,其代表作为:《第三条道路:社会民主主义的复兴》。

也极为推崇"治理"一词。1999 年 11 月美欧中左政党领导人佛罗伦萨峰会的议题就是"第三条道路:21 世纪的进步治理",2002 年 6 月中左政府首脑柏林峰会议题是"21 世纪现代化国家治理"。

从目前来看,治理概念本身还是一个宽泛而且富有弹性化的概念,各家各派依持自己强调的重点,给予治理一词不同的解释。在由众多的治理词义所构成的概念框架下,治理逐渐发展演变成涵括治理、善治、政府治理等内容的"治理理论"。

一、治理理论的兴起

综合来看,治理理论兴起的直接原因来自于公共权力结构和政府管理本身出现的问题和危机。

首先,治理理论的兴起是西方资本主义市场失灵和国家失效的结果。市场和国家都不足以实现社会资源的最佳配置。在资本主义国家中,市场在限制垄断、提供公共物品、约束个人的极端自私行为、克服生产的无政府状态、准确统计成本等方面存在难以克服的局限,而仅仅依靠国家的计划和命令等手段,也无法达到资源配置的最优化,最终不能促进和保障公民的政治利益和经济利益。因此,治理成为弥补市场失灵和国家失效的手段之一。

其次,公民社会的日益强大是治理理论兴起的基础。"冷战"后民主化潮流发展的结果是政治权力日益从国家政府返还给公民社会,后者在国际和国内事务中发挥着越来越大的作用。政府权力受到限制和国家职能缩小,需要公民社会通过治理来填补管理空间,国家把原先独自承担的部分责任转移给公民社会。公民社会的发展是治理理论兴起的现实基础,20 世纪90 年代以来治理理论及实践的发展得益于公民社会的日益强大。

再次,全球化的迅猛发展促使治理理论的勃兴。全球化迅猛发展的结果是超国家组织和跨国公司的影响日益增强,民族国家的主权及其政府的权力手段削弱和制约,这为治理提供了广阔空间。国际社会和国内社会在全球化时代同样需要公共权威和公共秩序,但它不可能由传统的国家政府来完成,只能通过建立全球治理体制、调动公民社会的积极性、协调不同利益需求、推动不同主体之间的合作来实现。

最后,信息技术革命为更加广泛的治理提供了有效手段。"冷战"后迅猛发展的信息技术革命改变了人类的管理方式,提高了人们的管理效率,它为公民社会广泛参与治理提供了有效的技术手段。信息技术革命改变了国家垄断政治资源和管理信息的局面,它也为协调越来越分化的国内阶层和国际范围不同组织参与全球事务管理提供了方便。

二、治理理论与公共服务

治理理论是西方公共管理实践的产物,它不仅为分析政府政治决策方式提供理论框架,而且也将政府公共服务作为其研究内容之一。

(一)治理与公共服务

治理作为一种政治管理过程,需要获得权威和权力以维持正常的社会秩序。但治理的结构既可以是公共机构,也可以是私人机构,还可以两者合作的机构,因此,它需要并非单纯的政府机关权威。治理是国家与公民社会的合作、政府与非政府的合作、公共机构与私人机构的合作、强制与自愿的合作。治理方式完全以服务替代了统治中的控制。治理机构是一个各成员平等加入的共同体,共同体以成员的利益为宗旨,是一个完全服务的组织。治理结构除了成员的利益以外没有别的利益,因此,作为利益共同体的治理结构就完全是一个服务机构,其工作就是提供公共服务。在具体方式上,治理遵循上下互动的运行模式,它通过合作、协商、建立伙伴关系、确立共同目标等方式提供公共服务。

(二)善治与公共服务

善治是政府治理的最高境界,是使公共事务所涉及的公共利益最大化的社会管理过程。世界银行认为"善治"应包括健全的法治与守法的观念、拥有能正确公平地执行公共支出的良好行政体系、政府高度负责、政策公开透明。善治的本质特征,在于它是政府与公民对公共生活的合作管理,是政治国家与公民社会的一种新颖关系,是两者的最佳状态。善治的目的是通过改善政府管理和倡导社会参与,推动经济发展和社会进步。善治有赖于公民自愿的合作和对权威的自觉认同，没有公民的积极参与和合作，是不会有善治的。所以，善治的基础与其说是在政府或国家，还不如说是在公民或民间社会。

在善治框架下的政府公共服务体系中，政府积极追求与公民和社会之间的良好互动与合作。小到社区、俱乐部、职业社团等民间组织，大到国际社会，现代社会中，并不是所有的公共服务领域政府都可以干预。而善治则不受政府范围的约束，公司需要善治，地区需要善治，国家需要善治，国际社会也需要善治。

（三）政府治理与公共服务

从治理的含义来看，政府当仁不让地成为治理最重要的主体。从政治学的角度看，政府治理即是指政治管理的过程，它包括政治权威的规范基础、处理政治事务的方式和对公共资源的管理，并且特别关注在一个限定的领域内维持社会秩序所需要的政治权威的作用和对行政权力的运用。对政府的治理实际上是在寻求和建立一个效率、公正的政府。政府治理不仅"意味着对人们行使属于社会的权力"[1]，"也意味着治理者（政府及其公职人员）切实履行社会契约规定的条件"。[2] 政府治理理论要求通过重新认识和界定政府、市场与社会组织之间的相互关系，重新确立政府治理理念，并据此重新认识和确定政府在管理市场经济和驾驭市场机制方面的角色，调整政府组织结构和权力运行机制，确立相应的运作方式和过程，不断寻求成功的或最有效的管理现代市场经济和驾驭市场机制的政府行政模式。需要强调的是，即使政府把自己的许多公共服务交给私营机构去办，政府移交的是服务项目的提供，而不是把公共责任。

治理理论重点研究治理的方式和价值，研究公共产品与公共服务供给的方式与体制，主张建立政府与社会合作的公共管理模式即善治模式，主张

---

① 张成福：《责任政府论》，《中国人民大学学报》2000 年第 2 期，第 75 页。
② 同上文，第 75 页。

各种公共的和私人的机构与政府一道提供公共产品与公共服务。[①] 它"在强调国家和社会合作的过程中,模糊了公私机构之间的界限和责任,不再坚持国家职能的专属性和排他性,而强调了国家与社会组织间的相互依赖关系;其次,治理强调管理对象的参与,希望在管理系统内形成一个自组织网络,加强系统内部的组织性和自主性;再次,在政府完成社会职能的手段和方法方面,政府除了采用原来的手段之外,还有责任采用新的方法和措施以不断地提高管理的效率"[②]。

受治理理论的影响,新公共管理运动中的西方各国政府将部分公共服务的职能转交给私营部门和非营利组织,政府自身则回归到"掌舵"的位置上来,并积极为市场的良好运行提供制度保障等外部环境。

第五节 新公共服务理论

本章前面已经提到,新公共管理理论使西方国家的公共服务理念和实践模式在20来年间发生了巨大变化。但在世纪之交,以美国为首的西方国家不断对新公共管理理论所主张的公共服务理念进行反思,并对过分市场化、效率至上提出质疑。在这种情况下,新公共服务理论应运而生。新公共服务理论最先是由美国亚利桑那州立大学的珍妮特·登哈特(Janet V. Denhardt)教授和罗伯特·登哈特(Robert B. Denhardt)教授于20世纪末提出来的。它建立在对新公共管理理论进行反思和批判的基础之上,并以民主公民权理论、社区与公民社会理论、组织人本主义和新公共行政以及后现代公共行政理论为其理论基础,提出了政府所应当遵循的七项原则,其主要目的就是将公共管理理论从对民主价值的背离中重新拉回到民主行政的轨

---

① 李军鹏:《公共服务学:政府公共服务的理论与实践》,国家行政学院出版社2007年版,第67页。

② 胡仙芝:《治理理论与公共管理变革》,见董克用主编《公共管理与制度创新》,中国人民大学出版社2004年版,第101~102页。

道上来。①

一、新公共服务的理论来源

新公共服务理论的代表人物登哈特夫妇在阐述其新公共服务理论的主要原则之前,着重考察了"新公共服务的那些更具有当代性的理论先驱,其中包括:民主公民权理论;社区与公民社会理论;组织人本主义和新公共行政;后现代公共行政"②。

(一)民主公民权理论

一般意义上的公民权被视为一种合法身份,主要关注由法律体系规定的公民的权利和义务;在宽泛一点的层次上,公民权涉及的是一些与一个人在某一政治共同体中成员资格的特性有关的更加一般的问题,如公民的权利与责任,而不管他们的合法身份怎样。依这种观点,公民权涉及的则是个人影响该政治系统的能力,它意味着对政治生活的积极参与。登哈特夫妇所提出的新公共服务理论着重考察的即是后一种观点。对于民主公民权的理解主要有两种观点:一是利己主义的公民权观。这种观念认为国家以及公民与国家的关系应该只是建立在自利观念的基础之上。"政府存在的目的就是要通过确保一定的程序(例如,投票)和个人权利来保证公民能够做出符合其自身利益的选择。"还有一种是政治利他主义的公民权观。认为公民会超越个人利益去关注更大的公共利益;公共精神或政治利他主义包含着爱与责任,只有爱与责任才可使个人利益与集体利益、国家利益协调一致;公共精神需要培育和维护,而对正义原则、公共参与和公共审议的不断关注则能够有助于公共精神的培育与维护。在民主公民权理论下,越来越多的人们要求恢复一种基于公民利益而非自身利益的公民权,公共管理者亦应当追求回应性和公民信任度的提高。

---

① 井敏:《构建服务型政府:理论与实践》,北京大学出版社 2006 年版,第 47 页。
② [美]珍妮特·V.登哈特、罗伯特·B.登哈特:《新公共服务:服务,而不是掌舵》,丁煌译,中国人民大学出版社 2004 年版,第 25 页。

（二）社区与公民社会理论

健康的社区生活可以在个人与社会之间提供一种有益的中介结构,是现代人美好生活不可或缺的一个主题。罗莎贝思·坎特(Rosabeth M. Kanter)指出,"将自我投入到一个社区之中、认同一个社区的权威,以及愿意支持该社区的生活,所有这一切都能够提供身份、个人意志以及按照该成员感到表达了他自己内在特质的标准和指导原则的成长机会"。美国的民主传统依赖于存在着活跃的民主参与的公民。这些公民活跃于各种群体、社团和政府单位中,而这些小团体则构成了一种人们需要在社区关怀的环境中实现其个人利益的"公民社会"。充当个人与更大社会之间联系舞台的"公民社会"对于现代的个人生活与民主参与至关重要,它是一种公民能够相互进行一种个人对话与评议的地方,这种个人对话与评议是社区建设与民主的本质所在。公民社会是公民在草根层次积极参与的舞台。政府在建立、促进和支持公民与其社区之间的关系上能够发挥关键性的积极作用。首先,政府帮助建立强大的公民互动网络,开辟新的对话与讨论渠道,并进一步就民主治理问题进行公民教育;其次,公共行政官员能够为社区和社会资本建设作贡献:鼓励公民参与公共决策而增进社会资本。

（三）组织人本主义和新公共行政

组织人本主义关注于组织中人的社会心理因素、行为动机和工作者个人的工作生活质量。克里斯·阿吉利斯(Chris Argyris)认为,组织研究应该更关注个人的发展,关注"个人的品行、真实性,以及人的自我实现",更加关注与"企业的人性方面"有关的品质。在公共行政领域,罗伯特·戈伦比威斯基(Robert Golembiewski)批判了传统组织理论所主张的自上而下的权威、层级控制以及标准的工作程序,因为其反映了对个人自由和个人道德不敏感;他主张遵循一种组织发展观:即通过组织创造一种解决问题的开放氛围,以便组织成员能够正视问题,而非争斗与逃避;他还鼓励组织成员要在组织中的个人和群体之间建立信任,用知识和能力的权威来弥补甚至取代角色或地位的权威;他建议决策权责应尽可能接近信息源并尽可能使竞争有助于满足工作目标。

　　新公共行政学派的学者对公共部门中更具人本主义意味的组织的建构做出了重要的贡献。他们十分强调价值观在公共行政中的作用,如乔治·弗雷德里克森就认为,公务员义不容辞的责任就是要能够建立和保护公平的标准和测量以及认识公共服务对公民的尊严和福利的影响。

(四)后现代公共行政理论

　　后现代公共行政理论主要从实证主义的知识获得方法、理性主义的假设(特别是基于市场的理性选择理论)和技术(专家)统治观三个方面对传统的公共行政理论进行了较为深入的质疑和批判。后现代公共行政理论家主要信奉"对话"的理念,信奉公共问题通过对话要比通过"客观"测量或理性分析更有可能解决的观念。可靠对话的理想把行政官员与公民视为彼此充分参与的,他们不仅仅是被视为召集到一起谈话的自利的理性个体,而且被视为是在一种他们作为人而相互接洽的关系中的参与者。这种进行协商和达成共识的最终过程也就是个体随着自己的参与而彼此相互接洽的过程,在这个过程中,充分包含了人类个性的所有方面,不仅有理性,还有经验、直觉和情感。后现代公共行政理论主张通过"对话"来展开公民参与,通过"反行政"、"去权威"、"公共能量场"、"话语指向"等概念体系促成新公共服务的建构。

二、新公共服务理论的核心内容

　　新公共服务是寻求代替新公共管理的一种理论,它对新公共管理最要命的批判就是政府在"掌舵"时,却不知道这条"船"的主人是谁。那"船的主人"应该是谁呢? 新公共服务理论给出的答案是"公民",公民才是国家的主人。新公共服务理论强调公民权利和民主价值在公共服务中具有至高的地位,主张用社会和民主的标准来衡量公共服务的质量。登哈特认为,"那些政府中的人也必须愿意去倾听,以及愿意把公民的需要和价值放在决策和行动的首要位置上;他们必须以新的和革新的方式主动出击,去理解公民正在关心什么;他们必须对市民的需要和利益做出回应。"①登哈特夫妇在《新公共服务:服务,而不是掌舵》一书中提出了新公共服务的基本意涵,具体包括:②

第一,服务公民,而不是服务于顾客:公共利益是就共同利益进行对话的结果,而不是个人自身利益的聚集。因此,公务员不是要仅仅关注"顾客"的需求,而是要着重关注于公民并且在公民之间建立信任和合作关系。如果仅把公民当成消费公共服务的"顾客",会在事实上忽视公民所应担当的公共服务参与者、监督者等角色,造成公民与政府之间关系的扭曲。

第二,追求公共利益:公共行政官员必须促进建立一种集体的、共同的公共利益观念。这个目标不是要找到由个人选择驱动的快速解决问题的方案。更确切地说,它是要创立共同的利益和共同的责任。公共利益是目标而非副产品,公共行政官员不能仅仅为了促成妥协而简单地回应不同的利益需求,而必须致力于公民行动的一致性。

第三,重视公民权胜过重视企业家精神:致力于为社会做出有益贡献的公务员和公民要比具有企业家精神的管理者能够更好地促进公共利益,因为后一种管理者的行为似乎表明公共资金就是他们自己的财产。

第四,思考要具有战略性,行动要具有民主性:满足公共需要的政策和项目可以通过集体努力和合作过程得到最有效并且最负责地实施。政府应当是开放的、可以接近的,能够在提供公共服务的同时激发公民的参与意愿。

第五,承认责任并不简单:公务员应该关注的不仅仅是市场;他们还应该关注法令和宪法、社区价值观、政治规范、职业标准以及公民利益。公务员需要主动通过对话、内部信息释放等途径让公民实际参与到责任确立关系中来。而且,新公共服务理论所指的责任是多种标准与价值的回应,是一

---

① [美]罗伯特·B.登哈特:《公共组织理论》,扶松茂等译,中国人民大学出版社2003年版,第204页。

② 美]珍妮特·V.登哈特、罗伯特·B.登哈特:《新公共服务:服务,而不是掌舵》,丁煌译,中国人民大学出版社2004年版,第40~41页。

系列责任构成的责任体系。

第六,服务,而不是掌舵:对于公务员来说,越来越重要的是要利用基于价值的共同领导来帮助公民明确表达和满足他们的共同利益需求,而不是试图控制或掌控社会新的发展方向。政府需要与私人以及非营利组织协同合作,把角色从最初的控制者、服务的直接提供者转变为协作者或合作方,以寻找满足社会需求的最佳方法。

第七,重视人,而不只是重视生产率:如果公共组织及其所参与其中的网络基于对所有人的尊重而通过合作和共同领导来运作的话,那么,从长远来看,它们就更有可能取得成功。公务员需要同公民分享领导权,在彼此尊重和相互支持的状态下更好地满足公众的公共服务需求。

根据登哈特夫妇的观点,较传统公共服务而言,新公共服务重视其服务对象——公民——的参与。在此参与过程中,政府要"为多方主体参与管理提供平台",公务员"要为民众表达意志、参与管理搭舞台"[①]。通过将公民纳入到公共服务与决策的过程当中,公民的主张和意愿得以在政府的决策中表达出来,他们因而会获得更有效率、更符合公民需要的公共服务。"只有实现这样合作式的服务机制,更民主、更集体性的服务机制,发挥民主决策的优势,公共服务才能从公民被动服务的传统模式中转变到真正意义的公共服务。"[②]

尽管新公共服务理论还遭受着来自各方的挑战,甚至有学者认为其"是一种假说而非理论"[③],但它在吸收传统公共行政理论和新公共管理理论合理内容的基础上,摒弃了新公共管理理论狭隘的"效率至上"观,提倡关注民主价值和公共利益,对构建全新的政府公共服务职能体系起到了重要的指导作用。尤其在公共服务提供方面,新公共服务理论是多元参与供给模式的直接理论基础。

---

① 丁煌:《服务型政府的理论澄清》,《中国行政管理》2004年第11期,第21页。
② 何江:《新公共管理运动与新公共服务视角下的公共服务》,见北京行政学院公共管理教研部、北京市领导科学学会选编:《服务型政府》,中央编译出版社2005年版,第129、130页。
③ 周义程:《新公共服务理论批判》,《天府新论》2006年第5期,第92页。

第六节 中国的公共服务思想

在我国,服务于民的思想古已有之。孟子曾说过,"民为贵,社稷次之,君为轻。"(《孟子·尽心上》)在孟子眼里,人民是先于国家和君王而置于第一位的。管子也留有"善为国者,必先富民,然后治之"的名言,认为只有使人民富裕起来才能治理好国家。然而,在中国封建社会家产制统治模式下,国家是皇帝一人的,其行动上的"为民服务"只是统治者为增强统治能力、缓和社会矛盾的延伸物,从属于政治统治的目的,是为了统治的方便。因而,此"服务"和现代意义上以公共利益为中心的公共服务有着本质的不同。新中国的公共服务思想深受马克思主义,尤其是马克思主义关于政府公共职能理论和公仆理论的影响,并结合中国现实国情对公共服务理念作出了全新的阐释。

一、思想来源:马克思主义政府公共职能理论和公仆理论

马克思主义经典作家在深刻分析资本主义生产方式内在矛盾的基础上,深刻揭示了自由竞争的市场经济存在着的市场失灵,提出了政府公共职能的理论。[①] 马克思对政府公共职能的分析以公共需要为起点,指出政府的活动范围涵括了由一切社会性质产生的各种公共事务。即使在奴隶社会与封建社会,政府也必须执行一定的公共职能,如波斯和印度的专制政府就必须管理河谷灌溉等公共事务,从而发展农业生产。[②] 然而,资本主义和资本主义以前的国家政府所实施的公共职能,都是效命于统治者自身利益的,只有到了共产主义社会,公共职能才会脱离其政治性质,真正变为维护社会利益的简单管理职能,满足社会的共同需要。

马克思主义公仆理论创立的标志是《法兰西内战》的发表。马克思在

---

① 唐铁汉:《马克思主义公共管理思想原论》,《新视野》2005 年第 5 期,第 4 页。
② 同上文,第 5 页。

此书中指出,"旧政权的合理职能则从僭越和凌驾于社会之上的当局那里夺取过来,归还给社会的负责任的勤务员"①。为了防止党和国家机关及其工作人员由社会公仆变为社会主人,马克思建议:包括法官和审判官在内的一切公务员"均由选举产生,要负责任,并且可以罢免"②;"从公社委员起,自上至下一切公职人员,都只能领取相当于工人工资的报酬"③。在马克思看来,人民群众是历史的创造者,是社会的主人,党和国家机关及其工作人员必须做人民的公仆,为人民服务。

马克思主义公仆理论的一项重要内容是建立廉价政府。由于公社"取消了两个最大的开支项目,即常备军和国家官吏"④,因而它"实现了所有资产阶级革命都提出的廉价政府这一口号"⑤。由于在公社里没有了剥削人民财富的官员,而只有为人民服务的社会公仆,因此维持国家机器运转的开支将大大减少,资产阶级提出的建立廉价政府的目标才有可能真正实现。不过,政府机构规模的缩减并不意味着政府的功能不强,政府的基本功能与政府规模大小没有直接的联系。

马克思主义公仆理论创立之后,列宁在苏俄社会主义革命和建设的实践中,进一步构建了社会主义公仆理论。列宁指出,要依托苏维埃,大力发扬社会主义民主,加强监督,抵制官僚主义,不断锤炼社会公仆的作风,使俄国的一切公职人员都成为优秀的社会公仆。

二、新中国历代党和国家领导人的服务思想

中国共产党在进行革命和建设的征程中,始终坚持认真学习和研讨马克思主义关于政府公共职能的基本原理和公仆理论,而且通过紧密结合我国的实际情况,对相关原理和理论进行深化和创新,形成一条独特的服务思

---

① ［德］马克思、恩格斯:《法兰西内战》,《马克思恩格斯选集》(第三卷),中共中央马克思恩格斯列宁斯大林著作编译局编译,人民出版社 1995 版,第 57 页。

② 同上书,第 56 页。

③ 同上书,第 55 页。

④ 同上书,第 58 页。

⑤ 同上书,第 58 页。

想发展之路。

（一）改革开放前:"全心全意为人民服务"

毛泽东同志提出的"全心全意为人民服务"的精神口号,在这半个多世纪以来,一直型塑着中国共产党人的思想观和价值观,指引着党的执政方针始终朝向正确的方向。1942 年,毛泽东同志在探讨"我们的文艺是为什么人的?"这个问题时转引了列宁的观点,指出,"我们的文艺应当'为千千万万劳动人民服务'"①。毛泽东不仅重视为什么人服务,也特别关注如何服务的问题。毛泽东曾说:"共产党员无论何时何地都不应以个人利益放在第一位,而应以个人利益服从于民族的和人民群众的利益。"②1944 年 9 月 8 日,毛泽东在张思德同志的追悼会上发表了《为人民服务》这一著名讲演,首次对"为人民服务"的思想做出较为完整的阐述。他指出,共产党和共产党所领导的队伍"完全是为着解放人民的,是彻底地为人民的利益工作的"③。刘少奇同志也对毛泽东的"为人民服务"思想作了重要补充,他指出:"我们所有的领导人都是为人民服务的,是人民的公仆,是人民的勤务员,没有权利当老爷。"④

1945 年 4 月,毛泽东在党的第七次全国代表大会上作了题为《论联合政府》的政治报告。他在报告中指出,"全心全意地为人民服务,一刻也不脱离群众;一切从人民的利益出发,而不是从个人或小集团的利益出发;向人民负责和向党的领导机关负责的一致性;这些就是我们的出发点。"⑤

张康之教授认为,尽管《论联合政府》"没有明确地提出服务型政府的

---

① 毛泽东:《在延安文艺座谈会上的讲话》,《毛泽东选集》(第三卷),人民出版社 1991 年版,第 854 页。

② 毛泽东:《中国共产党在民族战争中的地位》,《毛泽东选集》(第二卷),人民出版社 1991 年版,第 522 页。

③ 毛泽东:《为人民服务》,《毛泽东选集》(第三卷),人民出版社 1991 年版,第 1004 页。

④ 刘少奇:《如何正确处理人民内部矛盾》,《刘少奇选集》(下卷),人民出版社 1985 年版,第 307 页。

⑤ 毛泽东:《论联合政府》,《毛泽东选集》(第三卷),人民出版社 1991 年版,第 1094 ~ 1095 页。

概念"①,但它提出了"一些原则性的构想"②,并成为"人的行为层面上的指导方针"③,具有重要的历史价值。

（二）改革开放后：更富活力的、全新的服务理念

在改革开放后的新时期里,伴随着我国经济体制的转轨,以"全心全意为人民服务"为首旨的中国共产党人的服务思想展现出了全新的气象。

1. 邓小平的为人民服务思想

1985年5月,邓小平同志在全国教育工作会议上指出:"什么叫领导? 领导就是服务。"④邓小平"领导就是服务"这一著名论断是对毛泽东"全心全意为人民服务"思想的继承和发展,"体现了共产党人的'服务观'"⑤。 邓小平提出"领导就是服务",就是为了使党牢固树立全心全意为人民服务的意识,练就过硬的为人民服务的本领,以便实施为人民服务的行为,从而在国内外形势日趋复杂的情况下切实履行好领导重任。⑥ 在当代中国,人民公仆必须担负起经济建设和社会管理的重任。

邓小平在领导全党全国人民建设有中国特色社会主义进程中,坚持和发展了党的为人民服务思想:把为人民服务作为党制定各项方针政策的出发点和归宿;把为人民服务与鼓励人们"勤劳致富"、"多劳多得"等社会主义现阶段的经济政策结合起来;把坚持国家、集体和个人利益三者的和谐统一作为为人民服务思想的基本点和立足点;把引导人们"先富"带"后富"、"先发展"带"后发展"、走"共同富裕"道路作为实现为人民服务的现实途径;把倡导人们为自觉维护国家和集体利益,个人利益作出一定牺牲作为为

① 张康之:《把握服务型政府研究的理论方向》,《人民论坛》2006年5期,第11页。
② 同上文,第11页。
③ 同上文,第12页
④ 邓小平:《把教育工作认真抓起来》,《邓小平文选》(第三卷),人民出版社1993年版,第121页。
⑤ 马俊杰:《邓小平"领导就是服务"思想论析——兼论"领导"与"服务"、"代表"的关系》,《教学与研究》2004年第10期,第15页。
⑥ 同上。

人民服务的一个鲜明特点。① 有学者甚至直接把邓小平理论定义为"为人民服务的理论"②。

在具体的服务方式上,邓小平主张放权,对社会经济活动进行宏观调控,而非微观干预。他指出:"我们的各级领导机关,都管了很多不该管、管不好、管不了的事,这些事只要有一定的规章,放在下面,放在企业、事业、社会单位,让他们真正按民主集中制自行处理,本来可以很好办,但是统统拿到党政领导机关、拿到中央部门来,就很难办。"③放权后的政府应该着力做好公共物品和公共服务提供工作,对科学教育、农业、基础设施建设予以充分的重视。邓小平所领导的经济改革扭转了我国经济体系濒临崩溃的局面,人民的温饱问题开始得到解决,这为我国人民带来了最根本的、最急需的物质实惠。

2. 以江泽民为核心的第三代领导集体的服务观

"三个代表"重要思想是以江泽民为代表的党的第三代领导集体在总结新中国建设社会主义伟大实践的基础上提出的,对新时期党和人民的关系作了更确切的定位,即中国共产党始终是中国最广大人民群众根本利益的忠实代表。2000 年 2 月 25 日,江泽民在广东考察工作时指出:"要把中国的事情办好,关键取决于我们党,取决于党的思想、作风、组织、纪律状况和战斗力、领导水平"④;"我们党所以赢得人民的拥护,是因为我们党在革命、建设、改革的各个历史时期,总是代表着中国先进生产力的发展要求,代表着中国先进文化的前进方向,代表着中国最广大人民的根本利益,并通过

---

① 贺大姣:《论邓小平的为人民服务思想》,《湘潭大学社会科学学报》2001 年第 2 期,第 108 页。

② 傅治平:《邓小平理论是为人民服务的理论》,《中央社会主义学院学报》2001 年 1 期,第 49 页。

③ 邓小平:《党和国家领导制度的改革》,《邓小平文选》(第二卷),人民出版社 1994 年版,第 328 页。

④ 江泽民:《在新的历史条件下我们党如何做到"三个代表"》,《党的文献》2001 年第 3 期,第 3 页。

制定正确的路线方针政策，为实现国家和人民的根本利益而不懈奋斗"①；"在新的历史条件下，我们党如何更好地做到这'三个代表'，是一个需要全党同志特别是党的高级干部深刻思考的重大课题"②。2001 年 7 月 1 日，在庆祝中国共产党成立八十周年大会上，江泽民同志发表讲话，全面系统地阐述了"三个代表"重要思想，强调："我们党要始终代表中国最广大人民的根本利益，就是党的理论、路线、纲领、方针、政策和各项工作，必须坚持把人民的根本利益作为出发点和归宿，充分发挥人民群众的积极性、主动性、创造性，在社会不断发展进步的基础上，使人民群众不断获得切实的经济、政治、文化利益。"③江泽民同志指出，"八十年的实践启示我们，必须始终紧紧依靠人民群众，诚心诚意为人民谋利益，从人民群众中汲取前进的不竭力量。始终保持同人民群众的血肉联系，是我们党战胜各种困难和风险、不断取得事业成功的根本保证。在任何时候任何情况下，与人民群众同呼吸、共命运的立场不能变，全心全意为人民服务的宗旨不能忘，坚信群众是真正英雄的历史唯物主义观点不能丢。必须始终把体现人民群众的意志和利益作为我们一切工作的出发点和归宿，始终把依靠人民群众的智慧和力量作为我们推进事业的根本工作路线。"④

　　在实践层面，"三个代表"重要思想影响下的政府改革也步入了新的阶段。2003 年 3 月 5 日，朱镕基总理在第十届全国人民代表大会第一次会议上所做的政府工作报告中指出，"在社会主义市场经济条件下，政府职能主要是经济调节、市场监管、社会管理和公共服务。政府该管的事一定要管好，不该管的事坚决不管。"在新的时期，政府管理方式必须加以创新，减少政府对经济活动的直接干预，加强政府社会管理和公共服务的职能。

---

　　①　江泽民：《在新的历史条件下我们党如何做到"三个代表"》，《党的文献》2001 年第 3 期，第 3 页。

　　②　同上。

　　③　江泽民：《在庆祝中国共产党成立八十周年大会上的讲话》，《江泽民文选》（第三卷），人民出版社 2006 年版，第 279 页。

　　④　同上，第 271 页。

3. 以胡锦涛为核心的第四代领导集体的服务观

以胡锦涛为核心的第四代中央领导集体上任后,坚持以"全心全意为人民服务"、邓小平理论和"三个代表"重要思想为指导,在结合我国实际的基础上把原初的服务于民的理念提升到具体的治国策略上来,明确提出要转变政府职能、强化公共服务、建设以人为本的服务型政府。

2003年9月,温家宝总理在国家行政学院省部级干部政府管理创新与电子政务专题研究班上发表讲话时强调:继续推进政府职能转变,仍然是当前和今后一个时期政府管理创新的中心任务,特别是要着力抓好以下四个环节:一是坚决实行政企分开;二是加快行政审批制度改革;三是全面履行政府职能,强化社会管理和公共服务;四是树立以人为本的政府管理思想,实现全面、协调和可持续发展。"①

中共十六届三中全会审议通过的《中共中央关于完善社会主义市场经济体制若干问题的决定》中指出,"坚持以人为本,树立全面、协调、可持续的发展观,促进经济社会和人的全面发展"②。这里提出的"坚持以人为本"和三个代表中所提出的"始终代表中国最广大人民的根本利益"是完全一致的,是对"全心全意为人民服务"宗旨的具体细化。坚持以人为本的科学发展观,一方面要求我们政府各项工作的开展最终应落实到服从于人民群众的目标上来,另一方面要求人民政府在完成各项具体的工作任务时必须通过自己的各种服务工作以最大限度地调动广大人民群众的积极性。③

"服务型政府"概念的首次提出,是在温家宝总理在2004年2月省部级主要领导干部树立和落实科学发展观高级研究班结业式上的讲话中。他指出,公共服务就是提供公共产品和服务,包括加强城乡公共设施建设,发展社会就业,社会保障服务和教育、科技、文化、卫生、体育等公共事业,发布公

---

① 温家宝:《深化行政管理体制改革,加快实现政府管理创新——在国家行政学院省部级干部政府管理创新与电子政务专题研究班上的讲话》,《国家行政学院学报》2004年第1期,第5～6页。

② 《中共中央关于完善社会主义市场经济体制若干问题的决定》,人民出版社2003年版,第13页。

③ 钟瑞添等:《政府治理变革与公法发展》,人民出版社2007年版,第240页。

共信息等,为社会公众生活和参与社会经济、政治、文化活动提供保障和创造条件,努力建设服务型政府。① 这里的"三公共一公众"实质上为我国建设服务型政府划定了基本范畴和构建框架。

2008 年 2 月 23 日,胡锦涛在中共中央政治局第四次集体学习时强调:扎扎实实推进服务型政府建设,全面提高为人民服务能力和水平。胡锦涛指出,"要在经济发展的基础上,不断扩大公共服务,逐步形成惠及全民、公平公正、水平适度、可持续发展的公共服务体系,切实提高为经济社会发展服务、为人民服务的能力和水平,更好地推动科学发展、促进社会和谐,更好地实现发展为了人民、发展依靠人民、发展成果由人民共享"②;"党和政府的一切工作,归根到底都是为了实现好、维护好、发展好最广大人民的根本利益"③;"建设服务型政府,根本目的是进一步提高政府为经济社会发展服务、为人民服务的能力和水平,关键是推进政府职能转变、完善社会管理和公共服务,重点是保障和改善民生"④。此外,胡锦涛还就创新行政管理体制提出了优化政府组织结构、加强公共服务监管体系等具体措施。

2008 年 3 月 18 日上午,温家宝总理在十一届全国人大一次会议闭幕后回答记者关于政府改革和机构改革的问题时指出,"政府及其所有的机构都是属于人民的,遵守宪法及法律是政府工作的根本原则,政府的任务就是保护人的自由、财产和安全。我们所说的公共服务,就是要为人民的根本利益服务,我们要在继续加强经济调节、市场监管的同时,更加重视社会管理和公共服务。"⑤

中国共产党历代领导集体的服务思想,对于转型时期我国政府公共服

---

① 温家宝:《提高认识 统一思想 牢固树立和认真落实科学发展观——在省部级主要领导干部"树立和落实科学发展观"专题研究班结业式上的讲话》,《国务院公报》2004 年第 12 期,第 14 页。

② 胡锦涛:《扎扎实实推进服务型政府建设 全面提高为人民服务能力和水平》,《中国行政管理》2008 年第 3 期,第 7 页。

③ 同上文,第 7 页。

④ 同上文,第 7 页。

⑤ 温家宝:《公共服务就是要为人民的根本利益服务》,见 http://www.china.com.cn/2008lianghui/2008–03/18/content_12957047.htm

务职能的有效发挥具有重要的理论指导意义,加速了我国服务型政府职能体系的建构和完善进程。

第三章 我国政府职能转变
与公共服务

  政府职能转变是一个世界性的历史发展趋势,适应了不同时期经济社会发展的需要。政府职能总是随着经济和社会的发展而发展,围绕不同时期形式和任务的变化而变化。在市场经济国家,政府职能定位不断演变,履行政府职能的模式并不相同,而呈多方位、放射性发展。

  自建国伊始,至改革开放之时,我国政府进行过几次较大规模的改革调整,但政府职能并未发生实质性的变化。改革开放后,我国政府职能转变有了重大突破,宏观层面上加强经济调控,微观层面上减弱经济干预,经济建设取得了很大的进步,这得益于政府不断调整自身,适应了经济社会发展的需求。但突出的成就掩盖不了缺失的漏洞,缘于制度不完善和经验不足,我们并未找到一个合理的裁量标准,转变政府职能作为我国行政改革的一项根本性议题,尚未取得根本性的突破,我国政府职能的转变总存在收放往复和某种程度的彷徨不前。

  目前,世界各主要发达国家的政府职能定位正基本趋于一致,即强化公共服务职能、建设一个服务型政府。准确定位政府职能是我们强化公共服务职能、建设服务型政府的基本前提。服务型政府的职能定位也不是空穴来风,是在领悟党的十六大精神后,我们逐渐把握行政规律而得出的结果。服务型政府的提出和建设,为我国政府职能转变提供了一个契机,即从服务型政府出发,重构我国政府的现有职能,不断强化政府的公共服务职能。以此为基点,将逐步实现我国政府职能配置的科学化。

第一节　我国政府职能转变的过程

知己知彼,百战不殆。只有了解中国政府职能演变的历史过程,才能更好地把握现实中存在的问题。改革开放以来,我国经济社会发展实现了历史性的跨越。我国的经济发展并非在市场经济中自然孕育的,而与政府的推动有着极大的关系;改革开放和经济社会发展的历程,其实也是政府改革、政府转变职能和不断创新的过程。政府不断适应经济社会发展的新形势、新要求,适时提出、调整和转变职能,这是我国保持经济社会持续健康发展的关键因素之一。

一、我国政府职能转变的提出

职能是政府的核心要素,是政府角色定位的集中体现。政府职能转变既是经济转轨的关键,又是推进政治体制转轨的起点,政府职能转变构成了联结经济体制改革、行政体制改革和政治体制改革的关键一环[①]。1978 年,党的十一届三中全会拉开了我国改革开放的序幕,十一届三中全会也标志着我国的政府改革和政府职能转变的开始。这一年开始的经济体制和政治体制改革,构成了改革总体战略的两大主体工程,中国由此产生了举世瞩目的变化。而作为政治体制改革的重要组成部分,政府职能的重塑和转变,是经济体制改革的客观结果,也是推进和深化经济体制和政治体制改革的迫切需要[②]。

(一)职能转变与经济体制改革

改革开放以来,中国经济体制改革的过程,实际上是从传统计划经济体制向社会主义市场经济体制逐步演变的过程。而政府职能转变的提出与转变,实际上发生在"市场化"经济体制改革的整个过程中。

---

① 应松年、杨伟东:《不断把政府职能引向深入》,《中国行政管理》2006 年第 4 期。
② 金太军:《政府职能梳理与重构》,广东人民出版社 2002 年版,第 25 页。

1. 经济体制改革的深化

中国 1978 年以来的经济改革实际上是一个市场化导向逐渐显露的过程,是一个市场不断强化、计划不断弱化、二者力量彼此消长的过程。1982年,"十二大"提出了"计划经济为主,市场调节为辅"的原则;1984 年十二届三中全会提出了"有计划的商品经济"的思想;1987 年,"十三大"提出了"计划与市场是内在统一的"思想,进而 1992 年"十四大"提出了"建立社会主义市场经济体制"的根本方向。1993 年,中共十四届三中全会发布的《中共中央建立社会主义市场经济体制若干问题的决定》,勾画出中国市场经济体制的基本轮廓,即三个制度(现代企业制度、分配制度、社会保障制度)两个体系(市场体系、宏观调控体系)。"十五大"则进一步阐发了确认了这一思想。

随着对于社会主义经济体制和市场认识的不断深化,各项改革措施不断出台、实施,中国经济发生着急剧的变化。这种变化的核心是:市场力量的不断加强,计划范围、程度的不断减弱。变化的基本途径是:计划下的单轨制——计划与市场的双轨制——市场下的单轨制的渐进方式。

2. 转变政府职能的提出以及深化

20 世纪 80 年代以来,我国经济结构和经济体制所发生的重大变化,迫切地要求政府转变其管理经济的职能,也直接促进了对政府职能的研究。1985 年党的十二届四中全会首次提出转变政府职能的要求,1987 年党的十三大明确提出转变职能是行政管理体制改革的关键。至于"转变政府职能"这一概念的明确提出,则是在 1988 年的国务院机构改革当中。在此后的历次机构改革中,都重申了转变政府职能的重要性,随着经济体制改革的不断深化,其内涵也在不断变化,但"转变职能"始终是 30 年来行政管理体制改革的核心内容①。

1988 年的国务院机构改革,在总结以往经验教训的基础上,明确提出,转变政府职能是机构改革能否成功的关键。因为政府机构是政府职能的载

---

① 金太军:《政府职能梳理与重构》,广东人民出版社 2002 年版,第 40 页。

体,只有适应国家经济体制改革和政治体制改革的总体要求,在合理界定政府职能的基础上,政府机构的设置才能做到有的放矢、量体裁衣。1988 年的机构改革与 1982 年的机构改革的最大不同,就是前者不再是搞简单的机构撤减合并,而是以转变政府职能为关键契机,在转变政府职能的基础上进行机构调整。这次机构改革,是在"公有制基础上的有计划商品经济"背景下进行的,转变职能的中心内容是政企分开、下放权力,具体包括五个方面:一是由微观管理转向宏观管理;二是由直接管理转向间接管理;三是由部门管理转向全行业管理;四是由"管"字当头转向服务监督;五是由机关办社会转向机关后勤服务工作社会化。因为时代限制和思维局限,当时的经济体制仍停留在计划经济体制的思维框架上,因此,政府职能的转变也不可能做到一步到位,而只能是过渡性转变。

(二)职能转变与政治体制改革

1978 年 12 月召开的党的十一届三中全会,作为新中国成立以来我党历史上具有深远意义的伟大转折,全面提出了拨乱反正的任务,由此成为政治体制改革的历史起点。自此以后,政治体制改革便成为我党实行改革开放和现代化建设的一项坚定不移的基本方针,取得了重大进展和显著成就。一方面,政治体制改革所带来的制度创新,为政府职能的转变提供了基本的制度保障;另一方面,政府职能转变带动的行政体制改革,也有力地推动了政治体制改革。

1. 十一届三中全会到十三大政治体制改革的成就

十一届三中全会揭开了我国政治体制改革的序幕,迄今 30 年的政治体制改革,在理论和实践上取得的一系列重大突破和成就,无疑都是三中全会所开创的正确路线合乎逻辑的发展。三中全会以后,党在拨乱反正的实践中,提出了要进行政治体制改革,健全社会主义民主和法制的目标。十二大提出,一定要按照民主集中制的原则,继续改革和完善国家的政治体制和领导体制。十三大提出,把政治体制改革提上全党日程的时机已经成熟,要兴利除弊,建设有中国特色的社会主义民主政治,并提出了政治体制改革的近期目标和长远目标。

2. 政府职能转变对政治体制改革的推动

十一届三中全会以来,我国政府职能也经历了一个逐渐转变的过程:其一,从一定意义上来说,政府职能不断地从"政治国家"向"经济国家"发展。以1982年召开的中共十二大为标志,整个国家放弃了"以阶级斗争为纲"的指导思想,进入了"以经济建设为中心"的新时期。多年被人为"放大了的专政"、镇压职能及某些极左做法很快得到控制,政府的社会管理和组织经济建设的职能得到了进一步扩展。这种变化虽然是初步而稚嫩的,但毕竟进入了良性循环的轨道。其二,对计划与市场关系的认识不断深化和成熟。中共十二大提出社会主义经济要"以计划经济为主,市场调节为辅",市场开始被承认,身份日渐走向公开化。在以农村联产承包责任制为核心的各项改革措施的推动下,市场在中国广大农村广泛出现并发展起来。在中共十二届三中全会通过的《关于经济体制改革的决定》中,确立了社会主义经济是"公有制基础上的有计划商品经济"。中共十三大进一步将"社会主义有计划商品经济"的内涵明确界定为"计划与市场的内在统一",市场取得了与计划平行的地位。[①]

对于政府职能,特别是经济职能的认识所发生的重大变化,必然对政治体制发生影响,并在一定时期促成政治体制较大力度的改革。这集中体现在,政府职能的调整,产生了一些足以导致政治体制逐步发生重要的、基础性的变化的"激活因素"或"催化剂"。虽然这些"激活因素"并不是政治体制本身的变化,但它们作为经济和政治的"结合部",将会在一个较长的时期起深层次作用。

二、我国政府职能的调整

职能转变是机构改革的前提、基础和关键。政府职能不仅决定政府机构的设置及其规模,决定政府机构的结构、功能、制度、工作任务、发展目标和人员的素质要求,而且从根本上决定政府机构的变迁及其改革和发展的

---

① 金太军:《政府职能梳理与重构》,广东人民出版社2002年版,第72页。

方向。没有科学、合理的职能,或者在其建构与发展中偏离、背离了本身固有的职能要求,政府机构就不可能有科学合理的结构、功能、制度、人员队伍、工作任务和发展目标,就不可能有强盛的生命力。职能决定机构的规律,内在地规定了机构改革必须以职能转变为前提和基础,牢牢抓住职能转变这个关键。①

可以说,政府职能与机构设置相辅相成、相互影响。宽泛繁杂、无所不包的政府职能必然要求臃肿庞大、重叠交叉的政府机构;反之,层次过多、人浮于事的机构体系又会进一步集中权力、扩展事务。因此,政府机构的改革成为转变政府职能的一个制度性环节。

(一)1993～1998 年改革的继续和发展

首次将建立社会主义市场经济体制作为我国经济经济体制改革目标后,我国 1993 年进行了改革开放以来的第三次政府机构改革。其历史性的贡献在于,首次提出了政府机构改革的目的是适应建设社会主义市场经济体制的需要。但从学术观察的角度来看,1993 年的政府机构改革“目的清楚、目标不明确”。建立社会主义市场经济体制的一个重要改革任务就是要减少、压缩甚至撤销工业专业经济部门,但从 1993 年机构设置来看,这类部门合并、撤销的少,保留、增加的多。如机械电子部合并本来是 1988 年改革的一个阶段性成果,1993 年改革时又被拆成两个部——机械部和电子部;能源部本来是在 1988 年撤销了三个专业经济部门的基础上建立的,1993 年改革又撤销能源部,设立了电力部和煤炭部。给人的印象是,实际效果与设定目标背道而驰。

1993 年改革的一个重大举措是,实行了中纪委机关和监察部合署办公,进一步理顺了纪检检查与行政监察的关系。1993 年实行中纪委机关和监察部合署办公的这种做法,是统筹党政机构设置的重要方式之一。

(二)1998 年——职能定位取得新突破

从 1988 年进行政府第二次机构改革的时候提出转变政府职能的目标,

---

① 邹东涛:《发展和改革蓝皮书——中国改革开放 30 年》,社会科学文献出版社 2008 年版。

到 1993 年,转变政府职能仍是政府机构改革的重要内容之一,1998 年改革仍然把转变政府职能作为最主要的内容。但是大家注意到,在 1998 年这次政府机构改革以前,虽然在十年前就提出了转变政府职能的历史性任务,但是并没有提出转变政府职能的内涵,即政府职能究竟转向哪里?对此在 1998 年以前并未有明确的说法。在 1998 年这次政府机构改革中,鉴于当时机构设置与社会主义市场经济发展的矛盾日益突出的现实,中国政府对政府职能的方向做了具体明确的规定,在计划体制下形成的这种政府职能最终要转变到三个领域:第一,要转到宏观调控方面;第二,要转变到社会管理方面;第三,要转变到公共服务领域。1998 年的政府机构改革对政府职能的转变方向做了非常明确的规定,即宏观调控、社会管理和公共服务这三个方面。

可以说,1998 年中央人民政府实施了 2008 年之前涉及面最广、改革力度最大的一次政府机构改革。这次改革的目的与目标高度协调,推进社会主义市场经济发展是目的,尽快结束专业经济部门直接管理企业的体制是目标。1998 年改革历史性的进步是,政府职能转变有了重大进展,其突出体现是撤销了几乎所有的工业专业经济部门,共 10 个:电力工业部、煤炭工业部、冶金工业部、机械工业部、电子工业部、化学工业部、地质矿产部、林业部、中国轻工业总会、中国纺织总会。这样,政企不分的组织基础在很大程度上得以消除。到目前为止,我们还在享受这个成果所带来的实惠。

为什么说撤销工业专业经济部门就是消除政企不分的组织基础呢?原因在于,众多的工业专业经济部门是计划经济时代的产物,在当时的历史条件下,这些工业专业经济部门是资源配置的载体,是落实经济计划的依托。但是在建立社会主义市场经济体制的过程中,这类部门的存在不利于充分发挥市场在资源配置中的基础作用,不利于充分发挥企业的微观经济主体地位。故而,撤销工业专业经济部门就是取消了国家与企业之间的"二道贩子",消除了政企不分的组织堡垒。

(三)2003 年——进一步转变政府职能

这一时期的改革,本质上是由经济体制改革推动的,以适应发展社会主义市场经济需要为目标,对政府管理体制进行根本性的改造和重塑。2003年的政府机构改革,是在加入世贸组织的大背景之下进行的。改革的目的是,进一步转变政府职能,改进管理方式,推进电子政务,提高行政效率,降低行政成本。改革目标是,逐步形成行为规范、运转协调、公正透明、廉洁高效的行政管理体制。改革的重点是,深化国有资产管理体制改革,完善宏观调控体系,健全金融监管体制,继续推进流通体制改革,加强食品安全和安全生产监管体制建设。这次改革重大的历史进步,在于抓住了当时社会经济发展阶段的突出问题,进一步转变政府职能。比如,建立国资委,深化国有资产管理体制改革;建立银监会,建立监管体制;组建商务部,推进流通体制改革;组建国家食品药品监督管理局,调整国家安全生产监督管理局为国家直属机构,加强食品药品安全与安全生产监管。

解读2003年机构改革,最主要的特点是,这次改革不是一次全面的改革,不是对政府机构人员精简提出具体的数量指标,而是抓住重点,加强宏观调控和执法监管部门,解决行政管理体制中存在的一些突出矛盾和问题,为促进改革开放和现代化建设提供组织保障。这或许是机构改革发展的重大转折,即从量的要求转向质的突破,从重视形式转向重视内容的调整,从表面层次转向深度层次的改革。

(四)2008年——建设服务型政府

2003年抗击非典以后的政府机构改革是一个转折点,之后的政府机构改革,以科学发展观为价值导向,以建设服务型政府为目的,以全面促进经济建设、政治建设、文化建设、社会建设为目标,以全面履行政府的社会经济职能为基本途径。正是在这个基础上,2003年以前的改革开放时期,政府既创造环境,又直接参与创造财富;新的时代发展对政府提出的新要求是,"政府创造环境,人民创造财富"。

2008年进行了第六次行政体制改革,用服务型政府理念配置政府职能。其开始标志是党的十六大。在十六大上,正式把"三个代表"重要思想写入党章,明确提出了落实"三个代表"重要思想的本质是"执政为民",并要求以此去实现"科学规范"的政府职能。至于政府职能是什么,则明确为

"经济调节、市场监管、社会管理、公共服务"四个方面。显然,这使政府职能如何"增""减"有了一个深层次的标准,有了更明确的内容框架。党的十六届三中全会作出的《中共中央关于完善社会主义市场经济体制若干问题的决定》中,第一次明确提出,把政府经济管理职能转变到主要为市场主体服务和创造良好发展环境上来,这是对市场经济体制下政府经济管理职能的崭新定位,是一次重大的突破和理论创新。《决定》所勾画的新政府的新职能,用一句最简短的语言来概括就是"公共服务型"政府或"服务型政府"。本次会议又明确提出了"坚持以人为本,树立全面、协调、可持续的发展观,促进经济社会和人的全面发展",这使我们的政府职能转变,在规定了为民的方向之后,又提出了"依靠人民"。2007年10月,胡锦涛总书记在党的十七大报告中明确提出,"加快行政管理体制改革,建设服务型政府",指出为人民服务是党的根本宗旨,是各级政府的神圣职责。党和政府的一切工作,归根到底都是为了实现好、维护好、发展好最广大人民的根本利益。建设服务型政府,根本目的是进一步提高政府为经济社会发展服务、为人民服务的能力和水平,关键是推进政府职能转变、完善社会管理和公共服务,重点是保障和改善民生。要坚持以邓小平理论和"三个代表"重要思想为指导,深入贯彻落实科学发展观,按照全体人民学有所教、劳有所得、病有所医、老有所养、住有所居的要求,围绕逐步实现基本公共服务均等化的目标,创新公共服务体制,改进公共服务方式,加强公共服务设施建设,逐步形成惠及全民的基本公共服务体系。

针对这个阶段学者薄贵利提出,要加快政府职能转变,将公共服务职能逐步上升为政府的主要职能或核心职能;加强公共服务部门,探索实行职能有机统一的大部门体制;改革和完善财政转移支付制度,将政府财力更多地向农村、不发达地区和困难群体倾斜;打破公共服务的行政垄断,形成政府主导、多元主体参与的公共服务供给体系;推进以公共服务为主要内容的政府绩效评估制度;完善行政问责制度,健全全方位的行政监督体系。

第二节 我国政府职能转变的主要内容

政府职能的转变是个系统工程,需要我们从整体到部分、从部分到整体加以认知,从而进行全面有效的系统设计。但冷静地分析以往的政府职能转变实践,特别是 1998 年之前的改革,我们发现实际情况与设定目标相去甚远。一是对政府职能转变本身的内容缺乏系统认知,表现在:按照经济发展的需要与最终模式,究竟哪些职能需要保留或转移,哪些职能需要增加或减少,哪些职能需要转为重点或非重点,哪些职能需要强化或弱化等缺乏系统观;出现了把转变政府职能理解为弱化政府职能,转变政府职能就是着力于投资经济建设和市场建设等诸如此类的看法和做法。二是把政府职能转变本身的内容与政府职能转变的实现问题相混淆。[①] 如认为转变政府职能就是转变政府管理方式,就是政府机构的改革调整,把政府职能的转变等同于政府权力的转移,以为政府职能的转变就是政企分开。以往的政府职能转变实践,反映出我们在理论准备上的欠缺和反思的不足。对于政府职能转变的一系列重大理论问题,如:政府职能转变的内涵、政府职能转变的目标和价值取向、政府职能转变的内容和条件、政府职能转变的途径与方式、政府与市场的关系、政府与企业的关系、政府与社会的关系、中央与地方的关系等,都缺乏系统的理论认知。政府职能转变理论的滞后,制约着改革战略和政策的选择,影响着政府职能转变的实践。

事实上,政府职能转变的内容可归为两部分:一是政府职能转变本身的意涵,包括经济职能的转变和职能结构的调整等;二是政府职能转变的实现问题,包括职能重心转移、管理方式的改变和职能关系的转变等。

---

① 侯保疆:《我国政府职能转变的历史考察与反思》,《政治学研究》2003 年第一期。

一、政府职能具体内容的转变①

朱镕基总理在九届人大一次会议政府工作报告中,提到转变政府职能时只用了寥寥数语:"彻底摆脱传统计划经济的羁绊,切实把政府职能转变到经济调节、市场监管、社会管理和公共服务上来。"把政府职能归结为经济调节、市场监管、社会管理和公共服务四个方面,可以说是我国一种新型的政府职能观。

然而,要真正实现政府职能向上述四个方面的转变,却并非易事,我们必须在职能内容上进行改变。

(一) 政治职能:走向民主法治之路

1. 社会主义市场经济条件下政府的政治职能

我国在社会主义市场经济条件下的政治职能,是特殊形式的社会国家政府的一般职能。它体现了我国社会主义市场经济条件和我国社会主义民主政治传统的一些特点。

(1) 政治统治职能

政治统治职能亦即我们通常所说的阶级专政职能,它是政治统治阶级与被统治阶级之间支配与被支配、控制与被控制的动态表现,是阶级之间根本利益对立与冲突的产物,是阶级矛盾不可调和的表现。它随着阶级和国家的产生而产生,其根本目的是使社会秩序维持在有利于统治阶级的范围内,而社会的其他活动又能正常进行。

国家的本质决定了作为阶级统治的工具——政府,首先应该具有维护统治阶级统治权力的职能。我国的国家性质决定了政府必须反映广大人民群众的意志和利益。同时,无产阶级的政治统治活动需要以暴力为后盾,但由于是多数人对少数人的统治,所以暴力往往不是最主要的方式,最重要的方法是通过发展经济和文化,使旧社会的剥削者"在劳动中改造为自食其力的劳动者"。这种政治职能的基本表现形式为政府依法执行人民代表大会

---

① 李文良:《中国政府职能转变问题报告》,中国发展出版社 2003 年版,第 363 页。

赋予的行政权力,贯彻执政的中国共产党的路线、方针和政策。

（2）政治控制职能

所谓政治控制职能,是指政府为实现政治统治目标,在行政统治过程中所承担的稳定政治局势的职责和任务。政治控制职能一般渗透在政府的其他职能中。经济职能、社会公共事务职能中都包含有政治问题,其中最核心的地方,是如何处理好各社会集团之间的利益关系,使社会在经济利益方面处于相对稳定的分配结构,保证统治阶级有最广大的群众基础和实现统治目标的稳定条件。

（3）政治保卫职能

政治保卫职能是由政治统治职能派生出来的,是政治控制职能在对外方面的延伸。自国家产生以来,不同阶级、不同民族之间的不同利益,都要求通过各自政府的对外职能予以保卫。政治保卫的对象是国家主权,包括国家的政治独立、领土完整和经济自主。政治独立表现为国家对内对外的行动自主。对内,国家有权根据自己的意志选择自己的国体、政体,自主地制定和颁布法律、政策和命令,并根据自己的意志独立地开展立法、行政和司法活动;对外,不受他国或者其他政治力量的限制,并能够以适当的方式保卫本国的主权和利益不受侵犯。

2. 转变政治职能:走上民主法治之路

（1）阶级统治功能的削弱

作为政府的一项基本职能,政治职能集中体现了国家的阶级性质,其核心问题是巩固国家政权。但是,社会主义国家的政治职能并非一成不变的。在社会主义的不同历史时期、不同发展阶段,它将随着国内阶级关系以及由此决定的阶级斗争的变化而变化。

新中国成立初期,尖锐复杂的阶级斗争是当时社会的主要矛盾,在此时的整个国家活动中,阶级统治在国内占据突出地位。原因在于,当反动阶级被推翻以后,"剥削者就必然存在着复辟希望,并把这种希望变为复辟行动"。

当生产资料私有制的社会改造基本完成以后,剥削阶级作为一个阶级已经被消灭。此时阶级斗争在时起时伏中逐渐趋于缓和,日益减弱,直至完全消失。

改革开放以来,我国政府的阶级统治功能有所收缩,其突出表现是军队数量的大幅度裁减和政府专政机构的大规模精简。这表明,在市场化改革的进程中,我国政府的政治职能开始发生重心转移,即由侧重于阶级专政的工具变为实现政治民主和法制的主要手段。

（2）政治体制改革:民主的起步

政治的本质是一种公共权力,是公共权力的形成、分享和应用的过程。因此,政治的首要问题是解决政治权力的所有制问题。在奴隶社会和封建社会,政治权力被认为是私有的,被私人或家庭用来继承。

近代以来,人们认为政治权力不是私人的所有物,认为政治权力是属于人民的,只有人民才是一切政治权力的最终源泉。近代政治解决了政治的所有权问题,这种政治权力看成是人民所有的近代政治,在解决政治权利的交替问题上,普遍采用了代议制,这是人类历史上的一座丰碑。

中国的人民代表大会制度也属于代议制的范畴,具有代议制的基本特征。这一制度既符合民主政治的一般规律,又体现社会主义国家权力的民主本质。特别是经历了"文化大革命"的惨痛教训后,中国人大痛定思痛,汲取国外有益经验,从而取得很大的发展,过去的"橡皮图章"形象有了很大改观。

应该说,中国政治解决了政治权力的归属问题,即政治权力属于人民。同时在某种程度上解决了选择何种人治理国家的问题,即代议制。但中国的政治体制没有解决好如何控制政治权力的滥用问题,即宪政问题。既然我们选择的是市场经济,选择宪政就是我们国家的政治体制的必然,因为宪政和市场经济是紧密相连、不可分离的。

（3）依法治国:法治的开始

在法律规范下,一切国家机关、政党组织、社会团体、企事业单位、公民个人,既是依法治国的主体,也是依法治国的客体。法治体现的是,政府依照人民制定的法律治理社会与人民依照法律管理、治理公共事物的统一。

我国建设法治国家的本质是实现国家治理方式的转变,即由人治和策治转向法治。建设法治国家是市场经济发展的必然结果。一方面,市场经济在价值规律的基础上开放式地运转,形成了有别于其他经济体制的运作特点,如市场经济的公平性、有序性、多元化和契约化特点都提出了建设法治国家的要求。另一方面,市场经济发展为法治国家的建立提供了必要的经济基础。特别是,市场经济条件下,法治可以规范和限制政府对市场主体恣意的干预行为,最大限度地保障市场主体的积极性和创造性。建设法治国家同样是民主政治发展的必然结果,是当代民主政治的本质内涵。

(二)经济职能:从计划到市场

经济职能是政府最重要的一项基本职能。从国家产生的那天开始,它就以不同方式不同程度地存在并发挥着它的作用。

1. 改革:从计划到市场的演变

建国以后,受苏联模式的影响,中国政府致力于计划经济体制建设,对整个经济进行集中控制,并通过国家计划的方式分配所有的资源。但20世纪70年代以后,计划经济体制的优势日益减弱,对经济的消极影响越来越显著。穷则思变,1978年以来以市场经济为导向的经济体制改革扭转了这一颓势,使得中国经济走出了长期徘徊不前的困局,重新步入高速增长时期。

回顾十一届三中全会以来的改革进程,我们会清楚地发现已经发生和正在发生着两个层次的政府职能转变。从1978年到1982年中共十二大,党和国家实现了指导思想和方针政策的转变,放弃了"以阶级斗争为纲"的思想,进入了"以经济建设为中心"的新时期,现代化建设成为"最大的政治"。国家的社会管理和经济建设很快得到扩展。在一定意义上,实现了从"政治国家"到"经济国家"的转变,确切地说,这是政府职能实现从以政治职能为中心向以经济职能为重点的第一重转变。这种转变本身具有政治改革的性质,并使经济体制改革得以展开。这一重转变基本表现为"政治生活的重大变化—职能重点的转变—经济体制改革"的动态过程。20世纪80年代中期以后,随着我国经济体制改革的深入,特别是中共十四大确立"社会主义市场经济体制"的目标模式后,经济体制改革全面进展,从计划经济到市场经济的经济体制转变,直接对传统体制下政府集中计划管理经济的模式提出变革要求,促成了第二重意义上的政府职能转变,即政府的经济职能从计划经济取向向市场经济取向转变。这一轮政治经济改革,主要呈现为"经济体制改革深入—政府职能转变—政治体制改革"的动态过程。①

2. 市场经济中政府的经济职能②

概括起来,在市场经济条件下,政府的经济职能有:

（1）提供经济发展的基础结构

政府为市场经济的运作提供基本必需的制度、规则以及框架。现代的经济社会也是一个政治体系,没有游戏的规则和经济生活的框架,经济体系的运转是不可能的。实践证明:市场交易的前提是财产权受到保护,得到维护的交易秩序和对纠纷的有效解决;政府则提供了安全、秩序和公正的、具有规模经济的制度安排。

（2）组织提供各种各样的公共物品

公共物品因很难禁止不付费的个人坐享其成,导致"搭便车"和占便宜。这种特性使得私人部门很少有动力去生产公共物品,导致公共物品的服务供给大大不足,因此必须由政府介入,以协调公共物品的提供,满足民众的需求。

（3）保护共有资源和自然资源

共有资源和公共物品一样没有排他性,但有竞争性,共有资源不可避免地导致公用地悲剧,即私人决策者过分使用共有资源。我们不能依赖市场去避免自然资源的浪费,市场自身的逐利性,使得其很少为我们的子孙后代利益考虑。此时政府的作用即凸显出来,政府往往通过管制措施保护共有资源和环境,通过适量收费和行政许可的方式,应对日益突出的过度使用共有资源问题。

---

① 金太军:《职能梳理与重构》,广东人民出版社 2002 年版,第 91 页。
② 张成福、党秀云:《公共管理学》,中国人民大学出版社 2001 年版,第 59 页。

（4）调整和解决社会冲突

在一个社会中，不可避免地将出现各种各样的社会冲突，其出现的原因也可能是多样的，政府的职责在于促使冲突的解决。此外，在一个社会中，总会出现强势集团，也会出现弱势群体，为保障社会中的弱势群体免遭强势集团的剥削和欺诈，政府需要保护弱势群体的利益。

（5）保护并维持市场竞争

市场机制的有效性来源于市场存在着有效的竞争。但是由于垄断市场上的价格大于边际成本，导致垄断者生产的产量小于社会有效率的产量，从而导致资源配置的无效率。为此，政府必须有所作为，努力使垄断行业更有竞争性或者对垄断者实施管制，前者如用制定反垄断法以增强竞争，后者包括价格管制等等。

（6）调节收入和财产分配

市场经济是会产生不平等结果的。为了实现社会的公平，需要有一种公平的再分配机制。市场交易不能进行有效的再分配，原因在于市场中不存在以公平为目标的分配机制。政府在进行再分配方面具有明显的有利地位，因为政府拥有强制征税的权力，该项权力使得政府能大规模介入再分配工作，并且可以通过税制解决由于要素市场的不完备性与垄断定价产生的收入分配问题。

（7）稳定宏观经济

在市场经济中，充分就业和物价稳定不会自动出现，而周期性的经济波动却时常出现，经济会为长期的持续失业与通货膨胀所苦。更为糟糕的是，失业与通货膨胀往往是并存的，这就是困扰各国政府的滞胀。政府的作用在于通过公共政策的干预，保持国家宏观经济的稳定。

在我们看来，上述职能是政府的基本经济职能。在强化公共服务理念的今天，并不意味着要政府削弱经济职能。发展中的中国，应当改革行政管理体制，提升国家的整体实力，以适应经济发展的要求。毕竟，政府社会职能和公共服务的有效履行以经济职能的有效保障为前提。

（三）社会管理职能：从管理到服务

1. 社会管理职能的界定

现代意义上的社会管理,是指由国家通过权力机关或授权部门,依据一定的原则,对社会生活各方面所进行的干预、协商、调节、控制等行为。这是狭义的社会管理,广义的社会管理还包括经济管理。

任何国家对内都具有政治统治和社会管理这两种职能,这是由国家的本质决定的。其中,实现政治统治是国家的根本属性,它决定着国家社会管理职能的属性。但是我们不能因此就把政治统治职能看成是国家的全部内容,而忽视社会管理职能独立存在的价值和意义。相反,在国家活动中,两者是相辅相成的关系:社会管理职能的执行取决于政治统治,而政治统治职能的维持又必须以执行某种社会管理职能为基础。因此,对于国家来说,既不能没有政治统治职能,也不能不执行社会管理职能。

2. 强化社会管理职能,促进经济社会发展

随着社会的进步,政府的政治职能不断弱化,而经济和社会职能不断强化。在我国,随着三大改造的基本完成,我国进入了社会主义社会,阶级矛盾已经不再是社会的主要矛盾,国家的工作中心已经转移到经济建设上来。阶级统治职能已经不再是我国政府的主要职能,与此同时,新的社会管理事务层出不穷。一方面,随着经济体制的转变,我国原来在计划经济体制下形成的"单位制"组织逐步解体,它们原来承担的一部分社会管理职能,必须由政府接管下来。另一方面,作为后发型现代化国家,我国不得不面临着许多后工业化的并发症,如全球性的人口、资源与环境问题以及社会不公、贪污腐败问题。这些社会问题使得我国当前的社会管理显得更加复杂与更为重要。

总之,经济发展和社会发展是相互依存、相互促进的。经济发展是社会发展的前提和基础,社会发展则是经济发展的结果和目的。经济发展到越高级的层面,就应当越重视社会管理。

3. 政府社会职能转变:从管理到服务

政府作为"以公民的自愿联合体或本质上的强制性为基础的组织",其产生源于人民的公意达成和公意授权。因此,政府权力从本质上源于社会。

社会主义国家的政府,在其职能配置上的总体要求,就是通过促进社会机体的发育和发展,逐步削弱政府对社会强制干预的职能,并逐步拓展为社会发展协调服务的功能。全心全意为人民服务,为社会发展服务,应该是社会主义国家的本质,国家的本质职能应该是服务于社会。

当前政府职能转变的一个重要任务就是削弱政府的控制性管理职能,加大协调服务性管理职能,高踞于社会之上的官僚机构变成真正服务于社会的协调性管理机构。将政府职能定位于服务者的角色,把为社会、公众服务作为政府存在、运行和发展的基本宗旨。

二、政府职能转变的实现方式

政府职能转变的实现方式包括政府职能重心转移、方式的转变和职能关系的转变三个方面。

(一) 政府职能重心转移

1956 年我国在社会主义改造任务基本完成之后,党和国家的工作重心本应转移到以经济建设为中心的轨道上来,但由于受"左"的思想影响,在新中国成立后长达 20 多年的时间里一直是重政治统治职能轻社会管理职能,重阶级斗争轻经济建设,形成"以阶级斗争为纲"的错误路线,发生了祸害中国数十年的"文革"动乱,使我国国民经济濒于崩溃的边缘。危难之际,党的十一届三中全会明确作出把党和国家的工作重点转移到以经济建设上来的号召。此后,各级政府坚持以经济建设为中心,实现了政府职能重心的根本转变。[①]

(二) 职能方式的转变

改革开放以来,我国在转变政府职能重心的同时,也进行了职能方式的转变。这种转变主要体现在以下三个方面:

1. 由运用行政手段为主向运用经济手段为主,将经济手段与法律手段、行政手段结合起来

---

① http://zhidao.baidu.com/question/51141636.html。2008 年 7 月。

在传统计划经济体制下,整个社会处于行政机关高度控制下,政府对经济领域几乎都运用强制性行政手段进行管理,企业缺乏自主性和能动性,抑制了企业的活力和自我管理能力。改革开放之后,政府开始按照客观经济规律要求,运用价格、税收、信贷、工资、利润等经济杠杆,来组织、调节或影响经济活动,实现经济管理任务。实践证明,运用经济手段,可以增强企业自主权,增强企业的外部压力和内在动力,促使企业树立竞争意识,发掘更大潜力,更好地提高技术和改善管理,最有效地使用人力、物力和财力,从而提高企业经济效益。随着我国社会主义市场经济体制的建立,经济手段已成为政府管理经济的主要手段。同时,政府也重视法律手段的运用,加强法制建设积极推进依法行政。

2. 由微观管理、直接管理为主,转向宏观管理、间接管理为主

微观管理和直接干预,是计划经济体制时期政府管理经济活动的唯一方式,审批与管制成为政府管理的基本手段。政府一方面对企业实行统一计划、统收统支,另一方面又要尽其保姆式的服务,对企业实行统负盈亏、统购包销,企业生产什么、生产多少、怎样生产以及产后效益等都由政府统管,这不仅严重抑制了企业和劳动者的积极性、创造性,也阻碍了政府准确分析千差万别、瞬息万变的企业情况和市场活动,难以准确了解和迅速反应而导致瞎指挥,妨害了经济发展。十一届三中全会以来,政府通过向企业下放自主权,完善国有资产管理体制,建立现代企业制度等改革措施,促进企业逐步向自主经营、自负盈亏、自我发展的方向发展。在弱化直接干预企业的微观管理职能的同时,政府强化了宏观管理职能,精简和削弱了专业部门,强化监督和宏观调控部门。由直接管理向间接管理的转变,则是要综合运用经济、法律和必要的行政手段实施管理,推动"政府调节市场,市场引导企业"的经济运行新格局的形成,政府的经济职能主要是宏观调控、提供服务和检查监督。

3. 由重计划、排斥市场转向以市场为主,计划与市场相结合

过去受"左"的思想影响,把计划经济与社会主义等同起来,认为计划经济是社会主义经济基本特征。同时又把计划与市场绝对的对立起来,认

为市场经济是资本主义特有的东西。正是在这种传统观念的支配指导下，我国形成了高度集中的计划经济体制，市场经济则长期被排除在社会主义大门之外，使社会主义经济不能正常地在市场经济轨道上运行，社会生产力得不到相应的发展。邓小平在总结社会主义国家只搞计划排斥市场的教训和我国经济体制改革实践经验的基础上，明确提出只搞计划经济会束缚生产力的发展，把计划经济和市场经济结合起来，就更能解放生产力，加速经济发展。邓小平关于计划与市场关系的论述为我国政府职能转变指明了方向。在邓小平理论的指导下，我们逐步摆脱了传统观念的束缚，形成了新的认识。党的十四大明确提出我国经济体制改革的目标是建立社会主义市场经济体制，标志着我国进入了从计划经济体制向市场经济体制的过渡，进入建立和发展社会主义市场经济的新的历史时期。当然由于市场本身的局限，加之我国经济体制改革仍离不开政府的主导作用，我们在充分发挥市场机制作用的同时，仍要发挥计划作用，把计划与市场有机地结合起来。

（三）职能关系的转变

职能关系问题是指不同的管理职能由谁来行使以及管理主体之间职责权限划分。一个国家的行政职能系统是由若干层级职能系统构成的，各层级行政职能系统之间相互影响、相互作用，构成一个统一的整体。但由于各层级职能是由不同的主体行使的，因此，分清各职能主体的职责权限，理顺它们相互间的关系，是充分发挥职能系统整体作用的前提。我国过去存在的机构臃肿、人浮于事、办事拖拉、不讲效率、不负责任等官僚主义现象，都与政府部门职责不清、职能不顺有关，管了许多不该管、管不好、管不了的事。因此，分清职能、理顺关系、明确不同管理主体之间的职责权限，是实现政府职能转变的关键环节。在我国，政府的职能关系主要表现为以下几个方面：

1. 理顺中央政府与地方政府、上级地方政府与下级地方政府之间的职能关系

新中国成立以来，我国中央与地方职能关系一直处在调整和变动之中，二者关系严重失衡。行政权力过分集中于中央、集中于上级，形成头重脚轻

的职能构架,难以发挥地方和基层的积极性。如何正确处理中央与地方、上级与下级政府之间的关系,是社会主义国家行政管理中一直没有解决好的问题。改革开放之前,中央与地方职能关系的调整由于整个国民经济宏观调控职能与微观管理职能交叉混合,没有分清,结果造成"一放便乱,一收便死"的恶性循环,中央高度集权的模式始终也没有发生根本性的变化。党的十一届三中全会之后,权力下放成为中国全面改革的突破点和出发点,开始打破传统高度集中的管理体制,但也造成了国家宏观调控乏力、地方保护主义和市场割据、区域发展不平衡等问题。中央与地方关系,实质是权力配置关系、利益关系,也是一种法律关系。理顺中央与地方关系,必须在合理划分事权、财权的基础上,明确中央与地方的职能关系,并用法律形式固定下来。中央政府代表着国家整体利益和全局利益,承担着整个国家的宏观管理职能,提供全国性的公共物品,同时承担着对地方政府的监督职能和服务职能。地方政府一方面是国家利益在地方的代表,另一方面又是地方局部利益的代表,承担着中央宏观政策的执行职能和对本地区公共事务的管理职能,提供地区性的公共物品。理顺中央和地方、上级和下级的职能关系,在指导原则上要坚持有利于发挥中央和地方两个积极性,改变过去中央和上级过度集权的问题,实行中央与地方各级政府适度分权,做到责权利相一致,形成中央政府与地方政府之间合理协调分工的合作关系;坚持既有利于维护国家政令统一,防止地方割据,加强中央权威和宏观调控能力,又要有利于增强地方和基层活力,充分调动地方和基层的积极性;既要有利于建立统一的全国市场,充分发挥市场在资源配置中的基础性作用,也要有利于全国各地经济和社会协调发展。①

2. 理顺政企关系

建立社会主义市场经济体制,要求理顺政府与企业的关系,确立企业的自主权,使企业成为相对独立的微观经济主体,改变过去依附于政府的境况。理顺政企关系的基本原则是政企分开,权力下放。

---

① http://zhidao.baidu.com/question/51141636.html,2008 年 7 月。

（1）把所有权和经营权相对分开。两权分离主要在于从所有权中严格地区分出经营权，即让国有企业掌握经营权，政府掌握所有权，两者井水不犯河水，以便使企业具有广泛的活动空间，发挥企业的活力。同时也切断政府与国有企业的从属关系，实现政府职能转变。

（2）把政府公共管理职能和国有资产出资人职能分开，理顺产权关系。要实现政企分开，使企业成为自负盈亏、自主经营的市场主体，仅有两权分离是不够的，还必须在两权分离的基础上明确产权。明确产权关系是建立现代企业制度的基本要求，也是市场机制发挥作用的基础。明确产权关系主要内容是，明确财产的法定主体，界定产权的客体和内容。企业享有独立的法人财产权，享有资产收益、重大决策和选择管理者等权利。

（3）实行国有资产分级管理体制。国有资产管理机构对授权经营的国有资本依法履行出资人的职责，维护所有者的权益，维护企业作为市场主体依法享有的各项权利，督促企业实现国有资本保值增值，防止国有资产流失。

通过理顺政企关系，最终建立起政府以经济、法律、行政等综合手段规范管理市场，市场引导企业的宏观调控体制。调整理顺后的政企关系是：政府按投入企业的资本享有所有者权益，对企业债务负有限责任；向企业派出稽查特派员，监督企业资产营运和盈亏情况，负责企业主要领导干部的考核、任免，不直接干预企业的经营活动，取消政府与企业的行政隶属关系；企业依法自主经营、自负盈亏，照章纳税，对国有资本负有保值增值的责任，不损害所有者的权益。政府对产业经济管理手段是产业政策，也运用一些必要的行政手段调控经济。

3. 理顺政府与市场的关系

在市场经济体制下，政府与市场关系的总原则是，市场机制能够解决的，就让市场去解决，政府只管市场做不好和做不了的事，把市场对社会经济运行和资源配置的基础性作用与政府宏观调控的指导性作用有机地结合起来。政府引导市场，市场调节企业。

一方面，市场机制的正常运转是需要一系列基本条件的，包括以价格为核心的各种市场信号能够随市场供求关系的变化而相应发生变动;形成完整的市场体系;企业作为商品生产者的实际独立主体地位得到确认;形成公平竞争的市场秩序和市场规则;形成总供给与总需要大致均衡的市场状态,从而使供求双方的实际竞争地位趋于平等,使市场机制充分发挥作用等等。我国目前在许多方面尚不具备或不完全具备市场机制正常运转所需的基本条件,而发展市场经济的客观形势又不允许我们仅仅依靠市场的力量去自发形成这些条件。因此政府对市场经济的运行进行宏观指导和调控,不仅是必要的,而且也是必然的。

另一方面,承认政府对市场的宏观调控对市场经济正常运转具有不可缺少的指导作用,并不等于否定市场机制在社会资源配置中的基础性作用。实际上,政府宏观调控的性质和地位在于弥补市场调节的不足,在于对市场机制作用的方向和后果进行必要的干预和引导,而不是取代或取消市场机制本身在经济生活中的基础性作用。这就是说,政府对市场经济的宏观调控是以市场为基础的,主要用来弥补市场调节的不足,矫正市场的失灵,而不是超越、取代市场,在市场可以发挥作用的领域,由市场调节。政府的主要职能包括:打破地区、部门分割和封锁,建立完善平等竞争、规范健全的全国统一市场;搞好国民经济发展总体规划和布局,统筹规划,协调和建立生产资料市场、金融市场、技术市场、信息市场和企业产权转让市场等,促进市场体制的发育和完善;发布市场信息,制止违法经营和不正当竞争,等等。

4. 理顺政府与社会的关系

在传统计划经济体制下,我国各级政府自上而下对口设立了一系列管理部门,采取行政命令的管理方法,通过强制性的指令性计划,全面地对社会进行管理。这一管理模式在特定的历史条件下曾经起过一定的积极作用,但难以适应日益变化的社会要求,其弊端越来越突出。一方面,致使政府的社会管理职能越来越重,政府机构和人员编制恶性膨胀,管理成本高昂,管理效率低下。另一方面,社会管理权力高度集中于政府、集中于上级的管理体制,使社会自治能力、自律水平得不到锻炼与提高,抑制了社会自我管理、自我发展的能力,最终影响了社会健康协调发展。

改革开放之后,中国政府与社会的关系发生了较大的变化。社会主义市场经济体制为调整政府与社会的关系提出了新的要求,政府必须改变管理范围、管理模式和管理方法,切实实现政社分开,把本来属于社会的权力转移给社会中介组织行使。在市场经济条件下,政府在社会管理方面的基本职能就是组织"公共物品"的供给,管理好社会公共事务,改变计划体制下由政府包办一切的状况。为此,政府的社会管理要实现三大转变:即在管理范围上改变原来由政府包办一切社会事务的做法,从过去以所有者、计划者的身份去直接管理"私人物品"生产的职能中退出来,加强对"公共物品"供给的管理,向社会提供公共服务;在管理模式上,从"大政府、小社会"向"小政府、大社会"转变,把社会事务大部分还给社会,实行政社分开,必须要求政府规模小,人员少,机构精干,只行使有限的权力,政府对社会的干预以市场运行的需要为前提,"小政府"只是对过去政府机构超常行为的校正,而不是剥夺政府权力;在管理方法上,从传统的以行政方法为主转变为间接的以法律方法为主,传统社会政府以行政手段干预社会,导致侵权现象时有发生,管理不规范,市场经济要求维护政府社会管理的合法性,建立法治政府,即政府行为是受法律约束和限制的,反对不受限制的自由裁量权。在具体措施上,政府要大力培养社会的自治能力,培育社会中介组织;加快社会保障制度改革,建立起与市场经济体制相适应的社会保障体系;确立政府与社会的良性互动关系;等等。

5. 理顺政府内部各职能部门的关系

一是对政府各部门进行职能分解和职能分析,明确分工,划清职责;二是加强制度建设,明确各部门的地位、作用及与相关部门之间的联系协调方式,使各部门行为有章可行,完善行政运行机制;三是完善协调机制,由于现实中各部门管理对象的复杂性,即使最明确合理的职责分工,也不可能完全避免职责交叉,为此需建立部门之间工作协调机制,解决矛盾和纠纷。通过多次改革和政府职能的转变,我国政府初步形成了"经济调节、市场监管、社会管理和公共服务"的职能体系。但政府改革依旧任重而道远,实际上,十七大后的"大部制"改革,雷声大雨点小,并未真正践行大农业、大交通的目标,农业部、水利部和林业局依然分离;铁道部依然游离于交通系统之外,甚至依然有自己的司法机关和公安机关。而中央各部委及地方政府机关的关系,距离理顺的目标尚远,需要从法律层面予以明确。

实际上,政府职能的转变是个系统工程,它涉及诸多方面的关系和问题,关系到整个体制的变革,不可能一蹴而就。中国法律条款对府际关系并不重视,宪法并未详细界定中央与地方之间权限;对于政府内部各职能部门之间关系,更是从未关注,政府机关间关系只能靠上级调节,而排除司法体系的介入,这实际上就逐步走向行政机关改革的死胡同。因为上级机关承担下级机关纠纷的审判员,根本难以保障公正,这是政府改革屡次陷入困境的原因之一,也是值得大家反思的。无论怎样,我们都要坚定不移地推进政府职能转变的进程,为行政管理体制的深化、社会主义市场经济体制的建立和发展创造有利条件,从而推动国家和社会健康有序发展。

第三节　我国政府职能转变的方向
——强化公共服务、建设服务型政府

纵观中国的行政改革,仅20世纪80年代就进行了五次,应该说改革所取得的成绩是有目共睹的,但改革并没有取得预期的成果,政府规模并没有真正缩减下来,政府的管制色彩依然很浓。而且,随着改革的日益深入,单纯的机构人员精简以及在政府与市场之间是政府大些还是市场大些的微调,已经不能解决日益棘手的问题。本书认为,中国行政改革进一步深入的突破口应该是强化公共服务职能,建设公共服务型政府。在服务型政府中,公民不仅有权参与公共管理,而且在整个管理过程中,将公民的意志而非政府的意志置于决定性地位,这就意味着决定政府机构和规模大小的主导权也掌握在公民手中,而不是政府自己说了算。"服务型政府"的定位也从根本上消除了权力的争夺和责任的推诿,行政人员之间和行政机构之间的协调有着充足的内在动力,而不需要或很少需要专门的协调力量和协调机构。所以,政府规模将在政体上成为最优最小的政府。

一、我国政府职能转变的目标

正确的目标取向是政府职能转变的首要前提。政府职能转变的过程，也是改革的过程，这一过程自始自终要有合理的目标约束，否则只能在改来改去的过程中反复轮回，而很难展现改革的真正实效。故而政府职能转变的改革首先要有正确的目标选择。

我国政府职能转变的根本目标是建立符合中国国情的公共服务制度，实现公共服务的制度化、公共化、公正化和社会化。在落实科学发展观和全面建设小康社会的新形势下，强化政府公共服务职能，确定政府公共服务的战略重点是政府职能转变的重要内容。我们认为，政府公共服务战略重点的确定必须以正外部性最大、公共性最强、政府最具有比较优势、社会福利效应最大化、兼顾效率与公平为基本原则。据此，我们可以确定当前和今后很长一段时间，我国政府公共服务的战略重点应该是如下五大领域：一是提高政府公共教育服务水平，普及12年制义务教育；二是提高政府社会保障公共服务水平，完善基本社会保险与最低生活保障制度；三是提高政府公共医疗服务水平，使人人都享有基本医疗保健；四是提高政府科技服务水平，加强对基础科学研究与中高技术领域的补贴；五是投资于战略性公共基础设施领域，为全面建设小康社会提供公共设施平台。①

具体来说，党的十六大正式将政府的职能定位为"经济调节、市场监管、社会管理、公共服务"。这16个字的方针，是对我国社会主义经济体制下的政府职能的科学总结和高度概括，也是我国当前构建的服务型政府的职能定位与政府职能转变的目标。

（一）继续搞好经济调节职能

经济调节是对社会总需求和总供给进行总量调控，促进经济结构调整和优化，保持经济持续、快速、协调、健康发展。我们党执政兴国的第一要务

---

① 参见刘熙瑞：《以服务型政府的视角推动我国政府职能转变》，载《福建行政学院福建经济管理干部学院学报》2005年第3期。

是发展,首先就是要发展经济。整个社会主义初级阶段的主要矛盾,始终是人民日益增长的物质文化需要同落后的社会生产之间的矛盾。因此,国家欲要发展,必须抓好经济。现在有一种误导人的说法,就是建设服务型政府必须改变"经济建设型"政府的格局,抛弃"以经济建设为中心"的口号;这其实是一种误解。经济调节和促进经济发展,这也是一种服务,甚至是最根本的服务。公民的一切福祉都必须从这之中来,如此而言,经济建设和服务型政府并不对立,而是兼容并蓄的。但同时也必须清楚,政府职能里的"经济调节"不是具体的"经济管理",直接管理经济的职能必须交给企业。因此,要继续深化国有企业改革,建立和健全国有资产管理和监督体制,把政府公共管理职能和国有资产出资人职能分开,维护企业作为市场主体依法享有的各项权利。政府则主要运用经济手段和法律手段,同时通过制定规划、政策指导、发布信息以及规范市场准入和市场退出,引导和调控经济运行。

(二)进一步加强市场监管职能

政府要依法对市场主体及其行为进行监督和管理,维护公平竞争的市场秩序,形成统一、开放、竞争、有序的现代市场体系。现在市场上有许多制假售假、商业欺诈、不讲信用、坑蒙拐骗、侵害知识产权的行为,严重侵害了消费者利益和广大生产厂家利益。政府必须严格监管,这是服务型政府建设的紧急需要。当然,这个问题既要治标,还要治本。必须建立和培育社会信用体系,使整个市场经济有一个好的人文基础,这就要求做大量的对社会和公民"塑型"的工作。此外,还要建立公民的自律机制。面对社会上许许多多制假售假行为,面对成千上万个"打游击者",单靠政府是绝难完成监管任务的。要大力发展各种社会中介组织,特别是发展"草根性"的行业自律组织,让其承担起较大部分的市场监管职能。这又要求府对社会做大量扶植工作。总之,这是一种非常苦的任务,需要我们长期努力。

(三)更加注重社会管理

正如恩格斯所指出的:"政治统治到处是以执行某种社会职能为基础,

而且政治统治只有在它执行了它的这种社会职能时才可能维持下去。"①任何政府都必须承担处理社会公共事务的社会职能。社会管理,主要是通过制定社会政策和法规,依法管理和规范社会组织、社会事务、化解社会矛盾调节收入分配、维护社会公正、社会秩序和社会稳定。我国政府必须更加注重社会管理职能,因为这是我国政府职能中的弱项。在市场经济条件下,政府应把过去由企业承担的和不应由事业单位承担的社会管理职能收回,承担起市场经济条件下应由政府承担的社会管理职能,切实履行应由政府承担的的公共职能,并不断地调整和完善社会公共管理职能。合理划分各级政府在社会公共事务管理中的权责,逐步建立以地方为主的社会公共事务管理体制②。

(四) 强化公共服务

政府是社会发展到一定阶段,为协调社会矛盾,进行社会管理而产生的公共权力组织。政府作为公共权力组织,其权力来源于人民的授予,它是以受托人的身份从事有关管理活动的,必然要为委托人提供服务。因此,政府在本质上是一种为公民和社会的共同利益提供服务的组织。事实上,在不同的历史时期,政府提供服务的对象是不同的。如在传统的阶级社会,政府为统治阶级服务,毫无疑问,这是政府职能的异化,是对"为社会服务"的偏离。但不管政府为谁提供服务,它履行的都是服务职能,不同之处在于服务对象不同而已。因此,政府最根本的职能仍是服务职能。政府必须为而且应当为促进社会的发展和进步服务,为社会日益增长的物质和文化生活提供服务。西方 20 世纪 70 年代以来的政府改革,对政府职能的再设计就是强调政府职能从异化的状态向服务本位回归,我国政府职能的核心更是"全心全意为人民服务"。统而言之,服务是政府职能的价值本位。

公共服务,主要是通过政府对公共产品生产和提供的组织工作,使人民群众日常生活中的多面需求得到满足。政府职能虽然包括经济调节、市场

---

① 参见《马克思恩格斯全集》,北京人民出版社 1996 年版,第 194 页。

② 参见刘熙瑞:《以服务型政府的视角推动我国政府职能转变》,载《福建行政学院福建经济管理干部学院学报》2005 年第 3 期。

监管、社会管理和公共服务职能四个方面，但四项职能不是同等重要，而是有梯度和层次的。在这四项职能中，公共服务是现代政府的主要职能；经济调节、市场监管和社会管理的最终落脚点也在于为社会和公众提供服务。

多年来，我国的政府职能转变和调整多集中于经济调节和市场监管方面，可以说，经济调节较有基础，而对市场监管缺乏经验。从公共服务而言，我国政府既缺乏基础又缺乏经验，相对忽视了社会管理和公共服务职能的调整和强化。这在改革初期尚可以理解，但随着改革的逐步深入，日益薄弱的社会管理和公共服务，引发了社会不公、贫富差距明显和社会冲突严重等诸多社会问题，既影响了政府形象，也在一定程度上阻滞了经济和社会的发展。如果说要"全面"、"正确"履行政府职能的话，这社会管理和公共服务是亟须强化，以实现"填平补齐"的。

政府强化公共服务和社会职能，必须拥有相对充足的资源；而政府财政资源的汲取量又受到社会经济发展的制约。如果社会经济发展出现滑坡，政府财政资源的汲取必然受到负面影响。这时，纵然有强化公共服务和社会职能的良好愿望，政府也会心有余而力不足。这意味着，强化社会职能和公共服务并不是政府工作重心的再次转移，而是要超越对经济职能的过分倚重，又要在有效履行经济职能的前提下，实现经济、社会和公共服务等多项职能之间的合理平衡。这说明了职能的高度复杂化，要求职能调整的设计和实施要强化协调和统筹，要求职能结构优化的系统性、整体性和前瞻性。

总之，政府职能问题是政府管理的核心问题。建设服务型政府，必须明确并强化公共服务职能，向公众提供优质的公共产品和服务。在社会主义市场经济条件下，政府的职能，无论是经济调节、市场监管，还是社会管理，其本质都是公共服务。强化政府公共服务职能，是有效化解社会矛盾的基础和前提。

二、我国政府职能转变的基本方向——强化公共服务、建设服务型政府

强化政府公共服务职能,建设服务型政府,是对我国社会主义市场经济条件下政府如何发挥职能作用的经验总结,体现了下一步政府行政体制管理的主要方向。

(一)中国建设服务型政府的必要性分析

1. 根本上是由党的宗旨和政府的性质所决定的

我们党的宗旨是为最大多数人谋利益,这也是马克思主义的一个基本观点。贯彻"三个代表"的要求,本质在坚持执政为民。党的一切工作,都以实现最广大人民的根本利益为最高标准。我们党致力于发展先进生产力和先进文化,正是为了不断满足人民群众日益增长的物质文化生活的需要,实现和维护最广大人民的根本利益是坚持"三个代表"的最终落脚点。我们的政府是人民的政府,这就决定了政府所做的一切,必须是也只能是为人民服务、为人民谋利。

2. 是完善社会主义市场经济体制的迫切需要

在社会主义市场经济条件下,政府的职能范围是有限的,管理方式必须由指挥经济变为服务经济,管理目的在于纠正"市场失灵",弥补"市场缺陷"。如果政府在市场活动中既当"裁判员",又当"运动员",就很难保证市场活动的公平、公正。随着我国社会主义市场经济体制的不断完善,政府应通过发挥经济调节、市场监管的职能,为企业发展创造宽松的宏观经济环境和公平竞争的市场环境。

服务型政府的根本任务就是按照社会主义市场经济体制和法治社会的要求,提供良好的市场经济发展环境。经过30年的改革开放,中国社会主义市场经济体制初步建立,但是传统计划经济的影响仍然较为严重,旧体制下最困难的问题积淀下来,转型时期的特殊问题也已凸显。政府直接管理经济、地方保护主义、部门与行业垄断、假冒伪劣等问题仍然存在,这既不符合 WTO 规则,也严重影响了整个市场经济体系的规范发展。服务型政府,正是改变过去政府管理中不规范、不完善的地方,进一步转变政府职能,将

政府主要精力放在加强与改善宏观经济调控、规范市场、创造良好市场环境、提高公共服务水平和能力上。

3. 是社会发展失衡与构建和谐社会的要求①

改革开放近 30 年以来,我国经济发展取得了辉煌成就,经济总量名列世界前茅。但是经济发展并不能自动带来社会和谐,中国政府依然有很多问题需要面对。在改革开放初期,为了集中力量发展经济,政府将自己定位于经济建设型政府,实施了经济社会非均衡发展战略,取得了辉煌的成就,也产生了不少社会问题,如城乡差距、阶层差距、行业差距、环境污染等不容忽视的难题,这些问题严重威胁着我国经济的可持续发展和社会长治久安。经济发展和社会和谐之间始终是互相依存、互相促进、互相渗透的辩证关系。一方面,没有经济发展,社会和谐就失去了物质基础;另一方面,如果社会不和谐,那么经济发展就失去了良好的社会环境做支撑。为了防止经济增长黄金期衍变为社会矛盾突发期,消除各种不和谐、不稳定因素,我国政府必须顺应时代潮流,认真落实科学发展观,从经济建设型政府转变为服务型政府,在继续搞好经济调节、市场监管的同时,大力加强政府的社会管理和公共服务职能,统筹经济社会发展。

4. 各国政府改革的重要趋向

在席卷西方世界的政府再造运动中,特别是 20 世纪 90 年代以来,西方各国的政府均以重塑服务型政府为其主要目标。1994 年,英国政府进行了"政府信息服务"的实验,1996 年 11 月公布"Government Direct"计划,提出新形态的公共服务以符合未来社会的需求。美国政府于 1994 年 9 月 20 日颁布了《顾客至上:服务美国公众的标准》,主张建立顾客至上的政府。同年 12 月,美国政府信息技术服务小组提出的政府信息技术服务的远景报告认为,改革政府不只是人事精简、减少政府赤字的问题,更需要善于运用信息技术的力量彻底重塑政府对民众的服务工作。新西兰的"公共服务部门之改造"以及日本的"实现对国民提供高品质服务的行政",都体现了政府

---

① 参见肖陆军:《服务型政府概论》,对外经济贸易大学出版社 2007 年版。

改革的目标———构建服务型政府。改革开放以来,我国也在创建服务型
政府方面做出了不懈努力,先后多次进行以转职能为重点的机构改革。

(二)中国创建服务型政府的路径选择

1. 树立以公民与社会为本位的服务理念①

所谓"公民本位"就是政府在公共管理中,首先考虑的应该是公民的利
益,公民利益的最大化是政府工作首要关注的价值追求;而要保证公民利益
最大化的实现,就必须保证公民意志在公共管理中的决定性地位,即在政府
这艘大船的航行中,公民的意志而非政府的意志决定着公共管理的航向,或
者说怎样提供服务、提供何种服务以及何时提供服务等,都是由公民意志来
决定的。转变政府职能,要求政府树立公民本位、社会本位、权利本位观念。
服务型政府带来的诸多变革,最根本的一条就是政府对社会、公民及公民权
利所持观念的变革。服务型政府重视社会、公民对政府的主体地位,以为公
民服务为宗旨,并要求政府能够为自己的行为承担应有的责任。温家宝总
理早在 2004 年 3 月 8 日第十届全国人民代表大会第二次会议期间就强调,
管理就是服务,我们要把政府办成一个服务型的政府,为市场主体服务,为
社会服务,最终是为人民服务。可以说服务型政府的确立是"人民政府"性
质的再次明确和确认。在这样一种"归位"过程中,政府由传统的以管制为
特征的模式向服务型政府模式的变革就是一场深刻的"革命"。在此过程
中,政府职能的转变也不是以前转变时所经历的那种盲目的增减,而是一种
自觉的剪裁。这里,我们强调政府观念的变化,实质上就是对政府职能转变
的最终目标和依靠力量认识的变化。确立服务型政府理念,就是要在转变
政府职能过程中以社会需要、人民需要作为最根本的出发点和最终评判标
准,而不是从政府部门的主观判断出发确定任务,更不是以自身利益为导
向。这就是说,政府增加一项职能或减少一项职能,最终的评判标准都是能
否为公民提供更好的公共服务。社会需要的职能再多也不为多,社会不需
要的、为政府部门自身谋私利的职能再少也不算少。

---

① 参见井敏:《构建服务型政府 理论与实践》,北京大学出版社 2006 年版,第 71 页。

2. 抓住公共服务核心职能，注重政府职能转变的梯度性、层次性

(1)转变政府职能、建设服务型政府要注重梯度性

所谓梯度性，是指同一层级政府在同一时期在建设服务型政府的过程中，要从本地的实际出发，抓好自己的侧重面，把握好突破口。因此，除了在政府职能转变的总体方向上存在着共性，不同地区的政府在具体的政府职能转变上也可能会存在诸多差异，这就要求政府从自身的定位出发，在综合考虑本地区的自然条件、资源状况、经济发展水平等因素的基础上，确立自身的职能转变要求，选准突破口，而不是简单照搬别人的经验和做法。

(2)转变政府职能、建设服务型政府要注重层次性

中央政府与地方政府在职能转变中组织结构和形式不同，地方政府中的省、市、县和乡镇也不同。一般来说，从组织结构上来看，一个国家的中央政府是不容易变革的，而地方政府却可以根据时代的需要进行变革和调整。地方政府要从过去干预型的强势政府转向服务型政府。一是健全和完善法制环境，减少对企业经营活动的行政干预，从帮助企业跑项目、争贷款转向为企业创造规范的市场环境。二是转变各级政府工作人员的观念，依法行政，提高公务人员的行政和服务能力、效率和水平。三是分层次改善投资环境。由于地区投资环境差别较大，要根据地区特点，确定政府转变职能的重点。发达地区的政府要在更高层次上建立与国际接轨的市场经济制度；欠发达地区的政府职能转变要在改善投资环境的基础上下功夫。

① 建立中央与地方公共服务分工体制①

从总的情况看，目前中央与地方在公共服务方面的分工还不明确。"十一五"时期，我们应当把建立中央与地方公共服务分工体制作为政府行政管理体制改革的重要任务，以实现各级政府公共服务职能的高效率、可监管和可问责。

第一，要严格划分中央与地方公共服务职责，使各级政府公共服务的职

----

① 参见方栓喜：《加快建立中央与地方的公共服务分工体制》，http://www.cnstock.com/yjy/2007－03/12/content－1939574.htm.

责与能力相匹配。为此,首先要按照公共服务的属性,合理划分中央与地方职责。中央政府在原则上应当负责公益性覆盖全国范围的公共服务供给,以城乡和区域基本公共服务均等化为重点,强化再分配职能;各级地方政府主要负责各自辖区内的公共服务供给,应当重点关注辖区内居民的实际需求,强化公共服务的供给效率;对中央地方共同承担责任的公共服务事项,也应责任清晰,分工明确。根据我国实际情况,建议属于中央职权范围内的事项由中央垂直管理,属于地方职权范围内的事项由地方统一管理;逐步改变双重管理的做法,避免出现责任不明的现象。

其次,要使中央地方公共服务支出与财力相匹配。在分税制框架下,处于不同区域的同一级政府即使拥有相同的财权,也会因为经济发展水平不同而拥有不同的财力,到底贫富地区的差异日趋拉大。从现实情况出发,中央政府应当尽快制订全国基本公共服务的最低标准,尽可能地通过规范的转移支付来熨平不同区域间基本公共服务的财力差距。

再次,逐步实现中央地方公共服务职责规范化和法制化。我国公共服务相关领域的改革尚处于探索阶段。近期内,可以考虑从三个方面入手:一是确定省级政府的专有权力以及与中央政府共享的权力;二是加快推进转移支付的立法;三是尽快推进社会保障、农村新型合作医疗等基本公共服务的立法。

第二,要建立公共服务评价指标体系,实行中央对地方的公共服务问责制。为此,首先要建立各级政府的公共服务评价指标体系。“十一五”规划已经开始注重公共服务方面的指标,并将其作为配置财政、税收等公共资源的重要依据。下一步还应制订适合各级政府、同级政府不同部门的评价指标体系,并使其具有可操作性。

其次是要使各级政府公共服务供给决策和执行分开,这是各级政府公共服务合理分工和实现有效监管的前提。建议中央真正实行大部制,将服务性职能部门从政府中剥离出来,并成立专门的执行机构,专司公共服务执行。另外,政府核心部委专司公共服务决策,以探索符合我国国情的行政决策和执行分开模式。

再次是要建立中央对地方的公共服务问责制。一方面应加强统计部门的垂直管理,减少各级政府对统计过程和结果的干预,尽快将基本公共服务指标细化并纳入统计范围;另一方面,要加强对地方公共服务的审计和监察。

第三,建立以公共服务为导向的干部政绩考核制度。为此,首先是要增加基本公共服务在干部政绩考核体系中的权重。近两年的宏观调控表明,我国一些地方政府注重 GDP 增长,而忽视公共服务的问题并未完全改观。这些现象反映出的深层次原因在于现行干部政绩考核制度很难适应公共服务体制建设的需要。"十一五"时期应当加快改革现行的干部制度,尽快把公共服务数量和质量指标纳入干部政绩考核体系中,并逐步增加其权重。

其次是要把群众满意度作为干部政绩考核的重要因素。在政府履行公共服务职能的过程中,要防止和克服哗众取宠的形式主义、劳民伤财的"形象工程"。应当针对公共服务的决策、执行、监督等各个环节,建立符合公众公共服务需求的表达机制,将公众满意度纳入干部政绩考核体系,使广大群众的评价成为影响干部升迁的重要因素。

再次是要实现公共服务信息透明化。进一步推进政务公开,发展电子政务,在公众信息网上公布政府公共服务的职能、办事程序和办事指南,确保公众公共服务的知情权。实行领导干部述职制度;健全公共服务重大事项报告制度;推行质询制度和民主评议制度,充分发挥群众监督、媒体监督对促进政府改善公共服务职能的积极作用。

②公务服务重点要向农村转移

党的十六届五中全会提出了"建设社会主义新农村"的重大历史任务,指出:建设社会主义新农村是我国现代化进程中的重大历史任务,要按照生产发展、生活宽裕、乡风文明、村容整洁、管理民主的要求,扎实稳步地加以推进。中央还强调:构建和谐社会的难点、重点在农村。"和谐"的前提是稳定、发展及社会大局的安全,没有农村的稳定和安全,就难以构建和谐社会,而如果没有完善的公共服务,要保证广大农村的稳定则是十分困难的。因此,以解决好"三农"问题为突破口而将政府的公共服务职能重点向农村转移,也就成为建设社会主义新农村一项十分紧迫的重大任务。

当前,处在改革发展的关键时期,在全区经济社会发展出现有史以来最好时期的同时,也面临着"黄金发展期"与"矛盾凸显期"并存的局面。尤其是农村改革的深化,使一些深层次的矛盾越来越突出,影响农村稳定和发展的因素并没有得到彻底解决,农村的水、电、路以及教育、科技、文化、医疗卫生和社会保障问题,贫困地区反贫困治理结构的建立和完善问题,以及一些地方的农民种田无地、社保无份、就业无岗、告状无门的"四无"问题等,都迫切需要通过政府公共服务重点向农村转移而加以解决。否则,要想真正解决好"三农"问题及建设社会主义新农村,都将是一厢情愿。

公共服务重点向农村转移是构建和谐社会的客观要求,社会主义和谐社会是民主法制、公平正义、诚信友爱、充满活力、安定有序、人与自然和谐相处的社会。构建和谐社会要求进一步推进行政管理体制改革,完善政府公共服务职能,推动经济社会发展。由于构建和谐社会的难点、重点在农村,而公共服务重点向农村转移则是构建和谐社会的重点、热点和难点。又由于"公共服务是以政府为主的公共部门生产的、供全社会共同消费、平等享受的公共产品和服务",因而这种公共服务恰恰是广大农村长期以来所缺少的,也是最需要的服务。此外,构建和谐社会离不开坚实的经济基础、牢固的政治基础和稳定的社会基础,政府则可以通过发挥其发展各项社会事业、实施公共政策、扩大社会就业、提供社会保障、建设公共基础设施、健全公共服务体系等方面的职能,夯实"三个基础",并且提供系统性、制度性、公平性、可持续性的公共服务,以适应迅速增长的社会公共需求,从而为构建和谐社会创造更有利的条件。在现代经济增长方式中,政府提供的人力资本投资、促进科技创新等公共服务,对于经济增长起着重要的推动作用。政府的公共服务支出,能够创造稳定、持续、庞大的消费需求和消费市场,而这几项重要的服务,正是长期以来农村所享受不到或很少享受的。因此,构建和谐社会必须关注和重视农村的公共服务,再也不能沿袭"重城轻乡"的老路了。

增加公共投入是公共服务向农村转移的"重中之重",长期以来,农村发展始终饱受公共投入不足的困扰,而且面临着"三农"问题的影响及其制度性障碍的多重压力。特别是受"城乡分治"的政策框架和制度安排的影响,农村公共产品和公共服务的提供严重短缺和滞后。一是政府支农资金投入不足且其结构不合理,不仅农业支出占财政支出的比重偏小,而且用于农业生产和结构调整的投资比重逐年下降,财政预算支农支出真正使农村和农民直接受益的份额十分有限。二是有关农村社会保障体系建设的公共投入严重不足,农村社会保障的覆盖面狭窄,大量应当受益的农村人群甚至无缘社会保障而被排斥在外。三是农村社会事业发展明显滞后于城市,不仅对农村教育、科技、文化、卫生等事业投入不足且重视不够,而且落后的社会事业公共设施长期以来得不到改善而无法与城市相比。四是对农村的固定资产投资严重不足,如目前占总人口80%以上的农村人口只享有占财政收入8%左右的公共投入。五是用于农村财政投入中还包括大江大河工程治理和生态环境建设的投入,农民从中直接受益的成份可以说是微乎其微。对农村公共投入的缺失和不足,已经和正在对农村稳定和发展产生不利的影响。因此,必须把增加对农村的公共投入作为公共服务向农村转移的"重中之重"。

公共政策服务是解决"三农"问题的根本措施,农业增效、农民增收、农村发展是建设社会主义新农村的核心战略问题,也是公共服务重点向农村转移的根本出发点和落脚点。党的十三届八中全会的《决定》中就指出:没有农民的小康,就没有全国人民的小康;没有农业的现代化,就没有整个国民经济的现代化。正因为如此,传统的农耕文明需要改善;牛拉犁、人刨地的现象需要改善;几十年甚至"上百年如一日"的农村面貌需要改观;贫穷农户脱贫后又因"天灾人祸"等原因而返贫的现象需要改善;大批农村富余劳动力的转移需要解决;相当一部分农民看不起病、子女上不起学的问题需要解决;农民增收困难以及农业的技术水平和积累水平长期得不到提高的现象需要解决,如此等等。这些问题不解决,要建设社会主义新农村及全面建设小康社会,都绝对是不可能的。因此,政府所提供的公共产品和公共服务必须改变"重城轻乡"的倾向,把工作重点转移向农村,完善的强有力的政策服务是政府公共服务重点向农村转移的核心内容。如中央关于"以城带乡"、"以工补农"的政策;关于"多予、少取、放活"的政策;关于取消农业税的政策,这项重大政策使我国延续了 2600 多年的"农业税"退出了历史舞台。党和国家一系列关于做好"三农"工作的大政方针,已经、正在并且将要对建设社会主义新农村产生巨大的推动作用。

3. 建立有效的基本公共服务均等化机制

（1）制定全国统一的基本公共服务标准

我国应从基本国情出发,制定基本公共服务标准,建立对落后地区的财政移支付制度,实现各地区基本公共产品与公共服务水平的均等化。地区差异已经成为阻碍我国发展的重大障碍,东西部地区完全两重天,沿海内陆迥然相异,这种天壤之别的差异,使得同步协调发展日渐艰难,必须从政策上对欠发达地区予以倾斜,从而实现战略上的统筹规划。

（2）积极扩大社会保险覆盖面

社会保险覆盖面是反映保险制度实施程度的重要指标。按照中央部署,2007 年首先要下大力气把养老、医疗、工伤这三个险种,全面覆盖到各种所有制企业和全体职工。不仅做到政策制度全覆盖,而且做到实际参保全覆盖,真正实现应保尽保。而实际上,我国现存的省际社保体系并不统一,省与省之间存在交接困难的问题,这造成了省际人才流通困难,严重损害了劳动者的权益。从农村角度而言,社保体系覆盖面极其有限,农村老人不得不靠土地养老,不得不靠子女养老,这对降低生育率构成挑战,造成一系列的社会问题。

（3）建立人人享有基本公共医疗卫生服务的制度

改革开放以来,我国的经济实力已经增长了 10 倍以上,这为承担全体公民的基本医疗保障提供了可能和基础。而实际境况却并不令人满意,中国的医疗保障体系并不完善,大部分的医疗费用仅用在少数人身上,这是对广大民众权益的忽略。而医疗改革举步维艰,公营医院的看病费用和药费混淆不清,严重损害了普通民众的利益。这些,对我国的医疗公平都是极大的挑战。

（4）建立人人享有基本的义务教育权利的制度

大力发展基础教育，不仅是保证人民享受基本人权，特别是生存与发展权的规定性要求，也是社会发展的标识性成果，是社会经济发展的根本目的之一。中国义务教育取得了丰硕的成果，也暴露出极大的问题，教育公平始终为人诟病。北京、上海等大城市享受着高水平的教育资源，也享受着较低的大学录取线，使得人们对大城市户口趋之若鹜；户籍制度的这种歧视，实际上损害了山东、河南等高考大省考生的利益，人为的造成了起点的不公平，有悖于人人平等原则，需要加以改善提高。

总之，继续推进机构改革是深化行政管理体制改革的一项重要任务，机构改革必须以政府职能转变为基础，与政府职能转变同步进行。20 世纪 80 年代开始的行政机构改革，已然取得了令人瞩目的成果，但转变政府职能仍然是一个努力的目标，具有长期性和渐进性，我们应该用发展的眼光去审视它。在当前全球化的语境下，服务已经成为一种潮流，民意必须得到尊重。我们必须不断强化公共服务职能，建立服务型政府，从而满足民众的需求。

第四章 公共服务职能体系

　　一个社会政治体制的安排和政治文化的发展总是与该国经济发展程度息息相关的。20世纪90年代后期以来,随着我国经济的快速发展,以经济体制转型推动的政治体制和行政管理体制的改革昭示了我国政府传统的全能型"人治"管理模式已面临巨大的现实挑战。市场经济的成熟极大地推动着公共权力的社会回归和公民社会的不断发育,社会的变迁要求新的行政管理模式与其相适应。近几年来,"有限政府"、"责任政府"、"透明政府"、"开放政府"等公共行政理念深入人心,加强政府建设,推进管理创新是当代中国政府自身提出的一个重大课题,表明了中国政府正在以一种更加开放的积极的心态探索新的治理模式,其最重要的一个转变是在社会管理中政府服务本色和以人为本的回归,即从"人治"到"善治"治理理念的嬗变。

　　1912年,法国公法学者莱昂·狄骥提出"公共服务"概念,"那些事实上掌握着权力的人并不享有行使公共权力的某种主观权利;而恰恰相反,他们负有使用其手中的权力来组织公共服务,并保障和支配公共服务进行的义务;对一项公共服务可以给出以下定义:任何因其与社会团结的实现与促进不可分割,而必须由政府来加以规范和控制的活动,就是一项公共服务,只要它具有除非通过政府干预,否则便不能得到保障的特征。"[①]

　　政府究竟应该提供哪些公共服务才是"善治"、"良治",这是政府公共

---

　　① 莱昂·狄骥:《公法的变迁:法律与国家》,辽海出版社、春风文艺出版社1999年版,第466页。

服务职能定位的前提。政府公共服务问题是一个历史性和世界性的重要课题，也是发挥政府作用、履行政府职能的核心问题。建立公共服务职能体系和公共服务体制是我国行政改革新阶段需要研究的重大理论与现实课题。

第一节 各国政府公共服务的主要内容

根据联合国政府职能分类体系，政府公共服务包括有：普通公共服务、公共安全、社会服务、经济服务、未按大类划分的支出等。① 一般而言，公共服务具有三层含义："其一是国家是公共服务型政府，其所作所为都是提供公共服务；其二是政府是公共服务型政府，其所作所为都是提供公共服务；其三是公共服务是政府的主要职能之一，有其具体的内容和特殊的形式，并且可与政府的其他职能相区分。"②

政府的基本公共服务是指建立在一定社会共识基础上，根据一国经济社会发展阶段和总体水平，为维持本国经济社会的稳定、基本的社会正义和凝聚力，保护个人最基本的生存权和发展权，为实现人的全面发展所需要的基本社会条件。基本公共服务包括三个基本点，一是保障人类的基本生存权，这需要政府及社会为每个人都提供基本就业保障、基本养老保障、基本生活保障等；二是满足基本尊严和基本能力的需要，需要政府及社会为每个人都提供基本的教育和文化服务；三是满足基本健康的需要，需要政府及社会为每个人提供基本的健康保障。随着经济的发展和人民生活水平的提高，社会基本公共服务的范围会逐步扩展，水平也会逐步提高。

从现有的研究成果来看，行政学界对于公共服务的内容概括主要形成了以下几种典型观点：

1. 公共服务就是"政府提供公共产品的行为和过程，它要解决的是政府如何提供制度供给，如何采取和制定公共政策以及如何提供公共产品的问

---

① 淮建军、刘新梅：《公共服务研究：文献综述》，《中国行政管理》2007 年第 7 期，第 96 页。
② 乔治·伯恩、凯瑟琳·约尔等：《公共管理改革评价：理论与实践》，张强、魏清华等译，清华大学出版社 2008 年版，序言。

题,因而它所关注的就是政府及其工作人员提供公共服务时的程序、态度、方式和方法等"①。

2. 政府的服务内容应该包括以下几个方面:(1)秩序供给。政府的首要任务就是为经济和社会发展提供一个安定、公平和公正的市场和社会秩序。(2)制度和规则供给。政府供给的制度和规则是公民意志的体现,是服务型政府为公民和社会提供服务的工具。(3)信息服务。向公民提供准确、充分的信息是政府的一项基本服务工作。②

3. 公共服务包括:"公共工程,其首先是基础项目的建设和公共服务的方方面面,如公共政策、公共设施、公共秩序、公共安全、公共卫生等等,不仅表现于物质条件,还反映在工作人员的文化素质、精神面貌和服务态度上。"③

4. 政府服务的作用领域主要包括以下四部分,即"政府的市场服务职能、政府的经济性公共服务、政府的科教型公共服务、政府的转移支付公共服务"。④

5. "基本公共服务主要包括义务教育、公共卫生、基础科学研究、公益性文化事业和社会救济等,属于与民生密切相关的纯公共服务。而基本公共服务以外的公共服务,都属于一般公共服务。"⑤

6. 从公共支出领域的角度划分,政府公共服务主要可分为三个方面,"一是维持性公共服务,是指维持国家安全、行政管理正常运转的公共服务,如国防、外交、公共行政服务等;二是经济建设服务,是政府为促进经济发展而直接进行各种经济投资的服务,如投资经营国有企业与公共事业、投资公共基础设施建设、对企业经营活动进行补贴等等;三是社会服务,是指政府通过转移支付和财政支持对教育、社会保障、公共医疗卫生、科技补贴、

---

① 吴玉宗:《服务型政府概念、内涵和特征》,《西南民族大学学报》2004 年第 2 期,第 408 页。
② 井敏:《构建服务型政府:理论与实践》,北京大学出版社 2006 年版,第 81、82 页。
③ 夏书章:《公共服务》,《中国行政管理》2003 年第 3 期,第 61 页。
④ 李军鹏:《公共服务型政府》,北京大学出版社 2004 年版,第 259 页。
⑤ 王振宇、寇明风:《解析"基本公共服务均等化"》,《辽宁日报》2008 年 1 月 28 日。

环境保护等社会发展项目所提供的公共服务。"①

7.公共服务主要是指:"法律授权的政府和非政府组织以及有关工商企业在纯粹公共物品、混合性公共物品以及特殊私人物品的生产和供给中所承担的职责,其范围包括:纯粹公共物品、混合性公共物品、带有生产的弱竞争性和消费的弱选择性的私人物品的生产和供给。"②

在梳理了国内外学界已有的研究成果和总结西方公共服务改革实践的基础上,我们认为公共服务主要包括以下几方面内容:

一、就业服务

就业是民生之本,安国之策。发展公共就业服务,为劳动者和用人单位提供公益性就业服务,是政府应承担的重要公共服务职能。建立促进就业的长效机制,实现比较充分的社会就业,已成为各国政府的首要任务,也是我国建设服务型政府进程中的重大难题和重点目标。

从国际经验上看,制定促进就业的相关法律法规是政府建立公共就业服务体系的前提和基础。1933 年美国建立起公共就业服务系统,1946 年,美国政府颁布《1946 年就业法》即《充分就业法案》,把解决就业问题作为国家宏观调控的重要目标。美国公共就业服务的供给是一个多元化的系统,有政府公共就业服务机构、独立的民间非营利服务机构、政府与民间机构合作的服务机构或项目、社区的就业服务中心等,这些机构统一纳入到国家公共就业服务的统一框架之中,成为政府实施积极就业政策的重要手段。③ 从 1994 年底开始,美国把一系列培训计划和就业项目统一到"一揽子职业中心",其主要职能是:④提供全国各地的职业培训计划及实施机构情况,再就业服务项目情况以及劳动力市场信息;对求职者进行评估和测

---

① 徐清海:《城市公共设施服务模式的选择和理念的创新》,《特区经济》2006 年 6 月,第 127 页。

② 马庆钰:《公共服务的几个基本理论问题》,《中共中央党校学报》2005 年第 2 期。

③ 参见陈力:《美国公共就业服务鸟瞰》,《中国人才》2008 年第 3 期,第 66 页。

④ 黄燕芬:《西方国家促进就业主要做法及其启示》,《党政论坛》2002 年第 9 期,第 44 页。

试,以帮助其选择适合的职业培训计划;开展职业介绍,进行工作匹配;宣传、介绍失业保险规定,帮助失业者领取失业保险金;接待与就业有关的一切咨询,并协助解决问题。这类中心提高了再就业培训的针对性以及培训后的就业率。

澳大利亚是世界上最早将服务外包运作模式引入公共就业服务领域,打破政府在该领域垄断地位的国家。1998年以前,澳大利亚的公共就业服务由政府下设的联邦就业服务中心负责提供。1998年澳大利亚政府开始实行政府购买就业服务成果的新机制,改革公共就业服务体制,在改革之前,澳大利亚议会通过并颁布了《财政管理于责任法》《联邦服务提供机构法》和《联邦服务提供机构(后续条款)法》,新设联邦就业、劳动关系和小企业部以及法定机构社保中心,确定了它们在新的就业服务体制中的职能、作用、地位和管理方式,建立了世界上第一个非政府垄断的、由社会各方共同参与的,即由政府部门、中联、直接提供就业援助的机构(以下称就业服务提供者)以及社区组织组成建立的公共就业服务体系。[1]

瑞典政府将公共就业服务政策视为其国家经济政策的重要组成部分,在制定各项经济政策时,针对性地制定和完善公共就业服务配套政策或采取配套措施来控制失业促进就业。瑞典为了帮助在就业竞争中处于劣势的长期失业者,在全国各地建立了隶属州的劳动力市场管理局配合,为就业弱势群体提供心理咨询、职业指导、职业测试和试工服务。瑞典政府通过"降低雇主税、免费职业培训、培训替工制度、预备工制度、雇佣津贴制度、鼓励创业津贴、劳工事业发展措施、公共保护性措施"[2]等积极的劳动力市场政策来为公众提供公共性的就业服务。

二、社会保障服务

社会保障是民生之依,是国家依法强制建立的、具有经济福利性的国民

---

① 参见竺淑琴:《澳大利亚公共就业服务模式》,《中国劳动》2006年第12期,第27页。
② 吴江:《瑞典的公共就业服务及劳动力市场培训(上)》,《劳动理论与实践》1997年第1期,第16页。

生活保障和社会稳定系统,是社会安定的重要保证。

　　现代社会保障作为一种制度安排已有了百余年的发展历史,1883 年德国俾斯麦政府颁布的《疾病社会保险法》标志了现代社会保障制度产生,社会保障(Social Security)一词最早出现于 1935 年美国"罗斯福新政"时期颁布的《社会保障法》。1989 年国际劳工局社会保障司在《社会保障导论》中把社会保障制度概括为:"社会通过采取一系列公共措施,以保护其成员免受由于疾病、生育、工伤、失业、伤残、年老和死亡造成的停薪或收入大幅度减少的经济损失及社会贫困,并对其成员提供医疗照顾和对有子女的家庭提供津贴。"① 而远在我国春秋战国时期,已经出现了"振孤寡,收贫病"、"越国之中,疾者吾问之,死者吾葬之,老其老,慈其幼,长其孤,问其病"、"施民所欲,去民所恶"、"生丈夫,二壶酒、一犬;生女子,二壶酒、一豚;生三人,公与之母;生二人,公与之汽"等"慈爱百姓"的政策,以儒家为主干的中国传统文化,"从远古社会以'养生送死'为原则的最基本的社会需要,到人们对人人各得其所的'大同社会'和'小康社会'的畅想,无不体现出社会保障伦理的思想。"②

　　1792 年英国学者托马斯·潘恩在《人权论》中用手工业者和小店主易懂的语言直截了当地说出了穷苦人想说的话,详细地规划了福利国家的蓝图,其"赋税济贫论"思想后来被英国的社会福利学家所接受,成为社会保障制度的出发点。新自由主义的国家职能观认为国家应该在不侵害个人基本自由的基础上,主动积极地采取措施,对国家经济生活进行干预,为个人和社会全体成员谋福利,从而实现每个人的"真正的自由"。霍布森认为,③"一个治理得当的国家,应该以新形式的社会有效支出来解除目前公众生活的贫困,并把它作为国家的主要责任。"国家应调整经济政策,如果能使一

---

① 王元月、游桂云、李然:《社会保障—理论、工具、制度、操作》,企业管理出版社 2004 年版,第 1 页。

② 刘丽:《儒家社火保障伦理思想研究》,首都经济贸易大学硕士学位论文,2006 年 5 月 7 日,第 1 页。

③ 霍布森:《帝国主义》,上海人民出版社 1960 年版,第 60 页。

部分剩余产品用于提高社会上低收入者的生活水平,社会改良也就取得了伟大胜利。新自由主义的国家干预主张为推动英国政府采取措施,实行有效的社会政策,对社会经济与生活实行干预提供了理论依据,为英国现代社会保障制度的建立奠定了必要的理论基础。① 第二次世界大战后,英国全面推行社会保障制度,形成了"从摇篮到坟墓"内容全面、覆盖广泛的现代社会保障体系,"福利国家"就此建成。英国社会保障制度主要包括:②①社会保险,是英国现行社会保障制度的主体部分,包括退休年金、失业津贴、疾病津贴、工伤津贴等;②国民保健服务,建于 1948 年,是一种国家经办、由中央政府直接控制的医疗服务体系,是英国社会保障制度的重要组成部分;③社会救济,取代了原来《济贫法》的济贫职能,是其现代社会保障制度的重要组成部分;④个人社会服务,指政府有关部门和社会自愿者对具有特殊困难的居民提供的各种福利设施和各类服务;⑤专项津贴,包括儿津贴、住房津贴、工伤津贴、家庭津贴等项目,是英国社会保障制度的一个重要补充。

　　作为福利国家的楷模,公平是瑞典政府社会保障制度的最终目标。贝弗里奇"社会民主主义"的普遍公民社会权原则,是瑞典"全民性"社会福利政策意识形态基础,瑞典社会福利制度"作为一种相对成熟的政治形式、高度的社会民主意识和追求全社会效益最大化的经济制度,对瑞典经济发展和社会进步有着积极意义"③。瑞典社会福利保障建设起步较早,以 1891 年医疗保险制度的建立为社会福利保障起点,经过一个多世纪的补充和改革,确立了以国家社会保险、家庭福利、社会服务和医疗保健为基础的社会福利保障制度,具有"全民性、高福利、均平性、政府负担"④的特点。瑞典的福利制度也为国民提供了"从摇篮到坟墓"的全面保障,实现了收入分配的

① 丁建定、杨凤娟:《英国社会保障制度的发展》,中国劳动和社会保障出版社 2004 年版,第 211 页。
② 朱漪:《现代英国社会保障制度及其启示》,《商业文化》2008 年第 4 期,第 25 页。
③ 陈银娥:《浅析西方国家福利经济制度的改革》,《华中师范大学学报》2002 年第 2 期,第 219 页。
④ 阎安:《瑞带你的社会福利制度及其特点》,《科学·经济·社会》2006 年第 1 期,第 67~68 页。

相对均等化,缩小了国内贫富差距,基本实现了充分就业,促进了社会稳定和经济的高速增长。

三、教育服务

教育公平是社会公平的重要基础,教育的公益性要求政府更多地承担起教育公共服务的财政责任。教育作为最大的公共服务领域,是社会和谐重要的基础领域之一,公共教育服务水平是社会和谐的重要指标。

19 世纪中期就有学者指出了教育的重要性和政府参与基础教育的必要性,"化民成俗取决于法律和教育,'国家既有法以持其后,即不能无教以导其先',因而政府出资教诲贫民子女是国家最急之事"。在亚当·斯密看来,教育是社会稳定的基础,是一种具有积极意义的保守力量。亚当·斯密在《国民财富的性质与原因的研究》中曾论及公共教育服务的问题,他认为国家应当提供面向全体国民的教育,"文明社会为防止'精神上的残废和畸形'在人民之间蔓延传播,国家必须出资办教,强迫全体人民获得包括诵读、书写和算术在内的最基本的教育:'国家可在各教区各地方,设立教育儿童的小学校,取费之廉,务使一个普通劳动也能负担得起,这样人民就容易获得那基本的教育了。"亚当·斯密还建议为坚定学生的向学之心,应该对校中表现出色的儿童颁发奖章以资鼓励,"亚当·斯密的国民教育说在一定程度上为受教育权,尤其是义务教育奠定了理论基础。"[1]1870 年,英国议院通过教育法案,全国实行义务教育(Compulsory Education)。联合国于1948 年发表的《世界人权宣言》第 26 条规定:"人人都有受教育的权利。教育应当免费,至少在初级和基本阶段应如此。"初等教育的主要目标就是"培养合格公民",作为一项关乎国家根本利益的公益事业,政府承担教育公共服务责任已成为国际共识。在教育方面,政府的主要职能体现为:[2]"拨款举办各级各类教育并促进教育机会的公平分配;建立并实施国家教育

---

① 高淑贞:《亚当·斯密的国民教育说》,《吉林省教育学院学报》2007 年第 3 期,第 5 页。
② 劳凯声:《重构公共教育体制:别国的经验和我国的实践》,《北京师范大学学报》2003 年第 4 期,第 81 页。

标准,鼓励各种社会力量举办教育;建立专门化的学校运行机制,保证学校教育机构的自主办学地位;培养师资并建立教师专业化管理的机制等。"

四、公共卫生和基本医疗服务

公共卫生和基本医疗具有强民生属性,政府在公共卫生和基本医疗服务中承担着重大的责任。为公众提供有效、可及、高质量的卫生服务,人人享有基本医疗卫生服务,提高全民健康水平是政府的基本职能。

公共卫生服务是一种成本低、效果好的公共产品,但又是一种社会效益回报周期相对较长的服务。从公共产品的角度出发,公共卫生是政府改善和促进人们健康和福利过程中不可回避的责任,政府需要通过公共财政的渠道配置资源、生产并提供公共卫生产品。

世界卫生组织认为基本公共卫生功能是达到"人人享有健康"(Health for All)政策的重要组成部分,同时也是建设可持续卫生系统的基本要素。在世界卫生组织1998年给出的基本公共卫生功能框架中,基本公共卫生功能包括:①健康状况监测;传染性和非传染性疾病的预防、监测和控制;健康促进;公共卫生立法和管理;对弱势人群和高危人群的个人卫生服务;公共卫生和卫生系统研究;职业卫生;特定公共卫生服务等。而在美国的州和地方的基本公共卫生功能框架中,还包括了就卫生问题对人们进行告知、教育及能力加强;动员社会力量发现和解决卫生问题;保证强有力的公共卫生和医疗服务队伍;评估个人和人群卫生服务的效果、可及性和质量。世界银行从操作性的角度认为基本公共卫生功能可分为5类:②政策制定;为卫生政策、战略和行动收集和传播信息(证据);疾病预防与控制;为改善健康的跨部门行动;人力资源发展和能力建设。

1948年的英国国家卫生服务法明确规定由政府税收统一支付医院专

---

① 参见刘宝、姚经建、陈文等:《基本公共卫生功能界定的国际比较》,《中国卫生资源》2006年9月第9卷第5期,第234页。

② World Bank:Strengthening essential public health functions. New York. World Bank,2004.6 - 11.

科服务、社区卫生服务和实行全科医生制度,建立了国家财政支持的卫生服务体系,所有医院收归国家计划管理,国有医院占95%。英国的公共卫生监测防范网络主要由中央和地方两大部分组成,中央一级机构包括卫生部等政府职能部门和全国性专业监测机构,主要负责疫情的分析判断、政策制定、组织协调和信息服务等;地方行政当局和公共卫生部门包括传染病控制中心分支机构、国民保健系统所属医院诊所、社区医生等,是整个疫情监测网的基本单元,主要负责疫情的发现,报告、跟踪和诊断治疗。①

在澳大利亚,②主要通过联邦和州政府举办的公立医疗机构向全民提供几乎免费的服务,也可以向私立医疗机构购买医疗服务提供给居民,政府设社区卫生中心,州及联邦负责建设及业务经费。社区卫生服务覆盖整个社会人群,居民免费享受相关的预防、保健、医疗、康复、健康教育和生育技术服务。澳大利亚社区卫生服务中心是澳大利亚社区卫生服务的主体,在管理和经费来源上都独立于医院,按项目实施服务,其服务项目主要包括:①儿童和家庭保健,这是社区卫生服务中心普遍开展的工作,提供多种妇幼保健服务,如家长教育、营养建议、儿童体检和免疫接种、青春期保健、青年卫生、儿童健康评估、妇女子宫检查等;②社区康复,为老年人和残疾人使用的设备、设施提供信息,进行评估并提出建议,理疗和病例管理,如职业治疗、心理治疗、语言康复、社会活动、神经治疗、教育和团队工作;③家庭护理和临终关怀;④学校卫生;⑤急性后期社区保健;⑥健康教育和健康促进;⑦精神卫生和心理治疗;⑧慢性病防治;⑨老年日间照料和替代服务。全科医疗诊所是澳大利亚社区卫生服务重要的组成部分之一,为所有个人、家庭和社区提供初步、持续、全面和协调性的医疗服务。澳大利亚构建了完善的三级儿童保健网络,即儿童保健中心、家庭保健中心和提供住宿的家庭保健中心,儿童保健中心以社区为基础建立,与地方政府和农村妇联共同合作提供服务。

---

① 王健、张静:《国外的公共卫生体系》,《国际医药卫生导报》2004年第7期,第29页。
② 参见于保容、王维夫等:《英国、澳大利亚和德国的基本卫生服务提供及管理体制研究》,《中国卫生事业管理》2007年第9期,第643页。

德国政府在医疗卫生方面的职能主要体现为四个方面:一是确定卫生发展规划;二是直接组织以传染病防治为主的公共卫生服务;三是制定法律法规并实施监督执法;四是对部分特定领域进行直接投资,其中主要是基本建设投资,以及对社会保险难以涵盖的人群承担最终出资责任。德国的医疗卫生服务体制大致分为两个部分:①一是以传染病控制为主的公共卫生体系,二是一般医疗服务体系。德国的公共卫生服务是由三级政府的卫生主管部门直接完成的,有自下而上的信息传递体系及反应和处理体系,其资金来源于联邦政府的财政预算,各级政府根据各自的职能及需要分担投入。德国的一般医疗卫生服务由四部分组成:开业医生,负责一般门诊检查和咨询;医院,负责各种形式的住院医疗;康复机构,负责经医院治疗后的康复;护理机构,负责老年以及残疾者的护理。医疗卫生公共服务的资金筹资采用的是以强制性社会保险为主的筹资体制,所有工薪劳动者中收入低于一定数额者都有义务参加医疗保险,而高收入者及其家属可以选择购买私人保险或完全自理,也可以参加社会保险。德国强制性社会医疗保险的经办机构为政府批准成立的非营利性法定机构,追求资金平衡但不追求利润,运行经费来自于保费收入。德国政府提倡"让国民享有均衡的服务",医疗卫生服务体系布局均衡,服务的可及性很高,医疗卫生资源的城乡、区域差异也很小,此外,公众医疗服务待遇也平衡,公众享受到的医疗待遇水平是基本一致的。

五、基础设施服务

公共设施是由政府提供属于社会公众享用或使用的公共物品或劳务,是政府提供的公共产品,是满足人们公共需求和公共空间选择的设施,如公共行政设施、公共信息设施、公共卫生设施、公共体育设施、公共文化设施、公共交通设施、公共教育设施、公共绿化设施、公共屋等。世界银行在1994

① 参见葛延风:《德国的医疗卫生体制及对中国改革的启示》,《医院领导决策参考》2006年第14期,第45页。

年"为发展提供基础设施"的发展报告中将经济基础设施定义为"永久性的工程构筑、设备、设施和它们所提供的为居民所用和用于经济生产的服务,这些基础设施包括公共设施(电力、电信、自来水、卫生设施以及排污、固体废物的收集与处理系统、管道煤气)、公共工程(道路、大坝、灌溉及排水用渠道工程)、交通设施(城市与城市间铁路、城市公共交通、港口、航道和机场)等"①,报告将经济基础设施之外的其他基础设施定义为"社会基础设施"。发展经济学家阿尔伯特·赫希曼等最早对基础设施的概念进行了解释,将其称为"社会先行资本",认为它包括电力、运输、通讯等所有基础工业,这些基础工业的发展必须先行于那些收益来得快的直接生产投资,为其他产业创造投资机会。

萨缪尔森在《公共支出的纯理论》一文中给出了公共物品的经典定义,"它是指这样的产品,即每个人消费这种产品不会导致别人对该产品消费的减少。"作为典型的公共物品,公共基础设施具有消费行为的非竞争性和技术上的非排他性等特征,广义上的公共物品指排除纯私人物品之后的纯公共物品和准公共物品。纯公共产品的非竞争性和非排他性使得对其的消费进行收费是不经济的或不可能的,私人企业没有提供此类物品或服务的积极性,因此在世界范围内,纯公共产品都是由政府部门来提供的。② 准公共物品的利益外溢性是私人企业参与其供给的直接原因。大多数公共基础设施属于准公共物品范围。经济基础设施中公共性比较确定的有四类③:一是电信和地方电力分配,该类物品的竞争性和排他性都比较强,属于私人物品,在西方国家主要以私人企业投资为主;二是城市间的高速公路和高压输电网竞争性较弱,拥挤性弱但排他性强,可以通过收费获得投资回报,属于价格排他的公共物品;三是城市环卫、交通标志和农村道路,此类产品的竞争性和排他性都很弱,属于纯公共物品,一般由政府的公共财政出资建设;

---

① 邓淑莲:《中国基础设施的公共政策》,上海财经大学出版社2003年版,第3页。
② 赵珣:《论公共基础设施服务市场化与政府责任的转变》,武汉大学硕士学位论文2005年5月,第13页。
③ 吴庆:《基础设施的公共性及其政策启示》,《城市》2001年第3期,第24页。

四是相对于居民的消费需求和现代工业生产的需要具有很强的竞争性的物品,如地下水资源和现代大中城市高峰期拥挤的街道,属于拥挤的公共物品。

美国各级政府对城市基础设施投资重点主要集中在改善社会和经济发展环境方面的项目上,其资金来源主要由联邦政府公共财政支出、地方政府公共财政预算以及地方政府资信担保下的市政债券融资等部分组成。美国实施联邦、州和县三级财政管理,各级政府事权和财权划定以收益范围原则和效率原则为依据。联邦政府主要负责涉及国家全局或需投巨资的公益性城市基础设施项目,并据此向地方政府提供拨款、贷款和税收补贴,如与全国性道路交通关联的基础设施建设均由联邦财政投资,地方财政提供一定比例的配套资金即可。美国州一级政府,尤其是州以下的地方政府是城市基础设施投资的主角,其资金来源包括税收、基础设施企业的收入、市政债券、赞助捐赠等。但地方政府财力同样是有限的。为此,美国建立了一套行之有效的基础设施投融资机制,几乎所有的地方政府和地方政府代理机构均通过组织发行市政债券募集了大量低成本社会资金,不仅对推动美国城市基础设施建设的发展起到了重要作用,而且还解决了城市基础设施投资的代际公平负担问题。美国政府把引入社会资本作为提高城市基础设施建设效率和降低成本的手段,其主要做法是通过提供市场优惠、特许经营权和管理权或由政府提供信用等方法吸引私人部门投资,而不是以直接投资者或直接借款人的身份介入。[①]

第二节 中央和地方的公共服务权限划分[②]

建立公共服务体制,完善政府公共服务职能体系,需要合理界定中央与

① 参见中国文明网:《世界各国城市基础设施建设经验和做法》,http://www.godpp.gov.cn/tsis_/2006 – 11/08/content_8484411.htm.

② 参见中国(海南)改革发展研究院.“中国:公共服务体制建设与政府转型”,http://www.tea.cn/data/10480/html.

地方政府的职能。在一国中,公共服务一般分为三个组成部分:中央政府负责提供一些全国性的公共服务;地方政府提供收益范围局限于其特定区域的公共服务;处于中央与地方之间的是一些跨越不同政区、具有外溢性的公共服务,在这类服务中,中央政府和地方政府按照权限和职责划分共同承担供给的职责。中央政府因其权威以及强大的财政能力,在平衡地方政府之间的公共服务水平中和制定全国性的最低公共服务标准中承担关键性角色,而各级政府尤其是基层政府直接处于为公众提供公共服务的最前线,其在提供收益范围局限于其特定区域的公共服务方面比之中央政府有无可替代的优越性:地方政府更了解其管辖区域内民众对于公共服务的实际需要,能够提供更契合本区域内民众需要的公共服务,对于地域性公共服务的提供在成本和服务效率上有很大的优势。另一方面,由于地方政府管辖区域与公共服务收益范围经常不一致,要解决公共服务提供上的"公地悲剧"和"集体行动的困境"等问题,必须实现公共服务成本—收益内部化,从组织主体多元化的制度安排中寻求地方公共服务的善治之道。以公共服务均等化为目标的各级政府职责划分,目的是使普通民众都能享受到高质量、有效和可及的公共服务,在经济发展中实现社会的公平正义。

一、各级政府在公共服务提供中的职责划分

构建公共服务体系,必须在明确政府总体职责的前提下,按照基本公共服务均等化原则,改革和规范中央与地方关系,合理划分各级政府公共服务职责和范围。

(一)中央和地方在公共服务中权责的合理分工

托克维尔在《论美国的民主》中对公共服务在中央与地方之间的权限划分与职责分担有如下论述:"有些事务,依其本身的性质来说是全国性的,即只归做为一个整体的国家管辖;另有一些事务,依其本身的性质来说是地方性的,即只归各地方政府管辖,只能由该地方政府相应处理。还有一些事务,依其本身的性质来说是混合性的,即从它们涉及全国各地的个人或单位方面来说,它们是全国性的,而从不必由国家本身出面处理方面来说,

它们又是地方性的……这些事务既不完全属于国家,又不完全属于地方,而是根据联合成国家的各省或州达成的协议,在不损害联合的目的和条件下,分别交由全国政府或地方政府去处理。"①

　　传统的财政联邦主义理论是关于公共部门职能合理分配和不同层次政府间财源合理分配的理论。根据财政联邦主义代表学者奥茨(Oates)的综述,传统的财政联邦主义理论认为,②中央政府应承担宏观经济稳定、收入再分配以扶贫和提供全国性公共产品(如国防)的职能。在经济高度开放与失去制定货币和汇率政策权利的条件下,地方政府难以运用传统的宏观经济调控措施来稳定经济,并且,经济单位能在地区间自由流动的条件下,地方政府的收入再分配职能也受到严重的限制。相反,地方政府应承担提供在管辖区内进行消费的公共产品的职能。因为这些公共产品的有效提供需要充分了解管辖区内选民的偏好和境况,在这方面,地方政府具有优势。蒂布特(1956)首先从公共品入手,假定居民可以自由流动,具有相同偏好和收入水平的居民会自动聚集到某一地方政府周围,居民的流动性会带来政府间的竞争,一旦政府不能满足其要求,那么居民可以"用脚投票"迁移到自己满意的地区,结果地方政府要吸引选民,就必须按选民的要求供给公共品。

　　马斯格雷夫(1959)从考察财政的三大职能出发,分析了中央和地方政府存在的合理性和必要性,他认为:宏观经济稳定与收入再分配职能应由中央负责,因为地方政府对宏观经济稳定实施控制缺乏充足的财力,另外经济主体的流动性也严重束缚了地方政府进行收入再分配的尝试;而资源配置政策则应根据各地居民的偏好不同而有所差别,在这方面地方政府比中央政府更适合,更有利于经济效率的提高和社会福利水平的改进。他还指出在公共品供给效率和分配的公正性实现方面,中央政府和地方政府间必要的分权是可行的,这种分权可以通过税种在各级政府间的分配固定下来,从

---

① 托克维尔:《论美国的民主》,董果良译,商务印书馆2004年版,第425页。
② 参见张澍:《财政联邦主义理论的新发展》,《财经科学》2004年第6期,第104页。

而赋予地方政府相对独立的权力,他指出:"公共需要的供应……并不要求它必须有公共生产的管理,正如公共生产的管理并不要求它必须有公共需要的供应。在决定各自的适当范围时,应根据各自非常不同的标准。"①奥茨在《财政联邦主义》一书中,通过一系列假定提出了分散化提供公共品的比较优势,即奥茨"分权定理":对某种公共品来说,如果对其消费涉及全部地域的所有人口的子集,并且关于该公共品的单位供给成本对中央政府和地方政府都相同,那么让地方政府将一个帕累托有效的产出量提供给他们各自的选民则总是要比中央政府向全体选民提供的任何特定且一致的产出量有效率得多,理性的居民的确要比较享受居住地公共服务的收益与履行纳税义务的成本,在居民的约束下,地方政府有最有效提供公共品的动力。因为与中央政府相比,地方政府更接近自己的公众,更了解其所管辖区选民的效用与需求。也就是说,如果下级政府能够和上级政府提供同样的公共品,那么由下级政府提供则效率会更高。奥茨指出在完全信息条件下,中央政府就很可能根据各地不同的需求提供不同的产出,以使社会福利最大化,此时也就无财政分权存在的必要性,但现实是,由于信息不对称的客观存在,地方政府对其辖区内居民的偏好、公共品提供的成本比中央政府了解得多,更具有信息优势;迫于一些政治压力也限制了中央政府对某地提供相对于其他地方来说更高的公共品和服务,这些因素使得中央政府等份提供公共品的假定可以成立。另外,分权与地方政府之间对公共品的需求差异以及供给成本的差异有关,即使政府供给公共品的成本相同,只要需求不同,中央政府统一供给带来的福利损失将随着公共品需求价格弹性的下降而增加,而大量实证研究表明,地方政府公共品的需求价格弹性恰恰很低。斯蒂格利兹的"菜单"理论和特里西的偏好误差理论的共同之处是说明了地方政府在了解居民的偏好、品味的信息方面比中央政府有优势,从而在有选择性提供公共物品方面比中央政府有优势,而这也正是社会福利最大化实现

---

① 奥克森、罗纳德·J.奥克森:《治理地方公共经济》,万鹏飞译,北京大学出版社2005年版,第8页。

的重要条件。

中央政府原则上应当负责全国范围内的公共服务供给,以实现城乡和区域间基本公共服务均等化为主要目标,注重社会公平突出再分配职能;各级地方政府主要负责各自辖区内的公共服务供给,重点关注辖区内居民的实际需求,强化公共服务的供给效率;对中央地方共同承担责任的公共服务事项,要责任清晰,分工明确。

(二) 均衡区域间公共服务水平的转移支付制度

政府间的财政转移支付,即政府单方面的无偿支出,包括上、下级政府间和同级政府间的无偿资金转移,其目的在于解决政府财政的纵向和横向不平衡,以实现各地方政府提供公共服务能力的均等化目标。由于地方政府经济发展水平不尽相同,各地区间财力存在差异,中央政府在实现一国基本服务均等化中需要发挥调节的作用,制订全国基本公共服务的最低标准,尽可能地通过规范的转移支付来平衡不同区域间基本公共服务的财力差距,均衡地方公共产品提供的最低数量。

马斯格雷夫认为,在公共财政领域里,"公平"意味着在对各地财政状况(需求与能力)和税收努力统一评估的基础上,通过转移支付实现全国范围内的公共服务供给水平均等化;"效率"指的是以较低的转移支付成本提高受援人群获得的公共服务水平。[1] 公共财政学者将政府间财政转移的理论依据概括为如下四个方面,并给出了相应的转移支付解决办法[2]:

第一,区域外溢性,即地方政府的支出可能也会使非本地区的居民受益。按照谁受益谁付出的原则,此种情况的边际成本应该由那些受益的非当地居民支付,但由于一方面当地政府可能较难判断究竟是受益群体,另一方面,在信息不对称情况下,低成本的收费机制难以实行,因此,为了诱导地方政府提供正确的公共设施数量,应该给予该地方政府一定的补贴。由中

---

① Musgrave, R. A. and P. B. Musgrave: Public Finance in Theory And Practice, McGraw – Hill Book Company, New York, pp. 530～545。

② 参见李达:《中国政府间转移支付的新政治经济学分析》,复旦大学博士学位论文,2006 年 4 月 5 日。

央政府或上级政府通过财政拨款给当地政府来使该地方政府公共支出存的外部效应内在化。使外部效应内在化也就成为政府间转移支付主要的具体目标之一。当然，为了有效实现这一目标，拨款政府往往要求与之对应的补助只能用于提供特定的公共产品或服务。

第二，财政失衡。由于跨地区之间要素移动带来了税基的变动，从效率的角度上看，中央政府的课税权限应大于其支出责任，而从支出效率的角度考虑，地方政府更了解当地居民的实际需求，因而应该享有较大的支出权限。因此地方一级财政必然存在着财政缺口（Fiscal Gap），由此导致的地方政府收支赤字应当由中央政府的转移支付来弥补。显然，能够实现这一目标的转移方式应是无条件拨款。由财政失衡导致的财政缺口实质上反映了不同级层政府之间各自的收入（即财权）与其支出（即事权）之间的不相等，即财政纵向不平衡（Vertical Imbalance），这种不相等的出现本身有其符合效率原则的一面。

第三，劳动力转移所带来的效率损失。地方政府的财政行为会诱导个人在区域间的移民行为，当居住地税无法确切地反映因新移民进入而给原有居民所带来的边际拥挤成本或机会成本时，因移民所导致的效率损失就形成了。因此，从理论上看，应该建立政府间转移支付机制，由那些预算较能吸引新移民的地区向那些预算吸引力较差的地区提供转移，从而纠正原来存在的效率损失。马斯格雷夫强调，这种转移机制事实上等于对州税收收入课征的一种新税，无疑将抑制州的课税能力，因而这种机制只有在所导致的再分配格局不会过分地妨碍课税能力时才会有效。

第四，横向公平的要求。横向公平定义为任何两个在没有公共部门条件下福利水平完全相同的人，在存在公共部门后仍拥有相同的福利水平，詹姆斯·麦基尔·布坎南用财政公平这一术语表达了联邦内横向公平这一要求。然而，地方政府互不联系的财政活动通常会使福利水平相同的两个居民因居住在不同的地区而得到不同的待遇，即这些居民从其居住地政府各自的预算活动中得到不同的净财政受益（即居住地受益），从而导致横向不公平，或引起无效率移民。因此，应通过一种旨在使州际居住地受益均等化的转移机制来克服这种缺陷。

中央财政转移支付的目标应定位于确保全国各地都能提供最低标准的公共服务,重点用于经济欠发达地区和能源、交通、通信、环境保护等基础产业以及教育科技、医疗保健、就业培训等公益事业和社会保障事业。

美国联邦政府注重转移支付的政策性目的,通过转移支付来提高地方政府提供某一项或某几项公共产品的能力。美国联邦财政的转移支付分为三种:规定具体用途的补助金;宽范围用途的补助金;一般目的补助金。对于前两项补助金,联邦政府有时要求州地财政拿出必要的配套资金,主要投向于环境保护、能源、社会保障、交通、卫生、教育等项目上。一般目的补助金,亦称"收入分享",其基本内涵是根据既定的公式在各州和地方之间瓜分一部分联邦财政收入。制定公式时所考虑的因素,包括各州、地方的人均收入水平、州所得税率的高低、税收课征效率、人口数量等。按照规定,所有的州和地方政府均有资格得到这种收入分享形式的补助金,并且主要依照自己的意图进行支配和运用。从结构上看,规定了具体用途的补助金约占联邦补助金的80%左右,宽范围用途的补助金和一般目的补助金各占10%左右,规定了具体用途的补助方式之所以受到青睐,是由于"这种财政刺激使用软硬两手:如果州发展的项目和联邦设置的标准相一致,它便可以获得联邦资金。如果州拒绝遵守一定的标准,那么它就会失去联邦资金。"

日本是一个中央财政集中度较高的国家,同时又以"大地方政府"为特征。在这种情况下,从理论上讲,显然就需要由中央政府对地方政府进行大量的转移支付。事实正是如此。日本的政府间转移支付不仅规模大,而且制度也较为完善,其转移支付基本上由国家让与税、国家下拨税和国库支出金这三项内容所构成。国家让与税的实质,在于由中央集中征收某些税种,然后再按照一定的标准将收入分解,拨给地方作为其财政收入的一部分。与国家让与税注重资金用途或返还给征收地的特征不同,国家下拨税则是以平衡各地方财力为主旨,把国税中的所得税、法人税、酒税和消费税的一部分下拨给地方政府。它既不规定款项的专门用途,也不附加其他条件,可在调剂地区间差异方面产生作用。国库支出金是集规定用途和附加条件于一身的转移支付形式,在体现中央政府的诱导意图方面具有一定的功效。

澳大利亚各州之间在自然资源察赋、人口密度、经济结构诸方面存在着不小的差异,然而从人均收入水平的地区间比较来看,并没有贫富差异悬殊的现象,各地公民可以享用到水平相同或相近的公共产品和服务。从很大程度上讲,这是得益于联邦政府的转移支付制度——财政均等化方法。联邦政府中管理转移支付最重要的机构有两个:①一个是联邦国库部,负责确定每年转移支付的总规模、两类转移支付的比例以及有条件转移支付的分配方案等;另一个是联邦拨款委员会,负责研究转移支付的方法,提供无条件转移支付的分配方案,然后再由财政部和有关主管部门负责预算的具体执行。该国的转移支付分为两类:一是一般性补助(无条件的),不指定用途或附加其他任何条件,财政均等化便是通过运用这一补助方式实现的;二是专项补助(有条件的),用于支持各州和地方政府的特定项目。财政均等化的依据在于,既然各地居民均按照同一个人所得税法纳税,那么,他们所享用的公共产品和服务水平就不应该存在明显差异。财政均等化的技术性方案,由独立于政府之外的联邦拨款委员会负责制定,并由联邦政府决定在多大程度上加以采纳。庞大的财政均等化计划,无疑需要有较高的联邦财政集中度才能够得以维持。为此,澳大利亚将收入最多的个人所得税划归联邦政府独家征收,再加上其他各种税收,使得联邦财政收入占到全国财政收入的70%以上。

二、公共服务权限划分的国际经验借鉴

对于什么样级别的政府最适于提供何种服务,从国际经验上看,各国政府在处理中央和地方公共服务权限划分时主要有以下做法:

---

① 参见李达:《中国政府间转移支付的新政治经济学分析》,复旦大学博士学位论文,2006年4月5日。

(一)澳大利亚的联邦和州分工原则[①]

联邦和州在公共服务供给方面有比较明确的分工。中央政府对全国性资源进行分配,每个州都获得基本的资源来解决本州所面临的公共服务问题。在各州之间公共服务水平出现差异的时候,联邦政府将对公共服务的均等化水平进行调节,其调节最主要的手段是专项转移支付。专项转移支付可以让州政府按照联邦政府的意图进行公共服务的支出,可以反映公共服务均等化的要求。在教育方面,联邦教育部负责幼儿园、高等教育和职业教育,州和领地自行负责本区域的义务教育。对于农村和边缘地区的义务教育,由联邦政府实行专项补贴。许多时候,澳大利亚联邦政府为了促进地方教育的薄弱环节,往往越过州政府,直接采取在州政府辖区办学校的手段来解决问题。在公共卫生医疗服务方面,联邦政府和州责任交叉,联邦卫生部主要负责制定政策和计划,州主要负责提供服务,卫生医疗服务主要资金来源是收入税,州政府主要负责建医院,联邦政府负责拨款。在就业方面,澳大利亚联邦政府主要负责解决就业,制定详尽的就业政策和规划,负责所有失业人员的收入。

(二)美国各级政府权责交叉

美国地方公共服务的提供存在一个多样化的组织体系,通过区分公共服务的提供与生产,按照公共物品及服务的内在属性与特点,灵活安排公共服务的供给方式,形成了独具特色的"百钠被"模式。[②] 在美国,公共设施、公共服务的基本责任是在每个州,而不是联邦政府,联邦通过制定相关的政策,以保证各个州的公共服务能够达到一定标准,实现公共服务均等化。美国的地方政府在提供关乎居民需要的关键性基本性服务中承担着主要责任:警察和消防;教育;公共交通;街道和高速公路、机场和海港;排污与固体垃圾的收集和处理;公共保健和医院;公共福利;公园和娱乐;住房、城市修

---

① 中国(海南)改革发展研究院公共服务考察团:《公平与效率并重的公共服务体制——澳大利亚公共服务考察报告》,《中国(海南)改革发展研究院简报》总第663期2007年12月4日。

② 许远旺:《美国地方公共服务:运作与借鉴》,华中师范大学硕士学位论文,2007年5月16日。

葺和土地使用控制;公共档案和法庭;供水;还有其他许多公用事业等等。①在美国,县级地方政府提供的主要服务包括:健康和社会服务、教育、公共安全与矫正、法院、交通、环境保护和住房。②

　　美国公共产品和服务的提供,从其实际运作来看,地方政府提供公共产品和服务并不是垄断公共产品和服务的提供与生产,而是建立在区分公共服务的供应与生产的基础上。1961 年,文森特·奥斯特罗姆等人意识到了这种概念的区分在公共服务供给当中的重要性,服务的供应是指一系列集体选择行为的总称,是地方政府必须承担的一系列职责和义务,包括:③①建立和健全居民利益和需求的表达机制,包括:直接投票选择或罢免官员、决定用于公共服务的地方税收的种类和税率;向地方官员直接表达对公共服务水准的要求以及通过退出等方式来表达他们对地方政府服务的不满。通过这些表达机制,决定需要提供的公共产品和服务的种类、数量和质量标准以及需要筹措的收入和筹措方式等。②根据公共产品和服务的属性确定利益共同体的边界。③制定和实施相应规则,规制个人的消费和使用,保证公共产品和服务在供需平衡的条件下得到合理的使用。④安排公共产品和服务的生产,即决定公共产品和服务的生产方式,接受投诉,监督公共产品和服务生产方按照规定质量和标准提供公共服务。

(三)德国财政联邦制度下的政府间关系

　　德国各级政府关系的确定与调整,是以公共服务均等化为主要依据。二战后,与自由资本主义发展的英美模式不同的是,联邦德国在社会经济发展过程中采用了"社会市场经济"做法,在社会发展方面,建立了比较完善的公共服务体制。德国基本法明确界定了各级政府在公共服务中的责任,并提供了体制保障。

---

　　① 文森特·奥斯特罗姆、罗伯特·比什、埃利诺·奥斯特罗姆著:《美国地方政府》,井敏、陈幽汉译,北京大学出版社 2004 年版,第 1～2 页。

　　② 尼古拉斯·亨利:《公共行政与公共事务》(第八版),张昕等译,中国人民大学出版社 2002年版,第 649 页。

　　③ 文森特·奥斯特罗姆、罗伯特·比什、埃利诺·奥斯特罗姆著:《美国地方政府》(中文版序),井敏、陈幽泄译,北京大学出版社 2004 年版,第 6 页。

根据德国基本法规定：国家的活动是各州的义务，各级政府的任务必须围绕国家的活动进行，并且对各级政府的支出责任进行划分。具体划分情况是：把最重要的、法律上规定不能划归州承担的国防、跨地区的交通设施划为联邦的任务；把建设高等学校、促进区域经济发展、改善农业结构、环境保护划为州的任务，联邦政府参与为支出筹资（通常为5%），以此来影响各州的支出倾向；地方在履行国家职能方面发挥着非常重要的作用，其支出占联邦全部支出的50%以上。它们主要负责辖区内的供水、供电、城市交通设施建设、中小学校投资、医疗机构投资等基础服务的支出。联邦德国的财政平衡制度包括两个方面的内容：一是确定各级政府的任务，二是把国家收入特别是税收收入在各级政府中合理地进行分配。无论是哪级政府，也无论辖区税源如何，都有按照宪法要求国家对必要的支出进行补偿的权利。德国宪法上将"生活水平的一致"作为政府追求的目标，所有财政平衡措施都为这一目标服务，各级政府承担的不同任务以及全联邦的共同任务也以此为目标。由此形成各级政府追求一个目标，显示出政府行为的高度一致性。

在公共服务责任界定中，德国各级政府的分工比较明确，各自负责全国性或地方性公共产品的提供，同时也进行合作（涉及到混合供给方面）。投资决策权、宏观调控权在联邦；大学教育、改善农业的投入、环境保护等投入主体为州；公用事业、中小学教育、城市建设等投资主体为地方。联邦政府负责修建联邦道路，州级政府负责州级道路的修建和联邦道路的维护等。与地方政府更加注重执行相比较，联邦政府只有在基本法明确规定或者地区间外部性严重时才承担公共服务的供给责任，其主要精力放在公共服务的立法上，通过立法来管理和调节各州和地方政府的公共服务供给责任，并通过转移支付来加以保障，从而在全国范围内保证了公共服务的均等化。

菲律宾政府在公共服务的提供上，实行中央与地方的分工。中央政府的主要职责是农业、推广项目、公共房屋的建造以及公共健康和服务。公共服务主要是地方政府提供的，因为地方政府可以更加迅速的对当地的需求作出反应。中央与地方的分权原则上有一个例外就是教育，基础教育的主要责任是教育部,是中央政府的职责,地方政府对于校舍的修建以及其他中小学的服务负主要的责任。

在英国公共服务改革中,中央和地方关系的调整一直是焦点所在。撒切尔政府时期推行的地方公共财产私有化、社会服务市场化、政府管理职能分散化以及布莱尔政府权力下放的分权思想都顺应了英国公共服务改革的需要,"使得中央政府和地方政府形成一种平衡,政策的制定被牢牢地控制在中央政府手中,公共服务的提供被下放到地方政府第一线。这种平衡实现了从一种规格的服务机构向多层次多样化的地方服务机构过度,使得服务提供能够被选择,并且在地方上的资金来源方式更加灵活、多样、有效。"①从某种意义上说,英国的地方政府是向人民提供各种服务的机构。地方政府的作用很多,涉及安全的有警察、消防、民防以及对消费者的保护和对生态环境的控制、规划和保护等;涉及市政建设的有筑路、架桥、建造港口、发展公共交通和建造停车场等;涉及福利方面的包括从摇篮到坟墓的个人服务、地方教育、环境服务、自来水、住房和娱乐设施等。② 英国行政改革对中央和地方在公共服务职责上的调整顺应了民众需求新的变化,因其适应性推动了英国政府改革的进一步推进。

第三节　国外政府公共服务建设借鉴

经过改革开放以来 30 年的快速发展,我国已经从"生存性社会"步入了"发展型社会",人的自身发展更直接地表现为对基本公共服务的实际需求,全社会公共需求快速增长与公共产品短缺、社会性公共服务供给不足,已成为当前阶段的突出矛盾。如何在新的客观现实背景下实现社会性公共服务供给的增长应与社会经济发展阶段相适应,是当前构建我国公共服务体系面临的主要任务。

① 曹现强:《当代英国公共服务改革研究》,山东大学博士学位论文 2007 年,第 144 页。
② 王振华:《列国志—英国》,社会科学文献出版社 2003 年版,第 172 页。

从发达国家经验来看,政府职能从以经济性公共服务为主,逐步发展到以社会性公共服务为主的阶段。对于社会性公共服务的发展,发达国家普遍经历了"物质财富普遍匮乏和最低限度的公共服务供给阶段,然后是物质财富快速增长但公共服务供给水平相对提高不快的阶段,二战以后进入社会经济成熟期的发达国家才逐渐能够把相对丰裕的公共服务更均衡地分配到社会各个领域,形成政府财政支出中社会性公共服务占主体的基本格局"[①]。从西方各主要国家20世纪80年代以来的政府改革实践来看,公共服务职能的强化和健全公共服务职能体系是改革的主要内容和目标之一。由于各国的国情和公共管理哲学的差异,在提供公共服务实践的过程中,各国形成了具有不同特色的公共服务制度和公共服务模式,大致可以分为两种类型:[②]

第一种是以北欧为代表的"全面公平型"公共服务模式。全面公平型的公共服务制度把"公平"作为首要价值理念,强调以国家为主体,实行对全民的普遍保障,国家承担着保障全体国民的义务和责任,实行"高工资、高税收、高福利"的公共产品供给体制,为居民提供了从出生到死亡整个生命周期中的各种公共服务。政府通过财政支出提供强有力的保障,根据一定时期内经济、社会发展需要进行自我职能调整以满足公众需求,体现社会公平,注重平衡经济发展与社会公平。它保障的不仅是社会成员的最低生活水平,而且是对社会成员全面的、高水准的保障,个人享受的福利和公共服务不与收入相联系,带有浓厚的收入均等化的色彩。

第二种是以美国和德国为代表的"最低保障与兼顾效率型"的市场化公共服务模式。最低保障和兼顾效率型的公共服务是一种在社会保障与社会福利等公共福利上坚持以市场为主导,引进竞争和激励机制的制度模式,即自保公助模式。美国的公共服务模式强调通过自由竞争和经济增长,确保劳动者加入劳动市场,以劳动者对生产的贡献程度来保障其生活。社会

---

① 迟福林:《建立适应新时期的基本公共服务制度》,《文汇报》2008年3月6日。
② 李军鹏:《公共服务型政府》,北京大学出版社2004年版,第170页。

保障资金大部分通过资本市场进行运作,以比较稳定的收益率来保证基本公共产品的供应。

一、北欧模式的改革与完善

北欧各国实行的是准三级政府管理体制,政府层级之间按照事权轻重和服务范围严格界定各自承担的社会管理和公共服务职能,其日趋完善的公共服务制度主要表现于:一是地方政府在公共服务的税收支持和提供方式方面有较大的自主权。在教育、医疗等基本公共服务方面,除来自国家的专项拨款补贴外,地方政府还可以通过自主征税的方式来保证公共服务质量,如瑞典郡、市一级税收由地方自己决定,税率大致在29%～33%不等。芬兰的法律规定,地方征税的水平由各地方自己决定。中央政府的拨款给定一个总额,由地方政府自主决定如何分配。地方政府也可自主决定公共服务由自己来组织生产还是由其他私人部门进行生产。二是中央和地方的财权事权划分清晰,责权相对。中央与地方政府各级的预算相对独立,财权、事权对称。如挪威政府体系,主要分中央、县、市三级,并以此构建了三级公共服务体系,并按照谁最贴近居民生活、最能了解居民需要,谁负责提供服务的原则,进行职责划分。中央政府主要负责国家保险计划、医疗服务、特定的社会服务、高等教育、劳动力市场、国家公路和铁路、环境政策、国防军队、外交、能源等方面;县级政府主要负责本县的高中教育、本地区发展(包括县级道路和公共交通、区域规划与发展、区域商业与产业发展)、文化、公共口腔服务等;市政府承担除中央政府和县级政府以外的其他职能,包括学龄前儿童看护、小学及初中教育、初级医疗服务、社会福利服务老年人及无工作能力者看护、文化和体育、教堂、市政服务、道路及港口、规划和土地使用等。① 在这个三级社会服务体系中,各级政府权责统一,分工明确,服务效率高。三是北欧各国把解决就业问题作为公共服务的重要内容。

---

① 国家发展和改革委员会经济体制综合改革司考察团:《完善公共服务体制 提高社会管理水平——关于北欧三国社会管理和公共服务体制的考察报告》,http://www.sdpc.gov.cn/tzgg/zhdt/t20071210_177653.htm。

瑞典设立了专门的劳动力市场管理委员会来实施就业政策,并且通过预算获得优先权。财政资金支持的劳动力市场主要用于五个方面:[①](1)职业培训,以提高失业者就业能力;(2)提供免费公共就业服务或求职援助服务;(3)直接创造就业岗位,如开办公共工程项目、服务项目或社区服务项目,以安排长期失业者临时就业;(4)是对雇用失业人员的企业或自谋职业的个人给予工资或就业补贴,芬兰为鼓励中小企业多雇用失业人员,对中小企业实行减税 4% 的优惠政策;(5)是扶持失业者创办微型企业,实现自我就业,瑞典在对失业人员创办小企业实行减税措施的同时,还提供就业补贴。

北欧各国在公共服务的中央地方关系处理上以及促进就业方面有其可取之处,对于我们建设完善的公共服务职能体系,科学设计公共服务的标准和水平,解决服务型政府建设中的众多难题大有启迪。

二、德国:公共财政支持下的公共服务均等化[②]

德国是世界上公共服务发展比较完善的国家之一,以公共服务为导向是德国社会政策追求的主要目标,在构建公共服务体系的过程中,有很多值得借鉴的经验,而在这种经验下所建立的公共服务体系在德国和欧洲已经运转超过 20 年了。

德国各级政府关系的确定和调整,是以公共服务均等化为主要依据的。德国政府公共服务的责任分工明确,地方政府在公共服务职能供给中承担了大部分的供给责任。根据联邦德国国家资格原则和必要条款等相关法律,德国公共服务供给主要由地方政府实施,州政府可能承担部分供给责任,而联邦政府只有当基本法明确规定或当联邦法律规定有必要保证的平等生活条件的情况下或当地区间外部性严重时才承担公共服务的供给责

---

① 苗树彬、陈文:《北欧模式:政府职能转变和制度安排——芬兰、瑞典、丹麦三国考察报告》,中国经济信息网 2004 年 12 月 10 日。

② 中国(海南)改革发展研究院考察组:《公共服务均等化与政府责任——中国(海南)改革发展研究院考察组赴德国、荷兰考察报告》,《中国公共服务体制:中央与地方》,中国经济出版社 2006 年版,第 414 页。

任,其主要精力放在公共服务的立法上,通过立法来管理和调节各州和地方政府的公共服务供给责任,并通过转移支付来加以保障,从而在全国范围内保障公共服务的均等化。基于效率原则,地方政府更了解辖区内居民的公共服务需求,能够更快地对这种需求变动作出快速的回应,在财务成本和时间效率方面表现也更优于由联邦政府提供。地方政府在提供公共服务过程中产生的不公正则由上级政府加以纠正。

根据公民与企业的需求而实施公共服务,这是德国政府在探索建设公共服务体系过程中最主要的原则。政府的行政管理应该是对公共服务体系进行持续有效的管理,因此建立公共服务体系必须做到:有效的低成本结构;所建立的公共服务体系必须在群众中有好的反应;必须有前瞻性,为未来的发展留下空间。[①]

德国是联邦制国家,联邦、州与地方政府均有独立的立法权。在公共服务的提供上,联邦、州和地方政府都有明确的责权和相应的财权,通过转移支付的方式达到财政平衡,实现各州之间公共服务的均等化。德国基本法明确规定国家财政具有"均衡联邦不同地区经济实力"和"保持生活水平一致"的责任和义务,国家财政应"在力求使各州收入水平和社会福利接近均衡的同时,努力缩小各州之间在公共服务能力和经济发展水平上的差距"。

鉴于各州间经济发展水平有较大差异,为了在整个联邦范围内为公民提供基本相同的公共服务,德国政府采取转移支付方式,这种"转移支付坚持横向平衡与纵向平衡相结合的原则,通过一般均衡拨款与补充拨款、专项拨款、共同任务拨款等多种形式,构成完善的转移支付体系。"[②]

纵向平衡的转移支付。主要是实现联邦政府与州政府间的平衡,税收协调是财政纵向平衡的主要形式,主要是对增值税、所得税等的分享,其目标是使贫困州的财政能力达到全国平均水平的 92%。如共享税在全部税收中所占比例最大,其分成比例由法律加以规定。在税收结构中,流转税的

---

① 乔治·舍尔夫:《德国公共服务体系建构的经验》,《聚焦中国公共服务体制》,中国经济出版社 2006 年版,第 389 页。

② 莫非:《德国:通过转移支付实现公共服务均等》,《中国税务报》2008 年 2 月 20 日。

具体分成比例由联邦和州定期协商确定。在财政出现不平衡时,联邦政府还可以在不调整税收分成比例的情况下,通过预先补助、返还型转移支付、对贫困州进行投资等方式促进各地财政状况的相对均等化。

横向平衡的转移支付。主要是在联邦政府主导下在州与州之间进行。即有平衡义务的州(富裕州)将一部分税收收入"捐给"有平衡资格的州(贫困州),使后者的财政能力至少要达到平均财政能力的95%。这种横向平衡是德国特有的一种转移支付方式。横向平衡的具体操作过程为:先测定各州当年6月30日的居民人数,然后由联邦和州财政部门分别测算出"全国居民平均税收额"和"本州居民平均税收额",如果后者占前者比例的95%~102%,那么则不需要进行转移支付。如果该比例低于95%,可把该州确定为贫困州,能够得到来自富裕州(该比例大于102%)的转移支付。横向平衡资金划拨的具体数额和原则是,贫困州至多补贴到占全国人均税收额的95%,而富裕州在横向财政转移后的财力不高于全国人均税收额104.4%,两者相差不超过10个百分点。

此外,德国联邦政府还通过联邦补充拨款的形式进行转移支付。这种转移支付基本上属于无条件拨款,它不规定资金的具体用途,是对增值税共享和州际横向平衡的补充。

德国联邦基本法还规定,以下三大任务由联邦和州政府共同拨款:高等学校包括医学院附属医院的扩建和改建、地区经济结构的改善、农业结构的改善和海岸保护。拨款时须规定专门的用途,每年在预算中进行安排。

在德国公共服务体系中,除了强调政府责任之外,以下的一些基础性制度对于保证公共服务供给过程中的公平、效率和稳定也有积极的作用:一是公共服务多元化的参与机制,几乎所有的公共服务都面临着由单纯的公共部门提供向多元化的提供转变;二是增加公共服务供给过程中的透明度对于提高公民在接受服务时的满意度有积极的推动作用。

三、加拿大:财政间转移支付和以公民为中心的公共服务改革①

加拿大以其全民医疗保险、免费初级教育、先进的公共设施和先进的电子政务水平闻名全球,其独特的公共财政制度和以民为本的政府服务改革对于推进我国公共服务职能体系建设具有积极的借鉴意义。

加拿大政府体制主要由联邦和省级政府组成,联邦政府负责外交国防、公共债务与财产、央行和货币政策、养老金和失业保险等全国性事务。省级政府支出主要是公共服务领域,负责本省区的行政、司法、教育、健康、治安、社会服务以及除养老金和失业保险外的其他社会福利项目。基本公共服务均等化是加拿大联邦主义的基本原则,教育、医疗卫生和社会服务是联邦政府财政均等化的主要项目。加拿大联邦政府对其 10 个省和 3 个北方地区的政府提供年度的基本财政支持,政府间转移支付财政制度,使得公共服务财力水平过低省份的居民能够享受到同等的可比的公共服务。

加拿大政府间的转移支付主要通过三个项目进行:加拿大健康和社会转移支付(CHST)、均等化项目(EP)和地区常规资金(TFF)。② CHST 是加拿大最大的转移支付项目,是联邦政府为资助省区政府更好地提供健康、中等教育、社会救济,包括早期儿童发展等项目设立的,是带限制性条件的转移支付,如果省级政府没有按法案原则和法定范围使用资金,联邦政府有权拒绝支付或将其收回。省级政府为了得到这项转移支付,必须遵守社会保险最低水准原则,为本地居民提供必要限度以上的社会救济服务,另一方面省级政府也有权据当地情况和政府工作重点,在法案规定范围内自主决定资金使用的具体方向及数量的分配。CHST 缓解了各级政府间的纵向收支矛盾,保证了省级政府能够提供全国统一标准的健康、教育、社会救济等公共服务的能力。同时使联邦政府可以分担省级政府因当地经济下降快于全国平均值造成的风险。EP 是联邦政府为缩小各省之间收入能力增长差距

---

① 戴黍、刘志光:《政府管理创新视阈中的加拿大公共服务改革》,《学术研究》2007 年第 5 期,第 74 页。

② 杨之刚:《加拿大政府间转移支付:简介与评价》,《财贸经济》2002 年第 6 期,第 73 页。

而设计的无条件转移支付方式,凡财力低于全国标准的省份都有资格获得这种转移支付(但不适用于 3 个北部地区),EP 的全部资金由联邦政府从一般政府收入中提供。对获取 EP 的低收入省份来说,他们用来满足公共服务和公共设施支出的收入增长能力相对较弱,这种无条件的年度性资助对其十分重要,因为省政府可以自行确定资金用途,自由地支出在他们认为有优先权的公共服务项目上。TFF 是联邦政府为 3 个特别行政区设立的无条件转移支付,这些行政区地处北部寒冷地带,人烟稀少,经济总量小,财政资源有限,政府支出在很大程度上依赖联邦政府转移支付,TFF 有助于保证北方高成本地区的政府顺利履行其提供公共服务的职能。EP 和 TFF 两个项目解决了省际间的横向财政不平衡问题,确保了财政能力相对较低的省区能够获得足够资金用于提供公共服务,以实现全国基本公共服务均等化的目标。

总的来看,加拿大政府间转移支付具有两方面的显著特点:第一,健康和社会转移支付(CHST)效果十分显著,它不但缓解了各级政府间的纵向收支矛盾,保证了省级政府能够提供全国统一标准的健康、教育、社会救济等公共服务的能力更兼有专项拨款的功效,有力地体现了联邦政府提供有益品的偏好和意图,完善了政府的社会职能;还在一定程度上防止了人口的非效率移动,发挥着内部化外部效应的功能。第二,为三个特殊地区政府提供的 TFF 近乎于中国的专项扶贫资金,充分反映了加拿大的特殊国情,体现了该国转移支付的灵活性,保障了社会稳定。

20 世纪 70 年代末,加拿大联邦政府着手进行全面的包括公共服务在内的行政改革,在政府管理和公共服务中引入市场和竞争。自 1984 年以来,加拿大各届政府,在公共服务的改革方向与路径选择方面没有大的波动,其目标是向公民承诺提供更好的的服务:1989 年 12 月,首相布莱恩·穆罗尼宣布了加拿大《公共服务 2000 年创议》,其目的是通过授予公务员适当权力,"革新加拿大的公共服务,使公共服务部门为走向 21 世纪的加拿大人提供最可能的公共服务",改善面向公众的公共服务效率和质量;1991年,《公共服务 2000:加拿大公共服务的更新》白皮书提出了在公共部门中注重业绩的改革方案;1995 年 6 月,质量服务创议得到内阁批准,其目标是提高并测量客户满意程度;1996 年枢密院秘书处提出 La Releve 创议以解决加拿大公共服务中存在的所谓"静态危机"(Quiet Crisis),这是由于多年来的精简和冻结、批评、不充足的新成员加入以及有经验公务员的草率离职所造成的结果。

由加拿大政府主导的公共服务改革在保障公共利益、提升公共服务水平等方面取得了令人瞩目的成就。在加拿大公共服务改革进程中,如下几方面的经验尤其值得我们关注与借鉴:一是创立新的组织机制。加拿大政府在主导公共服务改革的过程中,进行了多方面的组织机制创新,较具典型意义的有"任务小组"与"特别运作局"。加拿大政府在改革中组织了十个"任务小组"(Task Forces),每一个小组负责一个领域的改革报告设计,并且要撰写详细的报告,为公共服务的发展提供实际有效的意见。二是建立绩效管理体系,注重绩效与服务标准的制订,强调提升政府对顾客的响应性。三是整合政府公共服务职能。加拿大实行联邦制,不同层级政府通常仅负责与民众互动的特定领域。但是对服务工作的重视,促成各政府机关间建立起更多的合作关系,使公众在接受服务时不会有政府部门各自为政的感受。加拿大政府采取的做法包括缩减政府部门数目、建立跨部门的功能整合机制等。加拿大还有其他类型的跨部门功能整合机制,如内阁针对社会与经济问题所成立的决策委员会以及专门设立的审计机构等,它们对于公共服务职能的完善发挥着十分重要的作用。在整合公共服务职能的过程中,加拿大政府尽可能地集中和协调承担多种职能的人员,建立一体化、多功能、无间隙的全套服务体系,使公民从办事"迷宫"中迅速找到"捷径"。四是革新公务激励系统。加拿大政府十分注重对公务人员的薪酬、甄选及晋升等激励机制加以革新与完善,20 世纪 90 年代中期,加拿大行政人员开始施行"绩效报酬"(Performance Pay)以及在基本报酬内附加风险报酬(Pay at Risk)两项制度,引进绩效薪酬制使公共部门与私营部门在激励方式上较为一致,也更容易促进公共服务的"绩效导向",在降低行政成本的基础上提升公共服务的质量。在公共服务改革进程中,加拿大政府逐步将偏重"资历"的晋升标准改为以"能力"为依据,实行以能力为依据的甄选及升迁制度,实施核心行政人员的人才培育计划,提供机关中层行政人员接受主管能力培育训练的机会,并经由严谨的筛选程序,决定申请者能否成为"核心行政人员"接受培训。这一制度同时建立了高级人才培育、储备制度以及弹性任用机制,十分符合私营部门人力资源管理所强调的能力导向及弹性原则,同时也为保持和提升公共服务水平提供了根本保障。

四、英国:公民宪章运动推动下的公共服务改善

英国公共服务制度是基本全面公平型的制度,强调的是自由经济的"机会平等",它鼓励个人的自助努力,把国家的保障限于"平等的最低生活"。国家的责任是平等地保障国民的最低生活水平,超出最低生活水平的生活需要个人自己承担。

20 世纪 80 年代以来,英国政府进入了以政府职能的民营化和公共服务承包制改革的为主要内容的政府改革时期。[①] 学者皮埃尔将公共服务市场化改革内涵总结为:一是利用机制配置公共资源并以市场标准评估公共服务生产者以及提供者的效率;二是强调私部门管理方式引入公共部门,以结果为导向;三是个体能在不同的服务提供者之间进行选择。[②] 公共服务从本质上看,是"政府职能的市场化,反映了公共服务提供领域政府职能的退缩和市场价值的回归"[③]。公共服务的承包制改革就是将政府业务承包出去,把原来由政府承担的部分公共职能推向市场,具体操作是通过竞争性的招标形式将政府所承担的公共服务业务承包给非政府的组织去经营。承包制的一般做法是政府与政府之外的私营公司签订一项合同或协议,将过去由政府部门提供的服务改为由接受承包合同的私营公司提供,从而提高

---

① 毛寿龙、李梅、陈幽泓:《西方政府的治道变革》,中国人民大学出版社 1998 年版,第 66 ~ 70 页。

② Jon Pierre, "The Marketization of the state: Citizens, consumers, and the Emergence of Public Market", *Governanceina Changing Environment*, MCCGill – Queen's, 1994, p. 5.

③ 程样国、韩艺:《国际新公共管理浪潮与行政改革》,人民出版社 2005 年版,第 313 页。

公共服务的效率和减少公共部门提供服务的费用。20世纪80年代末,撒切尔夫人政府的改革在公共部门的经济效率方面取得了显著的成就,但是基于节约成本的行政改革降低了政府公共服务的质量,市场化改革之后的公共服务质量非但没有改善,甚至出现了恶化现象并且服务费用明显增加。在此背景下,改善公共服务成为20世纪90年代英国行政改革的主要目标。

梅杰出任首相后发起了以改善公共服务为主要内容的"公民宪章运动"(The Citizen's Charter)。公民宪章就是用宪章的形式把政府公共部门服务的内容、责任和标准等公之于众,接受公众监督,是英国政府20世纪90年代整个政府政策的核心,要求公民站在公共服务接受者的角度来评判公共服务的优劣,并为公共服务的接受者提供一种程序,以帮助他们直接参与公共服务的改进。在一定的意义上,"公民宪章运动是运用政府的强制权力对国营企业私有化和公共服务承包后出现的不符合公共要求的行为进行调整、规范和整顿。"①从20世纪90年代初开始,英国政府要求所有公共服务机构和部门制定宪章,其设计必须满足以下的原则,以满足公民对公共服务的合法需求:一是明确的服务标准,包括服务效率、质量等方面的具体要求和公务员在与公众打交道时的行为准则等,并做出"服务承诺",如警察部门对报警后应在多长时间内派人赶到现场、医院对病人等待时间的限制、铁路部门火车的正点率等等;二是透明度,有关公共服务的信息必须公开、透明,包括公共服务的内容和运营状况、特定服务项目的开支和成本状况;三是礼貌服务,公共服务人员必须礼貌服务,不能有任何的歧视,比如病人服务宪章规定要保证尊重病人隐私、尊严和宗教信仰、文化习俗,对有特别需要者要满足他们的特别需要;四是完善的监督机制,"公民宪章"要求"公共服务的置于公众的监督之下",以保证公共服务的质量,建立方便有效的公民投诉受理机制,包括明确的补偿标准、便捷的受理程序等;五是可供选择的服务,在可能的情况下和与服务对象协商的基础上,应向公众提供选择

---

① 张定淮:《英国"公民宪章"运动的现状与前景》,《深圳大学学报(人文社会科学版)》1996年2月第13卷第1期,第51页。

服务机构的机会;六是政府提供的公共服务的质量必须与公民所支付的价值相当,推广和完善合同出租制度,展开公共服务领域的公私竞争,以竞争求质量,以竞争求效益,实现公共资金的充分利用。作为竞争不充分的一种补救机制,"公民宪章运动"主要是针对那些有一定垄断性质的公共部门和公共服务行业,包括自然垄断性和半垄断性服务行业(如铁路、邮政、水电部门)、非营利性公共服务行业(如环卫、城市公交、公共文化设施等)、管制性服务行业(如户籍管理、公共安全、执照核发等)。

在英国政府的推动下,"公民宪章运动"在英国公共部门得到广泛的应用,在提高政府公共服务质量和公民满意度方面起到了积极的作用,同时在国际上引起了巨大的反响,许多国家的政府纷纷仿效。1992 年,法国政府要求公共服务部门颁布"公共服务宪章",同年比利时颁行了"公共服务使用者宪章"(Public Services User's Charter),1993 年克林顿总统签署了12862 号行政令,要求联邦政府部门制定顾客服务标准来贯彻戈尔报告中的顾客至上原则。

建设服务型政府,逐步实现基本公共服务均等化是维护社会公平正义、缓解目前中国发展的不平衡、创造更广泛更公平的社会机会、建设和谐社会的重大决策,是化解我国进入新的社会发展阶段后面临矛盾的重要举措。在建设服务型政府过程中,我们既要直面我国的实际国情和现实障碍,也要有针对性地借鉴其他国家在公共服务建设中的经验和教训,合理界定中央和地方职责分工,建立健全事权和财权相匹配的公共财政制度,调整财政支出结构,加大公共服务投入,完善财政转移支付制度,扩大公共财政覆盖面,逐步解决中国公共服务水平低、不均衡、体系建设滞后等问题,建立惠及 13亿人的基本公共服务体系,逐步实现基本公共服务均等化,实现经济社会的可持续发展。

第五章 我国政府的服务职能

建设服务型政府,通过强化政府公共服务职能,逐步形成惠及全体人民的基本公共服务体系,是构建社会主义和谐社会的内在要求。党的十七大报告提出了"加快行政管理体制改革,建设服务型政府"的发展社会主义民主政治的举措,指出建设服务型政府要"健全政府职责体系,完善公共服务体系,推行电子政务,强化社会管理和公共服务"。[①] 温家宝总理在省部级主要领导干部"树立和落实科学发展观"专题研究班结业式上的讲话《提高认识 统一思想 牢固树立和认真落实科学发展观》中指出,公共服务就是"提供公共产品和服务,包括加强城乡公共设施建设,发展社会就业、社会保障服务和教育、科技、文化、卫生、体育等公共事业,发布公共信息等,为社会公众生活和参与社会经济、政治、文化活动提供保障和创造条件,努力建设服务政府"。[②] 构建符合中国国情的公共服务职能体系是建设和谐社会的重大任务,要在经济发展的基础上,不断扩大公共服务,逐步形成惠及全民、公平公正、水平适度、可持续发展的公共服务体系,切实提高为经济社会发展服务、为人民服务的能力和水平,更好地推动科学发展、促进社会和谐,更好地实现发展为了人民、发展依靠人民、发展成果由人民共享。为 13 亿人提供基本而有保障的公共服务,是促进新阶段中国人类发展的关键。建

---

① 胡锦涛:《高举中国特色社会主义伟大旗帜 为夺取全面建设小康社会新胜利而奋斗——在中国共产党第十七次全国代表大会上的报告》(2007 年 10 月 15 日),人民出版社 2007 年版,第 32 页。

② 温家宝:《提高认识 统一思想 牢固树立和认真落实科学发展观》,《人民日报》2004 年 3 月 1 日,第 2~3 版。

立有效的公共服务体制,为广大社会成员提供义务教育、公共卫生和基本医疗、基本社会保障、公共就业服务,是使经济增长成果转化为人的全面发展的有效途径。

第一节　我国政府公共服务建设的现状

改革开放以来,随着市场经济的发展,我国政府不断加大公共服务投入的力度,初步建立了完善的公共服务体系,公共服务水平不断提升,总体上处于中等收入国家发展水平。

在经济发展的基础上,不断扩大公共服务,逐步形成惠及全民、公平公正、水平适度、可持续发展的公共服务体系,扎扎实实推进服务型政府的建设,全面提高为人民服务的能力和水平,是改革开放30年来,中国社会进入新的历史时期时各级政府面临的新使命。

一、基本公共服务体系初步形成

2008年3月6日温家宝总理在十一届全国人大一次会议上的政府工作报告总结了最近五年以来我国政府在公共服务方面取得的成就,“全面实现农村免费义务教育;覆盖城乡的公共卫生体系和基本医疗服务体系初步建立,重点加强公共卫生、医疗服务和医疗保障体系建设,覆盖城乡功能比较齐全的疾病预防控制和应急医疗救治体系基本建成;社会保障体系框架初步形成,城乡社会救助体系基本建立;城市居民最低生活保障制度不断完善,保障标准和补助水平逐步提高;县乡两级公共文化服务体系初步形成,城乡公共文化服务体系逐步完善;城乡公共就业服务体系建设进一步加强。”[1]

我国社会惠及13亿人民的基本公共服务体系已经初步形成,主要体现

---

[1]　温家宝:《政府工作报告——2008年3月5日在第十一届全国人民代表大会第一次会议上》,《人民日报》2008年3月20日。

在:

一是我国社会保障体系框架初步形成。过去5年全国财政用于社会保障支出5年累计1.95万亿元,比前5年增长1.41倍。城镇职工基本养老保险制度不断完善,2007年参保人数突破2亿人;做实基本养老保险个人账户试点扩大到11个省份;从2005年开始连续3年提高企业退休人员基本养老金标准。中央财政5年累计补助养老保险专项资金3295亿元。2007年城镇职工基本医疗保险参保人数达到1.8亿人,比2002年增加近1倍;88个城市启动城镇居民基本医疗保险试点;新型农村合作医疗制度不断完善,已扩大到全国86%的县,参合农民达到7.3亿人。全国社会保障基金积累4140亿元。城乡社会救助体系基本建立。城市居民最低生活保障制度不断完善,保障标准和补助水平逐步提高。2007年在全国农村全面建立最低生活保障制度,3451.9万农村居民纳入保障范围。这是保障城乡困难群众基本生活的一项根本性制度建设。

二是就业规模扩大,就业结构显著改善。2003年到2007年间中央财政安排就业补助资金五年累计666亿元。城乡公共就业服务体系建设进一步加强。基本解决国有企业下岗职工再就业问题,完成下岗职工基本生活保障向失业保险并轨。

三是教育公共服务迅速。2003~2007年期间全国财政用于教育支出5年累计2.43万亿元,比前5年增长1.26倍。农村义务教育已全面纳入财政保障范围,对全国农村义务教育阶段学生全部免除学杂费、全部免费提供教科书,对家庭经济困难寄宿生提供生活补助。西部地区基本普及九年义务教育、基本扫除青壮年文盲攻坚计划如期完成。国家安排专项资金支持农村中小学改造危房、建设寄宿制学校和远程教育。更加重视职业教育发展。高校重点学科建设继续加强。建立健全普通本科高校、高等和中等职业学校国家奖学金助学金制度,高校资助面超过20%,中等职业学校资助面超过90%,资助标准大幅度提高。2007年开始在教育部直属师范大学实施师范生免费教育试点。在实现教育公平上迈出了重大步伐。

四是公共卫生服务水平有了明显的进步。2003年到2007年间全国财政用于医疗卫生支出 5 年累计 6294 亿元,比前 5 年增长 1.27 倍。重点加强了公共卫生、医疗服务和医疗保障体系建设,覆盖城乡、功能比较齐全的疾病预防控制和应急医疗救治体系基本建成。国家规划免疫预防的疾病由 7 种扩大到 15 种,对艾滋病等重大传染病患者实施免费救治。国家安排资金改造和新建乡镇卫生院、县医院、县中医院和县妇幼保健院,农村医疗卫生条件明显改善。全国建立了 2.4 万多个社区卫生服务机构,新型城市医疗卫生服务体系进一步健全。人口和计划生育事业取得新进展,低生育水平继续保持稳定。人民健康水平不断提高,婴儿死亡率和孕产妇死亡率明显下降,2005 年人均期望寿命达到 73 岁。[①] 我国政府公共服务的总体水平"处于中下等收入国家行列与我国人民生活水平总体上达到小康水平这一经济社会发展阶段基本相适应,其主要标志就是我国政府公共服务的许多重要指标都从低收入国家的行列跃升到了中下等收入国家的行列"[②]。

国际上通常运用人类发展指数(Human Development Index,HDI)来表示整个社会的发展状况,该指标是通过以下四方面数据来进行测量:一是出生时预期寿命(出生时预期寿命估计值),代表了社会福利、保健措施和社会保障体系的完善程度;二是成人识字率(占 15 岁及以上人口的百分比),代表发展的基础能力、科技进步能力、信息扩散能力和理解、保护自然能力的程度;三是小学、中学和大学综合毛入学率(%);四是人均 GDP(PPP 美元),代表经济发展水平和人均享有发展的水平。[③] 我们可以通过人类发展指数来进行中国与国际间的横向比较以及中国近些年自身的纵向比较来客观公正评估中国目前的公共服务总体水平。联合国自 1990 年首次发表《人类发展报告》以来,一直公布各国的人类的发展指数,作为衡量人类发展的综合尺度,代表了人类发展最基础的三个方面,同时也构成了测度一个国家

---

① 温家宝:《政府工作报告——2008 年 3 月 5 日在第十一届全国人民代表大会第一次会议上》,《人民日报》2008 年 3 月 20 日。

② 李军鹏:《公共服务型政府》,北京大学出版社 2004 年版,第 68 页。

③ United Nations Development Programme(UNDP). *Human Development Report* 2006:*Beyond scarcity*: *Power*, *poverty and the global water crisis*,page284 – 286. http://hdr.undp.org/en/.

公共服务水平的重要指标,"它测量国家或地区在人类发展三个方面即寿命、知识和体面生活的总体成就,人类发展指数考虑了人均 GDP 增加的因素,同时导入了健康长寿、个人安全、教育水平、人力资本价值等,是对发展理念的新诠释。"①作为监测人类发展长期趋势的重要工具的人类发展指数,在深层次上反映了一国政府公共服务的真实水平和发展程度,其指标对于测量一个国家的公共服务水平和社会发展水平具有相当的权威性和可代表性。从表 5.1 可以看出,2003 年以来,反映我国的公共服务发展水平的人类发展指数指标不断提升,HDI 的世界排名已经从 2003 年的第 104 位上升至 81 位,HDI 已经达到了中等收入国家水平,跃于中等人类发展水平之上,超过了世界平均的人类发展水平。这一权威数据反映了我国的公共服务水平总体上已经处于世界中等收入国家水平。图 5.1 我国财政支出比重的变化趋势图反映了我国公共服务投入不断增大。

表 5.1　人类发展指数(HDI):中国与国际间的比较

国家(地区)\年份	2002 年		2003 年		2004 年		2005 年		2006 年		2007/2008 年	
	HDI	世界排名	HDI	世界排名	HDI	世界排名	HDI	世界排名	HDI	世界排名	HDI	世界排名
中国	0.726	96	0.721	104	0.745	94	0.755	85	0.768	81	0.777	81
挪威	0.942	1	0.944	1	0.956	1	0.963	1	0.965	1	0.968	2
加拿大	0.940	3	0.937	8	0.943	4	0.949	5	0.950	6	0.961	4
中国香港	0.888	23	0.889	26	0.903	23	0.916	22	0.927	22	0.937	21
韩国	0.882	27	0.879	30	0.888	28	0.901	28	0.912	26	0.921	26
印度	0.577	124	0.590	127	0.595	127	0.602	127	0.611	126	0.619	128
高人类发展水平	0.918	/	0.908	/	0.915	/	0.895	/	0.923	/	0.897	/
中等人类发展水平	0.691	/	0.684	/	0.695	/	0.718	/	0.701	/	0.698	/
低人类发展水平	0.448	/	0.440	/	0.438	/	0.486	/	0.427	/	0.436	/

---

① 陈宪:《关注"人类发展指数"》,《文汇报》2002 年 05 月 15 日。

高收入国家	0.930	/	0.927	/	0.933	/	0.910	/	0.942	/	0.936	/
中等收入国家	0.747	/	0.744	/	0.756	/	0.774	/	0.768	/	0.776	/
低收入国家	0.554	/	0.561	/	0.577	/	0.593	/	0.556	/	0.570	/
世界	0.772	/	0.722	/	0.729	/	0.741	/	0.741	/	0.743	/

数据资料来源: United Nations Development Programme（UNDP）, Human Development Report 2007/
2008、2006、2005、2004、2003、2002.

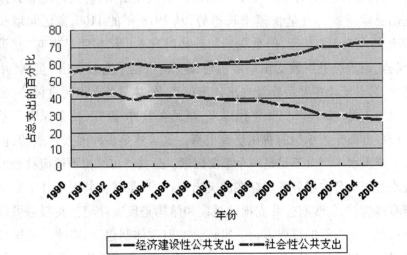

图 5.1　我国财政支出比重变化趋势(单位:%)

二、总体公共服务水平偏低

(一)公共服务供给不足

尽管近年来我国在公共服务上取得了实质的进步,但是相对于我国社会公共需求全面快速增长的现实,公共服务供给不足尤其是基层公共服务缺失已成为我国建设服务型政府实现政府转型面临的重大难题,如何解决广大社会成员公共需求的全面快速增长同公共服务缺位、公共产品严重短缺之间的突出矛盾是我国建设服务型政府亟须解决的民生工程。

公共财政支出结构反映了一国政府配置社会资源的重点和方向,一国财政支出结构的现状及其变化也反映了该国政府正在履行的政府职能的重点。财政支出结构是在财政资金的分配过程中政府财政支出的内部比例关系。财政支出过程是政府实现其职能的过程,财政支出结构就是政府职能实现在量上的体现。按政府支出项目的职能,财政支出分为经济建设费、社会文教费、国防费、行政管理费和其他支出五类。表5.2反映了职能分类下的我国公共财政支出结构。从我国目前的财政支出结构分析,尽管我国公共支出总量规模一直呈快速增长趋势,从1978年的1100多亿元增长到2007年的49565多亿元,但是我国的公共财政支出结构明显带有"建设财政"特点,政府公共财政支出中经济建设支出占据了财政支出"蛋糕"中的大部分,公共支出中经济建设支出比重偏大,公共服务支出比重偏小,公共服务供给不足。20世纪90年代以来,居民在教育、医疗、社会保障等基本公共服务方面个人承担的费用迅速上涨。这虽然是多种因素造成的,但公共服务支出水平严重不足是一个重要因素。公共支出结构不适应社会发展的要求是当前公共服务领域存在的突出问题。[①]虽然公共服务并不完全由政府直接提供,但政府公共支出的规模和结构是反映社会公共服务供给与需求状况适应与否的重要方面。推进公共财政体制建设,要改变我国目前公共财政支出中的"建设财政"的结构特点,减少本该由市场发挥作用的公共财政支出,配合服务型政府建设,调整财政收支结构,把更多财政资金投向公共服务领域和社会发展领域。

表5.2　我国按职能进行分类的政府支出结构(单位:%)

年度	经济建设费	社会文教费	行政管理费	国防费	其他支出
1990年	44.4	23.9	13.4	9.4	8.9
1991年	42.2	25.1	12.2	9.7	10.8
1992年	43.1	25.9	12.4	10.1	8.5

① 高尚全:《完善公共服务体系 建设服务型政府》,《人民日报》2008年5月7日。

1993 年	39.5	25.4	13.6	9.2	12.3
1994 年	41.3	25.9	14.7	9.5	8.6
1995 年	41.9	25.7	14.6	9.3	8.5
1996 年	40.7	26.2	14.9	9.1	9.1
1997 年	39.5	26.7	14.7	8.8	10.3
1998 年	38.7	27.1	14.8	8.7	10.7
1999 年	38.4	27.6	15.3	8.2	10.5
2000 年	36.2	27.6	17.4	7.6	11.2
2001 年	34.2	27.6	18.6	7.6	12.0
2002 年	30.3	26.9	18.6	7.7	16.5
2003 年	30.1	26.2	19.1	7.7	16.9
2004 年	27.8	26.3	19.4	7.7	18.8
2005 年	27.4	26.4	19.2	7.3	19.7

数据来源:根据 2006 年《中国财政年鉴》相关数据计算整理。

　　公共需求的快速增长也是造成我国当前公共服务供给紧张的重要原因。我国正处在从初步小康向全面小康社会过渡、从生存型社会向发展型社会转变的关键时期。伴随着经济的快速发展,我国社会公民的公共需求也快速增长:一是公共需求以超常速度增长。二是公共需求的结构变化迅速。改革开放以来,我国居民的恩格尔系数不断下降,城乡居民的恩格尔系数由 1978 年的 57.5% 和 67.7% 分别下降到 2007 年的 36.3% 和 43.1%,公众对于义务教育、社会保障、就业服务、公共医疗、公共安全、生态环境保护、公共文化等需求日益增大,公众需求从消费型向发展型升级。三是公共需求主体快速扩大。随着城市化的发展,广大农民和城镇低收入者加入到公共需求的主体行列中来,相应地需要大量增加公共设施基础服务和其他公共服务。

　　2003 年,我国人均 GDP 首次突破 1000 美元,达到 1090 美元。根据国际经验,在人均 GDP 处于 1000 美元左右的阶段,政府的公共服务必须由以社会救助为主转向以社会保险为主的全面公共服务保障制度,发挥好政府公共服务职能对于促进经济增长和社会进步、提高国家竞争力具有的基础性作用,否则将引致经济发展的中断与停滞。

从改革实践上看,"公共服务短缺的问题不仅是总量不足、结构失衡的问题,其根源在于体制机制不健全:一是公共服务供给中没有形成规范的分工和问责制;二是没有形成公共服务可持续的财政支持体制;三是城乡二元分割的公共服务制度安排,进一步拉大了城乡差距;四是尚未形成公共服务的多元社会参与和有效的监管机制。"①

2008 年 1 月 8 日在成都召开的第三届公共服务评价国际研讨会上,公共管理专家们在肯定我国公共服务水平有了较大幅度提高的基点上,指出了我国公共服务存在的不足:"公众参与决策的公共服务理念相对滞后;公共服务预防性发展思路弱化;农村问题娱乐公共服务缺位;混合性公共服务中价格合理性受质疑。"②

除了公共服务供给不足,公共服务质量和效率也亟待提高。改革开放以来,我国公共服务的质量和效率在某些方面有了相当程度的提高,但与社会日益增长的需求相比依然有较大差距。公共产品和服务价格持续上涨,而质量并没有同步提高。造成这种状况的原因是多方面的,主要是垄断性供给体制特别是行政性垄断。公共服务领域的腐败造成了公共资源的浪费和流失,转嫁或加重了社会负担,导致公共服务价格攀升、质量下降,甚至危害公众安全和健康。公共服务领域的腐败对政府的信誉和公信力也产生了严重的负面影响。

(二)基本公共服务均等化远未实现

党的十六届六中全会提出逐步实现基本公共服务均等化,这是在我国经济转轨、社会转型的关键时期提出的具有重大意义的战略决策。基本公共服务是指建立在一定社会共识基础上,根据一国经济社会发展阶段和总体水平,为维持本国经济社会的稳定、基本的社会正义和凝聚力,保护个人

---

①　中国(海南)改革发展研究院编:《聚焦中国公共服务体制》,中国经济出版社 2006 年版,第 5 页。

②　姜健健:《我国公共服务仍存五项不足》,《法制日报》2008 年 1 月 13 日。

最基本的生存权和发展权,为实现人的全面发展所需要的基本社会条件。基本公共服务均等化,其本质是政府要为全体社会成员提供基本而全面的公共产品和公共服务。基本公共服务是政府的基本责任,是公民的基本权利,它体现了发展的社会属性。考虑到我国现阶段地区差别较大,可以把我国现阶段的基本公共服务分为全国性基本公共服务和省市(直辖市)级基本公共服务。基本公共服务均等化是一个过程,中国的基本公共服务均等化就是国际意义上的基本公共服务可及性,"根据国际经验和我国现实,我国现阶段全国性基本公共服务均等化界定为:中央政府通过制定相关基本公共服务国家标准(设施标准、设备标准、人员配备标准、日常运行费用标准),在财政上确保负责提供服务的地方政府具有均等支付这些基本公共服务的能力,确保社会、政府、服务机构不存在偏见、歧视、特殊门槛的前提下使每个公民不分城乡、不分地区地能够有机会接近法定基本公共服务项目的过程。"[1]基本公共服务具有基本权益性、公共负担性、政府负责性、公平性、公益性和普惠性等特征,均等化并不是平均化,均等化是基于公平原则和社会平均水平,把贫富差距控制在合理的范围之内,促进区域之间、城乡之间、经济社会之间协调发展,使不同社会阶层均衡受益,由此确保全体人民公平分享经济社会发展成果,保障公民基本权利。

党的十六届六中全会通过的《中共中央关于构建社会主义和谐社会若干重大问题的决定》提出"完善公共财政制度,逐步实现基本公共服务均等化"目标,是中国构建社会主义和谐社会的九大目标和任务之一,凸显了我国目前基本公共服务非均等化的严峻现实。2007年10月,党的十七大进一步强调了基本公共服务均等化的重要作用:"缩小区域发展差距,必须注重实现基本公共服务均等化,引导生产要素跨区域合理流动";"围绕推进基本公共服务均等化和主体功能区建设,完善公共财政体系。完善公共财政制度,逐步实现基本公共服务均等化。健全公共财政体制,调整财政收支结构,把更多财政资金投向公共服务领域,加大财政在教育、卫生、文化、就

---

① 丁元竹:《当前我国的基本公共服务现状及原因》,《中国经济时报》2008年1月11日。

业再就业服务、社会保障、生态环境、公共基础设施、社会治安等方面的投入。"①

逐步实现区域间基本公共服务的均等化,在很大程度上依赖于财政投入,依赖于规范的公共财政制度。1994年的财政体制改革以分税制替代了财政包干制,调整了中央与地方的分配关系,重新划分了中央与地方的支出职责,税收收入集中到中央,改变了1994年以前"弱中央,强地方"的状态,中央政府集中了全国财政收入的大部分,地方的财政收入主要依赖于地方经济总量的增长。由于各地方经济发展水平存在很大的差距,必然形成各地方政府财政能力的差距,而政府间财政转移支付制度尚不完善。在这种情况下,中央给地方的具有均衡性作用的转移性支付规模过小,地方财政规模缩小,但是基本公共服务供给的支出责任又主要在地方,这种非对称性财政结构是形成区域间基本公共服务差距过大的重要因素。不利于实现基本公共服务均等化。中央财政收入和支出占整个国家财政收入和支出的比重缺乏合理的制度安排,各级政府在义务教育、公共卫生和基本医疗、社会救助、基本养老保险等方面的事权和责任划分不清。因此,东西地区性经济发展的差异导致了基本公共服务的地区性差异显著,基本公共服务供给地区失衡严重。由于我国公共财政转型尚处于起步阶段,公共资源的均衡配置依然受到体制方面的制约。在目前的财政体制下,中央政府对地方政府的税收返还依然是主要的公共资源配置方式,一般性转移支付的比例还很低。这种配置方式意味着经济总量越大、增长速度越快的地区税收返还越多、公共服务能力越强,其结果往往是扩大而不是缩小了地区间公共服务的差距。近年来,中央通过实施西部开发、东北振兴、中部崛起等战略以及专项支持,在一定程度上提升了经济落后地区的基本公共服务能力,但从长期可持续的角度看,还难以缩小不同区域间基本公共服务的财力差距。

---

① 邱霈恩:《加快基本公共服务均等化的步伐》,《人民日报》2007年3月28日。

表 5.3　我国部分地区公共卫生服务统计数据

	卫生人员		卫生设施		妇幼保健		疾病控制与公共卫生	
	每千人口执业(助理)医师(人)	每千人口注册护士(人)	每千人医疗结构床位数(张)	医院医用设备配置率(%)	孕产妇产前检查率(%)	孕产妇住院分娩率(%)	农村已改水受益人口占农村人口比重(%)	卫生厕所普及率(%)
北京	4.40	3.80	6.79	12.70	99.20	99.40	100.00	63.10
上海	3.33	3.09	6.81	23.10	83.80	99.20	100.00	95.10
江西	1.15	0.85	1.98	7.30	90.10	91.40	92.60	61.40
湖南	1.29	0.86	2.34	10.40	91.60	91.70	88.50	54.80
四川	1.31	0.73	2.30	10.70	83.80	76.40	85.80	36.00
青海	1.68	1.32	3.03	1.90	84.20	78.20	76.10	52.20

数据来源:根据中国人民共和国卫生部《2007 年中国卫生统计年鉴》相关数据整理。
注:医院医用设备配置率只使用了"800MA 及以上医用 X 线诊断机(含 DSA)"的数据进行对比,年鉴中只该项最新数据为 2004 年数据,其余均为 2006 年的统计数据,查于 http://www.moh.gov.cn/publicfiles.htm。

表 5.3 中东(北京、上海)、中(江西、湖南)、西(四川、青海)部三区的卫生服务相关数据反映了我国公共卫生和基本医疗显著的地区差异。计划经济体制的行政性配置导致我国公共资源配置不均衡,直接表现为基本公共服务的地区性不平衡:[①]首先,我国社会保障体制的覆盖范围比较窄、各地差异大、部分社会群体保障待遇水平较低,城乡社会保障存在体制分隔、缺乏衔接。其次,义务教育虽在全国基本实现,但在设施、设备和人员配置上存在巨大的地区和城乡差别,这些差别也存在于城市内部的打工子弟学校与公办学校之间,地区因素和体制因素相互交织;义务教育领域的不均等还表现在农民工子女入学问题上。再次,卫生保健方面的地区差距首先表现在卫生费用的分布上,农村的公共卫生和基本医疗设施与城市相比也有一定差距。最后,社会福利和社会救助费不能随经济社会发展相应增加,导致社会救助和社会服务保障范围狭窄、标准低。中国的基本公共服务均等化需要在财政体制改革、政府责任划分、城市化程度提高、城乡分割打破的基础上实现,在现有的条件下实施基本公共服务的可及性,需要一个很长的过

---

① 丁元竹:《当前我国的基本公共服务现状及原因》,《中国经济时报》2008 年 1 月 11 日。

程。

(三)农村公共服务缺失严重

农村公共服务主要包括道路、饮水、义务教育、公共卫生、公共文化、社会保障、就业培训等内容。目前除国防、外交等公共服务具有明显均等化意义的公共服务外,其他众多的公共服务在农村和城市之间明显失衡。"公共服务要均等地提供给全体社会成员。在过去相当长的一个时期,我国政府提供的公共服务大部分由国有部门和城市居民享有,非国有部门和农村居民不同程度地被排除在多项公共服务的覆盖范围之外。"①

当前我国农村居民的公共产品和公共服务供给不足,农村居民分享财政提供的公共产品和服务的水平极低,主要表现在:农业基础设施严重不足;农业科技、技术信息的提供滞后难以满足农民的需求;农村社会保障制度落后;农村义务教育问题突出;农村环境污染问题日趋严重;农村公共服务供给中乱收费、随意收费问题严重;很多基层政府在提供公共服务时缺乏调查研究,不能回应农民的需要,有限的资金分散使用,造成重复建设资源浪费,公共服务质量不高;还有的地方政府对那些增加政绩的公共服务很热心,如需要达标的广播电视设施建设、农田灌溉设施建设、校舍建设等公共服务供给严重过剩,这样不仅造成部分非生产性公共服务供给的相对过剩,而农民急需的生产性和可持续发展的公共服务缺失严重;还有一些地方的基层政府由于自身对市场把握不准,在给农民提供市场信息时发生偏差,给农民造成不可挽回的损失。

从目前以至今后我国农村公共产品的供给来看,除了一些经济较为发达的省份和少数富裕农村地区可以较好地提供必要的公共产品外,我国绝大部分农村地区还难以达到,而且在相当长一段时间内,很多基层还主要是吃饭财政。"事实上,作为乡镇一级的地方政府,要使他们在没有上级的转移支付的情况下,完全依靠自己的经济力量为居民提供良好的公共服务是

---

① 高培勇:《创新公共服务体系建设的理念》,《人民日报》2007 年 3 月 28 日。

根本做不到的。"①基于此,现实中可行的选择应该是:加快建立和完善财政转移支付,改变现有的国家财政支出结构,将农村纯公共物品全部纳入预算支出范围,增加对农村地区尤其是落后农村地区公共物品的转移支付,加强地区之间财政能力的平衡,按照统筹城乡发展的要求,将农村公共物品供给纳入到国民经济发展和财政预算体系中予以统筹考虑,使城市和农村得到大致相对均衡的公共物品,维护社会公民的平等生存权和国民待遇。

党的十六大以来,在统筹城乡、破解城乡二元结构方面做了大量工作,出台了一系列支持农业的惠农、强农政策,如减免农业税、增加农业补贴、免除农村地区义务教育阶段学杂费、解决农村安全饮水问题、实行新型农村合作医疗制度等等,都是推进城乡公共服务均等化的有力措施。中央财政近年来用于"三农"的投入连创新高,2002 年是 1905 亿元,2006 年增加至 3397 亿元,2007 年则是 3917 亿元;2007 年国家安排 27 亿元专项建设资金,继续实施农村卫生服务体系建设,健全县、乡、村三级农村卫生服务网络,改善农村基本卫生服务条件;截至 2007 年底,全国 31 个省区市都已经建立了农村最低生活保障制度,覆盖农村人口 2908 万;2007 年中央财政安排"两免一补"资金 279 亿元,免除了全国农村近 1.5 亿名义务教育阶段学生的学杂费;从 2007 年起 3 年内,中央财政将新增经费 470 亿元左右,用于调整完善农村义务教育经费保障机制改革有关政策;截至 2007 年第三季度,全国开展新型农村合作医疗的县(市、区)达 2448 个,占全国总县(市、区)的 85.53%,参加新农合人口 7.26 亿人,参合率为 85.9%;根据人力资源和社会保障部《2007 年劳动和社会保障事业发展统计公报》,2007 年末我国参加基本养老保险的农民工人数为 1846 万人,比上年末增加 429 万人,2007 年末参加医疗保险的农民工人数为 3131 万人,比上年末增加 764 万人,2007 年末参加工伤保险的农民工人数为 3980 万人,比上年末增加 1443 万人。这些数据表明了我国社会保障体系覆盖了越来越多的农民工。

---

① 高新军:《从我国农村税费改革看城乡镇政府公共产品的供给》,http://www.chinainnovations. org/show News. html? td = E5 ABTDBC66D1 B51 BE6 D15 A032 AE42 BD0.

　　各级政府切实把基础设施建设和社会事业发展的重点转向农村,农村公共服务得到逐步加强,我国农民享受的公共服务状况明显改善,我国公共财力及社会保障能力大幅提高,为统筹解决城乡二元结构带来的积弊和问题提供了财力支持和公共保障。但由于农村基本公共服务基础薄弱,农村公共服务仍然缺失严重,全面实现城乡基本公共服务均等化还有漫长的一段路要走。

第二节　我国政府公共服务体系建设

一、我国政府公共服务的主要内容

　　"服务型政府"概念是行政学界学者们在中国政治实践的基础上提出的,从现有的研究成果来看,行政学界对于公共服务的内容概括主要形成了以下几种典型观点:

　　1.我国现阶段的基本公共服务"是指在我国社会主义市场经济基本框架初步建立但还需继续完善的条件下,政府为实现社会公平和公正,通过完善财政体制和提供财政保障使不同地区政府确保本地区居民有机会、有能力、有权力接近的与公民基本权利有关的公共服务项目,包括医疗卫生(或称公共卫生和基本医疗)、基本教育(义务教育)、社会救济、就业服务和养老保险。"①

　　2.从分类的角度界定,目前我国公共服务大致包括四大类:一是基础性的公共服务,如基础设施、水、电、公路、电信等;二是经济性的公共服务,如规划与计划的制定、规范的监督、宏观调控、资金的动员与分配等;三是社会性的公共服务,如教育、卫生、科技、文化、人口等;四是安全性的公共服务,如国防、警察、消防等,用以维护整个社会安全与稳定。

　　3.《中国人类发展报告 2007》从基础性、广泛性、迫切性和可行性判断

----

　　①　丁元竹:《当前我国的基本公共服务现状及原因》,《中国经济时报》2008 年 1 月 11 日。

标准出发,提出义务教育、公共卫生与基本医疗、基本社会保障、公共就业服务是广大人民群众最关心、最迫切的公共服务,是中国建立社会安全网、保障全体社会成员基本生存权和发展权必须提供的基本公共服务,它们构成当前中国基本公共服务的主要内容。

服务型政府,在构建社会主义和谐社会的语境下,就是要以解决民生问题为根本着眼点和目的,在发展经济的基础上,不断提高人民物质文化生活水平,特别要大力发展社会事业和公共事业,为人民群众提供更多更好的公共产品和公共服务,不断加强社会管理和建设,切实维护社会公正、社会秩序和社会稳定。从构建社会主义和谐社会的要求看,我国政府的基本公共服务职能应主要包括:

(一)提供社会保障

1.公共就业服务

公共就业服务是以政府为主导,通过公共就业服务机构,免费向就业困难群体提供的一系列服务性工作,以帮助劳动者获得就业岗位和提升就业能力,帮助用人单位寻找合格劳动力。[1] 公共就业服务具有公共产品的性质,是政府履行公共服务职能的一部分,主要是就业信息服务、就业咨询服务、就业指导服务、职业介绍服务、就业培训服务、就业管理服务等,此外还包括了"劳动力市场调整计划、管理事业补贴、开发劳动里市场信息分析系统等产品"。[2] 公共就业服务是政府的主要职责之一,就业服务职能初级不完善,难以满足多元化、多层次的就业服务需求,这是当前我国政府公共就业服务提供中亟待解决的最大问题。

劳动力供给总量庞大,城镇失业人员、下岗职工和农村剩余劳动力巨大,结构性失业严重,就业困难群体遭受就业歧视(性别歧视、年龄歧视、学历歧视)等是我国政府解决就业问题面临的特殊困难和艰难挑战。从国际

---

① 李翔:《完善我国公共就业服务制度的研究》,厦门大学硕士学位论文,2007 年 4 月,第 15 页。

② 贾海彦:《构建和谐社会背景下公共就业服务制度的探索》,《改革与战略》2007 年第 4 期,第 26 页。

比较上来看,我国政府提供的就业类公共产品不足,未就业和未充分就业人口占总劳动人口的比例偏高。建立促进就业的长效机制、实现比较充分的社会就业是我国建设服务型政府进程中的重大难题和重点目标,因此,党的十七大报告中将"实施扩大就业的发展战略,促进以创业带动就业"作为改善民生的重点工程。

2004年劳动和社会保障部发出了《关于加强就业服务制度化专业化和社会化工作的通知》,要求将强化就业服务纳入各级政府职责,建立公共就业服务制度,重点完善以下四项具体制度:失业人员登记和免费就业服务制度;就业困难群体再就业援助制度;政府出资购买服务和培训制度;公共就业服务统筹管理制度。2006年,温家宝在《政府工作报告》中明确提出要"加强职业培训和就业服务体系建设"。第十届全国人民代表大会常务委员会第二十九次会议通过的《中华人民共和国就业促进法》指出"国家把扩大就业放在经济社会发展的突出位置,实施积极的就业政策,坚持劳动者自主择业、市场调节就业、政府促进就业的方针,多渠道扩大就业,逐步实现社会就业比较充分的目标"。《就业促进法》明确规定,县级以上人民政府建立健全公共就业服务体系,设立公共就业服务机构,为劳动者免费提供服务。《国务院关于做好促进就业工作的通知》要求县级以上人民政府明确服务职责和范围,加强公共就业服务能力建设,保障向劳动者提供免费的就业服务,为劳动者和用人单位提供"一站式"就业服务;街道、社区公共就业服务机构要设立服务窗口,开展公共就业服务;规范公共就业服务机构服务流程和标准,提高服务质量和效率。2008年开始施行的《就业服务与就业管理规定》中明确规定:"县级以上劳动保障行政部门统筹管理本行政区域内的公共就业服务工作,根据政府制定的发展计划,建立健全覆盖城乡的公共就业服务体系。公共就业服务机构根据政府确定的就业工作目标任务,制定就业服务计划,推动落实就业扶持政策,组织实施就业服务项目,为劳动者和用人单位提供就业服务,开展人力资源市场调查分析,并受劳动保障行政部门委托经办促进就业的相关事务。"①《规定》还明确了公共就业服务机构应当免费为劳动者提供的服务:就业政策法规咨询;职业供求信息、市场工资指导价位信息和职业培训信息发布;职业指导和职业介绍;对就业困难人员实施就业援助;办理就业登记、失业登记等事务;其他公共就业服务。

实施积极的就业政策,发展和谐劳动关系是我国各级政府强化公共服务职能的重要内容。各级政府要完善公共就业服务职能,建立多层次、多样化的就业服务体系,构建合理的公共就业服管理模式,把扩大就业作为经济社会发展和调整经济结构的重要目标,实现经济发展和扩大就业良性互动。大力发展劳动密集型产业、服务业、非公有制经济、中小企业,多渠道、多方式增加就业岗位。实行促进就业的财税金融政策,积极支持自主创业、自谋职业。健全面向全体劳动者的职业技能培训制度,加强创业培训和再就业培训。深化户籍、劳动就业等制度改革,逐步形成城乡统一的人才市场和劳动力市场,完善人员流动政策,规范发展就业服务机构。

另外,强化政府促进就业职能,还要统筹做好城镇新增劳动力就业、农村富余劳动力转移就业、下岗失业人员再就业工作,加强大学毕业生、退役军人就业指导和服务;扩大再就业政策扶持范围,健全再就业援助制度,着力帮助零就业家庭和就业困难人员就业;完善劳动关系协调机制,全面实行劳动合同制度和集体协商制度,确保工资按时足额发放;严格执行国家劳动标准,加强劳动保护,健全劳动保障监察体制和劳动争议调处仲裁机制,维护劳动者特别是农民工合法权益。

2. 社会保障服务

社会保障是民生之依,是国家依法强制建立的、具有经济福利性的国民生活保障和社会稳定系统,是社会安定的重要保证。

在中国,社会保障是各种社会保险、社会救助、社会福利、军人保障、医疗保健、福利服务以及各种政府或企业补助、社会互助保障等社会措施的总称。加快建立覆盖城乡居民的社会保障体系,保障人民基本生活是我国建

---

① 劳动保障部:《就业服务与就业管理规定》,《中国劳动》2008 年第 2 期,第 59 页。

设服务型政府的重要指标体系,提供完善的社会保障服务是我国政府公共服务的重要内容。党的十七大提出了要以社会保险、社会救助、社会福利为基础,以基本养老、基本医疗、最低生活保障制度为重点,以慈善事业、商业保险为补充,加快完善社会保障体系。适应人口老龄化、城镇化、就业方式多样化,逐步建立社会保险、社会救助、社会福利、慈善事业相衔接的覆盖城乡居民的社会保障体系。多渠道筹集社会保障基金,加强基金监管,保证社会保险基金保值增值。完善企业职工基本养老保险制度,强化保险基金统筹部分征缴,逐步做实个人账户,积极推进省级统筹,条件具备时实行基本养老金基础部分全国统筹。加快机关事业单位养老保险制度改革。逐步建立农村最低生活保障制度,有条件的地方探索建立多种形式的农村养老保险制度。完善城镇职工基本医疗保险,建立以大病统筹为主的城镇居民医疗保险,发展社会医疗救助。加快推进新型农村合作医疗。推进失业、工伤、生育保险制度建设。加快建立适应农民工特点的社会保障制度。加强对困难群众的救助,完善城市低保、农村五保供养、特困户救助、灾民救助、城市生活无着的流浪乞讨人员救助等制度。完善优抚安置政策。发展以扶老、助残、救孤、济困为重点的社会福利。发扬人道主义精神,发展残疾人事业,保障残疾人合法权益。发展老龄事业,开展多种形式的老龄服务。发展慈善事业,完善社会捐赠免税减税政策,增强全社会慈善意识。发挥商业保险在健全社会保障体系中的重要作用。拓宽资金筹集渠道,加快廉租住房建设,规范和加强经济适用房建设,逐步解决城镇低收入家庭住房困难。

(二)发展社会事业

1.教育

教育是民族振兴的基石。我国政府当前面临的主要问题是解决好人民群众日益增长的需求与优质教育短缺的矛盾。随着我国经济的发展和社会转型,教育的公平问题日益凸现。现阶段,我国教育投入不够,教育资源的配置不均、不同利益群体的受教育机会与教育质量不等状况严重。站在社会稳定和和谐角度,各级政府需要建立新的教育服务观,坚持教育优先发展,促进教育公平,扩大公共服务、促进教育公平上逐步深入、改善教育公共产品的质量和提供方式、增加教育的多样性、选择性和丰富性,建设现代国民教育体系和终身教育体系,保障人民享有接受良好教育的机会,逐步推进教育现代化。

根据《中共中央关于构建社会主义和谐社会若干重大问题的决定》,各级政府在优先发展教育方面要积极履行政府的公共服务职能:坚持公共教育资源向农村、中西部地区、贫困地区、边疆地区、民族地区倾斜,逐步缩小城乡、区域教育发展差距,推动公共教育协调发展;明确各级政府提供教育公共服务的职责,保证财政性教育经费增长幅度明显高于财政经常性收入增长幅度,逐步使财政性教育经费占国内生产总值的比例达到4%;普及和巩固九年义务教育,落实农村义务教育经费保障机制,在农村和城市免除义务教育学杂费,全面落实对家庭经济困难学生免费提供课本和补助寄宿生生活费政策,保障农民工子女接受义务教育;加快发展城乡职业教育和培训网络;保持高等院校招生合理增长,引导民办教育健康发展。积极发展继续教育,努力建设学习型社会。

2005年12月24日,国务院下发《国务院深化农村义务教育经费保障机制改革通知》,深化农村义务教育经费保障机制改革,强化政府对农村义务教育的保障责任。《通知》提出按照"明确各级责任、中央地方共担、加大财政投入、提高保障水平、分步组织实施"的基本原则,逐步将农村义务教育全面纳入公共财政保障范围,建立中央和地方分项目、按比例分担的农村义务教育经费保障机制。该通知的主要内容为:全部免除农村义务教育阶段学生学杂费,对贫困家庭学生免费提供教科书并补助寄宿生生活费;提高农村义务教育阶段中小学公用经费保障水平;建立农村义务教育阶段中小学校舍维修改造长效机制;巩固和完善农村中小学教师工资保障机制。免除农村义务教育学杂费是促进教育公平和社会公平,提高全民族素质和农村发展能力,全面建设小康社会和构建和谐社会的有力保证;是扩大公共财政覆盖农村范围,强化政府对农村的公共服务,推进基本公共服务均等化的必然要求;是政府公共服务职能能力建设的重要内容。

2008年8月12日,国务院发布《国务院关于做好免除城市义务教育阶段学生学杂费工作的通知》,在全面实施农村义务教育经费保障机制改革的基础上,免除城市义务教育阶段学生学杂费,同时进一步强化政府对义务教育的保障责任。从 2008 年秋季学期开始,全部免除城市义务教育阶段公办学校学生学杂费。免除城市义务教育阶段学生学杂费所需资金由省级人民政府统筹落实,省和省以下各级财政予以安排。规范城市义务教育阶段服务性收费和代收费。在免除城市义务教育阶段学生学杂费的同时,进一步加大对农村义务教育的支持力度,经费投入要继续向农村倾斜,重点落实好农村义务教育经费保障机制改革的各项政策。至此,城乡义务教育学杂全面免除费,城乡义务教育全面落实了《义务教育法》中提及的"实施义务教育,不收学费、杂费"的基本要求。

2008 年 10 月 12 日,中国共产党第十七届中央委员会第三次全体会议通过的《中共中央关于推进农村改革发展若干重大问题的决定》中提出大力办好农村教育事业。决定第 5 部分中提出,要"发展农村教育,促进教育公平,提高农民科学文化素质。巩固农村义务教育普及成果,提高义务教育质量,完善义务教育免费政策和经费保障机制,保障经济困难家庭儿童、留守儿童特别是女童平等就学、完成学业,改善农村学生营养状况,促进城乡义务教育均衡发展。加快普及农村高中阶段教育,重点加快发展农村中等职业教育并逐步实行免费。健全县域职业教育培训网络,加强农民技能培训,广泛培养农村实用人才。大力扶持贫困地区、民族地区农村教育。发展农村学前教育、特殊教育、继续教育。加强远程教育,及时把优质教育资源送到农村。"①

推动义务教育均衡发展,促进教育公平成为我国服务型政府建设中强化政府服务职能的重中之重。

2.公共卫生和基本医疗

政府在公共卫生和基本医疗服务中承担着主要责任,而近年来我国医

---

① 《中共中央关于推进农村改革发展若干重大问题的决定》,2008 年 10 月 19 日,http://www.gov.cn/jrzg/2008 - 10/19/content_1125094.htm。

疗服完善高等教育和高中阶段国家奖学金、助学金制度,落实国家助学贷款政策,鼓励社会捐资助学务体系的改革中,政府更多地是依靠市场来发展医疗体系,全面放松了对基本医疗卫生的干预和控制,改革的结果是医疗服务价格和费用迅速攀升,医疗保障体制建设步履维艰,医疗服务体系的布局结构日趋不合理,医疗服务的可及性大大降低,医疗服务的公平性下降和卫生投入的宏观效率低下群众"看病难、看病贵"已经成为普遍现象。当前我国医药卫生事业发展水平与经济社会协调发展要求和人民群众健康需求不适应的矛盾还比较突出:城乡和区域医疗卫生事业发展不平衡,资源配置不合理,公共卫生和农村、社区医疗卫生工作比较薄弱,医疗保障制度不健全,药品生产流通秩序不规范,医院管理体制和运行机制不完善,政府卫生投入不足,医药费用上涨过快,人民群众反映比较强烈。政府的公共服务职能要求政府干预医疗体系的发展,从全民的角度出发,构建完善的公立初级医疗卫生服务体系,最大限度地提高医疗卫生服务的可及性,提高医疗卫生投入效率,在此基础上再尽可能地发展中高级医疗卫生服务体系,加大政府在初级医疗卫生服务体系中的投入,实现人人享有基本卫生保健的目标,构建符合中国国情的医疗卫生保障体制。国务院发展研究中心中国医疗卫生体制改革课题组提出:"针对当前大部分人口缺乏基本卫生保障的现实,在现有体制中嵌入一个覆盖全民的公共卫生和基本医疗保障制度(国家基本卫生保健制度)的医疗改革途径,基本思路是:依托各级专门公共卫生机构和由城市社区卫生服务机构、农村乡镇卫生院及村卫生室共同构成的基层医疗卫生服务体系,通过政府财政投入,按照确定的服务项目(体现为选定的诊疗手段和基本药物),向城乡居民提供大致均等的、免费的公共卫生服务和只需要个人分担少量成本的基本医疗服务。对于贫困人口,需要个人付费的部分给予减免。有关服务应适应人口流动需要,以实际居住地为基础,采取开放服务方式。"[①]深化医药卫生体制改革,加快医药卫生事业发展,适应人

　　①　葛延风等:《国务院"中国医疗卫生体制改革课题"报告》,北京市公共卫生信息中心,2007年11月26日 http://www.bjhb.gov.on/news do? dispatch = read Byld&id = 16468.

民群众日益增长的医药卫生需求,不断提高人民群众健康素质,是贯彻落实科学发展观、促进经济和社会全面协调可持续发展的必然要求,是维护社会公平正义的重要举措,是人民生活质量改善的重要标志,是全面建设小康社会和构建社会主义和谐社会的一项重大任务。

发展公共卫生和基本医疗,坚持公共医疗卫生的公益性质,建设覆盖城乡居民的基本卫生保健制度,为群众提供安全、有效、方便、价廉的公共卫生和基本医疗服务,是政府履行社会管理和公共服务职能的一项重要内容,对于维护民众健康、促进社会和谐具有重要意义,近几年来,我国各级政府主要通过以下措施来加强政府的公共卫生服务职能:

(1)发展社区卫生

针对城市社区卫生服务资源短缺、服务能力不强、不能满足公众基本卫生服务需求的突出问题,我国政府从 2006 年起开始大力发展社区卫生服务,构建以社区卫生服务为基础、社区卫生服务机构与医院和预防保健机构分工合理、协作密切的新型城市卫生服务体系,以实现人人享有初级卫生保健目标的基础环节。2006 年,国务院下发《国务院关于发展城市社区卫生服务的指导意见》,意见指出政府大力发展社区卫生的基本工作目标是"到2010 年,全国地级以上城市和有条件的县级市要建立比较完善的城市社区卫生服务体系:社区卫生服务机构设置合理,服务功能健全,人员素质较高,运行机制科学,监督管理规范,居民可以在社区享受到疾病预防等公共卫生服务和一般常见病、多发病的基本医疗服务。"2006 年 6 月 29 日国家卫生部和国家中医药管理局印发上的《城市社区卫生服务机构管理办法(试行)》中指出,社区卫生服务机构提供以下公共卫生服务:"卫生信息管理;健康教育;传染病、地方病、寄生虫病预防控制;慢性病预防控制;精神卫生服务;妇幼保健;儿童保健;老年保健等"。①

发展社区卫生事业是构建社会主义和谐社会的重要内容,是发展中国

---

① 国务院:《国务院关于发展城市社区卫生服务的指导意见》,《国务院公报》,2006 年第 16期,第 7~9 页。

特色卫生事业新的实践,是建设服务型政府进程中对人民群众的庄严承诺。加快社区卫生事业发展步伐,要从以下几个方面着手:①扩大社区卫生服务机构覆盖面。增加社区卫生服务机构的布点,切实提高社区卫生服务的可及性,积极鼓励和引导企事业单位、社会团体、个人等多方面社会力量参与发展社区卫生服务。②保障社区卫生服务经费。建立稳定的社区卫生服务筹资和投入机制;将社区公共卫生服务经费,社区卫生服务机构为居民提供的健康教育、传染病和慢性病预防控制、妇幼保健等公共卫生服务列入政府补助范围。③推进医疗保险进社区。加快将符合基本医疗保险定点条件的社区卫生服务机构作为定点机构,将符合规定的医疗服务项目列入基本医疗保险支付范围。④加强社区卫生人才队伍建设。⑤严格社区卫生服务监督管理。各级政府尤其是市、县级政府卫生部门要切实负起对社区卫生服务的监管职责。

(2)建立新型农村合作医疗制度

新型农村合作医疗制度是由政府组织、引导、支持,农民自愿参加,个人、集体和政府多方筹资,以大病统筹为主的农民医疗互助共济制度。新型农村合作医疗制度实行个人缴费、集体扶持和政府资助相结合的筹资机制。

我国从2003年起开始试点建立新型农村合作医疗制度,目标是到2010年,实现在全国建立基本覆盖农村居民的新型农村合作医疗制度的目标,减轻农民因疾病带来的经济负担,提高农民健康水平。建立新型农村合作医疗制度是新时期农村卫生工作的重要内容,对促进农村经济发展,维护社会稳定具有重大意义。

加强农村卫生服务网络建设,强化对农村医疗卫生机构的行业管理,积极推进农村医疗卫生体制改革,不断提高医疗卫生服务能力和水平,使农民得到较好的医疗服务。要完善并落实各种诊疗规范和管理制度,保证服务质量,提高服务效率,控制医疗费用。省级人民政府要制订新型农村合作医疗制度的管理办法,县级人民政府要制定具体方案,各级相关部门在同级人民政府统一领导下组织实施。积极、稳妥地开展新型农村合作医疗试点工作。试点工作的重点是探索新型农村合作医疗管理体制、筹资机制和运行机制。加强公共卫生体系建设,开展爱国卫生运动,发展妇幼卫生事业,加强医学研究,提高重大疾病预防控制能力和医疗救治能力。实施区域卫生发展规划,整合城乡医疗卫生资源,建立城乡医院对口支援、大医院和社区卫生机构双向转诊、高中级卫生技术人员定期到基层服务制度,加强农村医疗卫生人才培养。推进医疗机构属地化和全行业管理,理顺医药卫生行政管理体制,推行政事分开、管办分开、医药分开、营利性与非营利性分开。强化公立医院公共服务职能,加强医德医风建设,规范收支管理,纠正片面创收倾向。建立国家基本药物制度,整顿药品生产和流通秩序,保证群众基本用药。加强食品、药品、餐饮卫生监管,保障人民群众健康安全。严格医疗机构、技术准入和人员执业资格审核,引导社会资金依法创办医疗卫生机构,支持有资质人员依法开业,方便群众就医。大力扶持中医药和民族医药发展。

(三)改革行政审批制度

温家宝总理在 2005 年 3 月 5 日召开的全国人大十届三次会议上所作的《政府工作报告》中提出:"努力建设服务型政府,创新政府管理方式,寓管理与服务之中,更好地为基层、企业和社会公众服务。"优化政府办事系统,深化行政审批制度改革,进一步减少和规范行政审批事项,简化办事程序,为群众和基层提供方便快捷优质服务,是我国政府创新政府管理方式,加强公共服务职能的重要手段之一,也是我国在建设服务型政府中亟待解决的重要问题。

根据国务院《关于贯彻行政审批制度改革的五项原则需要把握的几个问题》中对行政审批的定义,行政审批是指行政审批机关(包括有行政审批权的其他组织)根据自然人、法人或者其他组织依法提出的申请,经依法审查,准予其从事特定活动、认可其资格资质、确认特定民事关系或者特定民事权利能力和行为能力的行为。

行政审批制度是一种授权政府的制度,其实质是把对市场机会的把握、资源的配置——一种本属于个人的权利转移给了政府。我国行政审批制度随着计划经济体制的建立而诞生,成为调节经济与社会发展、保障指令性计划顺利实施的重要职能手段。改革开放之后,行政审批制度的弊端在建立社会主义市场经济体制的过程中日渐突出:行政审批主体混乱、审批范围失控、审批程序不规范、审批动机不纯、寻租腐败现象层出不穷。[①] 在市场经济条件下,政府的主要职能是为经济发展创造良好的市场和社会环境,本质是公共服务,这决定了行政审批制度改革要界定在公共服务的范围内,界定在服务公共行政、实现公共利益的范围内。而从我国现行的行政审批制度来看,并不利于公共利益的实现和反映民众的公共意愿,主要问题表现为:部分行政审批设立的动机不在于为公众提供公共产品,保护公共利益,而在于为本部门创收,行政审批制度改革的最大阻力来自于此;行政审批的内容主要集中在经济管理领域,而在社会管理和社会服务领域的行政审批相对较少;行政审批程序不健全,增加了行政成本和当事人的活动成本,行政效能和公平行政都难以保证;行政审批权来源不确定,责权不对应;行政审批规则混乱,审批事项范围不清;行政审批权滥用现象普遍存在。[②]

1997 年,行政审批制度改革开始在深圳试点运行,精简行政审批事项,规范审批程序,确定审批时限,公开审批内容,行政审批制度改革广泛而深入地进行。2001 年,国务院全面部署行政审批制度改革,先后取消了 1800 多项行政审批,地方政府也对本级政府部门设定的行政审批进行了彻底清理,只保留了极少数必须的审批事项。2004 年 7 月 1 日《行政许可法》正式实施,根据《行政许可法》,不符合法律机构规定的事项不得设定审批,在一定程度上遏止了新的审批增长。通过减少原有的审批项目、遏止新的审批项目,使我国的总审批数目维持在一个适度水平。从地方的行政审批制度改革来看,大多数地方的减幅达 40% 以上。

各级地方政府行政审批服务中心是行政审批制度改革中的积极成果。行政审批服务中心作为政府为公众提供的一站式服务,其目的在于简化办

---

① 吕普生:《中国行政审批制度的结构和历史变迁—基于历史制度主义的分析范式》,《公共管理学报》2007 年第 1 期,第 27 页。

② 参见许勇:《转型时期我国行政审批制度改革研究》,吉林大学博士学位论文,2007 年 6 月,第 39 ~ 43 页。

事程序,提高行政效能。近年来,在我国各级地方政府建设服务型政府实践中,涌现了多个具有特色和推广意义的行政审批改革地方模式:①温州市的现行行政审批管理模式中,除行政审批服务中心外,市政府还设有行政审批管理办公室,市监察局派出机构——机关效能检查投诉中心也驻扎在服务大厅。三个机构共同构成了温州行政审批"三位一体"的管理体系:政府管理、政务服务和监察监督。① ②天津市行政许可服务中心2004年11月开始运行,构建了"行政审批、要素配置、社会服务、效能监察"四个平台。行政审批服务平台面对法人服务;要素配置平台面对市场服务;社会公众服务平台面对百姓服务;行政效能监察平台对公务人员实施监督,形成了"四位一体"的行政审批管理服务模式和运行机制,总体审批效率比集中审批前提高了约55.6%。③"超时默许"和"缺席默认"制度。2003年,天津市首家区级行政许可服务中心——南开区行政许可服务中心,在全国首创超时默许的服务制度,至今重庆、合肥、句容市、眉山市、宿迁市沭阳县等各级地方政府行政审批中心都已积极推行超时默许服务制度。"超时默许"制即对群众和企业手续齐全有效的审批申请,有关部门受理后未在承诺时限内办结,又没有作出合理解释,将被视为部门默认审批事项,微机管理系统会自动生成打印盖有该部门红印的批准文件,由行政审批服务大厅窗口工作人员向群众和企业出具加盖行政审批专用章的行政审批决定,由此产生的一切后果由有关部门和个人的承担。"缺席默认"制即对在联合办理审批项目中拒绝参与和不接受服务大厅管理机构或牵头部门协调的部门,服务大厅或牵头部门视缺席部门默认议定事项,即按既定程序启动审批程序,并由服务大厅窗口工作人员出具加盖行政审批专用章的相关审批决定,由此产生的一切后果由缺席部门承担。② 超时默许制和缺席默认制将"超时责任"、"缺席责任"明确还给了政府部门,降低了社会成本,提高了行政部门的办事效率,树立了问责与高效政府的良好形象,对于解决公务员不作为问题及保护

---

① 杨眉:《行政审批 改革也有"温州模式"》,《中国经济周刊》2006年第46期,第17页。

② 新华网:《重庆:"超时默许""缺席默认"制提高审批效率》中央政府门户网站,2006年12月24日,http://www.gov.cn/jrzg/2006-12/24/content_477116.htm。

民众利益,具有积极意义。

作为为群众和基层提供方便快捷优质服务的"阳光工程"和"便民工程",各行政审批服务中心的建立减少了公众审批所用的时间和环节,降低了交易成本,增强了审批的透明化程度,利于公众对于政府工作的监督,体现了政府"以民为本"的行政理念,强化了政府的公共服务职能,改善了政府的公共形象,推动了服务型政府的建设,是我国政府从"大政府小服务"到"小政府大服务"的良好实践。

(四)推行政务公开

政务公开是现代代议制民主的基石之一。政务公开制度虽最先起源于200多年前的瑞典,但对当代各国政务公开制度影响最大的却莫过于美国的政务公开制度。在美国《信息自由法》的影响下,自20世纪70年代以来各国纷纷制定了有关的法律并使政务公开制度成为当代各国公法领域中最有创造性的一项制度。政务公开,就是指国家行政机关及依法行使行政职权的组织主动或者依申请将除国家秘密、商业秘密、个人隐私外的其他事项予以公开的制度,尤其是公开与公共行政管理密切相关的,与民众切身利益密切相关的事务。① 政务公开是政府机关依照法定程序,以法定形式公开与社会成员利益相关的所有信息,允许公众通过查询、阅览、复制、摘录、收听、观看、下载等形式充分利用。

1945年,美国新闻编辑肯特·考珀在1月的一次演讲中首次提出公民"知情权"概念,其基本含义是公民有权知道他应该知道的事情,国家应最大限度地确认和保障公民知悉、获取信息,尤其是政务信息的权利。1984年,《世界人权宣言》确定知情权为基本人权之一。公众行政知情权是政务公开的理论基础。

1997年,中国提出了"政务公开",中共"十五大"报告在谈到建立和完善民主监督机制时指出:要坚持公平、公正、公开的原则,直接涉及群众切身利益的部门要实行公开办事制度。2000年12月中共中央办公厅发布《中

---

① 周海容:《政务公开研究》,四川师范大学硕士学位论文,2007年6月,第4页。

共中央办公厅、国务院办公厅关于在全国乡镇政权机关全面推行政务公开制度的通知》，明确了在乡（镇）推行政务公开的一系列重大问题，并对县（市）政务公开提出要求。2005 年 3 月，中共中央办公厅、国务院办公厅下发《关于进一步推行政务公开的意见》积极推行政务公开，有力推动了法治政府、服务政府、效能政府的建设。中共第十六届中央委员会第六次全体会议通过的《中共中央关于构建社会主义和谐社会若干重大问题的决定》指出要"推行政务公开，加快电子政务建设，推进公共服务信息化，及时发布公共信息，为群众生活和参与经济社会活动创造便利条件"。2008 年 3 月 25 日，新修订的《国务院工作规则》正式向社会公布，与旧版规则相比，新规则将政务公开单列一章，要求大力推进政务公开、健全政府信息发布制度、完善各类公开办事制度、提高政府工作透明度。2008 年 5 月 1 日，《政府信息公开条例》正式实施，条例的实施切实推动政府实行政务公开，保障公民行政知情权的实现。《条例》是政务公开的基本法规，是政务公开规范、持续、稳定发展的重要制度保障，是建设服务型政府的重要举措。

我国政务公目前存在着以下亟待解决的问题：政务公开的形式单一，公民获取政府信息还存在一定的难度；法律、法规以及其他措施的公布多渠道、不统一，使企业、个人无所适从；政务公开具有浓厚的政策性，缺乏相应的法律保障；政务公开层级不对称，政务公开的内容有限；政务公开缺乏统一规划，各地区各部门间发展不平衡；政务公开的质量不高，避重就轻；公民在获得政府信息的程序方面缺乏保障和救济机制。[1] 我国各级政府要逐步完善政务公开制度，行政主体要转变观念，强化政务公开和为人民服务意识，要加强政务公开具体制度建设，规范社会公示、听证制度；建立会议的公开制度；建立健全新闻发布制度；健全监督机制；完善评价机制；建立公民行政知情权的权利保障和救济机制等等。[2]

推行政务公开是实践"三个代表"重要思想，坚持立党为公、执政为民，

---

① 参见周海容：《政务公开研究》，四川师范大学硕士学位论文，2007 年 6 月，第 30～34 页。

② 徐明璐：《当前我国政务公开制度运行中的问题与对策》，《决策探索》2008 年第 6 期，第 26～27 页。

加强党的执政能力建设的具体体现；是坚持和发展社会主义民主，建设社会主义政治文明，构建社会主义和谐社会的必然要求；是落实依法治国基本方略，推进依法行政，建设法治政府的重要举措；是加强政府公共服务职能建设的重要内容。政务公开是政府积极寻求的对其权力的制约，是对民意的主动回应，有利于保障公民知情权，顺应了政府职能转变的客观要求，是建立和完善社会主义市场经济体制的现实需要，对于实现理性和科学的行政决策，增加行政透明度，提升行政管理效能有着积极而深远的意义。

二、公共服务与其他职能的关系与协调

服务型政府，既是政府改革和发展的价值取向，又是建立在政府根本性质基础上的政府角色的准确定位。

在社会主义市场经济条件下，政府的主要职能包括经济调节、市场监管、社会管理与公共服务四个方面，其中，公共服务是政府职能的核心与实质。经济调节就是"对社会总需求和总供给进行总量调控，并促进经济结构调整和优化，保持经济持续快速协调健康发展"。[1] "经济调节主要是运用经济手段和法律手段，同时通过制定规划和政策指导、发布信息以及规范市场准入，引导和调控经济运行；而不是靠行政审批管理经济，不是政府直接干预企业生产经营活动，更不是由政府代替企业决策招商引资上项目。"市场监管就是依法对市场主体及其行为进行监督和管理，维护公平竞争的市场秩序，形成统一、开放、竞争、有序的现代市场体系。"完善行政执法、行业自律、舆论监督、群众参与的市场监管体系，依法打击制假售假、商业欺诈等违法行为。建立健全社会信用体系，实行信用监督和失信惩戒制度。"[2] 社会管理就是"通过制定社会政策和法规，依法管理和规范社会组织、社会事务，化解社会矛盾，调节收入分配，维护社会公正、社会秩序和社会稳

① 温家宝：《提高认识 统一思想 牢固树立和认真落实科学发展观——在省部级主要领导干部"树立和落实科学发展观"专题研究班结业式上的讲话》，《国务院公报》2004年第12期，第13页。
② 温家宝：《提高认识 统一思想 牢固树立和认真落实科学发展观——在省部级主要领导干部"树立和落实科学发展观"专题研究班结业式上的讲话》，《国务院公报》2004年第12期，第13页。

定"。"加强社会治安综合管理,保障人民群众生命财产安全。保护和治理生态环境。加强社会管理,必须加快建立健全各种突发事件应急机制,提高政府应对公共危机的能力。"[1]

经济调节、市场监管与社会管理是公共服务的间接形式,它们都是为满足公民的生存、发展、生活以及从事生产活动和社会活动的某种间接需求而使用了国家权力和国有资源的社会活动过程。直接公共服务是为满足公民生存、发展、生活以及从事生产活动与社会活动的某种直接需求的、有国家权力、政府行为和国有资源介入的社会生产过程。政府的公共服务职能与经济调节、市场监管与社会管理职能构成了政府职能体系的主要部分,互为促进。在深化行政体制改革的进程中,要全面履行政府职能,推进政府职能转变,更加突出社会转型期的公众对社会管理和公共服务职能的现实诉求。

改革开放以来,政府在经济调节、市场监管方面已经发挥了积极的作用,业已取得了很多成功的经验,在此基础上,我们的政府依然需要切实履行好这方面的责任,但另一方面,相对而言,"政府在履行公共服务和社会管理的职能方面还有很大的空间"[2]。而且根据建设服务型政府的要求,政府更需要突出公共服务和社会管理方面的职能。胡锦涛同志指出:建设服务型政府,首先要创新行政管理体制,把公共服务和社会管理放在更加重要的位置,努力为人民群众提供方便、快捷、优质、高效的公共服务。政府在提供公共服务中具有首要责任。

加强政府的公共服务和社会管理职能,更需要从政府层级的角度来理清不同层级政府之间的事权和财权关系。公共服务供给的主体不仅包括中央政府,也包括基层政府,而且基层政府更了解本辖区居民的公共服务需求,不仅能够更快地对这种需求变动作出快速反应,而且在财务成本和时间效率方面更具有优势,地方政府在提供区域性的公共服务方面应该更具操

---

① 温家宝:《提高认识 统一思想 牢固树立和认真落实科学发展观——在省部级主要领导干部"树立和落实科学发展观"专题研究班结业式上的讲话》,《国务院公报》2004 年第 12 期,第 14 页。

② 桑玉成:《建设一个高效能的服务型政府》,《文汇报》2008 年 3 月 17 日,http://whb.news365.com.cn/ly/200803/t20080317_1795909.htm。

作性和可行性。根据此原则,在经济调节、市场监管、公共服务和社会管理的四大职能中,应该充分体现不同层级政府对于这四项职能不同程度的责任。层次越低的政府,越贴近社会,其职能领域就越应该偏向于社会事业和社会管理;而层次越高的政府,就越应该为政府管理制定必要的标准,并提供必要的财政保障。对于涉及到公民宪法权利方面的政府职能,如基础教育、公共安全等,中央政府应履行更多的责任。中央政府可以通过制定标准、组织监管、财政补助等管理手段,来保障公民宪法权利的一致性和统一性。事权财权对应下的公共财政体制是奠定不同层级间政府切实履行好相关职能的公共财政基础。建立科学合理的公共财政体制,有助于改变目前政府层级间"分灶吃饭"的现象和层层截留利益的问题,将事权与财权有机地结合起来,以职能的履行作为获得财政权的基础,推进服务型政府的建设。

温家宝总理在国家行政学院一次省部级干部政府管理创新与电子政务专题研究班上的讲话中提出,要重视政府的社会管理和公共服务职能,我们要"把政府经济管理职能转到主要为市场主体服务和创造良好的发展环境上来,集中力量搞统筹规划,制定政策,信息引导,组织协调,提供服务和检查监督"。[①] 当前我国社会建设方面存在的两个主要薄弱点,"一是我国的政府管理和公共服务职能比较薄弱。比较突出的是公共服务体系没有形成,其中很大的问题是政府体系内部的机构改革。二是作为政府公共服务主体的社会组织,仍然比较薄弱。政府的公共服务能力尚不能适应急剧增长的社会公共需求,政府公共服务覆盖面较低,公共服务投入不足,公共服务体系亟待完善。面对社会不同主体和民生,政府本身的职能中应该有更多的公共服务含量。"[②]

2005 年政府工作报告指出在继续抓好经济调节、市场监管的同时,我们应该更加注重社会管理和公共服务,把财力物力等公共资源更多地向社

---

① 温家宝:《深化行政管理体制改革 加强实现政府管理创新——在国家行政学院省部级干部政府管理创新与电子政务专题研究班上的讲话》,《国家行政学院学报》2004 年第 1 期,第 3 页。

② 高一村:《强化政府公共管理和公共服务职能》,《中国社会报》2008 年 3 月 10 日。

会管理和公共服务倾斜,把领导精力更多地放在促进社会事业发展和建设和谐社会上。2007 年政府工作报告指出政府在加强自身改革和建设的同时,应该注重全面履行政府职能,着力加强社会管理和公共服务,增强基本公共服务能力,着力解决人民群众反映强烈的问题。将政府公共服务职能放在政府职能履行中的显著位置,是与当前我国公共服务发展现状和社会发展的阶段性特征紧密联系的。

2008 年 2 月 23 日,胡锦涛总书记在中央政治局第四次集体学习时,就推进服务型政府建设发表了讲话,讲话中对基本公共服务体系的建设构想包含了三个层次:(1)公共服务体系建设建立在经济发展的基础上,应依据经济发展程度和水平,逐步建设。公共服务体系建设的指导思想是惠及全民和公平公正,但建设步骤要把握水平适度、可持续发展的原则。(2)基本公共服务均等化,是公共服务体系建设的长远目标,也是服务型政府建设的重要价值追求,但也需要逐步实现。应围绕逐步实现基本公共服务均等化的目标,协调处理好公共服务的覆盖面、保障和供给水平、政府财政能力三者间关系。(3)公共服务体系建设的关键是创新公共服务体制,改进公共服务方式,形成公共服务供给的社会和市场参与机制。通过公共财政、社会组织、企业与家庭的合作,发挥和体现财政资金的公益性价值,提高公共服务质量和效益。今后要在继续增加财政对公共服务支出的同时,更多地向服务水平低甚至基本没有被覆盖的低收入人群倾斜,逐步实现公共服务均等化,更好地发挥政府公共服务保障社会公平正义的作用。为此,要重视做好一些基础性工作,包括制定基本公共服务国家标准并向社会公开,督促各级政府有效执行;尽快建立个人收入集成信息系统,准确识别应该更多享受社会保障的低收入人群;建立健全社会保障信息公开制度,接受社会广泛监督。胡锦涛总书记的讲话,指出了我国服务型政府建设转入了新的阶段。政府建设提速应表现在公共服务职能的理性认识与公共服务体系的实践构建互动和协同推进上。为我国服务型政府的建设的进一步发展指明了方向:坚持以邓小平理论和"三个代表"重要思想为指导,深入贯彻落实科学发展观,按照全体人民学有所教、劳有所得、病有所医、老有所养、住有所居的要求,围绕逐步实现基本公共服务均等化的目标,创新公共服务体制,改进公共服务方式,加强公共服务设施建设,逐步形成惠及全民的基本公共服务体系。

第三节 建设服务型政府的地方实践

近年来,许多地方政府从自身实际出发,积极推进服务型政府建设,取得了明显成效。

一、上海:打造服务型政府

上海市于 2001 年率先提出建立服务型政府的目标,"忧民所忧、乐民所乐",加快政府职能转变,转变观念,为各类企业提供良好的政府服务和安全稳定的社会经济环境,降低行政成本、加强行政效能建设。上海市服务型政府的建设重点关注于以下方面①:改善住房;促进就业;交通整治;医保改革;健康城市;便民救助。

(一)住房保障体系

上海市政府借鉴香港特区政府的住房保障体系经验,构建以廉租房、经济适用房为主要内容,分层次、多渠道解决中低收入家庭居住困难的住房保障体系框架,坚持"以居住为主,以市民消费为主,以普通商品住房主"原则,完善住房保障体系和房地产市场体系,将其作为建设服务型政府的重要"民心工程",着力改善改善中低收入家庭的住房条件。2001 年底,上海在全国率先建立起了覆盖全市的廉租住房制度。到 2007 年底,上海享受廉租住房政策的家庭,已从 2001 年底的 1307 户增加到了的 30254 户,增加了 22倍。逐步发展以扩大经济适用房建设规模为主要目标的上海市住房建设计划,根据《上海市解决城市低收入家庭住房困难发展规划(2008－2012年)》,一方面,将通过集中建设和在普通商品住房项目中配建的方式,加快

---

① 参见上海市人民政府网站:努力建设服务政府、责任政府、法治政府,http://www.shanghai. gov. cn/shanghai/node2314/node10851/index. html。

经济适用住房建设和供应。廉租住房保障实行货币补贴和实物配租等方式相结合:按照以区县自筹为主,市级统筹作适当补充的原则,建立健全廉租住房房源的筹措机制,通过收购、新建、配建等方式,多渠道筹措廉租实物房源,逐步扩大实物配租比例;发放租赁补贴,由廉租住房保障对象自行从市场租赁住房;调整和完善公有住房租金减免办法,逐步将承租公有住房的低收入家庭和重点优抚家庭纳入廉租住房保障体系。另一方面,完善经济适用住房项目周边区域的市政、公建配套设施,与经济适用住房项目同步规划、同步设计、同步建设、同步交付,"以多层次的社会保障房居住为主"、"以本市工薪阶层的市民消费为主"、"以外环以外的普通商品房为主",在选址规划、房型建设、配套设施、分配机制等方面体现前瞻性,确保"民心工程"实施过程中的公开、公平、公正。此外,上海市政府启动了徐汇区老房子改造工程、长宁区居住小区综合整治工程等一系列项目,通过旧区改造和旧住房综合整治,改善市民的住房条件和环境。

(二)新闻发言人制度

2003年,上海市政府建立新闻发言人制度,由发言人代表市政府对外发布新闻,发布各种政务信息,发布和解释政府的政策并就国内外媒体和公众关心的问题作出回答。建立新闻发言人制度,目的是在上海努力营造公开、透明的信息环境,为中外媒体记者提供规范的新闻服务,同时也是更好地为公民服务。上海市民和国内外人士都可以通过发言人,经常听到来自市政府的声音,了解政府对许多问题的态度和看法及其工作情况,人民群众的知情权可以更充分地得到保证,从而更好地实现对市政府工作的监督。市政府新闻发言人将起到沟通政府和新闻媒体,并通过新闻媒体沟通政府和广大公众的桥梁作用。

(三)环境与生态保护

《上海市环境保护与生态建设"十一五"规划》,是上海市政府为加大环境保护力度、解决经济发展与资源环境的矛盾、实现经济—社会—环境的协调发展而制定的重要规章之一,以指导上海市政府建设健康城市重大工程,推动服务型政府建设步伐。围绕增强城市国际竞争力这一发展主线,按照

"有利于城市布局的优化,有利于产业结构的调整,有利于城市管理水平的提高,有利于市民生活质量的改善"的要求,持续改善本市环境质量,《规划》中明确列示出环境保护需要达到的一系列约束性指标饮用水源:地水质达标率、饮用水源地水质达标率、城镇污水二级生化处理率、工业区污水集中处理率、生活垃圾无害化处理率、环保重点监管工业企业污染物排放稳定达标率、机动车环保定期检测率、建成区全面建成"扬尘控制区",郊区建成"烟尘控制区"、化学需氧量排放总量控制、二氧化硫排放总量控制、万元生产总值用水量下降率、环保投入相当于全市生产总值比值。[①] 争取到2010年,基本建成生态型城市框架体系,环境基础设施基本完善,形成全市环境保护总体格局,城市发展更和谐;环境污染得到有效治理,大幅度削减污染物排放总量,城市环境更安全;环境监管体系不断优化,环保监督执法能力得到提升,城市管理更科学;环境质量持续稳步改善,城市生态与人居环境健康舒适,城市生活更美好,以良好的环境质量迎接上海世博会的召开。

二、珠海:优化政务环境,建设服务型政府[②]

2003年7月珠海市委市政府发布《关于进一步强化两项服务,优化政务环境,建设服务型政府的意见》,珠海市政府以强化窗口服务和现场服务为切入点,坚持政务前移、重心下移,创新服务理念、服务方式,由被动服务转变为主动优质服务,优化政务环境,建设服务型政府。

(一) 窗口服务

办事窗口是反映政府服务运行效率和行政效能高低的第一平台,《珠海市职能部门窗口服务工作制度》指出搞好窗口服务要在窗口建设中要进一步深化审批制度改革。对保留的审批、核准事项要结合窗口服务进行规范,对由审批转化为核准的事项,要严格按照规定的程序办理,严禁搞变相审批。要采取委托、授权的方式,把能够下放的经济审批权、核准权坚决下放

---

① 参见上海市人民政府网站:《上海市环境保护与生态建设"十一五"规划》,2007年11月12日。

② 参见珠海市人民政府网站,http://www.zhuhai.gov.cn/。

给各区、各经济功能区。各审批事项在完成前期规划、论证的前提下，能立即办理的要立即办理，不能立即办理的也要在5个工作日内办结；符合法定条件的行政性核准和所有备案事项必须在办事窗口做到即到即办。加强办事窗口建设，提高办事效率，切实方便群众和企业。实行职能部门领导干部窗口服务"挂牌值班制"和正副科长窗口服务"轮流坐班制"，是强化窗口服务的重要组织保证。建立窗口办事人员信用档案，接受群众监督，规范服务行为，从根本上保证窗口服务的优质、高效。窗口服务要充分利用科技手段，加大电子化建设力度，在统一规划的前提下，建设好政府服务平台，职能部门之间、科室之间要联网互动，开办网上咨询投诉、网上审批业务，实现网上政务公开，切实减少一切不必要的办事环节、办事程序，大大提高办事效率。窗口服务要向基层延伸，通过政府服务重心下移，推进政府服务进社区，进一步提高行政效率，方便人民群众。

(二)现场服务

强化现场服务是深入项目第一线，为项目的引进、建设和生产运营提供全方位服务，促使其尽快形成现实生产力。强化现场服务进一步明确了现场服务的责任主体，增强了各职能部门的主动性和责任感，充分发挥其职能作用，对涉及本部门的项目要建立联系跟踪机制，主动"跟单"，实行专人负责，对项目建设进程中出现的问题及时反馈，并积极帮助有效解决。通过强化窗口服务和现场服务，抓好项目的跟踪落实，打造实业基础，做实做强区级经济。各区要围绕项目的引进、建设、生产，主动提供服务，确保项目进得来、留得住、建得快、建得成；要大力推进镇村重组工作，加快中心镇的建设，并建立明确的经济发展任务责任制，督促各镇抓好项目建设，壮大经济总量，争取早建、多建"百亿元镇"。市委、市政府将对各区发展经济的实绩进行考评。

(三)"万人评政府"评议考核机制

广东省珠海市将"万人评政府"活动作为建设服务型政府的突破口，重点抓好窗口服务和现场服务。自1999年开始，每年由测评团向社会发放1万份测评问卷，其中70%的问卷发放到企业和项目现场，让企业和市民自主地对机关部门的工作作出"满意"或"不满意"的评测,其结果与年度目标任务考核相结合,对连续两年考核结果为"差"的单位的一把手实施免职。珠海市政府"万人评政府"与年度目标任务考核统一起来,以窗口服务和现场服务作为主要考核内容,拓宽测评渠道,把群众评、企业评、人大代表评、政协委员评、民主党派人士评、新闻记者评有机地结合起来,并根据当前机关作风建设的重点,增设"优秀服务窗口"和"窗口服务优秀工作者"的评选,所有测评结果要与年度奖金的发放、干部的提拔使用等挂钩。

三、成都:规范化服务型政府建设[①]

2000年5月,成都市委、市政府启动行政审批制度改革,先后5次共取消658项行政审批事项。2001年,启动投资体制改革和机构改革。2001年底,成都市在参照公共管理理论和国外发达国家实践经验基础上,结合本市自身特点,聘请专家设计出"规范化服务型政府"建设的总体方案,成都市委、市政府决定打造"规范化服务型政府",其目的是要把全心全意为人民服务的宗旨具体化,政府行为要规范。政府服务要高效率高质量。2002年8月6日,成都市政府印发了《关于批转市工商局、公安局、市政公用局规范化服务型政府试点工作方案的通知》,正式启动建立"规范化服务型政府"试点工作。2003年10月,成都市开始在市级政府部门全面推行规范化服务型政府建设,2005年初深化了这项工作。

成都市打造"规范化服务型政府"的主要内容是:树立"以民为本、以客为尊"的政府服务理念,规范政府服务流程与标准,构建"顾客导向型"规范化服务模式;塑造具有人文关怀和亲和力的政府形象,提供便民服务;加快电子政务建设,实行政务公开;改革行政审批制度,简化办事手续,建立高效政府;完善政府服务绩效评估体系,扩大公众参与评估的途径,建立责任政府。

---

① 参见李玉银、陈鹏、王东强:《关于规范化服务型政府建设的思考—以成都市规范化服务型政府建设为例》,《广西民族学院学报》,2006年6月。

（一）行政审批

行政审批是行政部门形象展示的最前台，是规范化服务型政府建设的"突破口"。在行政审批改革方面，成都市科技局于 2005 年 7 至 9 月对局 22 个行政审批和为民办事项目的法定依据进行梳理，优化审批和办事流程。成都科技局（知识产权局）进一步修订了《高新科技企业、民营科技企业申报认定》《办理科技类民办非企业申报认定》《专利广告出证申报审批》《高新科技成果转化项目申报认定》《国家保密技术出口申报审查》等 7 个行政审批事项，废止了局政策性文件 6 个，进一步规范了行政审批；修订《首问责任制》《一次性告知制度》《行政审批告知承诺制度》，实行工作人员挂牌上岗办公制度，进一步提高了办事效率，塑造了规范化服务型政府"规范"、"便民"、"效率"、"诚信"、"负责"的形象。

（二）阳光行政

将政务信息置于阳光之下，是克服信息不对称和权力寻租的有力工具。成都市通过各种措施推进全市政务公开进一步向纵深发展。2006 年成都市政府印发了《成都市政务公开审核办法》《成都市政务公开依申请公开办法》成都市政务公开目标管理考评办法（试行）》《成都市违反政务公开规定行为责任追究办法》等，编制了《成都市政务公开内容目录》，对政务公开的内容、时限、形式、程序以及责任分工进行了明确，并在公众信息网上向社会公布；召开了 23 次市政府新闻发布会和 4 次新闻通气会，发布了 2005 年办实事目标完成情况、全市经济运行总体情况和全市大气环境综合整治工作情况等重大政务工作 29 项；市政府法制办依法界定行政执法职责和执法主体，并向社会公布执法主体 118 个，行政执法依据（法律、法规、规章）1416 部，行政行为 5602 项。一些区（市）县和部门因地制宜，积极探索通过广播、公开栏、海报等媒体创新公开形式，如龙泉驿区率先开办了政务服务类热线直播节目《阳光政务·服务热线》，截至年底已直播 60 期，共有 69 个区级部门值守热线，为群众提供工作业务咨询 910 个。全市 2327 个村全部实行了村务公开制度，公开面达 100%，规范化率达到 90% 以上。

(三)服务创新

成都市各区县、各部门采取多种措施,充分政务服务中心和电子政务功能,不断创新服务方式,提高政务服务效率。各级政务服务中心全年共办理审批和服务事项21.9万件,承诺时限内按时办结率100%,其中即办件16.5万件,占办结总数75.3%,在全国城市政务服务中心中居领先地位。市政务服务中心和市信息办积极推进政务服务大厅前后协同、与区(市)县政务服务中心上下协同,截至2006年底,成都市政务服务中心农委、建委、工商局、科技局、质监局、商务局、卫生局、工商局、外办等23个部门的80多个审批事项实现了网上协同审批。市政府门户网站"中国·成都"完成了第6次改版,"公众服务、网上办事"版块全面整合了网上政务大厅,市级各部门网站以及各部门重新整理的事项共计1400余项,提供表格下载900余项,使政府网站逐步从信息发布向信息交互与事务处理拓展。与此同时,各区(市)县电子政务应用也取得明显成效,如新津县把为农信息服务体系延伸到全县12个乡镇便民服务中心和106个社区(村)便民服务室,打造统一的农村信息综合服务平台和网上便民服务中心,率先在全省实现电子政务网络村村通;锦江区在全区推进社会事务"同区审批"(即全区范围内打破街道界限、跨街道受理和办理同一社会事务)等等,进一步提高了政务工作效率和政务服务水平。

第六章 服务型政府职能
的价值取向

第一节 正确价值取向对实现服务型政府职能的意义

一、价值取向与政府治理体系之间的关系

在哲学的意义上,价值是一个抽象概念。其是指世界万物普遍具有的相互作用、相互联系的性质和能力,是每个具体事物都具有的普遍性规定和本质。而我们现在大多数人所说的更普遍意义上的价值,是指客体所具有的促进主体生存和发展的性质和能力,是指客体对主体所具有的正面意义和正面价值。事实上,客体所具有的作用和影响主体生存和发展的能力和价值,既具有正面的意义和价值,也具有负面的意义和价值,是正面意义和负面意义、正价值和负价值组成的对立统一体。

由上述价值的概念我们可以看出,价值作为一种意识形态,更多的是起到一种理论导向的作用。每一个个体都会在不断地学习和实践中形塑自己的价值取向,这种价值取向会在个体的行为过程中帮助个体实现有效的价值判断,然后促使个体作出相应的行为选择。个体的价值取向会在根本上决定个体的行为方式,正确的价值取向会指导人们做出正确的行为,而错误的价值取向则有可能会把个体引向歧途因而必须加以高度重视。因此,我们历来重视未成年人的思想道德建设,帮助他们在不断的学习中树立正确的世界观、人生观、价值观,树立社会主义集体主义价值取向。在各大高校,

我们也一再强调大学生思想政治教育工作的重要性。我们党也不止一次地强调指出,思想政治工作是经济工作和其他一切工作的生命线。与此相对应,一个社会也会在其意识形态领域形成其独有的价值体系,这种价值体系会在整体上影响政府治理体系的行为选择。

价值的问题从 19 世纪后期开始受到重视,到了现在的 21 世纪,几乎没有哪一种哲学建构不对价值问题发表意见。可以说,在当今社会,理解任何一个个人或群体的行为,都要先对价值问题作出判断,即我们可以从审视个人或群体价值的角度找到理解人类行为的金钥匙。人类的任何行为都可以从其价值方面找到最终的答案。因为价值问题是人类一切有意识的行为的行动之本、行为之源。纵观整个人类历史,我们一直面临很多难以解决的问题,我们的政府在如何实现更好的发展,如何达到社会的善治方面做出过许许多多的努力,但同时我们也走过了很多弯路,经历了许多挫折。大多数情况下,在回头检讨来时路的时候,我们更多的是把各种各样的失败和不如意归咎于制度的层面、体制的层面,而忽视了更根本的价值层面。制度层面的问题更多时候只是价值问题的一种表现形式,我们正是怀着对某种价值的不懈追求才会在现实的社会中设立各种各样的制度。因此,对制度的谴责无可厚非,但是如若忽视了对价值层面的关注,则难以从根本上解决问题。也就是讲,人类社会面临的很多困境虽然表现在制度层面上,但根本错误都在价值取向上。

我们如果把整个政府治理体系比作是一艘在大海里航行的巨轮的话,那么政府治理体系的价值取向就相当于导航的灯塔,而政府的角色在不同时期有着不同的定位。政府一度是划桨者,即受凯恩斯主义影响下的大政府形态,政府广泛干涉社会生活,政府的触角深入到公众生活的方方面面,在多数事情上强调政府的亲力亲为。政府也一度是导航者,即政府不再是过去大而全的政府,政府把更多的精力集中在确保各项公共服务和公共产品的顺利提供上,而不必事事参与。而在新公共管理占据主导地位的后工业时代,政府更多的是要充当一个服务者的角色。即政府要严格界定自身职能,首先就是在该做什么不该做什么的问题上有一个清晰的界定,然后就是在该做的事情如何做好的问题上下足功夫。但是不管政府充当的具体是什么角色,有一个问题都是共同的,即政府的一个重要职能就是引领整个政府治理体系的航船向着灯塔的方向前进。如果这艘航船在中途遇到危险或不测,直接的原因可能在于政府的导航不力,但是更根本的原因可能在于灯塔的位置错了。所以我们在这里首先想要强调的就是,要想让一个政府的治理体系能够发挥应有的作用,使整个社会朝着正确的方向前进,最重要的就是要树立正确的价值取向,把这个导航灯塔的位置放对,这是一个根本的前提,尽管这样也不能保证所有的航船都能朝着正确的方向前进,但是一旦灯塔的位置错了,那么就不会有航船能寻找到正确的方向。正是基于此,我们一再强调价值取向的重要性,让所有政府治理体系组成要素的工作者都清楚地知道,自己是为何而存在,为谁而工作,自己的使命是什么,责任在哪里。

人类社会发展到今天,大致经历了三种不同形态的社会,即农业社会、工业社会、后工业社会,在不同的社会形态中分别对应着不同的政府治理模式。一般而言,农业社会对应的是统治型的政府治理模式,工业社会对应的是管理型的政府治理模式,后工业社会对应的是服务型的政府治理模式。在判断一个社会是何种治理模式的问题上,价值问题可以作为一个重要依据。即我们如果认真审视各个阶段政府治理模式的价值取向,就会对这种治理模式的类型做出一个大概的判断。而且我们通过研究人类历史的发展史,可以清楚地看到价值取向与政府治理体系之间的关系,正如上文所述,价值取向的不同决定了政府治理体系之间行为动机和目标的不同,从而决定了不同的政府治理模式。但是有一点必须强调,那就是,在人类历史的发展史上,有很多人类共同追求的价值,这些价值不管在何种社会形态下都是存在的,只不过不同的历史阶段侧重点不同,在不同的历史时期,不同的价值取向占据主导地位。但是我们所说的价值取向决定政府治理模式,指的是狭义上的价值取向,即一个政府的核心价值决定政府治理体系的行为方式和行为选择,从而决定政府治理模式。这个核心价值就是指在众多的价值中占据最主导地位的那个价值。

我们可以以农业社会为例。我们之所以说农业社会是统治型的政府治理模式，是因为农业社会的政府治理模式是从属于社会等级差别的，是以统治的形式来实现等级秩序价值的社会治理方式。对于这种治理模式来说，秩序就是价值，其他价值在这种社会中不是完全不存在，而是完全居于次要地位的，秩序和统治占据绝对主导地位，这种价值取向决定了当时的政府治理体系，其主要任务就是通过各种方式维护阶级统治和等级差别秩序，从而决定了统治型的政府治理模式。在农业社会里，等级和秩序就是我们前面所说的核心价值，即他们是农业社会的核心价值，正是这样的核心价值决定了政府治理模式的类型。而在已经步入后工业社会的今天，传统的公共行政已经被公共管理所取代，公共管理已经成为一种现实的运动，公共管理与以往的治理区别最大的地方就是，"它突出强调价值的问题，在制度设计和制度安排中，突出价值的因素，在公共管理的行为选择中，更需要强调它的价值取向。"①这是因为，公共管理是全新的政府治理形态，是传统的政府治理发展到新阶段的最新表现形式，它致力于更好地处理政府与社会、政府与市场之间的关系，力争在政府、企业、社会之间达到前所未有的和谐，通过借鉴企业管理的思想和模式，促进社会的良好治理。依笔者之见，任何政府治理模式的存在，其最根本的任务就是维护公共利益和公民权，而越是先进的政府治理模式，就越是接近这个根本任务的实现。因此，我们说，公共管理更加突出强调价值的问题。总之，价值取向与政府治理体系之间的关系用一句话概括就是，"一个政府治理体系要解决朝着什么样的方向建构自己的问题，首先要解决确立什么样的价值问题。"②

二、价值取向与服务型政府职能

党的十七大报告提出要加快行政管理体制改革，明确改革的目标就是建设服务型政府，并进一步提出了强化公共服务职能的任务。这对于深化

---

① 张康之：《公共管理伦理学》，中国人民大学出版社 2003 年版，第 302 页。
② 张康之：《公共管理伦理学》，中国人民大学出版社 2003 年版，第 302 页。

行政体制改革,转变政府职能,提高公共服务水平,满足人民群众日益增长的社会公共需求,促进经济社会的和谐发展具有重要意义。由前面论述而知,价值取向之于一个政府治理体系而言有着不可取代的重要作用,那么在当前建设服务型政府的形势下,如何理解价值取向与服务型政府之间的关系,如何通过树立正确的价值取向来引导政府合理履行职能,应当是一个首要的命题。

(一)正确价值取向是实现服务型政府职能的行动指南

服务型政府的定义可谓林林总总,但是我们认为,不管具体的定义表述有何不同,对于服务型政府的总体认识是大概相同的。即服务型政府就是在公民本位、社会本位理念的指导下,以满足社会公共需求、提供优质充足的公共服务为宗旨,并承担公共服务责任的政府。服务型政府是在市场功能充分发挥和民主型公民文化不断发展条件下政府管理的目标模式,因此它成为自20世纪80年代以来世界各国行政改革的共同方向。除了国际大背景以外,建设服务型政府,是克服我国政府管理中存在的"重管理、轻服务,重经济、轻社会,重物、轻人"弊端,贯彻落实以人为本的科学发展观、构建社会主义和谐社会的必然要求。

我们所要构建的服务型政府到底应该履行哪些职能,是我们建设服务型政府必须弄清楚的重大问题之一。在这个问题上,我们可以先看官方的描述,在我党十六届六中全会通过的《中共中央关于构建社会主义和谐社会若干重大问题的决定》(以下简称《决定》)中对服务型政府职能有着明文规定:"建设服务型政府,强化社会管理和公共服务职能。为人民服务是各级政府的神圣职责和全体公务员的基本准则。按照转变职能、权责一致、强化服务、改进管理、提高效能的要求,深化行政管理体制改革,优化机构设置,更加注重履行社会管理和公共服务职能。以发展社会事业和解决民生问题为重点,优化公共资源配置,注重向农村、基层、欠发达地区倾斜,逐步形成惠及全民的基本公共服务体系。创新公共服务体制,改进公共服务方式,加强公共设施建设。深化行政审批制度改革,进一步减少和规范行政审批事项,简化办事程序,创新管理制度,为群众和基层提供方便快捷优质服务。

推行政务公开,加快电子政务建设,推进公共服务信息化,及时发布公共信息,为群众生活和参与经济社会活动创造便利条件。完善公共服务政策体系,提高公共服务质量,增强政府公信力。推进政事分开,支持社会组织参与社会管理和公共服务。加强市场监管,整顿和规范市场经济秩序。"①

我们可以将《决定》精神总结为两句话,即:强化公共服务职能,完善公共服务体系。政府要在全面履行职能的基础上,强化社会管理与公共服务职能。要加强政府有关基础教育、公共卫生、社会就业、社会保障、基础设施、科学技术、公共文化、公共安全、环境保护等方面的职能。这些职能的落实和实现都是跟国家发展和人民生活息息相关的。同时还要优化财政支出结构,提高公共服务支出比重,完善公共服务体系,促进基本公共服务均等化,实现人人享有基本公共服务的目标。从《决定》体现出的精神来看,我们的政府无论是在工作重点,还是在财政倾斜上,都将完全以"服务"为主。

在过去的计划经济体制下,我们的政府是最典型的大而全的政府,政府对一切事情大包大揽、党政不分、政事不分、政企不分的情况极为严重,政府充当的是大管家的角色,政府职能最重要的任务就是"管理",政府管理着社会生活的方方面面,对各个层面都实施严格的控制,是典型的重管理轻服务的模式,这种模式使得政府各级工作人员的官本位意识愈发严重,加之行政决策中的一言堂、家长制作风严重,因此各级官员无形中就成了人民的"官老爷",这种官老爷的身份使得政府官员更多时候是以管理者的姿态出现,在人民群众心目中,他们更多的是手中握有重大权力的、高高在上的官员,是管理者和控制者,而和服务扯不上太多关系,而这跟我党全心全意为人民服务的宗旨和人民当家作主的社会主义国家性质是格格不入的。随着计划经济体制向市场经济体制的转型,随着市场经济体制的逐步发展和完善,行政体制改革也变得迫在眉睫,而我国政府也意识到了这个问题,于是行政管理体制改革也陆续有条不紊地展开。纵观从 1993 年到 2008 年之间

---

① 中国共产党十六届六中全会《中共中央关于构建和谐社会若干重大问题的决定》,http://news. inhuanet. com/polttics/2006 – 10/18/content – 5218639. htm.

的历次政府改革,抛开具体的机构重组与合并、职能的增减与调整,其中一条很重要的主线就是如何使我们的政府能够更好地行使服务职能,而不是传统计划经济体制下的管理与控制。而且我们很欣喜地看到,经过 1993 年、1998 年、2003 年直至最近 2008 年的大部制改革,我们的政府不管是在机构上、职能上还是在人员编制上,都在朝着服务型政府的方向迈进,这个趋势毫无疑问是好的,而且我们有理由相信,一个成熟的服务型政府也必将在不久的将来呈现在国人面前。但是还有一个问题不得不引起我们的深思,那就是,在行政体制改革的背后,如何转变原有的陈旧观念,树立正确的价值取向,以保证我们的政府行为是合理合法,而且是始终朝向公共利益和公民权的,这个问题的存在把价值取向的问题提上了日程。

毋庸置疑,价值取向是政府行为的内在驱动力。只有价值取向正确,政府才可能有正确的、恰当的行为。没有正确的价值取向,或者说不纠正长期以来在历史过程中形成的错误的价值取向,我们所要构建的服务型政府就只能停留在口头上,就只能是一个空洞的口号,根本无法给我们的政府带来质的改变。最可能出现的情况就是,我们表面上要建设服务型政府,会议已经开过,文件也已经下达,但是由于价值观念没有转变,实际操作中还是过去的那一套,即表面上一套,实际上一套,这就完全背离了我们建设服务型政府的初衷。因此,要建设服务型政府,首先要建设我们的价值观。即在改造客观世界之前,必须要把主观世界改造好。不把主观世界改造好,对客观世界的改造必将是盲目的。

因此,首要的就是要转变观念,树立正确的价值取向,为各级政府及其工作人员的行为选择树立起一个指南。这个工作毫无疑问将是循序渐进的,因为价值观念的东西具有相对稳定性,不可能一蹴而就。但是正是因为这项工作任务的艰巨性,才更能凸显这项工作的价值。依笔者之见,这项工作的特点用八个字概括就是:任重道远、刻不容缓。在过去若干年的行政实践中,我们所经历的是管理型的政府治理模式,一切以事为本,追求效率,在治理过程中贯穿着法律精神和科学精神,这是这种政府治理模式的突出特点。在这种政府治理模式下,效率就成了各级政府首要的价值取向。以追求效率为其首要价值的政府治理模式,自然而然地就带来了非人性化的特点,组织机构层级官僚化,组织程序严格化、制式化,人际关系冷漠化。一切以效率为上,其他价值均居其次。而现在则不同,胡锦涛总书记在 2008 年 2 月 23 日组织中共中央政治局第四次集体学习时强调指出:建设服务型政府,是坚持党的全心全意为人民服务宗旨的根本要求,是深入贯彻落实科学发展观、构建社会主义和谐社会的必然要求,也是加快行政管理体制改革、加强政府自身建设的重要任务。因此,我们所要建设的服务型政府,是以人民利益为己任的政府,是全心全意服务于他的子民的政府,是关注人、关心人,以人的发展为最终落脚点的以人为本的政府,这样的政府,毫无疑问地要把为民众提供高品质的服务,最大程度地改善人民生活作为自己的首要任务、核心价值。在这样的政府里,政府所有的机构设置都是为了给人民提供更为直接、更为便捷的服务,政府所有的职能都是直接或者间接地维护人民的利益,政府所有的行为都是为了服务人民、造福人民而所做出的努力。

我们可以以昆明市委书记仇和的新政为例,仇和在昆明履新伊始,就让当地的党报用 4 个整版,公布上至市委书记、市长,下到 5 区、1 市、8 县以及市直属各部门党政领导班子成员的联系电话,一时间让 600 万人口的昆明冒出了一道的"春城纸贵"的独特景观。然后,又石破天惊般刊登出昆明市 438 名代表的姓名、工作单位、职务和办公室电话。这无疑是彻底将"自己"置于民意监督之下,也就促使昆明公权力运行更为透明、民主和公开。中国青年报社调查中心与新浪网 75.9% 的人对"仇和现象"的第一反映是"敢作敢为,值得肯定",同时,有 76.8% 的民众对其改革结果表示乐观。数字最能说明问题,高达 75.9% 的支持率,足以说明人民群众对"仇和式"官员的赞同和高度肯定。仇和此举效用如何暂不必说,笔者认为这首先体现出的就是新一代官员思想观念的转变和价值取向的重塑,是从思想上彻底地纠正以往官老爷的衙门作风,把各级官员真正看作是人民群众勤勤恳恳的服务员,帮助各级官员树立起勤政为民的公仆形象。仇和的新政也为昆明市服务型政府建设打开了一个全新的局面,值得全国其他省市地方效仿学习。昆明市的行政实践也再次有力地证明,欲塑其政府,先塑其价值。价值取向一旦得以正确地树立,政府就能够沿着正确的方向前进,政府就能更好地履行其职能,切实为人民群众提供完整而高品质的服务,我们的服务型政府建设才是真正落到了实处。

(二)正确价值取向形塑公共管理者的理想和态度

不管我们要建设什么样的政府,无论我们的制度设计有多完美,在实际运行操作的层面上,都是由各级公共管理者来实现的。议案的讨论与通过、政策的制定与执行,都是由具体的人来完成的。因此,探讨价值取向的作用,也离不开价值取向对公共管理者产生的影响。正是因为他们是政府政策的直接执行者,是人民群众的直接接触者,是各级政府形象的直接塑造者,所以,各级公共管理者能否树立正确的价值取向,就显得尤为重要。

1. 价值取向与公共管理者的理想

理想是一个抽象的概念,是由人所设定的,指人们希望达到的人生目标和向往的奋斗前景。存在是现在式的,而理想是属于未来式的或过去的,范畴很广,可以指特定的事物,也可以是抽象的一个理念,所谓理想的事物,是以人对现在的认识为参照的。理想根据分类标准的不同,可以分为不同的种类。我们在这里所指的理想,如果以从个人理想和集体理想的角度而言,则是指个人理想,如果是从生活理想、社会理想、职业理想的角度而言,则是指的职业理想。因此,我们所言公共管理者的理想,具体说来,指的就是公共管理者个人的职业理想。其他理想不在我们讨论的范围之列。

政府价值取向与公共管理者的理想,在不同的时期有着不同的关系。在工业社会中,盛行的是管理型的政府治理模式,在这种政府治理模式下,政府追求的主要价值就是经济和效率,所有的公共管理者都要追求以最小化的投入获得最大化的产出,并讲究政府的高效率。组织所有的工作人员都要为达到这样的目标、维护这样的价值而做出不懈地努力,组织的一切程序设计和机构设置都围绕着效率这个核心。在这种模式下,公共管理者对国家和社会事务的控制和管理依靠的是法律的框架和科学的精神,而不考虑人的因素,人在组织机构之中充其量只是完成任务和目标的工具,因此那时的公共管理作为一种职业而言,是一种非理想化的职业。公共管理者在官僚体系之中更多的是期待自己仕途顺利,甚至会为了获取相关利益而不择手段,公共管理者所期待的这种仕途顺利与职位升迁,与其说是一种理想,不如说是一种追求权力的欲望。在追求政府核心价值取向的过程中,公共管理者充当的只是一个工具性角色,公共管理者自身的理想或是想要达到的目标与政府所要追求的价值是完全不同的,二者之间存在着不一致性。即政府全力追求行政效率,而公共管理者绝不会也把追求效率作为自己的理想,公共管理者在实践过程中所做的一切在更多时候是为了为自己谋得更好的发展。因此,二者之间是一种相互利用的关系,政府为了追求效率而把公共管理者作为实现高效的工具,公共管理者为了追求职业的发展而把高效率地完成任务作为一种达到目标的手段。

在后工业社会中,盛行的是服务型的政府治理模式,在这种全新的政府治理模式中,政府的价值取向较之以往发生了质的改变,效率不再是政府追求的唯一目标,而服务、公平公正、公民权等价值成了政府主要的价值取向,公共管理者所承担的任务不再只是高效率地完成工作,而是要致力于公共利益和公共福祉以及公民权的实现。整个政府治理体系的组织机构、组织文化、价值观念较之以往都发生了重大的变化,组织内部结构不再是传统的金字塔型的层级节制体系,组织内部成员之间的沟通更为平等和直接,整个政府都将更加开放和透明,而这所有的变化都是致力于更好地为社会公众提供更加高质量的服务。在这种全新的政府治理模式中的公共管理者,其身份和角色较之以往同样也发生了重大变化,公共管理者不再只是过去的管理者和掌控者,而是成了人民群众的服务员,同样致力于提高公共服务的品质。这时的公共管理改变了过去那种非职业化的形象,已经成了一个理想化的职业。各级公共管理者之所以从事公共管理职业,不再是单纯地从个人职业生涯的角度出发,而是更多地心怀一种崇高的政治理想和政治抱负,心怀着一种忧国忧民的精神,有着"先天下之忧而忧,后天下之乐而乐"的高尚情怀,为人民利益而奔波。总而言之,现在的公共管理者,大都是以心怀天下为己任的人,他们在任职期间更多时候是把造福一方百姓、甘露一方子民作为自己的理想,也把服务人民、捍卫人民群众利益作为自己的价值观念,而这和我们当前政府的主导价值亦是不谋而合的。因此,在目前的状态下,我们政府的价值取向与公共管理者个人的理想是具有一致性的。政府的价值取向形塑了公共管理者个人的理想。公共管理者在践行个人价值、履行政府职能的同时也实现了个人的理想,实现了政府的价值。因此,在这种全新的政府治理模式中,公共管理者个人和政府在价值观念上完全可以融合到一起。他们之间形成了一种新型关系,即一方面,政府为公共管理者提供了这样一个平台,在这个平台之上,各级公共管理者在履行好自身职能时也践行了自身的政治理想,另一方面,各级公共管理者在做好分内工作的同时也就树立起了政府的良好形象。

2. 价值取向与公共管理者的态度

态度是对人、事、物、观念等的评价。态度由三部分组成,三者共同形成态度对象的评价:一是情感成分,二是认知成分,三是行为成分。态度在很多时候对一个人的行为具有决定作用,我们常说"态度决定一切",正是此意。而我们的各级公共管理者作为依法履行公职的公务人员,与寻常百姓又有所不同,他们在履行公职时代表的是公共部门和公共利益,因此,他们在执行公务时采取什么样的态度,直接决定了他们的行为后果。在这种情况下,态度问题显得尤为重要。

既然态度问题如此重要,那么有一个问题不得不引起我们的思考,那就是,既然态度决定一切,那么是什么决定态度呢?毫无疑问,态度最核心的决定因素还是价值取向。一个学生只有觉得某一项考试对他来说是很重要的时候才会以极其认真的态度对待这场考试,如果他觉得这个考试对他而言不是很必要的,或者不是很重要的,他就不会全力地去准备。同样,一个医生只有以救死扶伤为己任,他才会认真对待他的每一个病人,如果这个医生只是把给人治病当作是每天不得不面对的工作,那么他对待病人就不可能拥有良好的态度。我们的温家宝总理在十届人大五次会议闭幕后答记者问时说政府工作走过了四个年头,她告诉我们,必须懂得一个真理,这就是政府的一切权力都是人民赋予的,一切属于人民,一切为了人民,一切依靠人民,一切归功于人民。必须秉持一种精神,这就是公仆精神。政府工作人员除了当好人民的公仆以外,没有任何权力。温总理的这一番话实际上就在表明一种价值取向和态度,他从权力来源的角度说明了这个问题,即所有的公职人员,其手中的权力都是人民赋予的,他们都应该为人民而工作,为人民而效劳,树立全心全意为人民服务的价值观念,在这种价值观念的指导下树立正确的态度,即当好人民的公仆。

因此,价值取向与态度之间是这样一种关系,即价值取向决定态度,而态度决定了行为选择。二者都对人的行为选择起到决定作用,但是态度是更直接的决定,而价值取向则是间接层次的根本上的决定因素。

公共管理者的态度彰显出了他是不是一个负责任的行政管理者。我们还是以温家宝总理为例,无论是百年不遇的南方雪灾,还是建国以来最大的地震灾害,温家宝总理都是亲临第一线指挥救灾工作,而且汶川地震两个小时后在第一时间就到达了受灾现场,这本身就证明了一个态度,证明了我们的亲民总理对待人民的态度。总理在抗震救灾的紧要关头,向前往汶川的登机部队领导发出指示,"我就一句话,是人民在养你们,你们自己看着办。"这虽然只是短短的一句话,但是却胜过千言万语。这句话的力量是无穷的,估计在座的每一位部队官员都能够感觉到这句话的分量。因为这句话本身就代表了一种态度,一种在危急关头对待人民的态度,对待千千万万生命的态度。这句话的背后,是一份沉甸甸的责任,是不容推卸的责任。温总理这句话的深层含义,即让所有在场的官兵都拿出一种负责任的态度来对待刻不容缓的抗震救灾工作,时刻把人民利益放在首位,把人民的生命财产放在首位。而温总理自己也是实践这种态度的最好榜样,不管是爬上废墟对受灾儿童的喊话,还是胳膊摔破而置伤口于不顾,这种为了人民利益而置自身安危于不顾的精神为所有的官员做出了表率。而1998年上台的朱镕基总理在记者招待会上发出的"不管前面是地雷阵,还是万丈深渊,我都将一往无前、义无反顾、鞠躬尽瘁、死而后已"的豪言壮语,同样是在全国面前给人民群众表明一个态度,那就是为了国家利益和人民利益而奉献自己的每一分力量,生命不息,奋斗不止。这都是务实负责的从政态度。而中共中央政治局委员薄熙来在担任重庆市委书记时的履职感言也值得人们深思:"我在东北就常讲,做干部一要干活,二要干净,党政领导一定要风清气正,取信于民。我已经和爱人开来商量好,决不允许任何亲友以及身边的任何人在重庆图方便、求特权。如果大家听到有谁打着我们的旗号在重庆办事情,请一定坚决制止并告诉我们。"①这同样是一种态度,为官一任的态度。因此,我们的各级公共管理者,只有首先具有正确的态度,才能做出正确的、合乎民心的事情,才能得到人民的信赖和拥护。

态度是可以互相影响和传递的。因此,我们首先就要求各级公共管理者的:"一把手"要做好示范,当好表率,在树立正确的价值观、政绩观,具备正确的态度方面为领导班子成员树立一个榜样,做一个可以让其他领导同志学习的标杆。"一把手"的态度坚决、正确,就能够鼓舞士气、振奋人心,把整个领导班子的气氛带动起来,就能够精诚合作,干出一番轰轰烈烈的事业来。如果"一把手"的态度有问题,那么整个领导班子就不会有什么凝聚力可言,人心涣散、各自为政、各立山头的情况就会出现,在这种情况下,每个人就只会局限于个人的眼前利益,彼此就会为各种利益而明争暗斗,把精力用在本来不该用的地方,这就完全错误了。因此,"一把手"肩负着更大的责任,他必须能够在大是大非面前时刻保持清醒的头脑,能够用马列主义先进理论武装自己,能够树立正确的世界观人生观价值观政绩观,具备正确的态度,能够团结班子成员为了公共利益和公民权的实现而奋斗。这才是合格的"一把手",这才是合格的公共管理者。

态度大范围传递和影响的结果就是形成一个部门的作风。公共管理部门的工作人员都是为人民利益而工作的,他们要时刻把人民装在心中,知道自己的使命是什么,责任是什么。因此,他们对待工作、对待人民、对待手中的权力,都应该有一个正确的态度。正确的态度和错误的态度都是可以相互影响的。好的态度传递和影响的结果就是形成一个部门廉洁务实高效负责的作风,这种作风形成了以后又会反过来影响个人的态度,在这种情况

---

① 《薄熙来重庆履新称坚决不允许任何亲友求特权》,http://news.sina.com.cn/c/2007 - 12 - 02/022113004399s.shtml.

下,少部分价值观错位的公职人员就会受大部分人的好的态度的影响,从而改变自己原有的价值观,也树立正确的价值取向,这样就会形成良性循环,使得整个部门都拥有良好的工作作风。

第二节 服务型政府职能的核心价值理念

服务型政府职能的履行,始终是围绕着某些核心价值展开的。而服务型政府核心职能的确定,也离不开其一直倡导的很多核心价值理念。这些价值,比如服务、公共利益、公民权、公平与正义等,长期以来在政府治理中一直扮演着重要的角色,也更是当今我们的服务型政府追求的黄金价值。因此,我们有必要对这些价值理念进行一次系统地梳理,以期能够让广大读者对这些核心价值有一个全新而深入的认识,同时也期望我们正在建设中的服务型政府,在这样的价值理念的指导下,更好地履行其应该履行的职能,为广大社会公众谋取更多的福利,带领我们的社会早日步入更高水平的小康社会。

一、服务是首要价值
(一)服务是服务型政府的第一价值
1.服务是服务型政府治理模式的首要价值

在不同的政府治理模式中,其首要价值或是核心价值是有区别的,也正是因为这种不同的核心价值的区别,造就了不同政府治理模式的存在。下面我们以人类发展史上的几个典型的政府治理模式为例,说明不同政府治理模式下其核心价值的不同,以及在当今建设服务型政府的形势下,必须把服务当作第一价值的必然性。

人类历史发展到今天,大致经历了以下三种政府治理模式,即统治型政府治理模式、管理型政府治理模式以及我们现在的服务型政府治理模式。我们首先要说明的是各种基本价值和各种政府治理模式之间的关系。应当说,对于所有的政府治理体系而言,各种基本价值还是广泛存在于其中的,比如秩序、效率、服务等,但是这些基本价值在不同的政府治理体系之中,其排列方式是完全不同的。在统治型政府治理模式中,秩序是核心价值,这是因为统治型政府治理模式是从属于社会等级差别的,是以统治的形式来实现。在秩序是核心价值的前提下,统治型的政府治理模式同样也追求其他价值,比如效率和公平。"中国古代有驿站,在一定程度上就包含着效率的内涵。在统治秩序的差序结构中,社会整体上的公平是不可能存在的。但在各个层级上,还是会提出相对公平的要求。比如,父子之间不存在公平的问题,但同父的几个儿子是可以提出公平要求的。"①在这种政府治理模式下,无论是效率还是公平都是为了维护阶级统治的需要。而到了管理型政府治理模式占据统治地位的时候,效率就成了核心价值,任何其他价值都要从属于或者服务于这个价值的实现。组织的一切架构、规则、程序都是为了效率而存在。当然,这种治理模式也需要秩序的支持,并需要良好的统治秩序作为保障。同时,管理型政府治理模式也强调服务价值,并提倡政府应该为公民提供良好的服务。因此,在管理型政府治理模式中,秩序、效率和服务同样是并肩存在的,只不过效率占据最核心的位置。

随着工业社会的结束和后工业社会的到来,管理型政府治理模式开始向服务型政府治理模式转变。服务型政府治理模式是一种与以往任何一种政府治理模式都不同的全新的政府治理模式,它把服务作为自己的首要价值,其他一切价值都要从属于这个价值。也就是讲,如果我们可以把各个不同政府治理模式不同的价值取向作为一个靶子的话,那么靶心的位置就代表着核心价值。在靶心的位置上,统治型政府治理模式下是秩序,依次往外环分别是效率、服务;而在管理型政府治理模式下,靶心成了效率,依次往外环分别是秩序、服务;到了我们现在所要讨论的服务型政府治理模式时,靶心的位置就成了服务,依次往外环分别是公平、正义、效率、秩序等。因此,我们说,正是因为靶心即核心价值的不同,决定了不同政府治理模式的存在,而不同政府治理模式下各种不同价值之间的差异,即表现在各种价值在

① 张康之:《公共管理伦理学》,中国人民大学出版社 2003 年版,第 303 页。

靶心和外环的相对运动上。以服务价值为例,服务价值其实从农业社会就存在,只不过占据边缘性地位,而到了工业社会的时候,服务价值开始向中心移动,最终占据中环的位置;随着时间的继续推移,到了后工业社会的时代,服务价值已经到了靶心的位置,因而也就成了一个社会的核心价值。与服务价值一样,其他价值也在不同的时期,游离于靶心和外环之间,时而作为核心价值存在,时而作为边缘性价值存在。

服务型政府治理模式与之前的两种政府治理模式相比,其最大的特点或者是优势在于,服务价值的突出会使得其他价值也能够顺利地得以实现。比如在农业社会里反复强调的秩序问题,在统治型政府治理模式下必须把秩序放在首要地位,当作核心价值来维护方可获得良好的统治秩序,而在服务型政府治理模式下,通过服务价值的实现就可以获得良好的社会秩序。而效率和公平同样如此,在以往的政府治理模式下,效率和公平向来是一对难以解决的矛盾,往往是注重效率而有失公平,注重公平又难以保证效率。在这样的情况下二者就难以同时获得,而且往往是效率由于是管理型政府治理模式的核心价值,占据更大优势。而服务型政府治理模式就能有效地解决这个问题,这是因为,这种新型的政府治理模式将效率和公平的问题置于次一级层面上,效率不再是我们强调的首要价值,而且我们强调公共组织在提供公共服务时,要突出公平问题,这就有效平衡了在过去政府治理模式下效率的强势问题,从而有效地解决了效率和公平的问题,使得这些价值都可以很好地得以实现。

2.服务与服务型政府

我们现在所提的服务型政府,正是在工业社会向后工业社会发展的过程中,在服务型政府治理模式占据主导地位的情况下,衍生出来的一个全新的概念。从"服务型政府"的名称我们就可以看出,这个全新的概念是从职能的角度重新诠释政府,突出强调了政府的公共服务职能。从目前的研究情况看,不管是学术文章还是官方文件,对政府职能的界定一般都是在四个大的方面,即宏观调控、市场监管、社会管理、公共服务。我们之所以把目前政府改革的方向定位在建设"服务型政府",原因就在于,在当前社会转型的状态下,必须突出强调政府的服务职能,政府工作人员做好人民的公仆,政府所有职能的定位都放在"服务"上,我们的政府才能真正做到深入贯彻落实以人为本的科学发展观,带领人民为建设富强民主文明和谐的社会主义现代化国家而奋斗。

我们之所以提出建设服务型政府,是有着深刻的历史原因和现实原因的。首先,我们的国家是由中国共产党领导的以工农联盟为基础的人民民主专政的社会主义国家,中国共产党是我们的执政党,是社会主义事业的坚强领导核心,人民是国家的主人,是国家权力的拥有者和行使者。我们的政党性质决定了我党的宗旨就是全心全意为人民服务,我们的国家性质也决定了政府的所有职能都是为人民服务的。因此,我们的政党性质和国家性质就从根本上决定了建设服务型政府的必然性。由此可见,建设一个服务型政府,为社会公众提供到位的、完整的公共服务,这是大势所趋、潮流所向,符合我们国家的长远利益和人民群众的根本利益。

在我党80余年的光辉历史上,历代领导核心都十分重视政府与服务之间的关系,并对二者之间的关系有过精辟的阐述。"为人民服务"的思想是以毛泽东同志为核心的第一代中央领导集体对马克思主义政府服务观基本原理的继承、发展和概括。他从"人民群众是历史的创造者"这一历史唯物主义的基本原理出发,在中国革命和建设的实践中,逐步确立和发展了全心全意为人民服务的思想。1944年9月,毛泽东发表了著名的《为人民服务》的演讲,第一次系统而完整地阐明了为人民服务的思想。在1945年党的七大上,毛泽东对为人民服务的思想作了更深层次的论述,第一次把全心全意为人民服务作为党的三大优良作风之一和党的唯一宗旨,并将其写入党章。以邓小平同志为核心的第二代中央领导集体坚持"领导就是服务"的观点,在服务和政府职能的关系上做出了经典概括,即政府服务方式——宏观调控;政府服务内容——提供公共产品和公共服务;政府服务目标——实现共同富裕。以江泽民同志为核心的第三代中央领导集体的观点是"执政就是服务",在党的十五大报告中,江泽民同志指出"我们党来自人民、植根于人民、服务于人民",并于2000年在广州视察时提出了三个代表重要思想,更加确立了人民利益的重要地位。

以胡锦涛同志为总书记的新一代中央领导集体,进一步继承和发展了我党在政府职能和服务之间关系上的认识,明确提出"我们应当积极建设服务型政府,强化政府的社会管理和公共服务职能"。胡锦涛同志在2003年七一讲话时说道"相信谁、依靠谁、为了谁,是否始终站在最广大人民的立场上,是区分唯物史观和唯心史观的分水岭,也是判断马克思主义政党的试金石","各级领导干部都要牢固树立全心全意为人民服务的思想和真心实意对人民负责的精神,做到心里装着群众,凡事想着群众,工作依靠群众,一切为了群众。要坚持权为民所用、情为民所系、利为民所谋,为群众诚心诚意办实事,尽心竭力解难事,坚持不懈做好事"。[①] 2006年10月召开的十六届六中全会,通过了《中共中央关于构建社会主义和谐社会若干重大问题的决定》,明确提出强化政府的社会管理和公共服务职能。2008年2月,胡锦涛总书记组织政治局第四次集体学习,内容就是国外服务型政府建设和中国建设服务型政府。至此,服务型政府的建设问题正式被提上了日程。

我国提出建设服务型政府,也是有着深刻的现实原因的。过去我们采取高度集中的计划经济体制,政府对所有的事情大包大揽,是因为我们最重要的任务就是集中精力恢复国民经济,加快经济发展速度,政府所承担的角色就是充分发挥政府能够集中力量办大事的优势。因此,我们的政府更多的是管制型的政府,我们的指导思想就是一切以事为本,以效率至上,为经济发展是瞻,一切工作都要服从于和服务于经济发展这个中心。政府所有的职能都是为提高经济发展速度而设置。在这种情况之下,政府的服务职能被忽略,或者说没有被充分重视。而改革开放30年之后的今天,我国的经济发展突飞猛进,尤其是从2003年以来,我国的GDP连续4年以10%以上的速度增长,经济总量已经跃居世界第4位。同时,据环球时报2008年6月3日报道,截至2008年4月底,中国的外汇储备已经增加到1.76万亿

① 胡锦涛:《相信谁 依靠谁 为了谁》,http://www.ho.xinhuanet.com/zt/2003-07/19/content724172.htm.

美元,比东北亚其他国家和地区外汇储备的总和还多。中国社科院世界经济与政治研究所所长余永定对环球网记者说,这个数字实际上已经超过了世界主要7大工业国(包括美国、日本、英国、德国、法国、加拿大、意大利,简称G7)的总和。因此,从目前的形式来看,我国的经济发展速度在世界范围内也已经走在了前列。但是,我国目前飞速的经济发展并不是完全让人高枕无忧的。我们的经济发展速度是上去了,但这种速度是以破环生态环境为代价的,我们走的是传统的粗放型经济增长方式,一味追求经济发展速度,而忽视了质量和效益,忽视了人的发展。

综合而言,我国目前的经济发展中存在的问题还在于以下几个方面:一是速度与效益的矛盾。经济速度很快但经济效益太低,明显影响经济的可持续发展,特别是国有企业经济的效益明显偏低。主要以能源原材料来看,用了占世界31%的煤炭、27%的钢铁、25%的有色金属、40%的水泥、将近10%的石油天然气,只给世界创造了5%的财富。生产总值的单位能耗是比日本、比欧洲国家高七八倍。二是社会经济增长与社会事业发展严重滞后的矛盾。经济发展比较快,但是社会事业发展比较慢,可以说严重落后,特别是教育、医疗、住房、社会保障等社会保障制度不健全,也是现在群众反映最激烈的问题。必须加强这方面工作,增加国家的投资,加快社会事业的发展。三是经济发展目标与资源环境条件明显不协调的矛盾。我国经济发展目标定得比较高,但与资源环境条件明显不协调,资源消耗很大,污染很严重。四是分配差距过大的矛盾。城乡差距、地区差距都在扩大,劳动就业的矛盾越来越突出。五是社会诚信严重不足,腐败现象严重。这些矛盾也制约我国经济的发展。

在这样的新形势下,我们必须转变发展思路,重新制定发展策略。这就首先要从政府做起。我们的政府首先要给自己定好位,合理地界定自身职能,并把握好自身改革的大方向。其中最重要的就是要按照党的十六届六中全会的要求和中共中央政治局集体学习的精神,努力建设服务型政府。如上所述,我们党的历届中央领导集体都很重视政府对人民的服务,但是之前我们没有提过服务型政府这个概念,而现如今我们不仅正视这个提法,而且组织政治局集体专门学习,并写入党的重要文献之中,这充分说明了以胡锦涛同志为总书记的党中央,把对人的重视又提到了一个新的高度。我们的各级政府在建设服务型政府的过程中,也要以中央精神为指导,牢牢把握服务这个主题,紧紧围绕发展这个主线,以人民为依托,切实抓好各项具体工作。官本位的意识得以移除,人民的地位得到尊重,服务的价值得以确立,公仆的观念得以深入,倘若如此,我们的服务型政府建设必将恩泽于一方土地、惠及于广大人民。

(二)服务于公民,而不是服务于顾客

1. 新公共管理的观点

在政府与公民之间的关系上,新公共管理有其独特的理论视角。新公共管理运用民主的经济理论,按照经济竞争来解释政治行为,把公民视为顾客。"对于政府机关而言,顾客是指受公共政策和公共管理行为影响的人,一般可分为外部顾客和内部顾客。外部顾客指组织的最后政策之直接受益者,或者间接受益者,也是行政机关直接或间接接触的对象。内部顾客指公共组织内部参与组织管理和运作的成员,他们是公务员,是为民提供具体服务的服务者和行动者。"①在新公共管理看来,这种运用经济理论解释政治的现象是合理的。"就像公司被认为竞争利润一样,政党也被认为竞争选票。转过来,公民便被视为政党竞争其选票的顾客。这些公民/顾客的决策所依据的是他们使自己效用最大化的努力,他们投票支持一个政党或者是别的政党,或者干脆避开政治,通过把自己的时间和精力花在别的地方而寻求最大的效用。"②

新公共管理通过顾客导向的倡导,旨在重新界定政府与公民之间的关系,并突出强调政府的服务职能。因为在经济学中,顾客是能够左右一个企业的利润,并最终决定一个企业的命运的。因此,企业为了追求利润的最大化,为了在激烈的竞争中求得生存,必须为顾客提供一流的服务,使顾客获

① 张成福、党秀云:《公共管理学》,中国人民大学出版社2001年版,第314页。
② [美]珍妮特·V.登哈特、罗伯特·B.登哈特:《新公共服务——服务,而不是掌舵》,丁煌译,中国人民大学出版社2004年版,第55页。

得满意,达到顾客和企业的双赢局面。因此,把公民视为顾客,把政府看作是企业,会使得政府面临前所未有的压力,迫使政府为公民提供更为完整的公共服务。这种观点曾经盛极一时,但是这种观点却遭到了美国著名行政学家登哈特教授的批评,登哈特教授的新公共服务理论又把这一争论推向了一个新的阶段。

2. 对服务对象的合理界定

对于顾客以及顾客导向的政府,著名行政学家奥斯本和盖布勒认为,顾客驱动的政府优越于官僚制政府,因为前者更负责任、更多创新、有可能产生更多服务选择以及更少浪费的优点①,巴泽莱主张,根据顾客服务来思考有助于公共管理者明确地表达他们对绩效的关注并且对所出现的问题提出一些创新性的解决方案。他们总体上是赞成顾客导向的提法的,因为这会给政府带来很多积极的变化。但是登哈特教授对此提出了质疑,他指出,"尽管改进政府的服务质量是一个无人会质疑的理念,但是利用'顾客服务'的言辞和方法既具有实际困难也具有理论困难。"②这种困难来源于两个方面,首先,顾客是拥有选择权的,他既可以选择同一家企业的不同产品,也可以选择同一家企业同一种产品的不同型号,当然,也可以选择不同企业的产品。而在政府中,这种可供选择的方案是少之又少的。政府提供的很多公共服务和公共产品都是垄断性的,全国独此一家,别无二号,因此,在这样的情况下,公民实际上就丧失了选择权,这种所谓的顾客实际上没有真正的顾客所应该享有的选择的自由。而且,市场上顾客的利益诉求基本上是一致的,即花最少的钱获得最满意的产品和服务。而政府的顾客群则不然,不同的公民个人之间、不同的团体之间,其利益诉求千差万别,多元化趋势明显,因此,公民并不是真正的顾客。

另外,登哈特教授还指出,在政府中,公民不只是顾客,他们是"所有者或主人"。因此,把公民仅仅视为顾客,实际上还是没有充分体现出公民在

---

① [美]珍妮特·V.登哈特、罗伯特·B.登哈特:《新公共服务——服务,而不是掌舵》,丁煌译,中国人民大学出版社2004年版,第56页。

② 同上。

国家中的地位。而且,最重要的是,顾客的利益与主人的利益不总是一致的。企业可以通过使市场上的顾客满意而长期获益,而政府却不可能做到。在市场中,企业可以把顾客视为上帝,一切按照消费者的需求来进行市场运作就完全会使企业增加利润,但是对于政府来说,有些顾客的需求和政府的利益是一致的,但是也有一些需求和政府的利益是不一致的。比如城管执法大队的存在,小摊贩需要在街头摆摊来维持基本生活,他们希望政府不来干涉,但是政府为了维护良好的市容市貌,为了给更多的人提供更好的城市空间,必须对他们进行管制,这就是一个明显的冲突和矛盾。因此,政府不能像企业一样,完全以顾客的需求为主,政府要更多地考虑其他因素,综合考虑各个利益群体的利益平衡,并最终会以整体利益和长远利益为主。

二、公共利益是永恒的追求

多年以来,人们对于公共利益的追求从来没有停止过,但与此同时,学者们对于"公共利益"这个概念的界定与纷争也从来没有停止过。比如沃尔特·利普曼将公共利益界定为"人们在清楚地看到、理性地思考并且公平无私地行动地情况下将会选择的东西",但是格伦顿·舒伯特则认为,公共利益这个概念"没有任何操作意义……政治学家可能会更好地把自己的时间用于培育一些更有可能在政治责任的科学研究中成为有用工具的概念"。除此之外,对于公共利益的界定还有多种不同的声音,在此就不一一列举,但是有一点值得肯定的是,公共利益这个词语在公共行政这么多年的发展之中,是占据极其重要的地位的。登哈特教授把公共利益和爱进行了比较,他指出:"像爱一样,公共利益对于不同的人也意味着不同的东西,它也会随着时间的推移而发生变化,也会激发行为,塑造我们的思想,不能进行测量,并且既涉及实质又包含着过程正如对人类经验的认识实际上需要承认爱的作用一样,倘若不承认公共利益的作用,那么,认识公共服务的深度和广度即便是不可能的,也是很难的。"①很显然,登哈特教授充分肯定了公共利益的重要作用,并揭示了公共利益和公共服务之间的关系。

(一) 传统公共行政与公共利益

基于政治行政二分法原则的传统公共行政认为,公共利益属于政治领域的范畴。行政领域则秉持政治行政二分的初衷——效率至上——开展活动,效率是一切行政活动的"上帝",对行政效率的追求彰显出作为一个价值中立的技术过程的公共服务和公共行政领域。因此,作为政策和意志的执行工具,行政与价值无涉、与公共利益无涉。

政治行政二分法昭示的是政治对行政的控制和行政相对于政治的辅助、被动角色。这样的辅助角色首先就表现在对公共利益的表达上。行政学的开山鼻祖威尔逊认为政策不是文官的创造而是对公共舆论负责的政治家的杰作,古德诺则将行政看做国家意志的执行行为,从属于作为国家意志表达行为的政治。彭德尔顿·赫林则发现了行政官员不得不对含糊立法进行解释和界定的问题,他认为处理特殊利益集团的要求需要一定水准的裁量权,而公共利益是行使这种裁量权的标准。此外,赫林还把公共行政官员当成各个利益集团冲突无果的最后控制器。还有一些早期的行政学者则强调了行政官员的从属、谦恭角色。

总之,在传统公共行政中,公共利益是由民选的政策制定者来界定的。人们假定行政官员能够以尽可能最有效率、最科学、最具有政治中立性的方式执法以便最好地为公共利益服务。尽管行政官员在执行立法政策中解决特殊利益团体之间的冲突时需要注意公共利益,但是这种观念认为他们的裁量权应该受到限制。公共行政官员在调节特殊利益团体时常常会扮演着一种主要是消极的角色,而且仅当有必要允许采取行政行为的时候,他们才会扮演这种角色。②

---

① 〔美〕珍妮特·V.登哈特、罗伯特·B.登哈特:《新公共服务——服务,而不是掌舵》,丁煌译,中国人民大学出版社2004年版,第65页。

② 同上,第74页。

（二）服务型政府与公共利益

服务型政府的公共利益观不同于传统公共行政和新公共管理的公共利益观。服务型政府强调公务员对于帮助社会公众表达公共利益的重要作用，公共利益也应该成为公共行政官员的决策价值指导。但这并不否认政治过程对公共利益的关注，也不意味着用公务员的意志取代社会公众的意志，而是让公务员充当一个弥补公民参与不足的中间平台，使公民在社会治理的每个阶段（而不只是选举政治中）都有自己的发言权。

事实上，一些早期的公共行政学者都已经提出将公共利益纳入行政过程的议题，但是他们的影响力为当时的效率至上主义所掩盖，未能产生广泛的社会影响。例如，阿普尔比就强调公共行政官员要以关注人们的普遍需要为自己的职责，同时要落实政府对公民的回应、预见和关注一些普通公民忽视的因素。埃米特·雷福德强调公共利益是行政决策的依据，行政官员应该成为公共利益的一种必要保证，他还强调公共行政官员要关注未被充分代表的弱者的利益和需求。诸如此类的早期强调公共利益的观点为数不少，但是它们不是未引起足够重视就是受到了在当时几乎是无法回击的猛烈批评。

服务型政府理论则试图复兴这些古老的思想火花。它倡导行政官员在界定公共利益和依据其行事方面积极主动地开展活动，否认公共利益是个人利益的简单相加，它要求超越自身利益而去发现公共利益并按照公共利益的要求和引导行事。服务型政府的公共利益是一个官民对话、民众广泛深入参与的治理过程。这个过程既可以使人们了解政策制定的情况，又可以培育公民意识。在一个民主政体中，位于公民权核心的正是一种超越狭隘利益的达成对公共利益认识的能力，而政府在此过程中起着重要作用。有的学者甚至将公共利益作为公共行政合法化的一种手段对之加以阐述。当然，上述观念并不要求也不代表用行政官员的意志和他们对公共利益的理解来代替立法部门的意志而变成民主的卫道士。那是越俎代庖的表现。这只是表明公务员可以在一定程度上促进关于公共利益的对话和为实现公共利益而采取力所能及的行动。也就是说行政官员不能取代民选官员、公民、法院以及治理过程中许许多多的其他参与者所扮演的积极角色。①

总之,在服务型政府治理模式之下,虽然公共行政官员不是公共利益的最终决定者,却是一个包括公民、团体、民选代表等多元主体在内的大型社会治理系统之下重要的枢纽性角色。从而,政府回应公民对公共利益的关注成为其区别与企业的关键原因,服务型政府则更加强调政府在实现公共利益方面的关键责任和作用。

三、通过重视人提供高品质服务
(一) 重视公民权的实现

服务型政府要求剔除新公共管理和政府再造运动中的企业家政府愿景和改革模式,强调公民权的实现胜过所谓的企业家精神。这实际上是一种对政府公共性的价值复归,是长存于公共行政领域之中的宪政主义和管理主义相较量的一个最新版本,这次学者偏向了宪政主义,而强调公民权的实现。

在服务型政府治理模式下,政府不再是简单的公共服务和管理的提供者,而是一个综合治理模式下的重要参与角色和决策参与的组织协调者,它组织各方力量与自己一道共同解决公共问题。因此,在一个具有积极公民权的世界里,公务员的角色发生了变化。公共行政官员将会扮演的不仅仅是一种提供服务的角色——他们将会扮演的是一种调解、中介甚或裁判的角色。而且他们依靠的将不再是管理控制的方法,而是促进、当经纪人、协商以及解决冲突的技巧。②

重视公民权的实现要求政府采取实际行动为实现公民参与开辟一些新的途径。这样做有理论和实践上的理由。在理论上,行政官员作为优良公民,有责任创造条件实现自己与其他公民的必要联系,要关心他们的公民同伴。此外,行政官员负有一种帮助教育公民的责任,教育他们不只是考虑他

① [美]珍妮特·V.登哈特、罗伯特·B.登哈特:《新公共服务——服务,而不是掌舵》,丁煌译,中国人民大学出版社2004年版,第79页。
② 同上,第81页。

们自身的利益,还要考虑更加广泛的利益,培养他们对别人需要的移情认识和培养从事集体活动的技巧。行政官员最重要的是要倾听民众的声音并对其需求做出回应。在实践上,更多的参与能够满足公民对自身声音得到关注的期望,更多的参与能够改善公共政策的质量,更多的参与有助于政策的理解和执行,更多的参与有助于提高政府的透明度和公信力,更多的参与有助于强化政府责任,更多的参与有助于迎接信息社会的挑战等等。

总之,服务型政府要求保障公民权的实现,要通过更多的公民参与实现对公民权的尊重、服务理念的实现和服务质量的提升。

(二)尊重公共服务理想

一个良好的社会治理秩序不仅需要业务精湛、道德高尚的行政官员,同时还需要具备政治敏感性的公民。换句话说,一个良好的社会是由良官和良民共同组成的,二者缺一不可。在服务型政府状态下,各级政府工作人员是全心全意为人民服务的公仆,广大社会公众也通过各种形式积极参与到社会政治中来。因此,我们一方面要充分尊重各级政府工作人员的公共服务理想,另一方面,也要充分尊重其他非政府工作人员,包括一般社会公众的公共服务理想,只有政府、社会、企业等各方面力量联合起来,广大社会公众积极参与,这才是一个良性互动的社会。

1. 尊重政府工作人员的公共服务理想

在服务型政府的状态下,各级政府工作人员都是为了"服务"而存在,他们都是为人民服务的公仆,有别于过去传统的计划经济体制下"管理者"的身份。这就需要各级政府工作人员对自己的角色进行重新评价和认识,转变思想观念,抛弃根深蒂固的官本位意识,树立崇高的公共服务理想,真正做好人民的服务者。

在服务型政府的状态下,一个合格的政府工作人员,不仅需要按时按量完成上级下达的各种任务和各种日常工作,更重要的是,他必须拥有一颗博爱天下的心,他必须拥有"先天下之忧而忧,后天下之乐而乐"的高尚情怀,必须时刻把人民群众的利益放在首位。

服务型政府状态下的政府工作人员,要把集体利益放在个人利益之前。

政府工作是一项特殊的职业,政府工作人员掌握着社会的各种资源,掌握着各种信息,如果政府工作人员没有崇高的政治理想,就很容易滥用职权,为自己谋利益,这种情况在近些年查处的案件中屡见不鲜。政府工作人员在毫无自律意识的情况下,很容易把精力集中在个人利益的谋取上,因此,政府工作人员必须要有严格的自律意识,心中时刻装着老百姓,要时刻警醒自己,手中的权力是人民赋予的,必须拿来为人民谋福利,而不应该成为自己胡作非为的工具。这是一个负责任、有良心的政府官员必须尽到的责任。

服务型政府状态下的政府工作人员,要把长远利益放在近期利益之前。如果说把集体利益放在个人利益之前那是道德问题的话,把长远利益放在近期利益之前则是境界问题。一个政府工作人员,必须拥有比其他职业的工作人员更高的思想境界。他必须站在一个更高的层次上,从更加宏观的角度思考问题,在相互联系的各个环节上的进行全盘考虑。因此,政府工作人员不能局限于小范围内的所失所得,他应该具备战略眼光,应该能够比其他人看的长远,能够为整个组织的长远利益考虑,而不只是局限在细枝末节的考虑上。而只有具备公共服务理想的人,才能够达到这样的境界。

2. 尊重其他组织工作人员以及社会大众的公共服务理想

在服务型政府下,政府的主要职能是为社会公众提供不同水平、不同层次的公共服务。我们所要建设的服务型政府,不仅是在服务形式、服务手段上与过去有很大区别,在服务主体上与过去也有很大不同。其最大的区别是,不仅仅是政府,非营利组织、企业等其他组织也可以参与提供公共产品和公共服务,因此,在这种情况下,除了政府之外的其他组织中的工作人员,在其参与公共产品和公共服务的情况下,也应该具备公共服务理想。我们应该尊重他们的公共服务理想,鼓励他们为了社会公众的利益而提供高质量的公共产品和服务,以一颗为人民服务的心来工作,而不是单纯地考虑经济利益以及其他因素。

广大社会公众是政府各项公共政策的直接受益者,是社会的重要组成部分,因此,政府在制定政策或是作出决策时,能够在多大程度上听取公众意见,标志着这个社会的民主化程度,也标志着这个社会的公众参与程度。

因此,要大力提高社会公众的政治参与水平和能力,让广大有志之士通过各种渠道和方式参与到国家和社会事务的管理中来,让他们为国家事务献计献策,贡献自己的智慧和力量。这些能够参与到国家事务管理中来的社会公众,其初衷也是崇高的公共服务理想。因此,我们要充分尊重他们的公共服务理想,发挥他们的主观能动性,让他们能够有机会实现自己的理想,为促进人类的进步和社会的发展添砖加瓦。公共服务理想是一种甘于奉献的精神,是一种只顾付出不计回报的精神,是一种俯首甘为孺子牛的精神,是一种高境界下为人民服务的精神。我们必须尊重所有人的公共服务理想,鼓励所有人为了公共事业而不懈奋斗,为了公共利益而不懈努力。

四、服务型政府职能实现过程中的公正、公平与正义

(一)服务型政府与社会公平正义的关系

维护社会公平的问题,应该说我们提出来还是比较早的。维护社会公平,是社会主义的题中之义。中国共产党人提出搞社会主义建设就包含着维护社会公平。尽管在过去相当长的时间内,我国的政府是典型的管制型政府,在效率和公平的价值选择上,我们奉行的是效率优先,兼顾公平的原则和方针。但是在后来的发展过程中,我们逐渐对这个问题在认识上有了一个进步,在党的十六届四中全会上,我们提出了一个新的观点,那就是:初次分配注重效率,二次分配注重公平;再到后来党的十六届五中全会,我们又提出了更加注重社会公平。至此,在效率和公平的问题上,我们由过去向效率倾斜开始向公平倾斜。

公平正义问题不仅是党和政府更加关注的问题,也是老百姓越来越关注的问题。当今中国经济社会发生了广泛而深刻的变革,在这样的历史背景下出现了一些不和谐的因素,甚至可以说是不公平的现象,这就出现了要求公平的呼声。因此,如何解决不公平问题,促进社会的公平正义,在当今的社会条件下就成了一个刻不容缓的命题。而服务型政府的提出,毫无疑问为这个问题的解决提供了一个全新的路径。

建设服务型政府,是构建和谐社会、促进社会公平正义的必然要求,同

时,服务型政府的建设又能够反过来促进社会公平正义的实现。构建社会主义和谐社会是以胡锦涛同志为总书记的党中央在我国的改革开放进入关键发展时期提出的一个重大的战略发展目标,是进一步提高党的执政能力、贯彻落实科学发展观、全面建设小康社会的战略举措。构建和谐社会,是一项系统工程,政府作为行政权力机关,掌握和控制着大量的公共资源,是社会公共事务的直接管理者,是党执政的主要通道和载体,在构建和谐社会中承担着主要责任。当前我国已进入改革发展的关键时期,经济体制深刻变革,社会结构深刻变动,利益格局深刻调整,思想观念深刻变化,各种矛盾和问题集中出现。经济增长的资源环境代价过大;城乡发展、区域发展、经济社会发展仍然不平衡;农民持续增收难度加大;收入分配差距扩大;部分低收入群众生活比较困难等。特别是处于弱势的广大社会群体需要政府提供更多的机会和渠道来表达和维护自身的利益,政府要承担解决社会公正、公平问题和缓解社会矛盾的责任。建设以增进人民福祉、促进社会公平为目的的公共服务型政府,体现了缓解社会矛盾、构建和谐社会的迫切要求。同时,我们所要建设的服务型政府,是以人为本的服务型政府,是以人的发展和人的进步为最终目标的服务型政府,是以各项制度为保证的服务型政府,因此,服务型政府的建设,必将在很大程度上促进社会公平正义的实现,并为人民群众的安居乐业和共享发展成果保驾护航。

(二)通过服务型政府各项制度保障公平正义

公平正义的实现,是一个关系国计民生的大事。是我们的服务型政府是否能够落实以人为本、能够贯彻落实科学发展观的一个重要的检验标准。而且鉴于我国现阶段在医疗、教育等方面存在诸多不公平的现象,公平正义的实现和保障更是目前任务的重中之重。但是社会公平正义的真正实现不仅需要依靠科学理论的指导,更需要各项制度作为后盾和保障。只有具备了各项完善的规章制度,我们对整个社会公平正义的保障才能够落到实处,我们的公平正义才不至于只是一句空话。

(1)完善民主权利保障制度,巩固人民当家作主的政治地位。坚持党的领导、人民当家作主和依法治国的有机统一,依法实行民主选举、民主决策、民主管理、民主监督,积极稳妥地推进政治体制改革,健全民主制度,丰富民主形式,实现社会主义民主政治制度化、规范化、程序化,保障人民享有广泛的民主权利。坚持和完善人民代表大会制度、中国共产党领导的多党合作和政治协商制度、民族区域自治制度,从各个层次扩大公民有序的政治参与,保障人民依法管理国家事务、管理经济和文化事业、管理社会事务。推进决策科学化、民主化,深化政务公开,依法保障公民的知情权、参与权、表达权、监督权。扩大基层民主,完善厂务公开、村务公开等办事公开制度,完善基层民主管理制度,发挥社会自治功能,保证人民依法直接行使民主权利。

(2)完善法律制度,夯实社会和谐的法治基础。维护社会主义法制的统一和尊严,树立社会主义法制权威。坚持公民在法律面前一律平等,尊重和保障人权,依法保证公民权利和自由。坚持科学立法、民主立法,完善发展民主政治、保障公民权利、推进社会事业、健全社会保障、规范社会组织、加强社会管理等方面的法律法规。加快建设法治政府,全面推进依法行政,严格按照法定权限和程序行使权力、履行职责,健全行政执法责任追究制度,完善行政复议、行政赔偿制度。加强对权力运行的制约和监督,加强对行政机关、司法机关的监督。拓展和规范法律服务,加强和改进法律援助工作。深入开展法制宣传教育,形成全体公民自觉学法守法用法的氛围。

(3)完善司法体制机制,加强社会和谐的司法保障。坚持司法为民、公正司法,推进司法体制和工作机制改革,建设公正、高效、权威的社会主义司法制度,发挥司法维护公平正义的职能作用。完善诉讼、检察监督、刑罚执行、教育矫治、司法鉴定、刑事赔偿、司法考试等制度。加强司法民主建设,健全公开审判、人民陪审员、人民监督员等制度,发挥律师、公证、和解、调解、仲裁的积极作用。加强司法救助,对贫困群众减免诉讼费。健全巡回审判,扩大简易程序适用范围,落实当事人权利义务告知制度,方便群众诉讼。规范诉讼、律师、仲裁收费。加强人权司法保护,严格依照法定原则和程序进行诉讼活动。完善执行工作机制,加强和改进执行工作。维护司法廉洁,严肃追究徇私枉法、失职渎职等行为的法律责任。

（4）完善公共财政制度，逐步实现基本公共服务均等化。健全公共财政体制，调整财政收支结构，把更多财政资金投向公共服务领域，加大财政在教育、卫生、文化、就业再就业服务、社会保障、生态环境、公共基础设施、社会治安等方面的投入。进一步明确中央和地方的事权，健全财力与事权相匹配的财税体制。完善中央和地方共享税分成办法，加大财政转移支付力度，促进转移支付规范化、法制化。保障各级政权建设需要。完善财政奖励补助政策和省以下财政管理体制，着力解决县乡财政困难，增强基层政府提供公共服务能力。逐步增加国家财政投资规模，不断增强公共产品和公共服务供给能力。

（5）完善收入分配制度，规范收入分配秩序。坚持按劳分配为主体、多种分配方式并存的分配制度，加强收入分配宏观调节，在经济发展的基础上，更加注重社会公平，着力提高低收入者收入水平，逐步扩大中等收入者比重，有效调节过高收入，坚决取缔非法收入，促进共同富裕。通过扩大就业、建立农民增收减负长效机制、健全最低工资制度、完善工资正常增长机制、逐步提高社会保障标准等举措，提高低收入者收入水平。完善劳动、资本、技术、管理等生产要素按贡献参与分配制度。健全国家统一的职务与级别相结合的公务员工资制度，规范地区津贴补贴标准，完善艰苦边远地区津贴制度。加快事业单位改革，实行符合事业单位特点的收入分配制度。加强企业工资分配调控和指导，发挥工资指导线、劳动力市场价位、行业人工成本信息对工资水平的引导作用。规范国有企业经营管理者收入，确定管理者与职工收入合理比例。加快垄断行业改革，调整国家和企业分配关系，完善并严格实行工资总额控制制度。建立健全国有资本经营预算制度，保障所有者权益。实行综合与分类相结合的个人所得税制度，加强征管和调节。

（6）完善社会保障制度，保障群众基本生活。适应人口老龄化、城镇化、就业方式多样化的现状，逐步建立社会保险、社会救助、社会福利、慈善事业相衔接的覆盖城乡居民的社会保障体系。多渠道筹集社会保障基金，加强基金监管，保证社会保险基金保值增值。完善企业职工基本养老保险

制度,强化保险基金统筹部分征缴,逐步做实个人账户,积极推进省级统筹,
条件具备时实行基本养老金基础部分全国统筹。加快机关事业单位养老保
险制度改革。逐步建立农村最低生活保障制度,有条件的地方探索建立多
种形式的农村养老保险制度。完善城镇职工基本医疗保险制度,建立以大
病统筹为主的城镇居民医疗保险,发展社会医疗救助。加快推进新型农村
合作医疗制度。推进失业、工伤、生育保险制度建设。加快建立适应农民工
特点的社会保障制度。加强对困难群众的救助,完善城市低保、农村五保供
养、特困户救助、灾民救助、城市生活无着的流浪乞讨人员救助等制度。完
善优抚安置政策。发展以扶老、助残、救孤、济困为重点的社会福利。发扬
人道主义精神,发展残疾人事业,保障残疾人合法权益。发展老龄事业,开
展多种形式的老龄服务。发展慈善事业,完善社会捐赠免税减税政策,增强
全社会慈善意识。发挥商业保险在健全社会保障体系中的重要作用。拓宽
资金筹集渠道,加快廉租住房建设,规范和加强经济适用房建设,逐步解决
城镇低收入家庭住房困难。

(三)服务型政府职能的责任承担

公共服务涉及公共权力的使用,权责一致的原则提出了公共服务的责
任问题。服务型政府在实现自身的职能过程中,其责任承担是一个相当复
杂的问题。公共行政官员对诸如公共利益,法律条文,所属机构,其他层级
政府,民主规范和公民都负有责任。这些责任相互交叠,时常会产生矛盾。

服务型政府强调责任的重要性及其实现,否认责任可以用简单的效率
测量和市场标准来衡量,认为公共部门中的责任应该基于这样一种理念,
即:公共行政官员即便是在涉及复杂价值判断和重叠规范的情况下也能够
并且应该为了公共利益而为公民服务。[①] 要做到这些,必须寻求公共组织
内部对话和公民的广泛参与。公共行政官员的作用是将自身和公共组织所
面临的多重责任困境让公众知晓,并使之成为民主对话过程的一部分。从

---

① [美]珍妮特·V.登哈特、罗伯特·B.登哈特:《新公共服务——服务,而不是掌舵》,丁煌
译,中国人民大学出版社2004年版,第115页。

根本上说,服务型政府的责任承担不同于传统的公共行政责任和新公共管理的责任,它不但承认效率和结果测量的重要性,而且将公民权和公共利益置于中心位置,强调公共行政官员的行为要符合道德、民主原则和公共利益的期望。

　　服务型政府职能相应的责任具有多样性,它从以下几个方面批驳了新公共管理对责任的简化[①]:民营化以及试图模仿私营部门的种种努力缩小了责任的范围并且把关注的焦点放在了达到标准和使顾客满意上;没有适度地强调公法和民主规范;将公共行政官员视为企业家,而将公民视为顾客的做法很狭隘,不适合于公平、正义、参与和表达公共利益这样的民主原则等。在此基础上,服务型政府的责任则是一个包含专业责任、法律责任、政治责任和民主责任的复合体,通过公民参与、授权和对话等对民众负责的方式来解决公共行政官员面临的多重责任困境。服务型政府下的公共行政官员是负责任的行动主体,在复杂的政府治理体系之中,他们扮演时刻转换着的多重角色。

　　总之,服务型政府的责任并不像新公共管理那么简单,其麾下的公务员要做的是一项具有挑战性的工作,要承担法律、道德、正义方面的复合责任。

第三节　服务型政府职能实现过程中公共管理者的价值选择

一、公共管理者的双重角色

　　公共管理者在其现实生活中始终有着双重身份,扮演着双重角色:一是作为依法履行公职的公务人员,代表公共部门和公共利益,必须以公共管理职业伦理来要求自己;二是作为生活中的一分子,也有其社会角色,也会在

---

　　① 〔美〕珍妮特·V.登哈特、罗伯特·B.登哈特:《新公共服务——服务,而不是掌舵》,丁煌译,中国人民大学出版社 2004 年版,第 132 页。

其生活中有着各种各样的价值判断和价值选择。我们在这里探讨的公共管理者的价值选择,主要是讲的前者,即公共管理者作为公职人员,在依法履行公务时所作出的价值选择。

我们之所以更加关注公共管理者作为公职人员的角色以及其价值选择,主要就在于,在公共管理者的双重社会角色和社会身份中,二者并不是完全平等的,相比之下,公共管理者公务人员的角色占据更加重要的位置。这主要是因为,公共管理这一职业有着其他职业均不具备的特殊性,它不是仅仅要求公共管理者依法执行公务那么简单,而是要求公共管理者以其全部的精力投入到这个职业之中去,要把自己全身心地融入到这个角色中去。当然,在日常的社会生活中,公共管理者还扮演着丈夫或妻子、父亲或母亲、儿子或女儿等等多重角色,但是,其他的诸多角色在公共管理者从事职业活动的时候,都要退居次要地位,只能充当这种职业活动的支持力量或辅佐因素。也就是说,在公共管理者扮演的诸多角色之中,他的公共管理的职业角色始终是居于第一位的,其他角色都要从属于这一角色。这种角色之间的关系就决定了,当公共管理者的各种角色发生冲突时,其他角色都要服从其公共管理的职业角色,公共管理者要毫不犹豫地捍卫公共管理的价值,维护其角色的纯洁性。

公共管理是一项极其复杂的社会性活动,与其他职业相比,其社会性是最强的。如果说其他职业是间接地具备一定程度的社会性的话,那么公共管理则是最直接的社会性活动。因为公共管理活动是直接面向社会的,是直接和社会各个阶层接触的,公共管理活动的这种社会性也就决定了各级公共管理者具备高度的社会责任感和社会良知,要能够为自己的行为负责,为民众负责,因此,我们必须关注公共管理者的价值取向问题。

二、从法治和德治对比的角度看公共管理者的价值选择

如果说法治和德治是两种侧重点不同的治理手段的话,我们不妨将二者加以对比。法治是一种外部控制,强调人们的活动要在法律所允许的范围内,不得超过法律的界限;德治是一种内部控制,强调人们的行为要在正

确的价值观念指导下进行,要符合道德的要求和标准。从法治与德治的相比来看,我们可以看出,德治还是更适合我们现在的国情,因为德治具备法治不可能具备的优越性。这主要表现在,法律更多的是给人们的行为规定一个不可触碰的框架,更多的是从反面对违反行为准则的人进行处罚,是一种名副其实的硬管理,这种管理完全是适合工业社会的时代需求的,工业社会的管理型政府治理模式,强调政府治理的效率,在法治的状态下,能够保证政府的效率顺利达成。与法治相比,德治强调从人的本身去思考,从最基本的人性出发,研究人们应该如何作为,如何才是最好的道德品质和行为方式,它触及人的灵魂最深处,可以通过道德的教化完全改变一个人的行为方式,而且这种改变是自发的,不是出于外界力量的强迫,因此可以主动地操控一个人的行为方式。由此我们可以得出结论,即德治不仅可以达到政府的高效率,还可以追求政府服务的高品质,即它不仅可以让人只是局限于完成既定任务,而是让人可以把事情做得更好。即法治只能让人不做错事,但是不能保证做好事,而德治的出发点就是让人做好事。

在这一点上,张成福教授曾指出:"外部机制并不能控制生活的隐秘部分,因为不可能时刻监督公共管理者;此外,外部的控制和制裁只能触及外部的行为,它难以通过使人避免沾染邪恶的意向来控制公共管理者;而且外部控制的代价是昂贵的。外部控制只能守住已获得的成果,但却不能为社会提供最大限度激励人们获取更大胜利的可能,它亦不能鼓励高尚的公共官员的出现。显然,只依靠法律和外在的控制,无法创造或强化一种更好的公共管理秩序;促进负责任的行动,要求有义务和职责的意识;没有道德的公共管理亦是不可持久的。"①张成福教授亦是道出了德治的重要性。因此,德治具有法治不可比拟的优势。当然,任何一个社会的治理都不可能离开法律的框架,没有法律的社会治理是不可想象的。因此,最有效的途径是法治和德治相结合,即过去我们经常提到的把"依法治国"和"以德治国"结合起来,但是要以德治为主。

---

① 张成福、党秀云:《公共管理学》,中国人民大学出版社 2001 年版,第 341 页。

以德治国的关键在于以德治官,我们的官员是为人民利益而工作的,是宪政和人民利益的捍卫者,因此,官员的道德水准直接决定了人民利益是否能够得到保护。因此,以德治官在我国当前的形势下具有重要意义。"加强官员的道德素质建设,有助于抵御市场经济带来的负面影响,有助于提高干部队伍的整体素质,有助于处理好干群关系,加强干部群众之间的血肉联系。"①

如何实行以德治官,其中最重要的就是要各级公共管理者树立正确的价值取向,用正确的价值观念指导自己的行为。公共管理者树立什么样的价值取向,为何种价值而奋斗不息,直接影响到其行动。但是我们要强调的一点是,公共管理者在执行公务时代表的是公共部门和公共利益,因此,公共管理者的行为除了必须符合最起码的道德标准之外,还要有更高的职业伦理要求,因为公共管理者肩负着更大的公民信托。而且更加重要的是"我们认为公共管理者和一般公民的美德和恶德,其重要性是不同的。公共管理者的恶德能使千百万人遭受不幸,而其美德能使广袤地域幸福安宁。普通公民的美德通常只能影响他周围有限的范围,而公共管理者的美德随着他管辖区域的大小而增加。"②也正是因为如此,我们尤其强调公共管理者价值重塑的重要性,各级公共管理者一旦做出正确的价值选择,那么他必然就会做出相应的行为举止,他的日常工作就是为实现民主宪政、公共利益而努力不止,在这种情况下,数以万计甚至数以亿计的人民群众将会承受其恩泽,他不仅是合格的公共管理者,还是优秀的公共管理者。反之则不堪想象,价值观的错位是根本的错误,因此这样的公共管理者必将为人民所唾弃,并成为历史的罪人。

因此,我们可以说,公共管理者的价值取向与普通民众的价值取向之间的最大不同,就在于这种影响力。普通民众价值取向的正确与否只是影响个人的行为,而公共管理者价值取向的正确与否影响的将是千千万万的人。

---

① 许朝民:《以德治国的关键是以德治官》,载湖北经济学院学报2008年第8期,第8页。
② 张成福、党秀云:《公共管理学》,中国人民大学出版社2001年版,第342页。

意即公共管理者的特殊身份与角色决定了公共管理者要么是大善,要么是大恶,因此,各级公共管理者一定要树立正确的价值取向,以心怀天下为己任,秉承公仆精神,为公共福祉和人民利益奋斗终身。

三、乐善好施的公共服务精神

"公共服务精神是指基于人在社会生活中所具有的群体意识,出于对公共事业负责的理念,所表现出的一种为公共利益努力做出贡献的精神。"[①]它在社会发展中起基本精神支柱作用,能综合其他非理性思想,从而使社会观念与社会主体得以凝聚,使社会个体与群体行为得以汇通。"它是服务型政府公务人员行政理念的核心,也是其为社会大众提供服务的行为动力。"[②]它使公共精神、人本思想、奉献精神、服务观念、责任意识巧妙地融合在一起,催促公务员在开展工作时把服务作为工作的出发点和最终归宿,竭尽全力为百姓排忧解难,在优质公共服务的提供中实现公众利益的最大化。

公共服务精神能够成为服务型政府的核心价值理念,有其现实原因:我国是人民民主专政的社会主义国家,政府的权力来源于人民。作为权力的主人,社会大众有权享受其委托人所提供的优质服务,为民众服务是政府公职人员必尽的义务。我党全心全意为人民服务的根本宗旨和执政为民的实际行动是这一理念最好的佐证。公务员须秉承全心全意为人民服务的理念,牢固树立崇高的公共服务精神,已经成为当前我国服务型政府建设的核心要求。为民众服务,并不是体现在口头上,而是要落实到实际服务行动当中。政府公务人员公共服务精神的树立、服务行为的开展,都必须建立在对公共服务精神内涵的深刻理解基础上:公共服务精神是一种充满奉献的精神追求,它倡导公务员一切工作都要以维护公众的利益为出发点,时刻把实现公众利益的最大化作为管理的根本目标。它激发起公务员在管理中为公共事业奋发进取的强烈愿望,坚定了他们为公众幸福奋斗终身的决心。因

---

① 钱冰、刘熙瑞:《论公共服务精神》,载《教学与研究》2005 年第十二期,第 19 页。
② 李东泽:《论服务型政府的公共服务精神》,吉林大学硕士论文,2007 年。

此,它成为服务型政府公务人员的核心价值理念,也是新时期我国政府公务员所应具备的崇高行政追求。

在行政学的发展史上,国内外众多专家学者也对公共服务精神提出过一些颇具影响力的观点。这其中最具代表性的毫无疑问就是弗雷德里克森教授等学者在美国开国元勋杰弗逊身上发现的一种关于人民和国家应该行动和行动如何可能的理论,并设计出相应的政治结构,实现理想的道德秩序。乐善好施的概念是美国开国元勋的民主实现机制的一个必要理论前提。

人们投身于公共服务的一个重要原因是其具有一种乐善好施的情感。乐善好施是指喜欢做善事和施舍,多用于一个人品行谦和。因为政府行政的目的之一就是把政体的价值扩展到所有公民身上并保护每一位公民,所以,乐善好施就是实现这个目的的必要条件。[1] 公共行政人员的乐善好施与公共行政的精神存在一定的因果关系。它们之间外在表现是一种"有你才有我"的关系,存在一个"先有后"问题,本质上却是内在逻辑循环的。公共行政人员在公共行政事务中的行政行为是否符合公共行政精神,可以通过其是否具有乐善好施的情怀、是否爱别人、是否是无私地去爱来推断出来。[2]

在中国,乐善好施的公共服务精神是建设服务型政府必不可少的条件。即便我们不能指望每个公共行政官员都是理想主义者,但是我们要对官僚体系之中的理想主义有信心。"体现真正行政精神的必要条件是公共行政人员要有一种对他人广泛而积极的爱,换句话说,他们要有一种乐善好施的意识。"[3]没有乐善好施,公共服务就会因仅存职业操守和利己主义而缺乏根本动力。我们可以展望公务员既是道德的思考者又是道德的实践者,为人民服务的观念不仅仅可以约束广大的共产党员,同样可以成为全体公务

---

① 乔治·弗雷德里克森:《公共行政的精神》,中国人民大学出版社 2003 年版,第 176 页。

② 黄冠军、吕元礼:《公共行政精神回归的时代背景、内在要求及路径依赖》,《长沙大学学报》2007 年第 4 期。

③ 叶贵仁:《论和谐社会与公共行政的精神》,《四川行政学院学报》2005 年第 4 期。

员行为的道德准绳。公务员要将政体的价值融入到自己的服务行为之中，秉承公正、公开、平等的原则，为公民提出最贴心的公共服务。"爱你的邻居"的戒律相对比较容易，最大的困难是超越家庭、邻居，把未曾谋面的其他人都包括在你乐善好施的范围之内①。只有在公共行政人员把这种乐善好施的情感付诸实践时，理想与现实才能融合在一起。

总之，乐善好施的公共服务精神是一种理想，但并非过于理想化。在服务型政府的价值追求中，需要乐善好施的公共服务精神。

四、廉洁务实的工作作风和大公无私的高尚人格

服务型政府要求其工作人员必须具备廉洁务实的工作作风和大公无私的高尚人格。因为服务型政府最重要的就是履行其服务职能，这种服务型职能履行得如何，关键就取决于各级政府工作人员的综合素质。政府工作人员作为公共政策的执行者，作为公共利益的代言人，如果综合素质较高，认真执行各项规定和决策，那么我们服务型政府的各项职能就能够落到实处，反之则只能是一句空话。而在政府工作人员的各项素质之中，最重要的是则是廉洁务实的工作作风和大公无私的高尚人格。

在廉洁的问题上，国务院前总理朱镕基曾经在第十六次党的工作会议中指出："要按照'八个坚持、八个反对'的要求，找出差距，制定措施，全面落实，努力实现建设'廉洁、勤政、务实、高效'政府的目标。他说，首要的是要廉洁。不廉洁，其他都无从谈起。中央国家机关要进一步加强廉政建设，努力在廉洁方面为全国做出表率。中央国家机关工作人员都要勤政，兢兢业业、孜孜不倦地工作，忠于职守，乐于奉献，努力实践全心全意为人民服务的宗旨。要进一步转变政府职能和工作作风，坚决反对形式主义、官僚主义，坚决反对讲排场、比阔气，大力精简会议和文件，切实解决'以会议落实会议'、'以文件贯彻文件'的问题。"朱镕基总理对廉洁问题的强调，更加突出地表明了廉洁问题的重要性。但是如何才能保持廉洁务实的工作作风，

---

① 乔治·弗雷德里克森：《公共行政的精神》，中国人民大学出版社 2003 年版，第 180 页。

形成大公无私的高尚人格,还需要从以下几个方面着手:

一是执政固本的先进性要求。党员个性千差万别,但有一个共同的特征,就是党性原则。人格修养虽然是个人的行为指向,但总体方向上应该符合和体现党性原则的要求。作为党员干部,无论何时何地,都必须从国家振兴、党的事业、人民事业的发展大局出发,都必须以为人民服务为最高宗旨和行为准则,自觉按照"三个代表"的要求来锤炼自己和改造自己,增强对国家、民族和党的事业的责任感和使命感,努力成为实践"三个代表"的模范。

二是执政为民的公仆意识。淡薄名利、无私奉献,想群众所想、急群众所急。在全心全意为人民服务中显示共产党人的本色。各级政府工作人员只有切实改变原有的官本位意识,形成为人民服务的公仆意识,才能够真正做好人民的服务员。公仆意识的形成也是政府各级工作人员自律意识的表现。公仆意识形成了,政府工作人员才能真正把人民利益放在首位,把人民的事情当作是自己的事情,才能够为国家利益和人民利益奉献一切。

三是与时俱进的创新勇气。创新是一个民族进步的灵魂,是一个国家兴旺发达的不竭动力,也是一个政党永葆生机的源泉。解放思想、实事求是、与时俱进,不仅是马克思主义的理论品质,更应该成为共产党员和党员干部的人格品质。与时俱进、开拓创新,就是要求真务实、积极进取,自觉地把自己的思想认识从那些不合时宜的观念、做法和体制的束缚中解放出来;就是要总结历史,立足现实,放眼未来,研究新情况,解决新问题,不断创造出新的理论和实践成果,从对马克思主义的错误的和教条的理解中解放出来,从主观主义和形而上学的桎梏中解放出来。

第七章 服务型政府职能
实现条件

政府由管制转向服务是建立服务型政府的必要前提,前文阐明了政府职能转变对服务型政府职能实现的先导性;第六章则阐述了服务型政府的价值取向,可以看成服务型政府职能实现的精神动力和价值皈依,对于规范政府及其工作人员的行为亦具有重要意义。在这一章,我们将具体阐述服务型政府职能实现的条件。这些条件包括思想条件、体制条件、能力条件和物资技术条件等。

第一节 实现服务型政府职能的思想条件

思想观念的更新是任何改变的先导,实现政府向服务型政府转变,实现服务型政府的职能,首先要求转变政府和公务员的一系列传统思想观念,树立与服务型政府相适应的一系列理念、认识、观念。

一、服务型政府理念创新

服务型政府是在公民本位、社会本位理念指导下,在整个社会民主秩序的框架下,通过法定程序,按照公民意志组建起来,以为公民服务为宗旨,并承担着服务责任的政府。[①] 服务型政府要求实现以下转变:由计划经济体

---

① 刘熙瑞:《服务型政府——经济全球化背景下中国政府改革的目标选择》,《中国行政管理》2002 年第 7 期,第 5 页。

制下的政府本位向市场体制下的公民、社会本位转变;由传统的直接行政干预转向现代的通过法律、经济方法间接引导和服务为主的行政理念;由"全能的政府"向"有限政府"转变。服务型政府要求对先前的管制型政府进行全面的变革,在管理理念上树立公民本位、社会本位、权力本位,在职能上要求实现重心转移、突出提供公共服务的职能。服务型政府所要求的这些转变要求树立如下的理念:

(一)有限政府

有限政府是指政府在权力、职能、规模上都是有限度的,不能逾越法律明确规定的界限,因而责任也是有限度的。在理论上,政府具备扩张自身权力和规模的冲动和能力,与此同时却缺少扩大自己责任的意识和动力。这就出现了政府的权责不对等。这势必出现政府管得过多、过滥,挤占了市场和社会的角色份额等现象,甚至出现政府侵犯公民合法权利和利益的现象。于是出现了"无限政府"、"上帝政府"的提法。政府权力和职能的过度扩张严重窒息了社会和经济发展的活力,甚至会出现"政府失灵"。服务型政府的前提是政府职能的转变,要求政府从自己不擅长的领域退出,还权于社会,将自己的职能重心转到运用法律手段和经济手段为市场经济创造良好的、公平的竞争环境、为社会提供优质公共服务上来。有限政府最终要求实现政府的权力、能力、责任对等,树立有限政府理念是实现服务型政府职能的重要思想条件。

(二)法治政府

法治政府是法治精神引领下的政府,是指整个政府机构的创设、内部运作都必须符合法律的规定。法治政府不仅强调依立法机关制定的法律来制约行政,同时要求立法机关制定的法律须符合宪法与人权要求,并有效地保护公民个人的权益。政府抽象行政行为、具体行政行为和政府决策都必须具有合法性、规范性。[①] 服务型政府对公民需求的回应、对环境变迁的适应、自身公共服务职能和责任的实现都需要法制作为保障。所以,服务型政

---

① 李文良:《中国政府职能转变问题报告》,中国发展出版社 2003 年版,第 197 页。

府必须是法治政府。法律的保障对于公民和社会权益的实现与服务型政府职能的实现都具有重要作用。法治政府理念要求政府机关在行使公共权力和管理社会公共事务时,做到有法可依、有法必依。法治政府的实质是政府的权力法定、规模法定、职能法定,同时用法治精神引领政府的日常运转和公务员的公共服务等行为。

(三)责任政府

责任政府意味着政府能积极地回应、满足和实现公民的正当要求,责任政府要求政府承担道德的、政治的、行政的、法律上的责任,同时责任政府也意味着一套对政府的控制机制。[①] 一方面,责任政府理念要求政府依法切实履行好自己的职责,维护公共利益,提供符合社会需求的公共服务。另一方面,责任政府是一个勇于接受全方位监督的政府,特别是要愿意接受社会舆论的监督,并创造制度化和规范化的监督渠道,创立和落实政府自身的责任追究制度和机制,保证政府责任的实现。提供公共服务是服务型政府的职能重心,也必然是其责任重心。故此,责任政府理念是服务型政府的基本理念之一。

(四)阳光政府

所谓"阳光政府",是指政府和公共部门的一举一动都放在阳光下,即时刻都受到公众的审视和评判的一种行政理念和行政模式。[②] 一个高效的服务型政府是阳光政府,主要指政府机关的所有活动,从立法、执法到提供资讯、社会服务等方面,除了必须保密以及涉及个人隐私的部分外,都有义务向社会公共开放;实现政府管理行为的透明运作,使公众清晰地知道政府在干什么,怎样做以及效果如何,并鼓励公民参与政府管理、监督政府行为。[③] 阳光政府的理念要求政府秉持开放观念,实现信息的公开化,严格依法进行政务公开,对涉及公共利益的重大决定要广泛采用听证、相关者列席

---

① 张成福:《责任政府论》,《中国人民大学学报》2000年第2期,第75页。
② 郑其桂:《加快"阳光政府"工程建设的若干思考》,《福建论坛·经济社会版》2002年11月,第80页。
③ 张彦华:《服务型政府能力研究》,郑州大学硕士学位论文,2007年,第17页。

等方式让利益相关者参与到决策之中。通过保证公众知情权的实现,公众既可以监督政府的目的,又能保证自己的切身利益不受不法侵害,还能保证服务型政府提供公共服务的针对性和有效性。

二、服务型政府认识更新

服务型政府要求更新认识,树立服务型政府的相关意识是公务员提供良好公共服务的重要前提,具备完备、良好的公共服务意识是对高素质公务员的必然要求。当前,结合构建服务型政府的实际,我们尤其要重点培养和教育公务员增强以下意识:

(一)公仆意识

胡锦涛在参加十届全国人大五次会议重庆代表团的审议时,要求各级干部特别是领导干部要进一步增强公仆意识。"公仆"是相对于"民主"而言的,公仆意识是民主思想与民主制度的产物。因此,要增强公仆意识,就要增强民主意识。① 当今世界,虽然对民主的解释不尽相同,民主的实现方式多样,但毫无疑问,民主已经成为普世价值。在西方,肇始于启蒙运动的"天赋人权"、"主权在民"等观念取代了之前"君权神授"的观念,使人们认识到政府存在的合法性来源于人民自下而上的同意与授权,而非作为神的代言人来统治人民,人民支持和认同的政府就是合法的政府,因此,主权在民原理成为现代政府的基本原理。在中国,宪法明确规定一切权力来源于人民,一切权力属于人民,主权在民的观念在我国的根本大法中得以确认。

主权在民的观念要求公务员具有公仆意识。公务员在进行公共服务时,使用的是政府的权力,而政府的权力来源于人民,所以公务员必须要具有为权力的最终主人人民服务的公仆意识。按照中国共产党的话语,公仆意识就是要始终牢记为人民服务的宗旨,始终保持同人民群众的血肉联系,始终保持开拓进取、求真务实的工作作风和昂扬向上的精神状态。广大公务员必须在执政为民宗旨的指引下,关注弱势群体,了解群众的疾苦,解决

---

① 吉力:《务必增强公仆意识》,《学习时报》第 381 期。

群众困难,同时要相信群众、依靠群众,把实现好、维护好、发展好最广大人民群众的根本利益,作为公务员最基本的职责。

(二)服务意识

公仆意识是服务意识的理论前提,服务意识是公仆意识的具体化和现实化。人民公仆既是公民对公务员的角色期待,更应该是公务员对自己的角色定位。在服务型政府的背景下,公务员应该将公仆意识具体化为服务意识,放弃"官"的架势,明确自己服务者的定位,积极主动、热心地提供服务。

公务员职业的世俗化是大势所趋,官员的神秘感将消失,官民之间的距离将被缩小,官民的等级将被拉平。公共管理和公共服务作为一种职业出现,必然要求从业者对其所服务的对象尽心竭力。服务意识正是公务员这一职业首先必须具备的意识。在西方,虽然经过历次行政改革,也经历过"政府再造"等公共管理改革运动,新公共服务理论业已兴起,但是不管是为了提高服务效率、优化服务质量服务还是提高公共服务的针对性,对服务精神的秉承长盛不衰,对服务意识的强调也是20世纪后半叶以来的许多西方国家行政改革的不变线索。在中国,在为人民服务口号滥觞已久之后,加入世贸组织的行为使得中国政府必须遵守世贸规则,为企业、公民和社会提供各方面的服务,政府职能转变和服务型政府建设与此关系莫大。服务意识要求公务员的行为要以公共利益为导向,以满足公众需求为自己的使命。同时接受服务是有选择性的,不是强制的,故而服务意识要求区分公域与私域,改变政府对社会生活的全面渗透状况,尊重公民的私人生活,政府和公务员退守到私人生活以外的领域,防止服务变成控制,

(三)竞争意识

新公共管理理论表明,政府并不是公共服务的唯一提供者,我们可以根据提供的效率等因素来灵活选择公共服务提供主体。这就打破了公共服务提供由政府垄断的神话,公共服务市场化以各种形式加速兴起和扩张。在公共服务提供上,不仅存在政府与其他公共服务主体的竞争,而且就是在政府内部也存在竞争。政府内部的竞争有利于提高效率、奖励创新、提高公共

部门士气、对公众的需要做出反应①等优点。这不仅仅是西方的现实,伴随着建立社会主义市场经济体制目标的确立,中国也在考虑公共服务提供途径的创新机制。这就要求公务员树立竞争意识。公务员首先要具有与市场经济相适应的竞争意识,要清算残留在内心的计划经济下的垄断意识,破除高枕无忧的意识,具备政府内部竞争和外部竞争的意识。强化公务员的竞争意识,能够提高政府的绩效和公共服务的质量,增强政府活力,同时还能促进公务员队伍整体效能的提升。

(四)效率意识

服务是服务型政府及公务员的使命,提供公众满意的服务是服务型政府的重要目标,但是这并不表示不要效率、不讲成本。当然,在过去很长一段时间里,理性和效率是行政活动最重要的价值追求。但是这样片面的价值追求不但对社会公正和公众的需求视而不见、反应不及,而且形成了为效率而效率的局面,最终也不利于效率本身价值的实现。单纯的效率本身没有任何意义,缺乏使命感的效率是僵化的,是没有生命力的,它只会遮挡效率为之服务的目标,导致效率如无头苍蝇似的到处乱撞,乃至损害社会效益和公共利益的实现。服务型政府下的效率不是孤立的效率,它是在服务精神提携下的效率,效率要服务于公共服务的目的。也即是说,这样的效率必须同时具有有效性,能够产生社会效益。所谓"只有高效率与正效益相结合,公务员的行为才能够实现政府的目标"②。服务型政府下的效率意识也必须是以服务意识为前提的服务效率,必须接受服务意识的统领。

所以,具体说来服务型政府的效率是指减少政府自身运行的成本,同时高效地提供高质量公共服务,包含两个方面的含义:一是政府内部运转是高效的,机构设置简化合理、责任明确、程序科学、运行成本低,政府工作人员高效廉洁。二是用尽可能少的投入提供更多令公众满意的高质量公共服务,要注意运用现代技术手段和市场手段提高公共服务服务质量和效率。

---

① 梁星华:《关于加强公务员能力素质建设的研究》,《山东社会科学》2006 年第 12 期,第 66 页。

② 同上。

(五)创新意识

创新是一个民族进步的灵魂,是一个国家兴旺发达的不竭动力。现代社会加速变迁,公共事务日益复杂化。面对千头万绪的公共服务和其他公共事务,担任公职的公务员必须具有创新思维和创新意识,敢于打破常规,创新公共服务的提供方式。中国在改革开放和融入经济全球化的过程中,政府面临自身在短时间内的剧烈变革,其需要面对的问题更加多样化和复杂化,处理这些问题的方式必然要发生本质改变,在实际工作中必须创新问题解决的切入点和思维方式,实事求是,充分发挥公务员的创造性。创新意识要求公务员在遵守法律法规、坚持办事和服务原则的前提下,不单纯地循规蹈矩,而是要敢于打破常规、创造性地去处理公共服务中的难题。

(六)民主开放意识

民主是现代政治的基本特征,民主政治的基本要求是公开。因为公民行使管理国家的权力,是以了解公共事务和行政程序为前提的,如果不知道政府的行政信息和相关程序,公民就无法参与国家事务,从而,民主政治也就成了空头支票。因此,建立信息公开制度保障公民的知情权,是有效抑制公共权力滥用的基本措施。从成熟的市场国家的实践看,宪法或法律在确认公民享有知情权的同时,也将行政公开作为政府必须履行的义务。同时,仅仅让人民知道政府在干什么、为什么干只能表明政府是公开、透明行政的,还不能说这个政府是一个真正民主的政府。政府只有制定出相关的政策和制度来保障人民参与政府决策、监督政府行为才是真正的民主,也只有公开行政程序和办事结果,才能促使政府正确行使自由裁量权,才能真正实现公平和公正。可以说,树立民主开放的行政理念是对现代政府的基本要求,也是任何一个"阳光政府"必须做到的。① 对中国而言,世贸组织的"透明度原则"要求一国的制度、规则、政府运行程序向社会公开,这要求公务员在具体的公共服务活动中树立透明和公开意识,将公共服务的提供看成一个开放的系统,构筑公民政府相互沟通的渠道,实现社会共治。

---

① 巩建华:《建立服务型政府应树立的基本理念》,《行政论坛》2005 年第 1 期,第 25 页。

（七）平等意识

平等是现代政治学的重要价值范畴,是我国政治文明的重要内容,也是前文所述服务型政府职能的重要价值取向。平等意识是指公务员应该认识到自己"在具体行政行为过程中与普通公民的地位是平等的"。但是,在实际公共服务展开过程中,我国的公务员仍然有意无意地摆出高人一等的架势,对公民受法律保护的权利加以不法侵害,缺乏平等意识。所以为了体现政府的合法性和政府行动的合理性,公务员必须在公共服务过程中尊重服务客体的权利,做到与公民在地位和法律面前一律平等,努力克服官本位意识。

（八）法治意识

法治意识则要求公务员的一切活动都要按照法律、制度来进行,而不能专断独行。

法治是以自由为核心的法律理念和法律秩序,它强调的是一切组织和所有公民都要接受宪法和法律所规定的内容,法治的实质意义在于它对权力尤其是对政府权力的限制。[①] 法治的首要价值就在于严格限制政府的权力,在于防止公共权力的滥用,这实际上是要求政府自身及其公务员守法。法治还要求政府及其公务员要严格执法。真正的依法行政观念本质上是依照法的精神,而不只是单单依据法律条文。所以,法治意识,一方面要求公务员作为宪法、法律、法规、规章的执行者,必须带头依法行政,真正做到崇尚法律、尊重法律、执行法律、维护法律。广大公务员必须坚决摒弃一切与依法行政不相符合的思想观念和行为方式,严格按照法律规定的权限和程序行使权力,牢固树立"有权必有责、用权受监督、违法受追究、侵权须赔偿"的法治意识,真正为人民掌好权、用好权。[②] 另一方面要求,法治意识不仅要求公务员对既有法律、制度的遵守,而且还包括在自由裁量权范围内遵循法的精神来秉公办事。这就要求公务员在处理公共事务过程中必须将法

---

① 巩建华:《建立服务型政府应树立的基本理念》,《行政论坛》2005 年第 1 期,第 25 页。

② 肖陆军:《论服务型政府建设》,中央民族大学博士学位论文 2006 年,第 66 页。

的精神放在第一位予以充分尊重。① 只有按照法的精神行使公共权力去提供公共服务,真正意义上的法治意识才算树立起来了。

(九)忧患意识

我国目前正进入经济与社会发展的关键阶段,这个阶段既是关键发展期,又是矛盾凸显期。我国公共安全面临的形势也相当严峻,每年因突发的重大自然灾害、重特大安全生产事故,造成了严重的人员伤亡和巨大的经济损失,突发的公共卫生事件也严重威胁着人民群众的生命和健康,这些无疑都对我国的社会稳定构成了严重威胁。为此,广大公务员必须树立忧患意识,居安思危,做到"先人民之忧而忧,后人民之乐而乐",最大限度地保障人民群众的生命和财产安全。②

(十)合作意识

政府部门是一个包括各个子系统在内的大的完整系统,公务员是其有机组成部分。因此,公务员队伍必须具有高度的合作精神。虽然公务员属于不同的政府部门,但从总体上看,公务员队伍也是一个整体。政府的效率和效益就在于公务员队伍是否能够发挥整体大于部分之和的作用。尤其在全球化的机遇和挑战面前,能否发挥团队精神和作用,将决定着政府竞争力的大小,从而决定着国家竞争力的高低。因此,公务员应当摒弃部门之别,将政府作为一个大的团队,用合作意识指导自己的行为。③

第二节　实现服务型政府职能的体制条件

实现政府转型,由"经济建设型"政府转向"公共服务型"政府,是建立社会主义公共服务体制的前提。在此前提基础上,我们应该从明确体制方向、健全公共财政体制和开展公共服务绩效评估等方面进行体制建设。

---

① 梁星华:《关于加强公务员能力素质建设的研究》,《山东社会科学》2006 年第 12 期,第 67 页。

② 同上。

③ 同上。

一、公共服务体制的方向——建立社会主义公共服务体制

社会主义公共服务体制是指以政府为主导的、以提供基本而有保障的公共产品为主要任务、以全体社会成员分享改革发展成果为基本目标的一系列制度安排。[①] 社会主义公共服务体制是与社会主义市场经济体制相对应的公共服务体制,前者解决公共产品提供的体制机制问题,后者解决私人产品提供的体制机制问题,两者相互补充促进,都是中国特色社会主义的重要组成部分。

改革开放以来,我国由计划经济逐步过渡到市场经济,建立了社会主义市场经济体制,基本解决了私人产品的供给问题,实现了社会主要矛盾的变化。改革开放初期,我国社会的主要矛盾是人民日益增长的物质文化需要同落后的社会生产之间的矛盾。30 年过去了,我国社会矛盾发生了很大的变化,当前我国社会凸现两大矛盾:[②]一是经济快速增长同发展不平衡、资源环境约束之间的突出矛盾;二是公共需求的全面快速增长与公共服务不到位、基本公共产品短缺之间的突出矛盾。第一个矛盾的解决依赖对社会主义市场经济体制的完善,第二个矛盾的解决依赖社会主义公共服务体制的建立。二者相互联系,相互促进。政府要对多元利益主体的要求做出迅速回应,就必须在深化市场改革的同时,解决改革的收益分配问题,加大力度建立社会主义公共服务体制,确保社会的公平和正义。

二、公共服务体制的关键——健全公共财政体制

公共财政是服务型政府职能实现的经济基础和财力保证,没有资金,政府的正常运作是不可能的,谈不上提供更好的公共服务,更谈不上实现服务型政府的职能。

---

① 中国(海南)改革发展研究院编:《聚焦中国公共服务体制》,中国经济出版社 2006 年版,第 5 页。

② 同上。

实现财政结构①的公共性转型,成功构建公共财政体制,我们必须实现两个转变:其一,财政收支运作的立足点要由主要着眼于国有经济单位的需要扩展至着眼于满足整个社会的公共需要;其二,财政收支效益援盖面要由基本限于城市里的企业与居民延伸至城乡所有居民和企业。② 要实现服务型政府的职能,必须合理安排这些公共财政资金的取得渠道和使用方向,并按照职能科学分配这些资金。也就是说服务型政府职能实现涉及到财政收入结构、财政支出结构、事权财权配置三个方面的调整和优化。

(一) 调整财政收入制度

收入是支出的基础。恩格斯曾经指出,赋税是喂养政府的奶娘。作为财政能力的核心,强大的财政汲取能力是政府保证自身运行,提供公共物品满足公民的公共需要,进行宏观调控以保持国民经济稳定,实施再分配的必要经济基础。在财政汲取能力中,税收是其中制度化的、最固定、最主要的来源。所以,调整财政收入结构在一定意义上讲就是要调整税收结构。

单从相关税收理论来讲,理想的税收负担应该体现以下四个基本要求③:一是政府的税收收入水平,应满足政府行使其基本职能的需要以及其规模适度增长的需要;二是有利于保持和促进经济的适度增长与社会发展;三是税收水平应与社会经济的承受能力相匹配;四是税收的增长应与经济与投资的增长相适应。从 1994 年起,我国开始实行分税制,即根据事权与财权相结合的原则,将税种统一划分为中央税、地方税和中央与地方共享税

---

① 关于财政结构,学界有两种观点,一种观点要求财政结构要促进经济增长率最大化,将财政结构优化的问题等同于实现经济增长率最大的问题;另一种观点强调财政的"公共性",认为财政支出结构优化不应该把单纯地追求经济利益作为目标,而是应该尽可能地体现出公共性,为社会提供公共服务,减少生产性、盈利性的支出。财政支出结构的变迁取决于经济发展的程度,经济发展程度低的国家趋向于采用某种初级阶段的财政支出结构模式,随着经济的发展,各国的财政支出结构会发生某种同质的变化。当经济发展达到较高阶段的时候,财政支出结构具有趋同倾向。这种发展到高阶段的财政,体现了更强的公共性,因此我们称之为公共财政。参见:王石和:《公共财政视野下的财政支出结构变迁》,《财经论丛》2007 年 7 月第 4 期。

② 中国社科院财贸所课题组:《构建中国公共财政建设指标体系》,《新华文摘》2006 年第 4 期,第 50 页。

③ 同上,第 54 页。

三种。我国是单一制国家,为了保证中央对地方财政的控制,中央政府必须在总体上掌握国家财政的支配权。由此,我国税制改革的目标模式应是中央集权下的地方分权,遵循"集权为主、适度分权为辅"的原则,即中央政府应该控制国家财政收入的大部分,并以此形成地方在财政上对中央的依赖和中央能有效地协调和指挥地方的政府间关系[1]。随着公共服务型政府的建设被提上日程,政府的公共服务功能凸显出来,服务型政府职能的实现必然要求对现行的税收结构和财政结构进行调整。这些调整体现在增加整体财力和使收入结构符合服务型政府职能实现的要求两个大的方面。具体讲,这些可能的改革应该包括以下几个方面:

第一,继续采取措施增加整体财力。实行分税制以来,我国的财政收入实现了快速增长。但是,根据《中国统计年鉴2007》,2006年我国财政收入为38760.20亿元,占当年GDP(210871.0亿元)的18.38%,远低于西方福利国家30%以上的比重。虽然这与经济发展水平和公共服务供给模式不同有关,但也还是在很大程度上反应了我国可供支出的财政收入之相对不足。为了更好地履行公共服务的职能,服务型政府要求增加政府的整体财力,提高财政收入占GDP的比重,应采取的具体措施包括:(1)增加国民经济总量,扩大税基。一般说来,提升国家财政能力有三种基本途径:一是增加征税的基数,二是提高税率,三是改革税收体制。如果我们采取后两种途径都会造成对现存经济秩序的冲击,对社会稳定产生不确定性的影响。而通过国家经济总量的增加从而扩大征税的基数,则是在不改变既有格局的情况下提高政府财政能力的有效途径,因而也就成为各国政府增加税收的最为基本的路径选择。[2] (2)

合理确定税收负担。世界银行的一份调查资料显示,一国的税收负担率与该国的人均GDP水平成正相关关系:人均GDP在10000美元以上的高收入国家,最佳的税收负担率应为30%左右;人均GDP在2000美元以上的

---

① 肖陆军:《论服务型政府建设》,中央民族大学博士学位论文2006年,第75页。
② 胡鞍钢、王磊:《经济增长对社会稳定的双向效应》,《新华文摘》2006年第4期,第28页。

中等收入国家,最佳的税收负担率应为23%左右;人均GDP在750美元左右的偏低收入国家,最佳的税收负担率应为20%左右;人均GDP在260美元以下的低收入国家,最佳的税收负担率应为13%左右。我国目前的税收负担基本稳定在16%左右,属于低税负国家。究其原因,主要是因为我国经济发展水平低于发达国家,赖以课税的基础比较薄弱,税源不丰厚,国民的税收负担能力低,加上我国还没有推行社二会保障税,所以我国的税收负担率大大低于发达国家。可以预见,随着经济的发展和国民收入水平的提高,必将适度调整税率,确定新的税收负担。[①]

第二,根据服务型政府的公共服务职能,开征新税种。政府提供的服务源于对纳税人金钱的使用,虽然纳税人和享受公共服务的人并不完全对称,但是朝着这方向的努力从来没有停止,将税负承担能力、所享受的公共服务结合起来建立较为公平的税收制度一直是西方发达国家的追求。为了提供更好的公共服务,征收与所提供服务相关的税种是大势所趋。例如,西方福利国家提供社会福利所需资金增加的主要来源就是个人所得税和社会保障金税,个人所得税和社会保障税占税收总收入的比重值在40%以上。在我国,党的十六届三中全会提出要建立统一的、公平的、强制性税收系统,建立和完善旨在调节居民收入分配、控制贫富差距悬殊的个人所得税征收制度,开征统一的、强制性的社会保障税,同时在时机成熟时开征遗产税、财产税。但是,我国个人所得税占税收总额的比重仍然远低于发达国家的水平,也低于发达中国家。因此,为了使服务型政府的公共服务职能更好地实现,我国要适时开征新税种,特别是增加个人所得税和社会保障税占税收总收入的比重。

(二)改革财政支出制度

1. 实现公共支出结构转型

公共财政支出是公共财政的重要方面,公共财政资金的流向反映了政

---

① 中国社科院财贸所课题组:《构建中国公共财政建设指标体系》,《新华文摘》2006年第4期,第54页。

府所从事活动的性质和类别。计划经济时期,我国政府的财政支出具有明显的投资性质,大量的财政资金被用在企业和私人资金应该进入的领域,对私人资本产生了挤出效应,使得政府成了经济建设型政府。在建立社会主义市场经济体制的过程中,我国多次提到要转变政府职能,最终要实现政府由经济建设型转向公共服务型。与这一转型相适应,应该加快实现由生产建设型财政向公共服务型财政的转变。虽然为了建设服务型政府,我国政府将越来越多的财政资金用在了提供公共服务上[1],如废除农业税、义务教育阶段免除学费等,但是当前我国的大量财政资金仍然在竞争性和营利性领域流动。2006 年,当年我国经济建设支出仍占公共支出的 10.86%,加上非民生的行政管理费、国防费等费用的持续增长,还是在很大程度上阻止了教育、医疗、社会保障方面支出的扩大。这显然与服务型政府职能实现的要求相悖。要实现服务型政府的职能,必须实现公共财政支出结构转型,把有限的财政资金优先用在基础教育、基本社会保障、公共卫生、资源环境保护、促进充分就业、实现基本公共服务均等化等方面。服务型政府财政支出调整应秉承公共服务均等化、社会效益最大化和公共利益广泛覆盖三大原则[2],重点做好以下工作:

第一,加大对义务教育的投入,明确中央政府和省级政府在其中的主体地位。理论上,义务教育这种纯公共产品应当由政府特别是中央政府免费举办,强制国民消费[3]。现在,我国已经免除义务教育阶段的学费,下一步义务教育投资的重点应该是改善教育基础设施,包括校舍、教师培训与待遇和教学设备等。2008 年的"汶川地震"使得祖国西南的很多学校倒塌,特别是距离震中较远的重庆市梁平县两所小学的倒塌,反应了西部学校的校舍质量问题;正在逐步转正和没有转正的众多民办教师的待遇亟待提升,对教

---

① 例如,根据《中国统计年鉴 2007》,2006 年社会保障支出和科教文卫支出之和占当年财政支出总额的 29.16%。

② 陈辞:《服务型政府的财政支出结构调整》,载:《聚焦中国公共服务体制》,中国(海南)改革发展研究院编.中国经济出版社 2006 年版,第 171 页。

③ 肖陆军:《论服务型政府建设》,中央民族大学博士学位论文,2006 年,第 77 页。

师进行培训提高其综合素质的投入事关下一代的成长,也必须加大,这些问题在西部就更为迫切了;西部的很多学校教学设备落后,缺乏现代化的教学手段,这也是义务教育投入必须解决的问题。此外,还应该逐步完善高等教育、职业教育贫困生资助体系,加大对农民工的职业培训等。在中央政府和地方政府投入的责任分配上,要考虑各区域地方政府的财力情况,加以合理分配。对于西部地区和特别贫困的省区,中央要加大专项转移支付力度,保证全国范围内的义务教育水平均等化。

第二,加大政府支持力度,完善社会保障体系①。建立健全与经济、社会发展水平相适应的社会保障体系,是服务型政府的重要职能。首先,政府应该通过多种渠道积极筹措资金,解决社保基金缺口问题,例如:调整财政支出结构,提高社会保障支出在财政支出中的比重,建立稳定的财政拨款机制;通过国有股减持、资产置换、土地拍卖等方式变现部分国有资产,补偿养老金的不足;通过征收特种消费税、遗产税或划拨部分个人所得税等方式筹资,补充养老保险基金;通过发行特种国债、彩票等方式筹集资金;由政府发放认可养老债券,解决养老保险历史债务等等。其次,为了实现社会公平,均衡企业负担,降低征收成本,应在条件成熟时尽早开征社会保障税。再次,应在总结辽宁等地社会保障体系改革试点经验的基础上加快全国社会保障法制体系建设,增强居民对社会保障的信心,弱化消费方面的谨慎性预期心理。应将社会保障基金纳入国家预算管理,编制社会保障预算。目前中央财政迫切要做的,一是建立健全"三条保障线"制度,保障国有企业下岗职工的基本生活,保障失业人员和城市居民的最低生活;二是扩大社会保障覆盖面,有条件的地方要积极探索建立农村最低生活保障制度,逐步建立覆盖所有城乡的社会保障体系。

第三,大力支持医疗卫生事业发展。基于公共卫生全国性公共产品的定位,要加大中央和省级财政在公共卫生支出中承担的份额。一是增加财

---

① 安体富、王海勇:《加快公共财政建设步伐促进经济社会协调发展》,《财政与税收》2005年第5期,第32～33页。

政对公共卫生体系建设投入,逐步建立公共卫生经费保障机制,提高重大疾病预防控制能力,通过专项转移支付对困难地区的重大传染病、地方病和职业病的预防控制等公共卫生项目给予补助。二是重点支持建立新型农村合作医疗制度,按照国务院确定的合作医疗试点进度要求做好扩大试点工作,认真落实财政补助资金,完善筹资机制,加强基金管理,防范基金风险,争取尽快在全国基本推行。[1] 三是加大对城市社区卫生服务体系投入,完善社区卫生服务补助政策,建立稳定的社区卫生服务筹资和投入机制。中央财政应加大对西部地区、老少边穷地区的转移支付,尽快建立健全功能齐全、安全有效、公平低价的城乡初级卫生医疗服务体系。

第四,加大对资源环境保护方面的支出。改革开放30多年来,一方面我国经济快速发展,创造了中国自己的经济增长路径,形成了自己的发展模式;另一方面我国粗放的经济增长方式给资源和环境造成极大的压力,影响了国家的可持续发展,损害了子孙后代的福利。随着国家财力的增强,应该加强对资源环境保护方面的资金支出,构建中国的可持续发展能力。具体来讲,应该加强对资源保护的投入,鼓励发展节能技术、节水技术、循环经济,对其实行财政补贴;应该对生态脆弱地区加大投入,防止当地因保护环境影响地方经济发展,进而出现地方财政不足以支持政府正常运行和提供公共服务的情况;加大对污染治理技术和设备研发、大范围污染治理的投入,对主动治理污染的企业施行合理的财政补助或奖励。

第五,运用财政政策,大力促进充分就业[2]。我国在目前就业压力不断增大的情况下,应借鉴各国普遍运用财政政策促进就业的做法,不断强化公共财政职能,充分发挥其在减少失业、促进就业和再就业中的积极作用。具体说来,一要大力发展服务业,因为第三产业的就业弹性系数大于第一产业和第二产业,在吸收下岗失业人员方面具有广阔的发展前景;二要通过财政

① 金人庆:《完善公共财政制度逐步实现基本公共服务均等化》,《求是》2006年第22期,第7页。
② 安体富、王海勇:《加快公共财政建设步伐促进经济社会协调发展》,《财政与税收》2005年第5期,第32~33页。

补贴、税收优惠、财政贴息等财政政策手段促进中小企业和个体、民营经济的发展,鼓励独立创业,创造就业岗位;三要加快小城镇建设步伐,有序转移农村大量过剩的劳动力;四要统一城乡劳动力市场,设立公共就业服务机构,向所有的城乡失业者提供免费职业培训和就业服务;五要由中央财政拨专款成立"再就业基金",对安置下岗失业人员的企业实行工资补贴和培训补贴,这主要是针对中小企业和个体、民营企业;六要由政府定期举办环保、绿化、交通协管、基础设施维护等公益性岗位招工,为下岗失业者提供就业岗位,促进就业和再就业。

第六,规范转移支付制度,实现基本公共服务均等化。基本公共服务的均等化目标源于基本公共服务不均等的现实,这样的不均等包括纵向不均等和横向不均等[①]。转移支付制度是实现基本公共服务均等化、调节收入再分配和实现政府政策目标的重要手段[②]。针对纵向不均等问题,要进一步完善现行的转移支付制度,运用国际通行的技术手段,采用因素法测算各地区的标准收入和支出,改变转移支付资金在政府间分配依靠协商谈判方式,以科学合理的标准和技术手段统筹调控各级政府实际所需的大体财力,建立起规范的财政转移支付制度,重点解决县乡财力纵向失衡问题;同时,尝试以实现具体项目均等为目标,加大对贫困乡镇的直接转移支付,保证其行政运转和基本公共服务项目支出需要。通过专项转移支付,重点扶持农村龙头企业和与农民自身利益密切相关的产业发展,努力提高农民收入,实现城乡均衡发展。针对横向不均等问题,探索建立横向转移支付,以解决跨区域大型公共项目的供给问题。长期看,可考虑建立适合国情的财政均衡

---

① 纵向基本公共服务不均等是针对多级行政管理体制中,上下级政府之间提供基本公共产品差异状况而言的,它反映的是不同级次政府间各自所承担的基本公共产品供给职责与政府财政支出或财力之间的不均等;横向基本公共服务不均等是指一国内部位于同一级次政府间各自所承担的基本公共产品供给不均等。在同级政府所承担的职责相同的前提下,当一个政府提供基本公共产品水平很高,而其他同级政府处于较低的状态,就意味着横向基本公共产品不均等的存在。参见:王家永:《公共财政与基本公共服务均等化理论探讨》,《财会研究》2007 年第 10 期,第 4~5 页。
② 金人庆:《完善公共财政制度逐步实现基本公共服务均等化》,《求是》2006 年第 22 期,第 8 页。

制度,保证各级政府有较均衡或均等的财政能力提供较均等的基本公共服务。

2.深化预算管理制度改革

近年来,为规范财政资金的分配与使用,提高其使用效率,保证其安全,我国进行了大量卓有成效的改革,如:推进部门预算改革,省市级财政全面编制了部门预算;贯彻执行《政府采购法》,完善政府采购制度,加强政府采购资金管理;将部门行政事业性收费纳入预算管理等。但是,编制粗糙简陋、执行中弹性过大等问题仍然十分严重,深化预算管理制度改革仍然任重道远。要想使预算管理制度与服务型政府职能实现协调一致,需要做好以下工作[1]:一是要不断完善定员定额管理体系,在研究制定资产配置标准的同时,积极开展实物费用定额试点工作,逐步建立预算定额与实物资产相结合的定额标准体系。二是要结合事业单位体制改革,探索和研究适合不同类型事业单位特点的、科学规范的事业单位预算管理方式和经费供给形式。三是要加快项目库建设,做好项目分类和清理工作,稳步推进项目预算滚动管理,增强年度预算之间的连续性。四是要按照新的政府收支分类,逐步将项目支出预算细化到经济分类,明晰反映政府各项支出用途,进一步提高预算编制水平。五是要规范财政拨款结余资金管理,加大结余资金统筹使用的力度,将结余资金情况和预算编制切实结合起来,优化财政资源配置,提高财政资金使用效率。六是完善政府采购预算,在总结前两年试编政府采购预算的基础上,做好宣传工作,提高部门对编制政府采购预算的重视程度。财政部门对各部门的政府采购预算要严格审核、认真把关,以强化政府采购预算的规范化、法制化,进一步扩大政府采购规模。

除这些具体措施外,还可以考虑适时推广绩效预算模式。目前我国各级人大都普遍实行了零基预算,相对于过去靠主管领导批条子,政府花钱没章法而言,无疑是一大进步,但是与西方发达国家的预算体制相比还有一段

---

① 参见王雁:《进一步完善公共财政体系规范政府间财政关系》,《财会研究》2007 年第 12 期,第 7 页。

距离①。目前,西方国家基本上都采用绩效预算模式,这是一种以政府绩效为导向的预算管理模式。绩效预算主要包括五个管理阶段:一是公布绩效报告,系统地向公众发布有关政府公共服务的相关信息;二是明确绩效目标,从而引导和激励政府活动;三是将绩效报告提交给审计师审核;四是签定绩效合同,详细规定行政机构在一定预算框架下应该取得的绩效;五是编制绩效预算,列出公共支出及相应的预期绩效。② 该模式将考核公共资金使用的最终效果和考核为取得预期效果而开展的工作活动相结合,从而实现了预算支出与政府绩效的结合,有利于提高服务型政府的服务质量和效率。

(三)科学配置政府间事权、财权

事权是财政支出分配的前提和依据,也是不同层级政府之间财政关系的基础。如果各级政府间事权和财权划分不清晰,必将会影响服务型政府职能的实现。因此我们必须科学划分公共服务供给中各级政府的事权与相应的财权,做到事权财权对称。

1. 公共服务供给中各级政府事权、财权配置的问题

政府事权配置不合理。所谓事权是指每一级政府在公共事务和服务中应承担的任务和职责。我国宪法原则上仅对中央和地方政府职责范围做出了规定,但没有按照公共财政要求对地方各级政府的事权加以明确划分,政府间事权不清直接导致政府责权交叉,财政支出责任越位、错位与缺位并存。同时,我国垂直的行政命令体系使上级政府常常对下级政府发出指令或考核指标,但相应的支出责任却由下级政府全部或部分承担,这种"事"在下而"权"在上的行政管理体制特征,对下级财政支出膨胀有着强烈的助推效应,增加了下级政府尤其是县乡政府财政支出压力。此外,在未明确各级政府事权的情况下,中央常常以立法形式出台支持各项事业发展的宏观调控政策,如农业、教育、科技、调资等等,明确规定最低财政支出增长幅度,

---

① 胡宁生:《构建公共部门绩效管理体系》,《中国行政管理》2006年第3期,第20页。
② 陈振明:《公共管理学原理》,中国人民大学出版社2003年版,第315页。

但上级政府不负担或不全部负担所增加的支出,形成"上级请客、下级买单"的局面。这种超过下级政府承担能力的事权安排,必然导致落后地区无法提供发达地区能够实现的基本公共服务供给,加速了地区间基本公共服务供给的现实差距。①

财权配置存在缺欠。财权是一级政府获得财政收入、确定财政支出的权力。受我国行政管理体制约束,两级政府间收入划分的权力交由上一级政府决定,上级政府一般将数额大、较稳定、增收潜力大的税种上收或实行共享,留给下级政府尤其是县乡政府的税收种类数额小、较零散、征收成本高,导致下级缺乏与经济增长相关性强的主体税种,从而大大降低了下级税收增长弹性。而上级对共享税收增量部分采取上划或分成的做法,导致上划税收增长较快,而下级税收增长缓慢,下级自有财力也相应减少,在事权层层下移的情况下,下级政府提供公共服务的能力明确不足,上下级之间提供基本公共服务的差距越来越大。②

归结起来,现行的事权、财权配置主要存在以下问题③:一是各级政府财权、事权配置不对称。财权过于集中在中央,事权过于下放到地方,地方没有正常的融资渠道去完成大量的事务,事权、财权不对称。二是特定的某一级政府在公共产品供给中的责权利不对称。部分公共产品如乡村公路、农村教育等,主要由县、乡等基层政府负责提供,但它们却没有与履行义务相对称的财权。中央和省级政府拥有相当多的财权,却很少承担提供这些公共产品的责任。三是财权上收、事权下放,导致地方政府财政普遍困难,隐性债务越来越大。上级法定或道义事权的下放即上级政府的事权演变成为下级政府的必然事权,是下级政府的隐性债务成为上级政府的或有债务的制度原因。

---

① 王家永:《公共财政与基本公共服务均等化理论探讨》,《财会研究?》2007 年第 10 期,第 6 页。

② 同上。

③ 宏观经济研究院课题组:《公共服务供给中各级政府事权、财权划分问题研究》,《宏观经济研究》2005 年第 5 期,第 4 页。

现行的事权、财权配置不科学,各级政府公共产品供给中的财权、事权配置和责权利不对称,这给各级政府(特别是地方政府和基层政府)建设服务型政府的实践造成了不利影响。

2. 各级政府公共服务事权划分的改革思路

各级政府事权进行划分的隐含前提是更广意义上的政府与市场功能之区分。凡是市场可以解决的事务,政府必须退出;而市场不能很好解决的事务,政府则要主动承担起责任;在难以分清应该由政府还是市场解决的情况下,政府可以充分利用财政杠杆去引导、调节市场发挥作用的方式。在此基础上,根据公共财政的原理和国际经验,要根据公共产品性质和外部性大小重新划分中央、省、市、县、乡事权。全国性公共产品由中央政府提供;地方性和区域性公共产品由地方政府提供,中央或其他地方协助;地方性公共产品由地方政府提供;对地方区域性公共产品由单一地方政府提供时,相关其他地方政府给予一定的横向财力支持。[①] 具体来讲,可对中央政府和地方政府的事权做如下划分[②]。

中央政府的事权范围。全国性基础设施以及国家参与提供的国际性公共产品服务属于中央政府的责任。中央政府的事权范围应该涵盖:涉及国家整体利益的全国性公共产品和服务;必要的政府管制;制定反垄断政策;制定收入分配和再分配政策;建立全国性社会保障体系。总之,安排全国性和区域性外溢效应比较强的公共产品应该成为中央政府的基本公共服务职能。

地方政府的事权范围及划分。省级及其以下各级地方政府的事权范围应该涵盖:安排地方性公共产品和区域性公共产品;配合国家宏观经济政策实施、制定地方性经济和社会发展规划;承担部分经济性管制及社会性管制;执行国家反垄断的法律法规;承担与地方财力匹配的地方性社会保障统

---

① 王家永:《公共财政与基本公共服务均等化理论探讨》,《财会研究》2007 年第 10 期,第 7 页。

② 参见宏观经济研究院课题组:《公共服务供给中各级政府事权、财权划分问题研究》,《宏观经济研究》2005 年第 5 期,第 5 页。

筹。

3.各级政府财权划分的改革思路

明确的事权划分是进行财权分配的基础,财权划分则是事权落实的资金保证,所以要明确界定各级政府的财权。按照事权与财权相匹配的原则,改革和规范现行分税制财政体制,打破既得利益格局,逐步确立各级财政主体税种,保证各级财政拥有稳定的收入来源。重新配置税收立法权项,按照中央为主、地方为辅的原则,开征和停征权、税目与税率调整权应该由中央和地方在各自的分享范围之内分别享有;共享税的减免可依照共享比例的大小,分别由中央和地方税务机关审批;赋予地方根据本地经济发展具体情况开征或停征某项税种的权力。同时将非税收入全部纳入预算管理,提高政府的宏观调控能力。

三、公共服务体制的重点——开展公共服务绩效评估

公共服务绩效评估不但是监督公共服务质量和提供效率的重要方式,也是改进公共服务提供水平的重要举措。开展公共服务绩效评估要首先确定评估的原则和主体,在此基础上构筑和完善评价的指标体系和配套体系,最后形成各种各样的评估模式。

(一)公共服务绩效评估的原则

1.责任明晰

在一定意义上讲,绩效评估是保障公共责任得以实现的一种有效管理工具。绩效管理的责任机制意味着一种外部化和政治化的责任机制,它要求公共服务者不但要履行自己之于上级和职位的责任,还必须对社会公众负责,将社会公众视为顾客,它是一种以"结果"而非"过程"为本的责任机制。建立公共服务提供的"责任所有制",划分各个主体的权限与责任是进行公共服务提供绩效管理的必然前提。具体做法上,首先,健全政府公共服务绩效管理的法律体系是落实公共服务绩效管理责任机制的必然前提。只有健全了公共服务法律体系,公共权力和公共服务责任才能在此基础上明确划分。其次,分权化管理是提高公共服务绩效和落实责任的必然要求,它

要求进行组织授权、雇员授权①,明确各自的责任。组织授权是指政府机构内部的分权。它要求上级政府机构废除许多强加于下级或基层的规章或其他控制来授权,通过资金、人员和采购权的分权或者授权,下级拥有更多的行动自由来按照自己的方式行动,决定自己的成败;雇员授权要求减少政府组织的内部控制,将权力下放到一线的公共服务提供人员即公务员。

2. 主体多元

虽然绩效管理以政府机构为主要的主体和对象,但是它并不只是政府的事情。公共服务绩效管理直接关涉社会公众的利益和社会经济的长远发展,必须探索实行以政府、社会组织和公众特别是"受到影响的相关利益群体代表"参与为基础的多元公共服务绩效管理主体。政府和社会公众相结合更能有效促进公共服务绩效管理实现预期的目标,将公共服务的组织落实、绩效评估、社会公众的监督和信息反馈结合起来,将绩效管理贯穿整个政府的公共服务工作之中。

3. 良性循环

公共服务绩效管理不是一个孤立的过程,它既贯穿于整个公共服务提供的过程,又是下一步制定公共服务政策、提高公共服务质量的先导。这是因为公共服务政策面对的是复杂的社会需求和经济、社会发展环境,制定政策在很多情况下都要采用"渐进决策模式"。这种模式认为:通过一系列小的决策趋于一个大致的方向,从而逐渐把握目标,并根据不断出现的限制条件修正目标,最后达到的目标,与最初的设想可能有相当大的偏移度。② 政策制定并不是一个有条不紊的过程,我们应该把政策制定作为一个复杂的过程来看待,他们没有开端或结尾,也不十分明确。③ 正是这种渐进决策模式要求对以前的公共服务政策进行绩效评估,以便不断修正政策,对修正的公共服务政策付诸实施后,又进行绩效评估,然后又导致公共服务政策的改

① 参见[美]戴维. 奥斯本、彼得. 普拉斯特里克:《摒弃官僚制:政府再造的五项战略》,谭功荣,刘霞译,中国人民大学出版社2002年版,第217~234页。
② 张明澍:《论渐进决策》,《政治学研究》1986年第2期,第53页。
③ [美]查尔斯.E.林布隆:《政策制定过程》,朱国斌译,华夏出版社1988年版,第5~6页。

进,从而实现公共服务绩效评估的良性循环和公共服务政策的优化。

(二)公共服务绩效评估的主体

1. 综合评估组织

综合评估组织是指以政府内部人员为主要成员组成的专门评估机构,其实质上是实施政府自评的一种组织。"通常,在整个政府机构中遵循这样一条原则:评估活动应该由一个符合评估内容的组织来进行;应该由那些不受项目发展结果影响的人来进行。"[①]它采用开展调查、召开座谈会、听取汇报等方式对政府公共服务进行定性评估。一般而言,政府内部的监察组织是综合评估的管理机构,它不但负责具体的评估工作,而且负责评估方案的设计、评估主体间的协调和评估信息的统计整理与技术处理。

2. 公民

公民作为公共服务评估主体的评估模式又称为"公民评议",它体现的是一种新公共管理运动中的顾客满意机制。作为一种政治参与机制,公民评议体现了执政中的现代民主,公民的声音可以通过它输入到政府内部,起到一种表达意见与诠释利益的作用,这也反过来增强了政府的合法性和提升了政府形象;作为一种对政府的监督机制,公民评议反映了公民对政府提供的公共产品和服务的数量、质量和方式的满意程度,督促政府提高绩效;实行公民评议,有利于完善政府的公开制度,只有这样公民的评议可能在信息相对全面的基础上进行。公共管理的对象可以分成服务对象、执法对象和管制对象,[②]只有服务对象才可以用公民作为评价主体。公共服务绩效评估是对公共服务提供的质量、种类等方面的满意度评估,公民显然可以作为主体参与其中。

3. 其他评估主体

前面两个评估主体是公共服务提供的相关者,其中政府是提供者,公民是使用者和享受者。如果指标设计不当,政府自评难免不陷入自我邀功的

---

① 转引自卓越:《公共部门绩效评估》,中国人民大学出版社 2004 年版,第 22 页。
② 同上书,第 25 页。

境地。同时,也难免出现公民缺乏大局观而对公共服务提供吹毛求疵,而且公民参与评价的机制和渠道还不够成熟、只能选择性采用,所以公民评议的实际效果可能不佳,此外,公民评议的成本也比较高。因此,可以考虑动用第三方专业评估组织,对公共服务绩效进行评估。当然第三方是相对的,社会评估组织与政府的一个部门可能是政府其他部门公共服务的第三方,关键是要具备专业方面的评估能力。如英国的审计委员会和美国的审计总署都是公共绩效评估的主力军。[1]

(三)公共服务绩效评估的指标体系

政府公共服务绩效评估的指标体系建立在政府公共服务一系列价值追求的基础之上。这些建立在公众导向、以人为本基础上的价值包括效益、质量、公民满意度、公平等。从内容来看,政府公共服务具体包括就业、社会保障和救助、科教文卫事业等。公共服务绩效评估的指标体系应该包括以下方面:[2]

1. 经济—效率指标

指标的"经济—效率"价值表明政府在提供公共服务的过程中既是经济的,又是有效率的。要求在政府部门树立浓厚的成本意识,不仅政府工作需要降低成本,节约开支,花较少的钱办更多的事,还包括降低公共服务消费者所要支付的成本。体现经济价值取向的指标应包括教育经费投资、公共卫生保健支出、环境保护投资、基本建设和更新改造投资等财政投入,也应包括政府对建设规划方面的政策投入和指导等。体现效率价值取向的指标包括政府公共服务投入、运作及其社会效果等产出的数和量方面的测定指标,如幼儿园、服务站、卫生服务设施、道路、水电等基础设施等硬性指标,公民人均受教育程度、秩序维护、公民就业率、政府信息公开等软性指标。

2. 质量指标

有别于传统公共行政只计投入不计结果的评价标准,服务质量是衡量

---

① 卓越:《公共部门绩效评估》,中国人民大学出版社 2004 年版,第 26 页。
② 参见田华:《论政府社区公共服务绩效评估体系的构建》,《理论界》2007 年第 8 期,第 61 页。

公共服务型政府服务水平的关键。要求在评估中不仅要关注服务提供的过程,更要看服务的最终结果。体现质量价值取向的指标应包括公共服务决策的质量指标和具体服务供给质量指标,如服务内容的确定程序、服务内容的及时与准确、服务态度的好坏、服务承诺的实现、服务的透明度、服务速度、服务品质、服务人员素养等。

3.满意度指标

公众满意度既是政府公共服务的基本行政准则,也是对政府绩效评估的重要评估向度,要求评估绩效的参照系是公民而不是政府及其工作人员,绩效评估所依据的绩效示标,应当从社区居民的立场和价值选择予以确定。体现满意价值取向的指标包括公民对社会治安状况、生态环境、医疗保健、文化体育、社会保障、公共设施、人际关系方面的服务综合体验满意率等正指标,也包括公民投诉次数或上访次数等负指标。

4.公平指标

服务型政府必须体现出保证社会公正、公平的内涵,充分实行一视同仁原则,不是对某个特定的群体服务,而是为所有公民提供良好的服务。当前评价政府公共服务公平性的指标主要集中在公共教育和义务教育服务、社区社会保障服务、社区公共医疗卫生服务、科技服务以及区域公共基础设施等和社区居民基本利益和基本权利密切相关的领域。体现公平价值取向的指标应包括学龄儿童入学率、保障覆盖率、失业率、再就业培训率、老人与残疾人照顾、贫困家庭救济等。

在以上四个价值向度导出的指标基础上,应该将其中的指标进一步具体化、操作化,形成下一级指标。如教育经费投资可以细化为教育经费占GDP 或财政收入的比重,公民人均受教育程度可以具体化为义务教育普及率、大学教育普及率、成人识字率等指标。

(四) 公共服务绩效评估的配套体系①

1. 培育政府绩效管理的生态环境

中国公共部门推行绩效管理之所以举步维艰,其中一个重要原因是还没有形成一个有利于公共部门和公共组织机构实施绩效管理的社会生态环境。政府绩效管理是公共管理的一个重要组成部分,它植根于发育良好的公共管理的土壤之中,也植根于社会这一更大的土壤之中,只有在适宜的生态环境下才可能顺利推进政府绩效管理。从西方一些较早实行政府绩效管理的国家来考察,英美在 20 世纪 70 年代推行政府绩效管理的基础是政府实行自身变革,努力用企业家精神来改造政府。当时在这些西方国家的企业中已经普遍实行了绩效管理,并在企业的人力资源管理中也建立了以绩效为中心的奖惩制度,从而在全社会形成了绩效管理意识和传统。这种绩效评价氛围事实上为西方发达国家推进政府绩效管理创造了条件。因此,我们必须认真总结行政改革的成败得失,抓住机遇、深化改革,注重公共服务管理,将政府绩效管理与服务型政府的构建紧密地联系起来。

2. 建立规范、合法、真实的统计数据系统

由于过去长期实行计划体制的影响,我国政府尚缺乏科学合理的统计法规,并且统计的口径、指标也不能与国际接轨。改革开放后,这种局面并没有根本改观,加上我国政府系统在相当长时间中由于实行以 GDP 增长速度为主要甚至是唯一标准的政绩考核体系,一些地方政府领导为了职位升迁等目的虚报绩效、夸大成绩、粉饰太平、欺上瞒下,导致统计数据的严重失真。为此,我们必须坚决破除"数字出官、官出数字"的潜规则,建立健全规范、合法、真实的统计数据系统,为政府绩效管理提供真实的数据支持。

3. 建立包括国家审计、社会审计、内部审计和 IT 审计在内的绩效审计体系

政府绩效管理与审计是密不可分的,审计为政府部门开展绩效管理提供制度和技术保障,而政府部门的绩效管理又为审计系统顺利开展工作创

---

① 参见胡宁生:《构建公共部门绩效管理体系》,《中国行政管理》2006 年第 3 期。

造条件。我国目前的审计体制主要包括国家审计、内部审计和社会审计。国家审计是指对国家机关、国有企事业单位的项目经费、预算开支等开展的审计,内部审计是专门对除国有企业外的其他各类企业进行的审计,社会审计是指通过社会中介机构进行的审计。近年来,国外利用信息和计算机技术建立了一套审计体系,用以审查公共部门或企业的经费获得和使用是否符合法律规范,这种依靠新的技术手段的审计被称为 IT 审计。近几年,我国加大了审计力度,刮起了阵阵"审计风暴",促使各级政府、国有企事业单位加强绩效管理和资金管理。但是,我国审计要走的路还很长,需要逐步健全审计体系,提高审计的科技含量,逐渐将审计的重心转向绩效审计。

第三节　实现服务型政府职能的能力条件

　　服务型政府职能实现必然要依靠一定的资源,这些资源可以是组织方面的,也可以是人力方面的,我们可以将之称为服务型政府职能实现的能力条件。这既包括政府作为一个整体所具有的能力,即政府能力,特别是政府公共服务能力,又包括公共服务直接经手人公务员的公共服务能力。

一、政府公共服务能力建设

　　服务型政府的建设已提上日程多时,但是服务型政府建设的效果却不尽如人意,这与政府自身的公共服务能力欠缺不无关系。只有提升了政府的整体能力和公共服务能力,服务型政府职能才有实现的基础。

(一)政府能力与政府公共服务能力

1. 政府能力概述

　　政府能力是一个政府在实现自己职能、从事某项活动中所拥有的资源、能量。[①] 政府能力可以从总量和结构两个角度进行分析。就结构而言,从微观上看,任何一种政府能力都是由人、财、物、信息等不同要素组成的一个

---

　　① 汪永成:《经济全球化与中国政府能力现代化》,人民出版社 2006 年版,第 38 页。

系统,称为"政府能力系统";从宏观上看,政府能力是运用政府所拥有的人、财、物、信息等要素,通过有效完成政府职能规范的目标和任务,而显现出不同形式和性质的能力,及政府能力外线系统。因此,政府能力的结构包括政府能力内部构成要素的结构和政府外显能力的结构两方面。[①]

　　2.政府能力的内部结构

　　汪永成按照政府能力构成要素与政府职能实现的相关性、政府能力构成要素的不可替代性、政府能力构成要素的稳定性、政府能力构成要素的可比性等四条准则,把政府能力分解为七种构成要素。这七种资源构成了政府能力的基本素质,参与到所有的政府活动中,是政府能力的基础。鉴于其合理性和论述的理论需要,此处采用汪永成对政府能力构成要素的界定。

　　(1)权力资源

　　拥有权力是政府存在的前提,权力是政府能力区别于其他社会组织能力的根本因素,是政府能力的核心要素和直接来源。对强制性公共权力的垄断是政府行使职能、保证自身权威性的重要基础。一般而言,权力与政府能力之间存在着正相关关系,权力的扩张必然带来政府能力的增强。[②]但政府权力无限度地扩张可能会侵蚀社会公共利益,导致腐败现象产生。

　　(2)财力资源

　　财力资源是政府能力中的核心要素,是政府存在和运行的经济基础,也是权力、人力等其他政府能力要素的基础。政府的财政汲取能力是政府整体能力的极其重要和关键的因素。

　　(3)人力资源

　　人力资源是政府能力中的前提因素,因为人是行动的发起者,也是一切行动最终的完成者。人力资源有量和质的规定。政府工作人员数量与政府能力之间存在倒 U 形的函数关系。随着人数的增长,政府能力加强,但到了一定幅度也即职位与人员的最佳配置之后,政府能力会随人数的增加而

　　① 汪永成:《经济全球化与中国政府能力现代化》,人民出版社 2006 年版,第49~52页。
　　② 同上书,第53页。

降低。对政府能力的高低产生决定性影响的是人力资源的质方面,即政府工作人员的体质、品质、智力、知识、技能、态度、价值观、团队意识等。

（4）文化资源

与企业的组织文化相比,政府的行政文化对其中人的活动也有巨大的影响。文化资源在潜移默化之中影响政府能力。它涉及到政府工作人员对行政活动的态度、观念、意识、精神、心理、情感、理想、价值观等,以思想力、感召力、凝聚力、信仰力等形式发挥作用,并影响着具体的行政行为。例如,官本位的意识就严重影响了公务员的公共服务行为,对服务型政府建设十分不利,必须破除。

（5）权威资源

政府的权威来自于政府的合法性,是一种具有广泛社会影响力的无形权力。当然,政府的权威首先还是来自其自身所拥有的得到人民认可的权力。诚如韦伯所言,"统治的每一真实形式意味着最低限度的自愿遵从"[1]。此外,政府的权威也来自于其政绩合法性。它体现了政府工作的权威性、民主程度、服务程度和法治建设程度,反映了人民群众对政府的满意度和信任度。今年来很热门的"政府公信力"一词正是政府权威的一种表现形式。

（6）信息资源

政府信息资源是一切产生于政府内部或虽然产生于政府外部但对政府活动有影响的信息资源的统称。政府总以某种方式与人们的工作和生活的每一方面直接或间接相联系,这些信息资源还常常比一般的信息资源更有价值,质量和可信度也较高,直接关系到国民经济与社会发展的状况和水平。随着信息社会的到来,信息将成为政府能力中日益重要的战略资源,因为信息是具有价值性的知识,是政府系统中的中枢神经。政府职能的实现也就是信息的流动和处理过程。[2]

（7）结构资源

---

① 转引自[美]朗:《权力论》,中国社会科学出版社2001年版,第44页。

② 张彦华:《服务型政府能力研究》,郑州大学硕士学位论文2007年,第10页。

结构资源是指前面六种资源组合起来,相互联系、相互作用中产生的一种综合力量。结构力的大小主要由政府内部管理水平来决定。① 政府能力的强弱很大程度上取决于政府能力构成要素之间的整合程度。

任何一个政府系统都具有上述七种构成要素,这七种要素之间相互影响、相互制约。其中任何一种要素的变化必然引起其他要素甚至整体能力的变化。在不同的政府系统中,这些要素在政府能力中所处的地位和发挥的作用不同,这也就构成了政府能力的不同。

3. 政府能力的外显形式

政府能力的内部结构表明政府拥有的那些资源、能量,而政府能力的外显形式则表明政府用这些资源和能量去做什么。诚如斯言,有什么样的政府职能分类,就相应地有什么样的政府外显能力。② 当前,除了政治统治职能外,我国政府的主要职能是经济管理、社会管理和公共服务。当然,每一类职能下面又包含很多更加具体的职能。如,经济管理职能包含宏观调控职能、市场监管职能等,公共服务职能包括提供公共物品、社会保障等职能。相应地,这些职能分别对应一种政府能力。例如公共服务职能对应的就是公共服务能力。

根据上面的阐述可以看出,政府公共服务能力是政府总体能力的一个方面,它与政府的其他外显能力一样,依靠政府的一系列资源和能量作为基础。

(二)服务型政府公共服务能力存在的问题与提升思路

当前,我国政府公共服务能力建设存在以下问题:一是政府公共服务意识淡薄,思想观念落后。二是服务方式单一,主要以垄断方式为主,过多依赖直接手段,很少使用间接手段,习惯于发号施令。人治管理,过多使用行政手段,不习惯使用经济、法律手段解决问题。

三是政府服务越位、缺位、错位现象突出,不该限制的限制了,与此同

---

① 汪永成:《经济全球化与中国政府能力现代化》,人民出版社 2006 年版,第 61 页。
② 汪永成:《经济全球化与中国政府能力现代化》,人民出版社 2006 年版,第 66 页。

时,政府该管的却没能管到或管好。四是政府过多地关注微观经济活动,对宏观的把握和引导不够。对国际、国内经济社会形势分析不够,宏观调节手段运用得不够。[①] 因为上述问题,我国政府公共服务能力呈现出不足的状况。所以,转变政府职能和角色,加快建设公共服务型政府,建立有限政府、法治政府、责任政府和阳光政府的需求十分强烈。要实现全面建设小康社会和建设社会主义和谐社会的目标,必须强化公共服务职能,提高政府的公共服务能力。服务型政府公共服务能力提升思路如下:

1. 明确政府公共服务能力建设目标

除政治统治之外,经济管理、社会管理和公共服务是社会主义市场经济条件下的中国政府应该具备的三大职能。实施宏观调控以保持宏观经济稳定、创造良好的市场环境、提供公共服务是服务型政府的主要职能。其中服务型政府重点强调政府的公共服务职能。根据上述服务型政府的职能内容,政府公共服务能力建设目标应为:充分调动政府自身、市场和第三部门等各方面的力量,以政府为主导,以市场和社会为主体,构筑全方位的无缝隙公共服务体系,实现公共服务的高效提供。

2. 构筑政府公共服务能力体系

在对公共选择、成本效益核算、市场竞争机制、新公共管理和绩效管理的理论展开深入研究的基础上,探讨设立适合我国国情的政府公共服务能力指标体系,制定科学规范、切实可行的能力标准,开发和采用真实、准确、客观的能力开发、能力考量、绩效评估技术和测量方法,实行以结果为导向、以能力本位为核心的能力管理。就我国政府公共服务能力建设而言,可以构建公共服务核心能力和基本能力两大体系。核心能力体系应由宏观调控能力、社会管理能力、公共服务(服务指导)能力指标构成。基本能力体系由九大指标构成,且分为三个层次,即第一层次(高层):战略管理能力、目标管理能力、科学决策能力,扩大政府决策的公众参与。第二层次(中层):信息管理能力、协调统筹合作能力、人力资源开发能力。第三层次(基层):

---

① 尹继卫:《中国政府公共服务能力建设思考》,《中国行政管理》2004 年第 8 期,第 74 页。

绩效管理能力、监督管理能力、资源整合能力。以这个能力体系作为可衡量的绩效指标和任务,开展政府公共服务能力建设。[①]

3.完善政府公共服务能力建设机制

为了提高公共服务的效率和质量,服务型政府必须在重塑政府与市场、政府与社会、政府与公众的关系的前提下,根据实际情况,明确政府、市场、社会、公众各自服务的方式、标准和内容,充分发挥市场经济在配置资源方面的基础性作用,培育和发展第三部门等社会力量,通过听证、"公共质询"等参与制度使公众能够直接地参与公共服务的决策与提供过程。建立健全目标责任制、社会评议制度和激励机制,提高政府公共服务市场化、社会化和管理民间部门的能力。政府要牢固树立效率和质量意识,用有限的资源提供更多的公共物品和更优的公共服务。为了提高公共服务的有效性,政府必须确立明确的公共服务目标,制定服务规划政策、服务标准、质量要求和收费标准,并严格监督执行。建立公共服务资格认证和登记制度,以公众意愿作为第一价值取向,并建立有关了解民意、公众参与决策的渠道、规则和程序,通过顾客调查、顾客随访、社区调查、顾客联系、顾客联系报告等多种方式,征求公众对公共服务的意见和要求,并测量其满意度,接受社会公众的投诉,对违规机构做出相应处理,定期开展服务质量检验。[②] 此外,要注重服务绩效考评,强化成本效益核算,使资源配置、权力赋予、奖励报酬与服务绩效挂钩,形成以服务能力为中心的激励机制,同时必须注重公共服务供给中的公平问题,特别要注意保护弱势群体的利益。

4.强化政府责任

与能力相伴的是责任,对责任的强调能够保证能力提升的正确方向。政府服务模式转变并不意味着政府公共服务责任的消失,而是要求政府负责任的方式也要有相应改变,如政府将某项公共服务项目委托给市场主体建设经营,政府直接投资管理的责任相应减少,但保证服务水准的责任则相

[①]　尹继卫:《中国政府公共服务能力建设思考》,《中国行政管理》2004 年第 8 期,第 75 页。

[②]　同上。

应加重,表现为以一种责任形式替代另一种责任形式。服务型政府的责任包括:一是在市场化、社会化改革过程中政府的管理监督责任;二是由非政府主体承担的公共服务项目,按照权限与责任相一致的原则,政府、市场主体、社会主体都应当对各自分担的责任负责,并互相监督;三是政府应当更多地向公共服务对象(如本地居民)负责;公众对公共服务的评价认可程度,应当足以影响政府公共服务项目负责人的奖惩任免,这样可使政府公共服务部门更加关注改进服务,切实对公共服务负起责任。[①]

二、公务员公共服务能力建设

(一)公务员能力、公共服务能力与公务员公共服务能力

1.公务员能力与公务员公共服务能力

关于公务员能力的构成,存在学理上和政策上两方面的观点。

在学理上,有学者从服务的一般内容和通常角度上看公务员的公共服务能力的构成,将一般性公务员能力分成基础性行政能力和运行性行政能力两个方面。[②] 其中,基础性行政能力包括政治鉴别能力、道德能力、思维能力、文化能力、社会关系能力、心理能力、健康能力;运行性行政能力包括调研咨询能力、行政领导能力、行政决策能力、行政创新能力、行政执行能力、行政协调能力、勤政廉政能力。

在政策上,根据国家人事部 2003 年颁发的《国家公务员通用能力标准框架(试行)》,公务员能力包含政治鉴别能力、依法行政能力、公共服务能力、调查研究能力、学习能力、沟通协调能力、创新能力、突发事件应对能力、心理调适能力等九项能力。由此可见,公务员公共服务能力只是公务员能力的一个方面,它从属于整个公务员能力框架。

---

① 沈荣华:《提高政府公共服务能力的思路选择》,《中国行政管理》2004 年第 1 期,第 33 页。

② 基础性行政能力是指行政主体与其他公职主体或公职人员都应具备的基本能力,是其他各部分行政能力存在、发展和发挥作用的前提、基础;运行性行政能力主要是指公务员在某一具体行政职位上所应具备的业务性、操作性能力。参见:邱霈恩:《试论公务员的能力构成与建设》,《新视野》2004 年第 3 期,第 48 页。

同时,按照人事部的规定,公务员的公共服务能力包括以下内容:牢固树立宗旨观念和服务意识,诚实为民,守信立政;责任心强,对工作认真负责,密切联系群众,关心群众疾苦,维护群众合法权益;有较强的行政成本意识,善于运用现代公共行政方法和技能,注重提高工作效益;乐于接受群众监督,积极采纳群众正确建议,勇于接受群众批评。根据这些内容上的规定,公务员的公共服务能力必然要求公务员具有依法行政、调查研究、沟通协调、心理调试等其他能力。所以,公务员的公共服务能力又与公务员其他能力相辅相成,密不可分。

总之,公务员公共服务能力从属于公务员能力的整体框架,与框架内的其他能力密切联系、有机融合,共同构成了公务员能力。

2. 公共服务能力与公务员公共服务能力

在学理上,公共服务能力就是公共服务主体胜任公共服务、把公共服务做好的能力。[①] 确切地讲,公共服务能力是指公共服务主体为生产和提供优质的公共服务产品以满足公共服务客体的公共服务需求而具备的技能、技术、技巧及综合操作的个体特征。[②] 按照不同的标准,公共服务能力可以分成不同的类型,它可以体现为政府的公共服务能力,也可以体现为作为一个整体的公务员队伍的能力,但是最终都要落实到履行实际职责的公务员个人身上。因为,作为公共服务享受者的最直接接触者,公务员个人代表整个政府提供公共服务,其公共服务能力直接决定公共服务的性质、水平和绩效。因此,可以说公务员公共服务能力是整个政府公共服务能力和公务员队伍公共服务能力的基石和最直接体现,它从属于整个公共服务能力体系。

(二)服务型政府的公务员公共服务能力建设

从上面的论述可知,公务员公共服务能力既是公务员能力体系的一部分,又是整个公共服务能力体系的一部分。在公共服务能力前加上"公务员"的限定,这要求确切把握公务员公共服务能力区别于其他公共服务能力

① 邱霈恩:《国家公务员公共服务能力》,中国社会科学出版社2004年12月版,第39页。
② 邱霈恩:《国家公务员公共服务能力》,中国社会科学出版社2004年12月版,第40页。

的特质。公务员的公共服务能力是公务员从事并胜任政府工作的两种基本能力之一,亦即与行政管理能力相对应、但在基本能力框架内起主导作用的行政服务能力。[1] 公务员的公共服务能力具有很强的政治性,广泛的社会影响,与法律关系密切。它对于公务员的胜任程度、政府公共服务职能的履行和整个公共服务能力体系的构建具有重要作用。

随着世界贸易自由化、经济全球化、知识经济的到来和政府间竞争的加剧,适应科学发展观人才强国战略的客观要求,为了创造更加优越的投资环境吸引资金流入本国或本区域,政府必然改变原有的管理方式和服务方式,用服务取代行政指令与管制。所以,在继续履行好经济调节、市场监管职能的同时,政府应该更加注重公共服务职能,全面推进服务型政府建设。服务型政府要求突出政府的公共服务职能,这必然就要求作为政府公共服务职能实现行动者的公务员在所有自己应该拥有的能力中更加凸现公共服务能力的地位。通过加强公务员公共服务能力建设来提高政府的公共服务能力和公共服务水平,这是服务型政府职能实现的必然要求和选择。

1. 服务型政府的公务员公共服务能力建设的内容

为了适应建设服务型政府的要求,除了要进行前文所述的一般性的公务员能力建设,更迫切、更重要的是加强公务员公共服务能力建设。加强对公务员公共服务能力的建设,要根据实际情况,抓住服务型政府职能实现所需公务员公共服务能力的重点,集中力量进行建设,力图快速有效地提高公务员从事具体公共服务的能力。根据服务型政府职能实现的需要,结合公务员公共服务能力的现状,要重点建设公务员的诚信能力、公务员联系群众与为群众办实事的能力、公务员自我规范能力、公务员高效行动能力和公务员电子政务应用能力。[2]

第一,提高公务员的诚信能力。这要求:公务员转变观念,改变原有的官僚主义习气和作风,确立以公共服务为导向的价值观念,树立服务意识,

---

① 邱霈恩:《国家公务员公共服务能力》,中国社会科学出版社 2004 年 12 月版,第 46 页。
② 邱霈恩:《国家公务员公共服务能力》,中国社会科学出版社 2004 年 12 月版,第 65 页。

明确服务精神,调整工作态度,提高职业道德水平。同时,要建立和完善反映并促进诚信能力提高的心理机制和公开透明的责任机制,确保公务员能够将关注公共利益、倾听群众声音和兑现服务承诺作为内心的自觉行动乃至使命。

第二,提高公务员联系群众、为群众办实事的能力。这要求:公务员树立密切联系群众的价值观,以为人民服务的宗旨作为能力建设的皈依,建立"从群众中来、到群众中去"的观念,培育以人为本的服务意识;加强理论学习和实践,掌握正确联系群众的方式方法和技能技巧;树立亲民作风,寻求与群众进行沟通的科学方法;提高综合素质,及时准确把握反映群众需要的社会公众信息。

第三,提高公务员自我规范的能力。这要求:公务员必须端正自己从事公共服务与从事公共服务工作的思想观念和行为表现,将公务员的行为规范内化为自身心灵的一部分,确保自己在具体的公共服务活动中能够高度地约束自己的行为;要有强烈的法律意识和法治观念,在宪法和法律规定的职权范围内按照法定的程序开展公共服务;要乐于接受群众监督、采纳群众和同事的正确建议,勇于接受批评,能够包容客观地对待不同意见,能够很好地给予回应互动;要能够在种种不正当利益诱惑面前,保持高度的清醒和廉洁。

第四,提高公务员高效行动的能力。这要求:公务员必须树立公共服务成本意识,讲究投入产出,讲究公共服务效率,确保每次服务都积极主动、快速高效。

第五,提高公务员应用新技术的能力。这要求:公务员从观念上认识到新技术对于提供高质量公共服务的可能性和重要性,公务员必须尽快地学好电子政务的知识和应用技能,借助现代信息技术来节省时间、空间、公共服务成本和其他传统资源,从而降低公共服务成本,提高服务需求的反应速度与回应能力。

2.服务型政府的公务员公共服务能力建设的思路

建设公务员公共服务能力是一个异常复杂的问题。从根本上说,是要同公共服务实践和公务员队伍建设结合起来,扫清公共服务能力成长和发挥作用的一切障碍,促使公务员公共服务能力不断提高并给公共服务客体带来实际的享受,提高公共服务能力建设的现实针对性和长远前景。服务型政府要求改变传统的政府人事制度,更新政府人力资源机制,实现人力资源开发和管理的服务转向,建立一套以服务为导向的政府人力资源管理机制。

(1)推进政府人力资源开发与管理工作的科学化和现代化

这是服务型政府的公务员公共服务能力建设的前提和大背景,只有更新了政府的人力资源管理理念和实务,才能为公务员的公共服务能力建设提供良好的思想和体制条件。

①我国现行人力资源开发与管理存在的问题

明确政府现行人力资源开发与管理方面的问题是政府人力资源开发与管理工作的科学化和现代化的前提。综合起来,我国现行人力资源开发与管理存在以下问题[①]:

第一,传统人才观念历史惯性深重,开发力度不够。传统的专制思想、人治思想、身份等级思想等深深渗透到社会的每个角落,严重影响政府人力资源的开发力度。一是传统的干部人事管理观念和做法还相当普遍,以业绩为取向的人才价值观、以人力资本为核心的人才开发观、以市场需要为方向的社会化服务观没有真正树立起来;二是缺乏忧患意识和超前意识,目前,政府在人力资源开发问题上,仍停留在传统的人事管理水平上,缺乏人力资源开发理念,缺乏较长期人力资源开发规划;三是政府部门"单位人"观念根深蒂固,缺乏改革和创新意识,没有意识到体制性、机制性阻碍严重影响到人才的发展。

第二,人力资源开发环境改善滞后,配套改革不足。在我国现行财政体制下,用于政府人力资源开发的专项经费很少,而且常常难以落实,使公务员的发展空间受到限制。人力资源的继续教育和在职培训未得到应有的足

[①] 参见郭济:《论我国公共部门人力资源开发》,《中国行政管理》2006年第9期,第7页。

够重视,导致公务员流失。政府部门社会保障体制改革步伐迟缓,并未产生根本变革。社会保障经费不足,管理机构和管理制度不健全,制约公务员辞职、辞退制度的推行。人才市场调配功能缺乏,市场发育不全等问题,均在很大程度上影响了公务员的素质和活力。

第三,人力资源开发创新机制缺乏,开发效果不佳。对公务员的培养,从教育、选拔、评价到管理,尚未形成一套具有自身特色的、以市场为导向的培养制度。学习型社会、学习型组织和学习型个人的社会风气尚未形成。对人才的使用上,激励、竞争机制尤其是支持服务的市场机制尚未完全适应,评价手段传统单一,人才缺乏竞争意识。在人才服务上,人才市场体系还不完善,按照市场规律对政府人力资源进行全面配置和调节的机制尚未建立起来。开发模式陈旧,很多先进的人力资源管理手段和方式都没有得到广泛的推广和应用。这就造成了政府人力资源开发工作很难取得好的效果和质的飞跃。

②实现政府人力资源开发与管理工作的科学化和现代化的对策

以提高公共服务的水平,树立便民、廉洁、高效的政府形象为目标,转变观念,以公开、平等、竞争、择优为准则,采取行之有效的政策措施,完善人才发展的政策体系,将成为实现政府人力资源开发与管理科学化和现代化的战略基点。

第一,在思想上,树立科学的政府人力资源观念。这包括更新人才观念和更新管理理念两个方面。首先,要更新人才观念。要充分认识到人才是政府发展的首要资源,其他各种资源都需要人去认识、开发和利用,人才资源的优劣程度决定着其他资源使用效率的高低。要认识到人才是社会生产的第一资本。我国应该认真研究人才资本理论和人才资本的实现形式,促进人力资源向人才资本转化。落实以人为本的理念,尊重人才,用好人才,建立完善科学的选拔任用机制,坚持公开、平等、竞争、择优的原则进行公务员的选拔,努力创造凝聚人才、造就人才、人尽其才的政策环境和"尊重知识、尊重人才"的人文生活环境。① 其次,要更新管理理念。我国正处于转型期间,公共部门职位面临着更多的挑战和更高的要求,如"更大的自主权、更宽的管理幅度、对公共服务的日趋重视、不断变化的代际价值观、多样化的员工管理"。② 作为应对这些挑战的对策,可以有选择地引进新公共管理、新公共服务等理念,转变政府职能,确立服务重心,同时保证政府部门的公共性,建立以服务精神和确保公共利益的实现为核心的公共部门核心价值体系。

第二,加强公务员学习培训,建设学习型政府和科学的公务员培训体系。学习型政府是加强学习培训的机构氛围,科学的公务员培训体系是加强学习培训的现实保证。首先,建设学习型政府。当今世界是知识爆炸的世界,知识更新的速度远远超过了人的接受能力,终身学习成为应对这一现实的必要选择。构筑学习型政府,包括学习政策、法规、技术、方法,学习政府的管理理念、核心价值观、行为伦理和哲学;包括建设培育政府部门共同价值观、提高团队凝聚力的行政组织文化。此外,必须深化公共部门人力资源管理体制的改革,把个人自我学习的动力、兴趣与工作分析、职位评价有机结合;把人才考核测评、人力资源规划与市场运作机制、公平竞争制度整体推进;把"效率优先、兼顾公平"真正落到实处。③ 通过不断推进学习型公共部门的建设,加强公共部门学习规划,整合学习资源,最终构建公共部门的终身教育体系。其次,建立科学的公务员培训体系。培训是使人力资源增值并转化成人力资本的重要途径。对公务员的培训,既能提高他们的素质,也有利于他们树立全局观念,贯彻落实中央的路线方针政策。建立科学的公务员培训体系,要做到以下几点:一是要加强培训主体的自身建设,提高培训质量。目前,我国公共部门的人力资源培训主体是从中央到地方的各级党校、行政学院及各部委、各高校的干部管理培训中心,它们应该在培

---

① 赵辉等:《论完善公共部门人力资源管理》,《经济体制改革》2006 年第 3 期,第 181 页。

② 张焕英等:《公共部门人力资源管理的发展趋势与应对研究》,《理论探讨》2007 年第 4 期,第 171 页。

③ 郭济:《论我国公共部门人力资源开发》,《中国行政管理》2006 年第 9 期,第 8 页。

训体系中处于不同的层次与地位,发挥不同的作用。各种培训主体都要实施多样化的培训方式,更新、丰富培训内容,做到理论与实践的结合,不仅要注意培训的政治性与方向性,更要注重培训的针对性与系统性,着重于被培训人员专业技能的提高。[①] 二是国家人事部与各级地方人事部要有适应经济社会发展的中长期公共人力资源培训规划,将专业技能培训和有针对性的培训相结合,将培训成本和培训效果相结合。三是加强对培训的管理。注重培训过程的监控和培训结束后的反馈,为后面的培训积累经验、做好需求预测,提高培训的针对性和有效性。可以将培训的表现和考核结果以适当权重纳入绩效考核之中,但要防止培训被用作升官发财的工具和政绩工程。

第三,加强人力资源绩效评估与激励机制建设。首先,废除传统的公务员终身雇佣制是建立科学的政府人力资源绩效评估与激励机制的前提,因为终身雇佣制使得公务员缺乏努力工作的外在压力,从而可能丧失对公共服务客体的责任感,只有打破终身雇佣制,引入淘汰和竞争机制,才能激发公务员的服务热情和工作热情,提高其敬业精神。其次,要建立科学的公务员绩效评估机制。改变传统的以德、能、勤、绩为主要内容的绩效评估制度,在可能的指标上实行量化考核,实现评估主体的多元化、评估内容的全面化、评估程序的透明化、评估结果的公开化。将绩效评估作为提高公务员能力的有效途径,推进绩效管理在政府的开展。再次,合理利用评估结果,作为对公务员进行激励的依据。综合采取物质激励、权力激励、精神嘉奖、竞争激励等方式,建立健全公职人员收入分配机制、权力激励机制、行政监督约束机制等。

（2）拓展公务员的素质,提高其公共服务能力

推进政府人力资源开发与管理工作的科学化和现代化是提高公务员公共服务能力的前提,在此基础上,政府部门人力资源开发的重心或者着力点

---

① 张焕英等:《公共部门人力资源管理的发展趋势与应对研究》,《理论探讨》2007 年第 4 期,第 172 页。

应放在公务员能力建设上。要树立大教育、大培训观念,在提高公共部门人力资源思想道德素质、科学文化素质和健康素质的基础上,重点培养人的学习能力、实践能力和创新能力。坚持学习与实践相结合、培养与使用相结合,促进公务员在实践中不断增长知识,提升能力,全面推进整个公务员队伍能力的现代化建设。具体说来,要采取以下措施进行公务员公共服务能力的建设。

第一,紧扣当前的实际问题和需要以及国家发展战略和政策法规,进行形势教育、对策训练、创新训练、战略训练、政策训练和执法训练,直接提高公务员的形势知识及形势应对水平、创新意识和创新能力、战略水平、政策水平和执法水平,使得每个公务员,特别是高级公务员都能成为学习能手、创新能手、治国能手、战略专家、政策专家和法律内行。

第二,加强现代化的服务手段、工具、技能、程序等方面的标准化、操作性训练,以现代化公共服务技术和手段武装公务员队伍,确保"一学就会用,一用就见成效",直接提高公务员的服务技能和效率,使之更能适应和进行现代化的公共服务实战。

第三,要动员公务员主动实现自身的全面进步。加强对公共管理和公共服务理论的学习,包括公共部门人力资源管理理论、绩效管理理论等,强化持久的自我修养,由此增强公务员政治、道德、自警、自律、勤政廉政等方面的能力,实现自身的全面发展与完善。

总之,要由国家进行统一、科学、严格的公务员培训,同时还要发动公务员不断进行自学,使所有行政人员无一遗漏地都受到正规培训和提高,把开发行政能力实实在在地变成国家行为或政府行为。这种培训要侧重于实务做法、技能技巧和方式方法等方面,直接提高其操作的精熟程度和创造性含量,使公务员一到实践中就能运用新的能力创造新业绩。这样做的结果将可能是行政质量的飞跃和革命,更可能是人才强国战略得以成功的最大关键和保障之一。[①]

---

① 邱霈恩:《试论公务员的能力构成与建设》,《新视野》2004 年第 3 期,第 49 页。

第四节　实现服务型政府职能的物质技术条件

物质技术条件是服务型政府职能实现的物质保障,它包括设施条件和技术条件,在实体上表现为公共服务设施和信息技术。加强物质技术条件的建设,就要改善公共服务设施和加强电子政务建设。

一、改善公共服务设施

当前,我国公共服务设施建设存在以下问题:不同服务设施之间缺乏统筹安排,降低了土地利用率;同种服务设施内部缺乏协调和统筹;乡村服务设施水平低下;营利性设施受到重视,公益性设施相对缺乏;服务设施的后续保障不足。其对应的原因是服务设施规划受行政区划的限制,形成条块分割,难以实现区域统筹,以行政区划为基础的地方经济格局导致各个地方政府间的竞争大于协作,相互间难以统一规划和建设公共服务设施;规划的技术欠缺,无法很好协调专业规划与总体规划之间的关系;服务设施的规划和建设受到城乡二元经济格局的影响,导致乡村的服务设施远远落后于城市;政府制定的"谁建设,谁配套"的简单规划建设管理办法,规定将所有设施建设职责完全归属于开发商。而开发商受经济利益的驱使,往往热衷于建设盈利性设施,而对公益性设施的建设缺乏关注,导致居住区中不同程度的功能失衡。要改善我国的公共服务设施,可以从以下几个方面加以努力:

(一)制定和实施基本公共服务设施配置标准[1]

制定和实施覆盖全体国民的强制性基本公共服务设施配置标准,有利于基本公共服务设施人均均等目标的实现。国民全覆盖是指基本公共服务配置覆盖到全社会每一个人。基本公共服务是我国经济社会发展到现阶段时,作为社会中的每一个个体维护其自身尊严和维护整个社会基本尊严所

---

[1]　张长春:《倡导社会公正促进公共服务设施配置的均等化》,《中国经贸导刊》2006年第21期,第34页。

必需的前提条件,是公共服务公正原则的要求。标准均等是指全国城乡之间(包括内部)和地区之间基本公共服务设施配置实行相同标准。标准均等源于个体人对人类社会的基本贡献和维护人类社会种属尊严上的同一性,正是这种同一性决定了每一个参与社会合作的成员在道德上所应有的平等地位。以均等化方式实现社会全体成员在享受基本公共服务设施上的人均均等,更是有中国特色社会主义制度保障公民权的需要,是落实宪法规定的尊重和保障人权等公民基本权利的要求。

(二)根据公共服务设施的产品属性采取不同建设方式

在公共经济学领域,可以根据产品公共性程度的差异将公共服务设施分成公共产品、私人产品和准公共产品,其提供和建设的方式是不一样的。

对于纯公共产品属性的公共服务设施,其建设资金由政府财政安排,设立公共服务设施建设专项财政帐户。政府可以采用向开发商购买的方式提供这类设施,但是要事先进行统一规划,严格进行项目审查,严格验收,以确保设施质量、降低成本。

对于纯私人产品属性的公共服务设施,则由开发商在符合总体规划的前提下进行投资建设,所有权归开发商。

准公共产品的建设可以分为三种情况:对于公益性较强的设施以及福利性设施,如教育、医疗卫生等,由政府投资建设;盈利性较强的设施以及小区后期维护管理设施,如会所、物业管理用房,由开发商投资建设;行业专营产品由行业专营企业投资建设。对于政府建设的项目,仍遵循公共产品建设的方式;行业专营产品采用类似于公共产品的建设方式予以投资建设。[①]

(三)根据公共服务设施层次提供公共服务设施

根据公共服务设施的优先性,要首先保证基本公共服务设施的提供,对非基本公共服务设施投资要量力而行。基本公共服务设施是公民赖以生存和发展的基本物质设施条件,而当前我国很多落后地区的基本公共服务设

---

① 晋璟瑶等:《城市居住区公共服务设施有效供给机制研究》,《城市发展研究》2007 年第 6 期,第 98 页。

施还不完善,政府投资应首先确保基本公共服务设施支出。在确保基本公共服务设施得到充分有效供给的前提下,政府可通过直接投资、资本金投入、财政补助、贷款贴息等方式,单独或与非政府投资主体合作投资于非基本公共服务设施。

当前,由于各级政府之间的财权事权不对等,公共决定中的官本位意识和长官意识严重,政府投资管理决策责任约束机制的缺位等原因,地方政府常常在公众的基本公共服务设施尚未得到全面有效供给的情况下,热衷于在非公共服务领域和盈利性领域投资,甚至大搞形象工程。①要解决这些问题,必须调整财权事权分配格局,建立公众参与公共决策的机制,优化干部业绩考评机制,同时强化土地资源、金融机构信贷管理。尤其要加强其中的公民参与机制,这是服务型政府倡导的公民本位的必然要求,也是政府充分了解公民设施需求、接受其监督的重要渠道。

(四)加大对农村地区公共服务设施的投资力度

由于城乡二元结构的存在,农村居民在享受公共服务上长期处于不公平地位,农民享受的是远低于城市居民的公共服务待遇,加大对与农民生活、生产相关的公共服务设施投资是解决公共服务设施城乡配置严重失衡的有效途径。在建设社会主义新农村的过程中,特别要加强对农村地区公共服务设施的投资建设力度。在向农民提供公共服务设施时,首先要确保与他们的生存、生活密切相关的基本公共服务设施的提供,其次要从提高农民在发展机会上的公平性和农业的竞争力考虑,注重向农村提供有利于农业现代化和农村经济增长的公共服务设施。

二、加强电子政务建设

毫无疑问,我们正处在信息时代和信息社会。信息技术以各种形式广泛地渗透到政府的结构与行为之中,为服务型政府建设提供强大的技术支

---

① 张长春:《倡导社会公正促进公共服务设施配置的均等化》,《中国经贸导刊》2006年第21期,第35页。

持。西方国家的电子政务发展起步相对较早、也发展得较为成熟,已经成为政府为民众提供公共服务的重要手段。我国的电子政府起步较晚、发展速度快,但其中存在不少问题。为此,我们必须加强电子政务建设,以便更好地实现服务型政府的职能。

(一)电子政务对政府公共服务提供带来的变革

服务型政府在本质上是社会本位、公民本位、权利本位的。电子政务改进政府的服务效率和质量,使得办事更加便捷高效,使得公共服务具有可选择性、普遍性、跨时空性,使服务具有一视同仁、无偏私的公正性与公平性。[①] 近年来,依托电子政务的技术和手段,我国在政府公共服务提供方面出现了以下重大变革:一是政府信息的公开化。利用政府门户网站发布政府公告、政策法规、政务新闻、办事规程等信息,已经成为政府信息公开的一条便捷、高效、日益重要的途径,甚至可以说催生了《政府信息公开条例》的诞生。二是政府权力运行的透明化。电子政务推动了政务的规范化、程序化,使行政权力运行的依据、过程、结果等便于公众知晓和监督。三是政府与公众互动的便捷化。通过电子政务途径,任何公民、企事业单位或社会组织都可以通过友好的界面与政府进行沟通和交流。四是政府服务的"卡片化"。一些地方政府利用信息和通信技术,推行"卡片化"的政府服务和管理项目,如智能社保卡就是比较典型的应用。五是"一站式"服务的网络化。各地在推行"一站式"行政服务中心的同时,也积极扩大网上审批、查询、办证、咨询等服务项目的范围,把虚拟的网上服务大厅作为电子政务的重要内容,极大地改善了政府形象。总之,随着电子政务在公共服务中的运用,节约了行政成本和社会交易成本,增强了公共服务能力和公共服务质量。[②]

---

① 吴爱明、董晓宇:《信息社会政府管理方式的六大变化》,《中国行政管理》2003 年第 4 期,第 33 页。

② 李冠军,聂玮:《电子政务在政府公众服务创新中的作用》,《中国行政管理》2005 年第 9 期,第 47~48 页。

(二)利用电子政务实现服务型政府职能的策略

1. 再造政府流程

利用电子政务来提高政府的效率和对公众的回应性,这既是一个技术操作的问题,也是一个政府公共服务流程再造(GPR)的过程。电子政务并不是简单地将传统的政府管理事务原封不动地搬到互联网上,而是在政府流程优化和再造的基础上,构筑信息时代的政府治理模式。

(1)政府流程再造的基本思想

政府流程再造以公众为中心,以"一站式"电子公众政务为目标,以"服务链"为纽带。"服务链"是政府业务流程再造的核心,其基本思想是:首先,把政府内部的上下级和部门之间的业务关系由原来的单纯行政机制转变成平等的相互服务关系,政府内部的每个部门和个人同时是服务"提供者"和接受者,公众则是他们共同服务的最终客户;其次,把公众的每一次服务请求当成是向政府下的一次"订单"(称"外部订单"),把每次政府提供服务的过程看成是一次执行"订单"的过程,政府提供服务获得的"支付"是公众对政府的满意、拥护和忠诚;最后,把"外部订单"转变成政府相关服务部门或个人的一系列的"内部订单",从而形成以"订单"为中心、上下级和岗位之间相互咬合、自行调节运行的"服务链"。在网络空间,作为"服务链"上的一个节点,每个部门或个人实际是在收到订单后的规定时间内提供一个响应数据(如一个问题答复或者审批结果),因此"服务链"变成了一个"服务响应数据链",简称"服务响应链"。①

基于"服务链"的政府流程再造,采用了面向"数据响应"的思想设计新的流程,变"权力导向"为"数据导向",因绕开了人的一些障碍而降低了实施难度。另外,数据响应时间便于统计,可以根据统计结果考核部门和个人的公共服务绩效,从而有利于对电子政务的实施效果进行监控。通过打造一条科学、合理的"服务链",实现信息收集与信息运用的整合,消除我国政

---

① 陈明亮:《中国电子政务建设模式和政府流程再造探讨》,《浙江大学学报(人文社会科学版)》2003 年 7 月第 33 卷第 4 期,第 141 页。

府部门长期以来形成的组织结构设计、业务流程和信息化管理等方面存在的弊端,提高公共服务质量。[1]

（2）政府流程再造的推进策略

利用电子政府实施政府流程再造不可能一步到位,必须采用渐进策略使得政府业务流程简化、优化。可从流程再造的迫切程度和流程再造涉及的利益调整面两个角度设计政府流程再造的推进策略。

政府流程再造的迫切程度往往与现有流程的合理性和电子政务系统能否支持现有流程有关。政府需要进行再造的流程可分为以下三类:第一类流程是本来就认定为不合理的流程;第二类流程是先前合理但电子政务系统不能支持的流程,如果不再造,将影响电子政务系统的推进;第三类流程是已经存在且电子政务系统也能支持,但是未得到很好应用的流程。前两类流程是实施电子政务前必须再造的,第三类流程不影响电子政务的实施,是电子政务系统运行中需要优化的一类流程。因为在电子政务系统运行前很难被发现,第三类流程再造不可能在电子政务实施前进行,而且没有电子政务系统的依托,也无法进行再造。政府需要再造的是大量的第三类流程。因此,从现有流程需要再造的迫切程度上来说,政府流程再造的基本推进策略是:对于那些阻碍电子政务推进的流程,坚决去掉或改掉;而对那些不影响电子政务启动的非优化流程暂缓再造,等电子政务系统运转起来后,再集中精力逐步优化。[2]

从政府流程再造涉及的利益调整面看,不同级别政府中,基层 GPR 涉及的利益调整面较小,高层 GPR 涉及的利益调整面大;同一级政府中,公众服务 GPR 涉及的利益调整面小,内部业务 GPR 涉及的利益调整面大。因此,从 GPR 涉及的利益调整面来说,政府流程再造要从基层入手,从公众服

---

① 朱正威、冯波:《供应链管理思想在电子政务发展中的应用》,《中国行政管理》2005 年第 10 期,第 54 页。

② 陈明亮:《中国电子政务建设模式和政府流程再造探讨》,《浙江大学学报(人文社会科学版)》2003 年 7 月第 33 卷第 4 期,第 142 页。

务入手,自下而上,由外向里,逐步推进。①

总之,政府流程再造就是要以"顾客"(包括人民群众、企事业单位、社会组织和政府其他部门)的需求为起点,将"顾客"要求输入政府业务流程中,经过一系列价值增值活动,最后把公共服务产品输出给"顾客",目标是不断提高"顾客"满意度。②

2. 完善相关法律法规

各国在推进电子政务建设的过程都十分重视立法工作。他们根据本国电子政务所处阶段的实际需要,修订已有法律的有关条款和制定新的法律法规,为本国电子政务的发展创造良好的法制环境。电子政务发达的国家也是电子政务相关法律比较完善的国家。电子政务是政府治理领域的一场革命,它意味着政府结构、运作模式、流程、服务方式等多方面的变革,这必然要求对原有相关法律的修订和对缺乏规制的对象制定新的法律。按照这些法律法规与电子政务发展与建设的关系,国外电子政务相关法律可以分成为三类:为电子政务发展创造适当环境的基础性法律法规,发展电子政务的核心性法律法规,涉及电子政务发展不同领域或部门的专门性法律法规。③ 如以美国为例,1996 年制定的《电信法案》属于上文所述的基础性法律,2002 年出台的《电子政府法》属于核心性法律,1998 年通过的《因特网税务自由法案》属于专门性法律法规。这三类法律法规构成了层次分明、相对完善的电子政务法律体系。

与我国的电子政务一样,我国的电子政务立法起步较晚,相关法律条文散见于一系列法律法规之中,④电子政务方面的立法相对薄弱。所以,我国要主动了解其他国家在促进电子政务发展方面的立法实践和立法经验,在认真进行比较分析的基础上,结合我国国情,把握实践需要,高度重视和加

① 同上,第 142 页。

② 肖陆军:《论服务型政府建设》,中央民族大学博士学位论文 2006 年,第 90 页。

③ 王满船:《国外电子政务相关立法及其对我国的启示》,《中国行政管理》2004 年第 9 期,第66 页。

④ 参见吴爱明:《中国电子政务——法规与案例》,人民出版社 2004 年版。

强电子政务相关立法,为促进和规范电子政务建设确立适当的制度框架。我国人口多,经济发展水平还不够发达且地区之间发展差距较大,直接影响到我国电子政务发展的战略选择。我们的立法模式、立法顺序和立法内容必须符合我国国情,与我国的行政管理体制、法律体系相适应。我们可以借鉴发达国家的做法,根据电子政务发展不同阶段的需要,制定立法规划,确定立法的优先顺序,对于那些对电子政务发展影响大的方面,要抓紧优先进行规范。[①] 总之,我国要将国外的立法经验与自身的电子政务发展实际和立法状况相结合,加强电子政务方面的立法。

3. 重构政府的组织结构

政府组织随着社会形态的变化而变化,与农业社会相适应的政府组织是国家型政府,与工业社会相适应的政府组织是传统的官僚制政府,而与信息社会相适应的政府组织形态将是以电子政务为技术支撑的服务型政府。[②] 电子政务会极大地改变政府结构,要求政府结构扁平网络化、减少甚至取消中间层、增加管理幅度。

首先,电子政务要求对现有的金字塔型政府结构进行再造,压平政府结构,推行网络化的政府结构形式。这样的政府组织结构具有以下特点:政府与外界环境的关系是开放的,没有严格界限;强调效率、适应能力、反应能力、团队合作与创新等价值;权力结构是分散的;权力的基础是知识与信息;决策是分散的,采用参与式的决策方法;注重内部的自我约束与控制;领导风格是民主的、参与式的;政府的管理计划是弹性的、灵活的和变化的。[③]

其次,中间管理层的缩减甚至取消。传统政府组织中庞大的中间管理层既是信息传递落后的产物,其存在也造成政府信息的失真、扭曲。而今,现代网络信息技术将加强操作执行层与决策层的直接沟通,网络将承担中

---

① 王满船:《国外电子政务相关立法及其对我国的启示》,《中国行政管理》2004 年第 9 期,第 69 页。

② 肖陆军:《论服务型政府建设》,中央民族大学博士学位论文 2006 年,第 91 页。

③ 吴爱明:《电子政务教程:理论·实务·案例》,首都经济贸易大学出版社 2004 年版,第 45 页。

间管理层的角色,导致政府组织发展中空化。①

再次,管理幅度增宽。根据管理学原理,组织扁平化导致组织层次减少,层次减少必然加宽每层的控制幅度。同时,电子政务使得管理人员的综合管理能力大为增强,也使得组织的管理者和下属之间可以及时了解对方的情况和意图。这样,一个管理者就可以指挥更多的下属,为增大管理幅度创造了可能。

---

① 吴爱明:《中国电子政务——理论与实践》,人民出版社 2004 年版,第 112~113 页。

第八章 服务型政府职能的实现方式

毋庸置疑,服务型政府的主要职能是公共服务,只对公共服务的内涵和外延进行理论界定远不尽如人意,作为一个现实问题,公共服务的实现方式这一问题必须明确,也就是通过什么样的途径来实现公共服务——这一服务型政府的主要职能。本章将着重阐述公共服务供给模式的创新、公共服务策略的创新这两种主要的服务型政府职能的实现方式并对其实现方式进行了系统的介绍。

第一节 公共服务供给模式创新:多主体供给模式

改革开放以来,随着我国社会经济的快速发展,以政府为唯一公共服务供给主体的体系逐渐无法适应发展的要求,出现了种种弊端,社会的发展迫切呼唤公共服务的多主体供给模式。所谓多主体供给模式是根据地区差别、消费者差别实现的有差别化供给,是在促进公共服务核心价值观前提下的效率改进,并以此为基础的制度设计,以实现降低服务成本,提升公共服务的效率和质量。

一、多主体供给模式的理论背景与实践背景

(一)理论背景

20 世纪 80 年代以来,一场"新公共管理"运动席卷了整个西方国家。从英国首相撒切尔夫人发起反对浪费和低效益的运动到美国克林顿政府于

1993年提出了国家绩效评估、推行各种服务改革措施,再到加拿大、荷兰、法国等国家类似的改革,所有的这些改革中处处闪耀着"新公共管理"思想的火花。这场"新公共管理"运动的核心原则是公共服务的市场化。新公共管理理论给传统公共服务指出了一条改进道路,在各国实践中取得了很大成功。新公共管理主张调整政府与市场之间的关系,让市场发挥更大的作用。公共服务的提供与生产分离,改变传统上所有公共服务由政府直接提供的模式,在政府管理中采用企业管理的方法,将竞争引入公共服务的供给中,提高服务的绩效。

但是,新公共管理理论自产生之日起就伴随着各个方面的批判,而且在实践的过程中也不是那么的理想,其本质上是一个模糊的公共服务理论,许多观点都涵盖了矛盾的两个对立面,是现实与理想并列的权变理论。它以公共选择理论和新制度经济学为理论基础,以市场价值观为核心,以私人企业管理模式为蓝本对政府进行再造,从而抹杀了公共服务与私人服务、公共部门与私人部门的界限,完全把私营部门的管理技术应用到公共部门,完全倡导公共服务市场化。这样一来,虽然短期效益是明显的,但是风险也随着时间的推移日渐显现出来。

总而言之,新公共管理运动强调外部竞争才能提高效率、忽略了服务体系的组织重构也能提高效率。市场化理论试图在企业和政府之间找到一条通用理论,混淆技术手段和价值观的区别,侵蚀了服务的公共性,造成许多公共服务的供给失败,这已在各国得到了证明。因此,实践证明市场化并非是公共服务的唯一选择,应该建立多主体的公共服务供给体系,直接搬用西方理论指导我国公共服务改革,必将重蹈西方国家的覆辙。

(二)实践背景

虽然当前我国从计划体制向市场经济体制转变,但是我国的公共服务供给模式仍然是政府垄断下的公共服务供给模式,这种模式缺乏竞争机制,容易造成公共服务供给不足和供给过剩。

1.供给不足。首先,表现为供给的效率低下。一方面,由于科学、民主、法制的公共决策机制尚不健全,致使公共服务的供给决策没有完全纳入科学化、民主化和法制化的进程,也导致公共服务供给的效率和质量的低水平。另一方面,由于政府在提供公共服务过程中往往居于垄断地位,没有竞争压力,所以在管理和经营过程中往往忽略公众的需求而致使供给效率低下。其次,供给相对滞后。由于我国政府社会管理职能的缺位,造成我国公共服务供给不足和不能满足不同群体对教育、卫生、文化等公共服务的基本需求。最后,表现为供给结果的失衡。由于我国缺乏完善、健全的"自下而上"公共需求表达机制,致使公共服务供给难以反映公众对公共服务的真实需求,从而导致公共服务供给的结构失衡。

2. 供给过剩。由于政府及其成员的经济理性,追求自身利益的最大化,可能出现"政府失灵",不能准确反映公众的真正需求偏好,从而导致供给过度问题的出现。同时,由于政府内在扩张的本性,在公共服务的供给上具有超额生产公共服务的内在倾向,这也会导致公共服务供给过剩。①

总之,随着我国经济社会的发展,我国的公共需求不断的增加,日益增长的公共需求和公共服务供给的矛盾亟待解决。因此,必须大力创新公共服务供给的模式,努力实现公共服务供给与公共需求的均衡,而其中,多主体供给模式是一个很重要的模式选择。

二、建立多主体公共服务供给模式

无论是理论的呼唤还是现实的需求,都强调公共服务的改革方向应是构建以政府为主的多主体供给体系,对服务的隐性资源和显性资源进行重组,根据服务的性质确定供给主体来选择供给方式。多主体供给不是简单的市场化,应是一个根据外部环境的变化而协调内部各组成部分的自适应矩阵,其主体包括政府、市民社会以及各种利益集团和部门,同时要改变政府在提供与企业类似服务中的竞争弱势现象,在政府与市场之间找到一个相对令人满意的供给方案,发挥资源的最大效用,从而实现资源的最优配置。

---

① 程宇:《聚焦中国公共服务体制》,中国经济出版社 2006 年版,第 341 页。

值得一提的是,公共服务的多主体供给必须把握住公共的本意。这一点与"新公共管理"强调的市场主义是背道而驰的。市场化公共服务的改革,"强调价值与事实的区别与分离,试图建立一种价值中立(Value - free)的科学。研究的重点在于'技术的合理性'和'工具的合理性',完全忽视了'目的的合理性';忽略了公共行政最重要的方面——'公共'的层面。"①从根本上讲,公共服务的价值取向应该以公平为第一,在效率与公平之间达成平衡,服务的基本目标是保证服务公平,具体目标是提升服务效率。公共服务的分配需要公平,生产需要效率,公平与效率的统一在于将两者用于不同的公共服务制度设计中,即将服务的生产与提供分离,这样就有助于过滤生产中的唯效率倾向,提升服务的公平性。"新公共管理"理念混淆政府供给与私人供给的区别,从而导致了公共服务的价值观的错位。因此,公共服务的供给必须始终把握住公共的本意,突出政府在公共服务供给中的影响力和控制力,不能在市场化改革中陷入混乱的泥淖中去。

总之,多主体供给,是意在构建由多中心秩序构成的公共服务体制,其对公共产品供给的重大意义在于,打破单中心体制下权力高度集中的格局,形成多个权力中心来承担公共产品供给职能,并且互相展开有效竞争,从而有利于解决"搭便车"和成本攀高的问题。同时,多主体供给模式主张公共服务的供给是一个多元化的合作、协同过程,改变政府作为单一公共服务供给主体的模式,构建起了政府、市场和社会三维架构下的多中心供给模式,从而有效地克服了单一靠市场或政府来实现公共服务供给的不足。

三、公共服务的供给主体及供给领域

对于公共服务政府并不是唯一的提供者,公共服务体系是一个多目标复杂的综合体,各供给主体都有其核心供给边界,在这一边界内,核心价值观得到体现,就能实现供给与需求的平衡。确定供给主体时必须把握"在利

---

① 张成福:《论公共行政的"公共精神"——兼对主流公共行政理论及其实践的反思》,《中国行政管理》1995 年第 5 期。

益选择上以社会优先,在价值选择上以公正优先,在行为选择上以法治优先"。① 某项服务是否适合政府以外的其他主体来提供,首先应看该服务项目是否具备竞争性和差异化要求,也就是看该服务项目是纯公共服务还是准公共服务;其次要是看技术条件,有些项目由于明显超出了私人组织或非政府组织的技术能力界限,因此必须由政府来提供。最后,多种主体的供给比例是随公共服务项目的不同而改变的动态平衡,同时,选择服务主体时,应由政府对某项公共服务的社会效益和经济效益进行平衡,在保证公共服务质量不降低的情况下,又能最大限度地促进公益事业的发展。公共服务更多地应是供给主体以纵横一体化的互补方式实现供给的均衡。

(一) 政府提供纯公共服务和关键性公共服务

关于政府,美国著名学者宾厄姆认为,"政府的必要性在于,它是竞赛规则的制定者,又是解释和强制执行这些规则已被决定的规则的裁判者"。② 的确如此,政府的职能应该是具体和充分的。市场的确是配置资源的一种高效的方式和途径,但它并不是完美的,也存在着"市场失灵"的现象。因此,政府在市场经济体制下的一个主要职责就在于保证公共服务供给的秩序,保护公共需求的实现机制运作。

但是在多主体公共服务供给模式中政府的责任从微观上升到了宏观,体现在普遍义务服务的加强,差异化服务的减少,政府供给的核心在于向社会全体成员提供普遍的无差别的义务性公共服务。"坚持普遍性原则的益处并不在于完全一致的服务水平,即客观意义上说的每个公民必须获得与其他公民完全一致的服务量"。③ 这是一种机会平等,服务的公共性决定了它不同于私人服务,不是简单的谁付费谁享受的问题,而是针对相当规模人群的共享式服务,要让所有服务接受者能够承担得起公共服务的价格、满意

---

① 麻宝斌、周光辉:《公共行政改革的理性思考与现实选择》,《社会主义研究》2002 年第 6 期。
② 理查德·D. 宾厄姆:《美国地方政府的管理实践中地公共行政》,北京大学出版社 1997 年版。
③ [美]詹姆斯·M. 布坎南,罗杰·D. 康格尔顿:《政治原则,而非利益政治:通向非歧视性民主》,社会科学文献出版社 2004 年版,第 191 页。

公共服务的质量。

尽管政府在提供公共服务的效率问题上一直备受责难,然而政府提供更多的是一个政治过程,这样的过程营利部门既无力也不愿意承担。政府"主要供给基本非营利型服务,补充性兼营选择非营利型服务,逐步淡出基本营利型服务,不直接供给选择营利型服务"。① 如纯公共服务产品,包括国防、军队、基础教育、社会保障等;不宜由非政府力量提供的,比如立法、司法、监狱等;带有显著外部受益,能提供社会公平的准公共服务产品;非政府力量不愿意或者无力提供的且外部性很大的,比如传染病防治、基础科研等;非政府力量无力提供和虽然有力量提供但非竞争性程度高的,如跨地区的道路、桥梁、消防设施等。

政府既是某类公共服务的供给者,又是几类供给主体中的领导者、监督者和选择者,扮演着一个供给者与需求者之间双重博弈者的角色。这体现在政府参与(政府供给)、政府支持(非营利组织供给)、政府鼓励(公民个人供给)与政府规制(营利组织供给)的服务供给体系中。政府供给的公共性不仅体现在实体服务上,还应该体现在"虚体"服务中,即公民的感受、社会评价、道德氛围等。政府可以直接提供具体服务,并且可以和其他主体一起参与竞争,尽管这在整个供给体系中不占主导地位,但却是必不可少的,留下的供给真空由其他主体来补充。

总之,政府提供的是底线服务,是其他组织无法替代的,对社会的发展而言,无疑具有基础性地位,其产生的发散效益惠及整个社会,对于纯公共服务和关键性公共服务必须由其来提供。

(二)私人机构提供差异化服务

近30年来,私人机构提供公共服务已经成为一个不争的事实。营利组织供给公共服务则是对服务消费者细分的一种回应,公共服务的市场化提供将有形产品作为服务的载体,使不愿平均无差别享受公共服务的部分公

① 郭剑鸣:《公共服务供给主体多元化的理论前景与现实路径——以广东公共服务业多元化发展为例》,《美中公共管理》2004第1期。

众可以在多付费的前提下享受更好的服务。私人组织参与供给公共服务的优点,首先在于易于在公共服务领域形成竞争性的市场,从而避免垄断所带来的低效益或者高收费,有利于公众获得质优价廉的公共服务。其次,可以有效地解决公共服务资金不足的问题。政府供给公共服务的资源是有限的,然而公众对公共服务的需求却是无限的。让私人机构参与公共服务的供给,无疑是政府摆脱这一困境的一剂药方。最后,可以消除政府与公众直接的可能冲突。此外,完成某一类公共服务所需的投入多、覆盖面小、任务复杂,由营利组织提供也是一种较优选择。市场化方式能够引导各供给主体合作整合利用资源,发挥自身核心供给优势,实现效率目标。营利组织在市场驱动下主动开拓未知公共服务空间,由传统的被动服务转向主动服务。差异化市场服务可选择的方式有:合约出租、政府采购、特许经营、政府资助或参股等。从根本上讲,私人机构参与公共服务供给的优点,主要源于市场机制在其中发挥了重要的作用,也正因为如此,私人机构提供公共服务不可避免的带来一些问题。比如营利组织以营利为目的,追求效率而漠视公平,造成某类公共服务供给真空、部分领域过度竞争的不良现象,同时还有可能造成寻租现象的发生,因此,必须由政府会同消费者或非营利组织对其进行监管。以此要求公共服务的生产者在效率和社会公平之间进行合理的权衡,在保障公共服务质量不降低的前提下,充分满足各方需求。

(三)非政府组织提供公益性服务

20 世纪 80 年代以来,非政府组织的兴起在消除贫困、农村发展、教育、卫生、保健、妇女儿童保护、赈济救灾、生态保护等方面,扮演着十分重要的角色。"政府提供的公共服务往往有很多空缺,例如对妇女、儿童、残疾人、贫困者的保护等等,而这些人的利益恰恰是最需要关切而私人企业又不愿意介入的。"①正是由于"政府失灵"和"市场失灵"的存在,导致了非政府组织的应运而生。从诞生的那一刻起,非政府组织在弥补政府和市场在公共服务中的供给不足等方面发挥着不可缺少的作用。

---

① 王丽华:《社会中介组织:公共管理的新模式》,《公共行政》2005 年第 3 期。

在多主体公共服务模式中,非政府组织应当偏重于对弱势群体提供公益性公共服务,其服务多带有社会援助的特色。非政府部门具有良好的自适应性,起到两类主体的粘接作用,因而在公共服务的供给过程中起到政府和企业无法达到的良好效果,因此既可以节约公共服务的供给成本又可以提升公众利益。但是非政府组织是一个介于政府与企业之间的广域组织,因此不可避免带有两种性质。"非营利组织有被商业机构同化的危险,另一方面,也有被公共领域收编的危险"。① 政府失灵和市场失灵,不可避免地会影响到非营利组织,防止非营利组织失灵,自身间的竞争也不可或缺。从我国实际来看,我国事业单位改革中出现了两种倾向,一种是企业化导向,另一种是政府化导向。前一种将使很多承担大量社会公益事业的单位只注重经济效益而忽略了社会公益,出现了服务供给数量和质量下降的局面。后一种则使非政府组织官办味道浓厚,缺乏相应的独立性。因此,事业单位改革的首要任务是将非政府组织的类别明晰化,消除非政府组织的官办和民办之分,保持其相对独立性。非政府组织是公民自身利益的代言人,其关注点更多应来自于公众。非政府组织的壮大,使政府在公共服务供给者的选择过程中,形成多元均衡博弈格局,减少了社会公益表达缺少代言人的弊病。因此必须保证非营利组织在良好的法律、公共政策和公共道德的框架内运行,树立无边界合作的服务观,通过自身的努力,减少服务中的盲区,促进社会公益的最大化。

(四)个人供给志愿性服务

网络技术的发展,使个人成为某些公共服务的提供者成为可能,这是一个完全不同于传统供给主体的新公共服务方式,公民个人可以充分利用网络资源,却不用建立一个有形的组织来为公众提供良好充足的服务。公共服务的个人供给更多地体现了公民自己组织起来管理自身事务,性质类似于非营利组织,但没有明确的组织形式,具有更大的自适应性。这种服务模

---

① 〔美〕莱特斯·M.萨拉蒙:《全球公民社会———非营利部门视界》,社会科学文献出版社2000年版,第103页。

式的优点在于可以合理的利用社会资源,加强公共服务的针对性。同时有助于提供自助和互助的精神,培养公民的独立自主意识,同时公民在供给和消费公共服务过程中,不断提升自我价值,建立了自信,积累了经验,激活了公众的真实参与意识,从而为进一步参加非营利组织奠定了基础。而且在这种文化背景下成长的公民,其参与意识中的为己牟利的思想会逐渐变成为公牟利的思想,反过来又使政府公务人员的行为有了具体的参照对象,对醇化道德风尚、公务员自律意识的形成都有良好的示范作用。

四、完善多主体供给模式的建议

(一)实现公共服务的理念创新

在建立多主体供给模式的过程中,政府必须树立两大理念,一是依法行政的理念;二是"非禁即入"的理念。依法行政是规范政府行为的前提和基础。无论是对共服务进行公开招标和契约治理还是进行合同外包和特许经营,都要求政府要严格依照法律办事,避免"暗箱操作"和"寻租"等腐败行为的产生,同时又要树立"非禁即入"的理念,要改革传统的行政审批制度。在公共服务的供给领域,只要是不违背大众的利益的,只要是不违背社会发展规律的,都可以引入竞争机制,可以让非政府组织、私人机构以及公民个人都参与到公共服务的供给中来,与政府一起去满足日益增长的公共服务需求。[①]

(二)强化政府的服务职能

长期以来,政府的工作重心一直致力于经济建设事业,而对公共服务事业的投入有所欠缺。随着社会经济的发展,公共服务需求的增加,长期被忽视的公共需求与供给的矛盾凸显出来,成为影响经济发展和社会稳定的重要因素。在这样的情况之下,政府必须加大公共服务的支出力度,致力于不断满足公民日益增长的公共需要,集中精力解决就业、教育、社会保障等一

---

① 中国海南改革发展研究院:《聚焦中国公共服务体制》,中国经济出版社 2006 年版,第366页。

系列的社会问题,从而为实现经济又好又快的发展以及和谐社会建设创造良好的外部环境。

(三)建立公共服务供给主体的选择机制

公共服务的供给者选择是一个由政府部门代替公众进行代理选择的过程,必须从制度设计上保障公众通过各种方式参与对服务供给主体的选择。应当首先确定服务的种类、服务的范围及服务的质量承诺等公开意向书,由供给者认同后进入主体选择过程。主体选择过程由政府会同公众代表、专家等组成评审委员会,对该项公共服务进行细化,分解成具体数量指标,对供给主体进行初选,再由各供给主体就其方案公开答疑,最终确定。公共服务的供给选择权不能由政府先制定利己性规则,再将这种规则强加于公众,规则的制定必须公开,结果必须公示。服务主体的选择标准必须由法律严格约束,可以采用服务选择主体与服务供给者之间相互协商而缔结的行政合同来规范公共服务的供给者。

(四)实现对公共服务供给的有效监督约束

多主体公共服务供给模式的建立,需要一个健全、完善的监督机制,以便良好的协同政府与其他主体之间的关系。对于政府来说,需要明确政府的监督职能,加强政府自身建设,努力建设一支高素质的监管队伍。同时,要建立各服务主体的互相监督机制。实行过程和结果的双效监督,创造完整的可纠偏的公共服务监督链。建立公共服务的主体选择听证、公共服务的审计听证、公共服务的质量听证、公共服务的安全性听证以及信访制度、民调制度、社会征询制等,建议制定《公共服务质量法》《公共服务评估标准》《公共服务成本披露法》等,并赋予消费者相应的抗辩权和满足合理需求的要求权[1]。

---

① 崔义中、刘静波:《公共服务的多主体供给》,《生产力研究》2007 年第 5 期。

第二节 公共服务策略创新:公共服务的提供途径

政府的主要职能是提供公共服务,在现代复杂和挑战的环境中,必须创新公共服务的提供方式。现代管理理论和实践的发展,特别是企业管理中已经成熟的管理技术和方法为政府管理方法和工具的创新提供了许多新思路;同时,公共部门亦开始重视并利用先进的企业管理方法于政府之中,以求得更好的绩效。

一、公共服务的市场化

(一)公共服务市场化界说

何谓公共服务?目前学术界主要有两种观点:第一种观点:公共服务是政府提供的以服务形式存在的公共物品,是公共物品的具体表现形式。[①]该种观点明确指出,公共服务的提供者是政府,公共服务的性质是以服务形式存在的公共物品。第二种观点:公共服务是政府、非政府组织、非公共组织对公共服务的处理而产生的公共物品。[②]

本书认为,公共服务是指政府、非营利组织和企业对公共事务的处理而产生的公共物品,其具体范围是上述组织对非管理公共事务的处理,如社会福利、救灾消防、市政设施建设等。一个国家或地区能否长治久安和兴旺发达,在很大范围内和很大程度上,与公共服务的效率、水平、质量等直接和间接相关。[③]

何为公共服务市场化?目前学术界对此表述是相当多的,如民营化、代理政府、国家空中化、国家的市场化、市场治理以及公私伙伴关系、公私共担风险等。尽管表述很多,但是关于公共服务市场化的具体含义,皮埃尔归纳为:第一,利用市场标准去配置公共资源,并利用市场标准去评估公共服务

---

① 娄成武、尹涛:《论政府在我国公共服务民营化中的作用》,《东北大学学报》2003 年第 9 期。

② 涂晓芳:《公共物品的多元化供给》,《中国行政管理》2004 年第 2 期。

③ 夏书章:《公共服务》,《中国行政管理》2003 年第 10 期。

生产者和供给者的效率;第二,是新公共管理的一部分,强调移植私营企业的管理经验,强调以结果为本;第三,个体可以在不同的公共服务供给者之间进行选择。盖伊·彼得斯(2000)则认为市场化改革体现在四个方面:公共部门结构的变化、管理上的变化、政策制定、公共利益。

本书认为,公共服务市场化,是指由市场或民间部门参与公共服务的生产及提供的过程,建立以市场为主导,以政府、非营利组织和私人企业为主体,以公众满意为标准的政府、非营利组织和私人企业的公共服务体系。政府部门通过契约外包、业务分担、共同生产或解除管制等方式,将部分职能转由民间部门经营,政府承担财政费用、业务监督和绩效成败的责任。公共服务市场化的实质在于:在公共服务领域引进竞争机制,打破了传统管理中政府对公共服务的垄断地位,给予公众更多的选择空间,即"用脚投票的机会",使公众自主选择公共服务主体,通过刺激竞争提高公共服务质量。公共服务市场化是手段,其目的是在不扩大政府规模,不增加公共财政支出的情况下,改善公共服务的提供,提高行政效率,增强政府能力。在市场化的过程中,政府的生产性功能转向民间部门,使民间力量得到有效的释放和发挥,并纳入国家建设和社会发展的体系,使政府的单中心治理模式为政府、社会、市场的多中心互动治理结构,从而达到善治的目的。[①]

(二)市场化是中国公共服务改革的一个重要方向

尽管改革开放 30 年来,我国社会主义市场经济建设取得了举世瞩目的成就,市场经济体制逐步建立与完善,市场在全社会的资源配置中发挥着基础性的作用,但是,由于公共服务涉及的人口多、影响大、不易于监管等原因,加上行政管理体制改革还远未到位,中国的大多数公共服务仍然是由公共部门通过计划控制的方式来提供的,形成于计划经济时代的公共服务体制在总体上并没有发生根本性的变化。

中国现有的公共服务体制有两个典型的特征:其一,公共服务基本上由公共部门一家独揽;其二,公共部门依靠行政命令采用计划分配的方式提供

---

①　谢菊:《中国公共服务市场化的社会基础分析》,国家行政学院出版社 2007 年版,第 291 期。

公共服务。之所以如此,主要是因为过去我们对市场机制的作用认识不足甚至存在偏见,担心由非公共部门提供公共服务会造成其"公共性"的丧失,影响"公平性"的实现,导致公众的公共利益得不到保障。正是由于这种偏见的思想意识大量存在,使得我国的公共服务体制在改革开放的大潮中并没有发生根本性的变化。然而,大量事实证明,这种公共服务体制不仅使政府在人力、财力、物力上不堪重负,而且公共服务的效率和质量也难以提高,甚至由于制度安排的缺陷,通过计划配置公共服务并没有能够保障其公平性,在某些方面反而强化了不公平。

造成现行体制上述弊端的一个重要原因在于公共服务的提供缺乏竞争,因此,要克服这些弊端,就必须在公共服务领域引入竞争机制,也就是要对现行公共服务体制进行市场化改革。

在实践中,近几年,中国的一些行业部门和地方政府开始了公共服务的市场化改革。从目前情况看,改革主要集中在城市基础设施和公共事业领域。如此同时,有的地方在其他公共服务领域也开始了市场化改革的尝试。可以说,市场化以及成为当前中国公共服务改革的一大趋势。[①]

(三) 中国公共服务市场化的途径

当前,中国的行政体制改革明显落后于经济体制改革,因此,必须加快行政体制改革的进程,中国的行政改革必须坚持"三个代表"重要思想与科学发展观的指导,结合中国的国情,大胆创新,务实进取,积极探索具有中国特色的公共服务市场化的新途径。

1. 完善公共服务市场化的制度建设

公共服务市场化的推行是建立在市场发育成熟、产权清晰、法律法规健全、私营部门实力雄厚,足以承担起政府退出后,提供完善的公共服务的职责等条件之上的。只有在一个产权清晰、个人利益得到法律法规有力保障的市场环境中,私营部门才有动力涉足公共服务领域,减轻政府负担。因

---

① 王满船:《中国公共服务市场化改革:三思而后行》,国家行政学院出版社 2007 年版,第 231 页。

此,政府要担负起制度设计主体的责任,为市场化的实施创造良好的制度环境,减少市场化过程中的成本和不确定因素。具体而言,首先,要进一步完善招投标制度中政府和企业的信息公布制度,建立政府与企业长期合作的守诺制。其次,要发挥公众的力量,建立公众对企业公共服务供给行为的监督机制,强化团体卸责的责任追究机制等等。另外,要坚定不移地深化行政审批制度改革。行政审批制度改革,需要在推动政府模式的变革方面发挥作用,以维护公共利益作为价值导向,实现从服务型政府的理念向服务型政府的现实转变。凡属管制型的审批项目一律废止;对于管理性的项目,适当修改,使其符合公共服务的需要。对我国现存的行政审批项目进行了全面的清理,大幅削减,一定程度上政府放松管制。但是,对于改革过程的设计、目标模式等方面,还存在许多需要探讨和解决的问题,改革的任务还很艰巨,因此,要坚定不移的深化行政审批制度改革。

2. 积极推动第三部门的发展

何谓第三部门,目前尚无定论。一般指的是各种非国家和非政府所属的公民组织的总称。它包括非政府组织、公民志愿性社团、协会、社区组织、利益团体和公民自发组织起来的运动等。[①] 它区别于第一部门政府和第二部门营利组织企业,具有公益性、非营利性、非政府性、独立性或志愿性等特性。它们的主要功能是向社会提供众多的服务,承担大量政府不该做或做不好的事情,在政府与社会、政府与市场之间进行沟通、协调,发挥承上启下的作用。因此,第三部门在公共服务市场化的过程中,发挥着重要的作用。

积极发展各类社会组织既是社会发展的客观需要,又是政府有效履行公共服务职能的重要条件。政府职能外移,发挥了社会在公共管理中的作用。

当前中国正在进行的行政改革,直接催生了第三部门的兴起,并为第三部门今后的发展开辟了广阔的道路。应继续坚持缩小和重新界定政府作用范围,构建"小政府,大社会"的格局,政府在公共管理职能方面进行"有条

---

① 参见俞可平:《治理与善治》,社会科学文献出版社2000年版。

件收缩"和"后退",将职能转移给市场和社会。依据"新公共管理"理念提出政府与市场、社会互动关系论,果断采取不同程度的"非国有化"和"民营化"措施,放松了政府的管制与干预。政府"卸载",第三部门承载政府转移出来的公共服务,使政府与第三部门良性互动,从而有效发挥第三部门在公共服务市场化过程中的推动力作用。

3. 加大行政改革力度,推进服务型政府建设

加快我国行政改革,要转变治理理念,转变政府职能,实现由官僚型政府向服务型政府的转变。一方面,要把现代企业的管理理念引入政府管理中来,以市场为导向,开展政府管理活动。这样既可以在政府管理过程中减少人员,节约财政开支,还可以大大提高工作效率。另一方面,要实行参与式管理,政府的主要职责是制定政策,充当催化剂和促进者的角色。

另外,应该看到我国行政改革是在"管理行政"发展不足的前提下进行的,有别于西方"管理行政"高度发达的特点。我们应当借鉴西方行政改革的经验,但不能照搬。我国的行政改革处于后发历史阶段,利于扬弃"管理行政"的弊端,依据公共服务市场化的方向,创建新型的"服务中心"型行政体制。

4. 建设和谐的公共组织文化

在工商管理领域谈论企业文化建设已成为共识,但是对于公共组织的文化建设我们却很少提及,其实,公共组织文化建设同企业文化建设一样必不可少。公共组织的文化就是从社会文化的视角去考察、评价、探索公共组织、公共服务现象的文化底蕴,是在行政活动、公共服务实践中人类在思想、观点、心态、范式、传统等方面的创造。[①] 建设和谐的公共组织文化有助于减少政府子部门间单独处理信息的要求,降低政府对子部门的监督成本,使得子部门更加趋向于加强合作和认同政府的共同目标,促使大量的有协调性的行政活动的发生。

---

① 汪向东:《论公共服务市场化与社会化》,国家行政学院出版社 2007 年版,第 325 页。

5.提供必要的法律保障

市场经济是法制经济,公共服务一旦市场化,也必须符合这一要求。在现在许多法律法规还不很完善的情况下,如果一哄而起,把公共服务都市场化,那将产生严重的后果,可能会导致公共服务的成本更高、效率更低、质量更差,甚至产生政治不稳定。

因此,加快推进公共服务管理的法制建设步伐,就是要把过去各个行业的政策性指令及时转化为符合市场经济要求的法律法规。法律制度的健全与完善,实际上是解决公共服务市场化实施过程中的规范性和规则性的问题,能够使其有法可依、有章可循,从而创造公平、有效、竞争的外部环境。从这个意义上讲,公共服务市场化需要创建一个良好的法律环境,以恰当规范地解决市场化过程中的各种问题。它们是激励和约束政府与社会组织的有效方式,为高质量的公共服务奠定了初步基础。

(四)市场化后政府的责任

公共服务可以市场化,但是公共责任并不可以市场化。因此,市场化后政府仍然承担着管理社会公共事务的责任,这正是公共服务的拓展。具体表现为:

1.审慎地引进市场机制。一方面,公共部门尤其是第三部门引进市场机制可以提高效率,另一方面,应在适当的范围内和一定的条件限定下引进。即公共服务市场化应该与政府决策的民主化、政府行为的法制化、政府权力的多中心化相适应。在西方发达国家,法律规制约束较强的情况下,公共部门引进市场化机制尚且导致了大量的腐败现象,在我国市场化发育不足、规制化程度不高的状况下,更要防止腐败和失控现象的发生。

2.加快培育各类社会组织。在现代,各类社会组织在社会公共事务中有着政府不可替代的重要作用,是社会治理结构中的重要力量。积极发展各类社会组织,既是社会发展的客观需要,又是政府有效履行公共服务职能的重要条件。

3.加强监管,组建集中统一的监管机构对公用事业进行集中统一监管,完善和逐步加强人民代表大会对政府行使公共权力、履行公共职责的监督机制,设立公用事业监督管理委员会进行社会、消费者的监督,最终改变政府自我评价、自我监督的体制弊端,从制度上保证公共服务型政府"心为民所系,权为民所用,利为民所谋"。①

4.加强政务公开。

公共服务的市场化,就是要打破传统体制下政府对公共服务的垄断地位,突出强调公共服务中的开放和透明,通过引入市场机制和竞争机制,鼓励并促进各类社会组织参与公共服务领域,从而改进公共服务的质量。在这一改革进程中,政府更应当注重向私人部门和社会公众提供有关公共服务的信息,从而有利于实现公共服务市场化的公开透明运作。如抓紧建立政府决策项目的预告制度和重大事项的社会公示制度,建立和完善在社会各阶层广泛参与基础上的政策听证制度。

二、非营利组织与公共服务

(一)非营利组织的兴起

在19世纪,托克维尔(Alexis De Tocqueville)观察到,美国社会中多元化的志愿组织(教会、社区团体,公民组织等)对建立北美民主制度有特别的贡献,它们使关心公共利益和互助成为一种公民的习惯,使利他主义成为慈善组织制度化实践的基本要素。

在以前,对社会的管理领域主要分为政府活动领域和市场活动领域,随着社会的发展,人们的社会活动逐渐被更清晰地划分为三大领域:政治活动领域、经济活动领域和社会活动领域,与此相适应,人们的社会组织也分做三类,即政府组织、营利组织和非营利组织。政府组织被称做第一部门,营利组织是第二部门,第三部门就是各种非政府和非营利组织的总称或集合。与此相适应的是,在20世纪70年代以后,非营利组织大规模发展,对非营利组织的研究也急剧增加。现在,非营利组织正在世界范围内成为一个新兴的跨学科研究领域。

---

① 张青:《政府公共服务市场化的思考》,国家行政学院出版社2007年版,第298页。

西方非营利组织研究的热潮是在福利国家危机的背景下兴起的。随着20世纪70年代福利国家危机的到来,研究者开始较为集中地探讨国家力量退出以后,西方福利制度的重构问题。非营利组织作为福利国家中政府行为的替代性工具受到了极大重视。

(二)非营利组织在供给公共服务中的作用

一个国家非营利组织的发展程度与该国的政治、经济、文化、法律乃至宗教传统有很大的关系,其间的联系至为复杂。所以,世界各国由于其政权性质、法律制度、经济、社会发展程度和社会异质性程度的不同,这些国家的非营利组织呈现出五花八门的模式与形式。

在传统上,非营利组织的主要功能在于收容、救济、医疗、办学、文化和社会服务方面。随着非营利组织的不断发展,其功能和影响不断扩大,在公共问题的解决和公共服务的提供方面,发挥了首要的作用。

1. 满足社会多元化需求,提高公共服务的供给效率与绩效

现代社会是多元社会,人们的兴趣、价值观、经济利益等都高度多样化,由此必然产生各种各样的利益集团和种种不同的需求。在这种社会需求和利益格局多元化趋势下,政府很难做出及时恰当的反应,很难满足社会成员的多元化需求,从而形成不同社会阶层之间的矛盾;同时,政府作为一个庞大的科层机构,很难摆脱官僚主义的积弊,往往对多元化需求反应迟钝。而政府本身的缺陷,又使得政府官员缺乏降低成本、增加产出的内在动力,使得政府提供公共产品的效率低下,造成各阶层对政府的不满。非营利组织的产生、发展本身就是社会多元化和利益格局多元化的结果,它支持和体现了社会的自由和多元化价值,它所追求的也正是满足特定群体的利益要求,因而能够很好地化解不同社会阶层之间的矛盾。可以说,政府在满足多元社会需求方面的弱点,恰恰是非营利组织的优势所在。

2. 作为利益表达渠道和协调机制,促进民主政治建设

非营利组织的一个重要功能就是为各种利益群体提供利益表达渠道,尤其在发生利益冲突时,非营利组织可以提供足够可信任的协调机制,化解不同群体的利益矛盾和冲突,从而保障社会的平衡发展。非营利组织通过

社会公益活动,不仅能够培养公民的合作与团结精神、民主精神,还能使公民掌握在一定的组织机构中担任特定行为角色的知识、技能,提升其政治参与程度。公民借助非营利组织向政府表达自己的利益诉求,通过非营利组织监督政府的行为,从而保障自己合法权益的实现,这就有利于保证政府运行的高效廉洁,从而有利于社会主义民主政治建设。

3. 促进社会公平,维持社会稳定

当前中国正处于社会转型期,同时也是社会矛盾凸显期,这些矛盾如果得不到及时有效的化解,极易引发各种社会问题,从而影响到社会的稳定。为避免各种社会矛盾所引发的社会动荡,非营利组织的"润滑剂"作用不容忽视。如近年来在中国城市和乡村出现的专业民间维权志愿组织,在维护弱势群体的合法利益中发挥了重要作用。当前,下岗失业问题已经成为影响社会稳定的一个重要因素,非营利组织通过支持各类经济事业和开展各项社会活动,能够为社会创造大量的就业机会。实践证明,西方很多国家非营利部门的就业人数在整个就业人口中所占比例较高,如美国 1995 年在非营利部门就业的人数有 860 万,占全国非农就业人口的 7.8%。[①] 非营利组织还可以通过对下岗失业人员进行有针对性的培训,为其再就业创造条件,从而可以有效化解社会矛盾,促进和谐社会的构建。

4. 维护良好的社会价值,营造和谐的社会道德氛围

在和谐社会的构建过程中,公民的思想道德素质是极其重要的,非营利组织对提高公民素质,倡导社会文明具有积极的作用。市场原则带来"拜金主义"风气,政府的科层体制造成人际关系的疏远,而非营利组织对公共服务的奉献精神,对人、自然、社会的关怀与关爱,对平等权利的重视,对参与的重视等,均体现了民主社会的基本价值。它们通过自己的行为,倡导和维护着社会正面的价值观。[②]

---

① 萨拉蒙等:《全球公民——非营利部门视野》,贾西津、魏玉等译,社会科学文献出版社 2002 年版,第 286 页。

② 张成福、党秀云:《公共管理学》,中国人民大学出版社 2001 年版,第 304 页。

（三）社会转型时期非营利组织健康发展的条件

随着市场经济的发展与社会的不断进步,非营利组织在社会发展过程中扮演着越来越重要的角色。在社会转型时期,面对各方面的挑战,非营利组织应该明确自身的社会和法律地位,努力克服自身的局限性,从而实现自身的健康和谐发展。主要包括以下几个方面:

第一,政府应确立与非营利组织的平等、合作关系,积极协助非营利组织健康发展。从市民社会的理论观点来看,政府权力的合法利用和民间社会力量的成长,是保持均衡的国家—社会关系的一个重要基础。非营利组织的存在,可以提高社会保障的社会化程度,减轻国家和企业的沉重负担,促进"小政府、大社会"良性模式的真正实现。所以,为了真正实现非营利组织的成长,首先,政府应以立法形式确立非营利组织的社会地位,界定其与政府部门、市场组织的明确关系。尤其是政府与非营利组织的关系,在法律上应是平等的,是指导与被指导、扶持与被扶持的关系。其次,政府在政策上,尤其是税收政策上,应对非营利组织给予扶持和帮助,应尽快制定、实施非营利组织资金募集和管理办法,在资金募集途径和方式等方面给组织提供安全可靠的后勤保障。再次,非营利组织在确立自身独立主体意识的同时,应与政府保持友善的合作伙伴关系,应该主动邀请政府监督其工作;在处理社会事务时,应该充分听取政府的意见和建议,积极参与政府的工作计划。最后,政府在推进我国社区建设的进程中,要大力倡导社区非营利组织建设,要在制度和设施上大力配合社区非营利组织发展,要投入大量的人力、物力、财力,从而促进社区非营利组织的成长与壮大。

第二,非营利组织应加强自身专业化的能力建设,积极完善自身健康发展的各种条件。专业化的非营利组织,应该具有明确的服务宗旨、清晰的工作计划、科学的领导系统、专业的志愿者、理性的决策系统、规范的筹资方式和资金管理模式、有力的监督机构等要素。在加强非营利组织的专业化建设进程中,一方面要借鉴国外的经验,开展科学化、规范化、制度化的组织操作,建立"决策机构、执行机构、监督机构"三位一体的管理体制。值得一提的是,为了规范和加强民间组织会计核算,我国财政部已于 2002 年 8 月制定了民间非营利组织会计制度。另一方面,要形成"一整套人力资源的开发、配置、使用和管理的工作机制",形成一支充满朝气和活力的工作团体。① 要大力发掘、培养组织领导人才;要引进专家和学者;要对志愿者进行专业培训,设立上岗服务证书制度,建立志愿者工作专业评估体系。

第三,在市场经济条件下,非营利组织要处理好志愿者、志愿服务等问题,从而能够真正确保自身健康发展。志愿者在非营利组织开展工作,主要凭藉的是一种志愿精神,一种自愿的、不为报酬和收入而参与推动人类发展、促进社会进步和完善社会工作的精神。他们的参与,有助于培养社会成员的社区意识,增强其社会责任感,降低社会疏离感;他们的参与,有助于降低组织成本,节约组织资源,提高组织运行效率。这就意味着,志愿者是非营利组织开展工作的重要支持力量。但是,现实工作中存在的问题,就像萨拉蒙在其"志愿失灵"理论中所阐述的一样,"由于志愿组织强调义工服务,并且往往由于不能提供有竞争性的工资,使得它们很难吸引专业人士的加盟,这无疑影响了其活动效率"②。那么,为了保持志愿者参与的延续性和积极性,保持组织工作经验的积累性,保持志愿服务的高效性,非营利组织除了对志愿者进行精神鼓励,增加他们的成就感和满足感以外,还应从物质方面,根据具体情况,进行奖励和慰问。另外,还应重视志愿者的交流和组织的宣传工作。组织的志愿者之间,志愿者与专家之间适时开展交流,相互取长补短,可以积累工作经验,从而提高组织的工作效率和技术含量。志愿者代表非营利组织与支持者、捐赠者、公众及媒介之间适时开展交流,一方面可以让政府、社会各类组织、社会成员等方方面面知道组织在做些什么、提供了哪些服务,这些工作是如何满足大众需求,促进社会进步的,从而增加组织工作的透明度,提高组织的公信度和社会认同感;另一方面,也可以使社会各层面及时了解组织的反馈信息,尤其是使政府和市场注意到社会成员未被满足的需要,及时调整各自的服务机制,发挥各自的功能。志愿者

① 李珍刚、王三秀:《论非营利组织的筹资策略》,《社会科学》2002 年第 6 期,第 67~71 页。
② 谢蕾:《西方非营利组织理论研究的新进展》,《国家行政学院学报》2002 年第 1 期,第 89 页。

的交流与沟通,往往会比组织自身的宣传更有效果。

(四)我国非营利组织的发展对策

中国经济体制改革必须符合中国的国情,这意味着非营利机构的改革也应有条件吸收和借鉴别国同类实体的发展经验,建立符合中国实际的发展模式。为此,中国非营利组织可以从以下几个方面有所加强:

1.深化事业单位改革,培育非营利组织

事业单位可以是说是中国一种特有的现象,作为政府和非营利组织的重叠部分,中国的事业单位在扮演政府和企业之间的沟通者角色上具有不可代替的作用,是现阶段政府从直接管理经济向间接管理经济过渡中的一种必然产物。

随着市场经济的不断发展,公民社会的不断发展,事业单位必然向非营利组织角色转化。在此过程中,事业单位公益性特点和社会化程度特征,事业单位的改革要根据类型进行分别研究和重新定位,制定相应的分类改革方案,使得事业单位这一公共服务部门成为非营利、非政府、非企业的第三部门。除少数事业单位由政府部门或仍由政府直接举办以外,大部分事业单位应当逐步转为非政府、非营利的社会服务机构、市场中介组织或改制为企业。因此,事业单位向非营利组织的转化,必将有利于提高政府运作效率,更灵活多样地为广大社会提供服务。

2.非营利组织自身摆正与政府的位置

非营利组织与政府之间不是对立或者取代的关系,而应当是友好合作的关系。诚然,我们的政府也存在着种种官僚主义和不正之风,但它仍是人民利益的最重要的代表者。非营利组织可以在一定程度上批评和监督政府,但这并不影响两者之间友好合作的关系。政府支持、资助非营利组织,非营利组织也为政府分忧、承担部分公益事业。非营利组织要积极促成与政府和企业建立良好的三方合作,求大同、存小异,共同促进我国经济和社会的发展。

3.建立公开透明的评估制度,增强社会公信力

市场经济是法制经济更是诚信经济,在构建服务型政府的过程中,社会

公信力的问题被提上了议事日程,而社会公信力的建设有赖于评估制度的健全与完善。为此,政府必须对传统的监督评估原则、评估方式和评估内容进行改革,以法律或条例的形式强制建立信息公开、运作透明的制度,借助公众的力量进行监督和评估。国外的经验表明,这样的评估制度对提高非营利组织自身能力、增强社会公信力非常有效。

4.倡导民间捐赠和提高非营利组织的自身战略管理能力

非营利组织从其诞生之日起,就面临着资金困难等问题。从国外非营利机构的筹资模式的经验来看,政府支持、私人付费和民间捐赠是非营利组织的3大收人来源。因此,现阶段要解决经费不足问题的主要出路在于鼓励民间捐赠和提高非营利组织资金管理能力。首先,国家要做好宣传推广工作,提高人们对非营利组织的认识;其次政府出台优惠政策,以法律的形式鼓励公益捐赠和志愿服务,加大社会大众和企业对非营利组织的资源投人,形成良好的社会风气;最后要从根本上提高非营利组织自身战略管理能力,实现可持续发展。[①]

三、电子政务与公共服务

(一)电子政务的内涵与价值追求

"电子政务"的概念起源于美国,由英语 E - Government 或 Online 翻译而来,现已为世界各国采用。其原意是指对现有的政府组织结构和工作流程进行优化重组,重新构造新的政府管理形态。其核心内容是借助互联网构建一个跨越时间、地点、部门,并以顾客满意为导向的政府服务体系——虚拟政府。

电子政务的具体内涵可界定为:运用信息与通信技术,打破行政部门的组织界限,建构一个虚拟化的电子政府,依据公民和企业的需求,通过各种可以获得的途径,为社会提供及时、便捷、高效、优质的服务。[②]

---

① 吕江平:《我国非营利组织的发展困境与出路》,《改革论坛》2005 年第 4 期。
② 顾平安:《电子政务与优化政府公共服务职能》,国家行政学院出版社 2007 年版,第 287 页。

电子政务的科学内涵可以从三个方面把握:一是电子政务要引进现代化的信息技术,实现政府机构内部的办公自动化,从而提高政府机构的办公效率;二是电子政务要建立起政府与社会、公民、企事业组织之间的双向互动,为社会提供公共服务,并接受社会对其的监督;三是电子政务以电子、数字手段为基础,依托先进信息网络技术来实现。电子政务从开始建设到发展成熟需要一个渐进的实现过程,但从终极价值追求来看,世界各国都把它定位为"为公众服务"。如瑞典政府电子政务建设强调为社会与公众服务,并把电子政务的第一目标定位于为企业和居民服务,增加透明度,促进民主化。美国也把"以公民为中心、以绩效为导向、以市场为基础"作为电子政务建设的指导原则,其核心是"以公民为中心";从中国电子政务的发展来看,在经历了网络基础设施建设,实现政府部门内部联网、办公自动化阶段以后,电子政务的服务职能与理念将得到发挥并逐步深入人心。以公众为中心提供公共服务,以服务提升效益,成为指导中国电子政务建设的基本思路。

(二)电子政务与公共服务的内在一致性

在全球行政改革的浪潮中,推行公共服务,建设服务型政府已经成为各国政府改革和制度创新的一个新取向。关于如何实现服务型政府,其实现模式可以是多维的、多元化的。但是,在这个信息技术日新月异的时代,电子政务的建立必然成为服务型政府建设的必由之路。电子政务波及全球以来,我国十分重视电子政务建设,从 20 世纪 80 年代开始的办公自动化(OA)建设,到 20 世纪 90 年代初期的"三金工程"建设,再到 20 世纪 90 年代末的政府上网工程建设,直到 21 世纪初开始的"三网一库"工程,我国的政府信息化建设取得了显著的成绩。但是,电子政务的重点应该是"政务建设",电子政务不仅仅是指政府的全面信息化、政务的"电子化",它更是一场政府公共服务的深刻革命,也就是说电子政府意味着"三分电子,七分政务",而其中又以公共服务为重中之重,公共服务提供的水平高低决定着电子政府建设的成败,因此它与公共服务型政府的基本理念有着内在的一致性。

　　关于电子政务和公共服务之间关系,电子政务是实现公共服务的一种途径,但是,电子政务的内涵又要求以"公民"为中心。推行公共服务,就像埃森哲在《电子政务领导——将规划变为现实》的报告中指出,政府是世界上最大的服务提供者,其所提供的服务种类繁多,如能更好地了解客户,就可以取得更大的效益。公共服务直接和公民利益相关,公共服务好与不好、满意不满意、到位不到位,是公民评价电子政务是否有效和政府绩效的重要标准。反之,公共服务的推行也要求借助于电子手段,通过电子政务的推行,来普及公共服务,实现公共服务惠及全民的目标。电子政务和公共服务是一种相辅相成,互相作用的关系。二者之间的关系催生了一种新的概念的诞生——电子公共服务。

(三)推进电子政务建设是实现服务型政府职能的必由之路

　　政府管理职能是指政府在一定历史时期内根据社会环境的需求而履行的职责和功能,它反映政府的实质和政府活动的内容与方向。政府管理职能是一个历史范畴,随着社会的发展变化,政府管理职能在性质、内容、手段和方向上都会发生相应的变化。在计划经济时期,我国实行的是"全能型"的政府,虽然其在保障人民民主、维护国家长治久安、组织社会主义经济建设、组织社会主义文化建设和提供社会公共服务方面行使了重要的职能。但是,随着改革开放的推进,这种全能型政府难以适应新形式下社会发展的内在要求,存在着种种弊端。政府包揽一切,管得过多、过死。政府管了许多"不该管"、"管不好"、"管不了"的事。发达市场经济国家的经验表明,经济的发展依赖于政府与市场的相互作用。市场具有平等性、竞争性、开放性等特点,对社会经济的发展起到自发调节的作用。我国的市场经济建设刚刚起步,在这过程中,也伴随着政府职能的转变,即在政府和市场的关系上,充分发挥市场在资源配置过程中的作用。因此,在市场经济体制下,在经济一体化的新形势下,在信息时代突飞猛进之际,必须认真研究政府新的角色定位和行政方式,创新政府管理模式,从过去的所谓"全能"政府向"有限"政府转变,由"人治"政府向"法治"政府转变,由官僚型政府向服务型政府转变。

服务型政府是指以服务为理念,以公众为导向,以服务公众为核心职能,以创造必要的社会经济文化发展环境和条件作为根本任务的现代型政府。其实质是很大程度上弱化和消解了政府集权与绝对控制,转变了政府职能,强调了政府提供公共服务的核心职责,彰显了"以民为本"、"服务中心"的价值理念。它的职能主要是经济调节、市场监管、社会管理和公共服务。建设服务型政府,各级政府必须切实转变观念,规范权力,依法行政,必须采用规范、科学、透明、效率的服务手段,从而为公众、企事业组织提供快捷满意的服务。

电子政务是政府全面信息化,就是政府机构运用现代计算机、通讯网络技术,将其内部和外部的管理和服务职能通过整合、重组、优化后到网上完成,打破时间、空间以及部门分隔的制约,为社会公众以及自身提供一体化的高效、优质、廉洁的管理和服务。建设电子政务的目的就是构建一个跨时间、地点、部门的全天候的政府服务体系。公民可以随时随地得到政府的信息与服务。改变原来按部门串行办公的形式,变为多部门并行办公的一体化形式,最终能够提供一个高效、优质、廉洁的管理和服务。

电子政务是现代政府管理观念和信息技术相融合的产物。现代政府理念,即建设服务型政府,就是利用先进的技术手段对政府进行改造,扩大政府的开放程度,提高政府管理和服务的水平,不断地满足人民的需求,提升政府满意度。推进电子政务就是为实现公共服务型政府提供全面的技术支持和功能环境。目前,许多国家在政府信息化的基础上,积极推进电子政务建设。电子政务已经成为许多国家追求的目标和关注的焦点。[①]

当前,建设服务型政府日益成为各国政府改革的根本目标。服务型政府与电子政务有着必然的联系,电子政务在建设服务型政府的过程中发挥着举足轻重的作用,是建设服务型政府、实现服务型政府职能的必由之路。

(四)电子政务在提供公共服务中的作用

相对于传统的政府管理,电子政务意味着一种全新治理理念和治理方

---

① 郭新:《推进电子政务建设与实现服务型政府》,《辽宁行政学院学报》2007 年第 1 期。

式的诞生。电子政务在供给公共服务中的作用,集中表现为政府公共服务能力的提高上。电子政务使公众通过电子化的渠道迅速获取政府信息与服务,使政府部门内部以及政府部门之间通过计算机网络等数字化、信息化手段进行沟通与互动,为政府满足公众需求提供服务管理平台。

1. 电子政务提供了新的政府治理理念

传统的政府治理理念是建立在社会分工基础上的科学管理理论,金字塔型的权力分配结构是其管理的显著特征。这种传统的政府治理理念体现出来的是"官本位"与"权力本位"。在政府与公众的关系上,政府始终处于管理、监督的地位,而公众总是被管理、被监督的对象,公民的民主意志与参政、议政的权利经常被抹杀。而通过实施以服务为目的,以公民为中心的电子政务,可以为政府提供新的理念:即"以民为本"、"社会为本"的政府理念,引导政府组织机构进行积极的调整与变革,调整权力与业务流分配,将政府的组织形态从传统金字塔形的垂直结构转变为权力分散的扁平网状结构,从而实现由管制型政府向服务型政府转变。

2. 电子政务优化、再造政府业务流程

传统的政府业务流程是基于专业化分工的管理模式,是以职能为中心进行设置的。这种以职能为中心进行设计的方法,人为地把行政流程割裂开来,使一个完整的流程消失在具有不同职能的部门和人员之中,既严重影响了业务流程的开展又造成多头指挥;同时组织结构形式和业务流程使政府部门之间沟通不畅、缺乏协调、造成了很多问题。

电子政务的建设和发展,促使了政府业务流程的优化和再造。"优化"是立足于现有的业务流程,对现有业务流程的改进和提高;"再造"则是要抛开现有业务流程,面向顾客需求重新设计一个新的具有高效率、能提供优质服务的流程。业务流程再造的过程就是对传统管理模式、组织结构模式、业务模式和服务传递方式进行根本性重新设计、改革,并通过网络信息技术对重新设计和改革后的管理模式、组织结构模式、业务模式和服务传递方式进行固化的过程。

电子政务促进政府业务流程优化与再造,一方面,政府业务流程再造重视顾客的需求,重视公众和利益相关者,把公众利益当作政府决策的中心。目的是为了提高政府的管理效能与服务质量,提高公众的满意程度。另一方面,它打破了政府条块分割体制和部门界限,来建立"虚拟政府",实现政府部门资源共享和政府管理一体化;强调运用网络信息技术打破传统层级传递信息和书面审核的工作方式,使政府行政组织的金字塔结构改变成扁平式、无中心式的网络结构。从而使政府与公众和企业之间的交流、互动都变得十分容易,大大提高政府管理的回应、决策、沟通能力,并从根本上把政府治理从封闭的行政系统中拓展出来。因此政府业务流程优化与再造强调的是政府绩效和服务质量的显著提高,使政府在工作流、规章制度、工作内容、工作技能、决策制定、组织结构、信息和服务传递方式等方面发生变化,并通过这些变化带来成本、质量、服务和速度等作业指标上的显著提高。

3. 电子政务提高了政府公共服务的质量和效益

通过电子政务提高政府公共服务质量和效益是世界各国加速推进电子政务的主要目的。世界银行认为,电子政务主要关注的是政府机构使用信息技术向公民提供更加有效的政府服务;改进政府与企业和产业界的关系,提高透明度,促进政府服务更加便利化;增加政府收益或减少政府运行成本。电子政务通过采用网络化、数字化等信息技术手段,向全社会提供准确、全面、权威的信息资源,通过协同政务、一站式服务等改造政府业务流程,通过建立和培育政府与社会公众之间的交流机制,有效实现信息资源的共享,简化公众与企业组织的办事程序,降低政府办公成本,促进社会的民主化,使公众获得各种及时满意的服务,大大提高政府公共服务的质量和效益。

4. 电子政务促进新兴公共服务模式的形成

在传统的政府治理模式中,由于技术与体制方面的制约,在政府部门内部、政府部门之间以及政府部门与社会公众之间缺乏信息互通共享,形成一个个相对封闭的"信息孤岛"。从而导致公众信息的不畅、信息传递的效率低下、随意性强,公众难以获得满意的服务。而电子政务技术的运用,使政府的公共服务更快捷、更公平、更直接,使政府不得不进行管理的变革和服务模式的创新。同时,电子政务为政府服务模式创新提供技术与安全支撑,有力地促进了新兴的公共服务模式的形成。

第一,电子政务构建了"以客户为中心"的政府服务模式。所谓以"客户为中心"的政府服务模式是以用户为中心,以用户的需求为其工作最根本的出发点和落脚点,从这个意义上说,政府要围绕着企业和公众转,把企业和公众真正作为客户,对其进行管理和服务。在电子政务建设的早期阶段,各个政府部门的网站都是按照政府的组织结构和业务过程设计的。经过一段时间的实践发现,这对提高政府的服务水平和效果并不理想。要真正地为公众提供高效、简便的业务服务,在电子政务的建设过程中必须站在公众的立场,细致考虑公众办理事项的程序,建立以用户为中心,能够满足用户的意向和需求的电子政务。①

第二,电子政务构建了"一站式服务"的政府服务模式。

传统政府运行方式,受纵向管理体制的限制,必须将一个涉及若干职能部门的政务活动分割在多个不同的部门独立完成,这种按照职能划分的部门独立运作方式,使得信息的采集、加工和使用被限制在职能部门内部,而得不到各个部门之间的共享,从而制约了政府资源的优化配置与行动的统一协调。

服务型政府要能够形成全面覆盖、高效灵敏的社会管理体系和以公众为中心的"一站式"服务体系,就必须打破部门、地区的组织界限,从职权划分、工作机制、信息沟通、资源共享等方面实现无缝整合、协调配合、协同行动的"一体化"运行方式,也就是"一站式"的政府服务模式。就电子政务的初始动因而言,"一站式服务"是电子政务的核心。它利用创新的交互模式为公民提供服务,利用信息技术对传统政府服务方式和内容进行改造和创新,以获得对顾客服务的反应速度、效率和准确性等方面的实质性提升。"一站式"电子政务是政府门户网站由分散建设到整合以及满足公众需求建立一体化"虚拟政府"的必然结果。所谓"一站式"电子政务就是公众通

① 李靖华:《政府一站式服务研究综述》,《科技进步与对策》2005年第9期。

过一个门户网站可以进入到政府所有的部门,或者可以进入任何一个由政府向用户提供的服务项目①。具体而言,"一站式服务"模式将政府分为前台和后台两部分,前台直接面向顾客(公民)承接服务请求和返回服务结果,后台则是任务的实际执行部门②。这种设计反映了政府服务理念的转变,即从传统的以自我职责为中心转向现代的以"顾客"为中心。"一站式"电子政务与传统的政务方式存在着巨大的差别,是"公共服务型政府"的一个重要体现。

第三,电子政务构建了"责任型"政府服务模式。在行政机关业务处理实现信息化、电子化和自动化的过程中,全体行政人员处理业务信息的过程也处在监察机关和有关领导的全面监督之下。即在电子政务作业环境下,实现了对行政业务的效能监察(又称绩效监督)。所谓效能监察是指政府行政机关在公众广泛参与和科学评估的基础上,确定自身的行政理念、职能目标以及与之层层配套的政策、计划、项目和事务体系,设定相关目标数值,在此基础上开展定期检查、公布检查结果并接受公众反馈,并据此测评政府行政的效能,继续或调整政府的政策、计划或项目、具体行政事务。电子政务为实现效能监察奠定了基础,并为构建责任型政府提供了必要条件。对干部而言,效能监察作为一种工作激励机制,能使广大干部产生一种无形的动力,不断促使所有行政工作人员严格遵守规章制度、改进工作作风、提高工作效率和服务质量;对纪检监察部门而言,绩效监督作为一种监督机制,能以公开、规范的规章制度为标准,维护业务系统的正常工作秩序;通过业务回访、满意度调查和投诉处理等,拉近政府部门与社会公众的距离,从而加大行政工作的透明度;对全部政府机构而言,绩效监督可以促进政府部门行政流程规范化,进而提高政府部门依法行政能力、工作效能、服务质量和绩效,为实现政府部门阳光作业创造条件。电子政务中的绩效监督是一种以结果为本的控制,寻求的是一种新的公共责任机制。实行效能测评,既提

① 李靖华:《政府一站式服务研究综述》,《科技进步与对策》2005年第9期,第195页。
② 岳凯敏、徐光超:《民众本位:当代中国政府绩效评估的基本价值取向》,《成都理工大学学报(社会科学版)》2005年第12期,第104页。

高了政府部门行政人员工作的自主性,又保证他们对社会公众负责、对结果负责;既提高了政府部门行政人员的行政效率与管理能力,又切实保证政府管理的质量,充分体现了公共责任的管理理念。

第四,电子政务构建了"透明型"政府服务模式。

保障和实现公民权利、维护社会公平与正义是服务型政府的首要职责,建立政务公开、透明的民主监督与决策机制是保障和实现公民权利、维护社会公平与正义的基本条件。没有公开、透明的民主监督与决策机制,就无法保障人民参与、影响、支配决策过程的机会,就会使公民被排斥在国家决策和制度设定的进程之外,就会使公民的权益受到侵犯。互联网为建立公开、透明的民主监督与民主决策机制提供了前所未有的物质条件与技术保障,电子政务通过构建政府门户网站,在互联网上建立起政务公开的窗口和与社会、公民、企业进行沟通、互动的平台。通过门户网站政府将政策法规、重大决策、行政管理的各项活动、办事程序、办事过程和办事结果等政务与政情信息广泛地公之于众,使每个社会成员都能够及时了解到政府的方针政策和行政内容,以监督政府的行政行为。

另外,政府工作的信息化和网络化为公民了解政府的工作提供了经济而快捷的渠道。政策的制定与执行过程不再是神秘的事物。政府设立了面向社会公众的网页,提供各种信息和政策咨询服务,这使整个行政审批过程处在公众的监督之下,政府工作正在变得更加公开、更透明。

第五,电子政务构建了"公民参与型"政府服务模式。在政治日益民主化的今天,越来越强调公民的政治参与权,而参与权的前提权利就是公民对社会公共管理事务的知情权。电子政务以网络平台的形式实现了政府与公众、社会的双向沟通,通过广泛的信息公开,从而有效的确保了公民的知情权。与传统的政务相比,电子政务的信息公开服务有如下优势:一是信息公开成本低。网络服务的重要特点在于,向一个人提供信息与向多个人提供信息成本一样。二是信息公开的内容全面。在纸质媒介时代,由于受成本的限制,不可能把政府所有的信息以及做出的规定、命令、裁定都印刷公布,只可能择其要者公布。电子政务时代,政府持有的所有信息(除国家机密外)都可在网络上公布。公众根据自己的需求,有选择地接受信息服务。三是信息获得途径便利。因此,在电子政务环境下,公众可以在任何时间、任何地点接受方便快捷的信息服务,从而确保公众的知情权。

总体上讲,电子政务就是借助互联网,通过电子邮件、电子公告、网上论坛等媒介,从而使公民不需出门就可以进行利益表达,输入政治意愿,参与政治决策。同时,对政府的政策、法规、决策和其他行政活动提出意见、建议、质询、批评乃至否定。由于成本低廉,使用方法便利,电子政务将使民众政治参与的效用大大提升,有效地激发民众的政治参与热情。

第三节　服务型政府职能实现方式的方向
——市县政府集中办公

当前我国市县两级政府的行政改革和职能转变仍处于探索阶段,尚未形成一种普遍有效的模式。市县政府要有效地实现政府职能转变,关键不仅在于实现政府经济管理职能的转变,更重要的在于要实现政府治理方式的转变;不仅在于政府应当为经济发展提供良好的市场环境,更重要的在于政府要为经济和社会的协调发展提供基本而有保障的公共产品和有效的公共服务;不仅涉及政府机构的调整,更在于实现“政府再造”和推进政府的“自身革命”[1]。而推行集中办公则是市县政府实现“自身革命”的有效形式。市县政府的集中办公是指,政府以节约行政成本、提高行政效率和效能为目标,将各职能部门集合到统一地点(同一座大楼或大院),进行集中办公和服务的行政组织模式。推行集中办公,不但能精简机构、大量节约行政开支,而且有利于集中管理和监督,提高行政效率,同时为群众提供更为方便、高效的服务,树立统一、良好的政府形象。

---

[1]　中国(海南)改革发展研究院:《建设公共服务型政府》,中国经济出版社 2004 年版,第 3 页。

一、市县政府集中办公的必要性

现阶段我国政府正处于转型期,我国的政治经济体制改革也正在不断深化。行政改革作为政治体制改革中最重要和最基本的内容,首要的目标就是要提高行政效率和效能,对不适应上层建筑和经济发展的各种弊端和不足进行查漏补缺。市县政府集中办公应成为行政改革的重大突破口,也是我国应对经济全球化的迫切要求。

(一)世界贸易组织对政府的要求

相对于世界贸易组织的要求而言,我国市县政府的现行体制存在明显的不适应性。这种体制性挑战也是世界贸易组织对各国政府提出的最大挑战。主要表现有:政府管理职能和运行机制与世界贸易组织规则有较大差距;中央政府与地方政府、地方政府与地方政府之间关系不顺;政府机构设置不科学;政府部门冗员过多,成本过高。[①] 虽然行政服务中心在一定程度上提高了办事效率,但是各自为政、吃拿卡要的现象依然存在,这是因为职能部门未将实质性权力归于行政服务中心,使得人们办事还得回到原职能部门。而推行市县政府集中办公,有利于提高行政效率,有利于政府的发展与国际规则接轨,适应世界贸易组织的要求。

(二)行政改革的要求

对于中国及其他发展中国家来说,当代行政改革既是出于自我完善的积极愿望,也是对政府危机的积极反映,同时也是迫于外部压力的结果。我国十六大后要求建立服务型政府、面向市场的政府和责任政府,要依照公共管理理念转变管理模式,借鉴企业经验提高政府效能。[②] 由于多方面的原因,我国市县两级政府的行政改革、职能转变收效甚微。在实际的行政改革过程中,我们对市县政府改革在理论和实践上的探索相对欠缺,往往是将高

---

① 吴爱明、朱国斌、林震:《当代中国政府与政治》,中国人民大学出版社 2004 年版,第 178 ~ 179 页。

② 中国行政管理学会深化行政改革课题组:《深化行政管理体制改革的理论与实践》,《中国行政管理》2003 年第 2 期。

层政府行政改革、职能转变的研究成果硬性套在基层政府行政改革的过程中，结果造成了市县政府职能运行中的偏差，忽视了市县政府管理的特殊性和实际要求。当前的市县行政改革，应该根据国家政治体制改革的整体规划，结合地方实际进行，包括精简机构、减少编制、加强监督、根除腐败；精简办事程序，提高行政效率，提高服务质量，实现从管制到服务的转变。只有强调政府服务，才能正确界定政府与社会和与企业的关系，当服务成为政府的主要职能之后，政府就不再是企业的指挥者，而是转换成为服务者。[①] 市县政府改革要求机构精简、提高办事效率，推行集中办公在理论上和客观上都符合行政改革的要求，这样做可以有效解决政府职能部门各自为政、效率低下、体制不顺等问题。[②]

（三）市县政府职能使然

根据市场经济的本质规律和不同层级政府行政职能差异性的行政学一般原理，市县政府职能转变的的内涵十分丰富，它不仅包括市县政府运作方式、方法的重大改变，而且包括市县政府的职责范围、管理对象、功能中重心、职能性质等多方面的转变和发展。具体讲，市县政府职能转变包括：（1）在职能行使方式上，由过去以行政手段为主转变为法律和行政手段的有机统一；（2）在职责范围上，由以往的统包大揽转变到充分发挥市场和社会的作用上，政府只做市场和社会都做不了或做不好的事；（3）在管理对象上，要从以往以抓国有、集体企业为主转到以现代化建设和社会公益事业为主；（4）在功能重心上，要从专业经济管理转移到行业管理和城乡基础设施建设上；（5）在行政职能行使的性质上，要从过去的以"服从为主"转变为"服务为主"；（6）在职能行使的主体上，要由"大政府，小社会"转向"小政府，大社会"。[③] 市县政府的管制型体制必须向服务型体制转变，为社会和公众提供优质、高效的服务，推行集中办公恰是实现这种转变的有效途径。

---

① 傅治平：《对现代政府转型的思考》，中国（海南）改革发展研究院：《建设公共服务型政府》，中国经济出版社 2004 年版。
② 吴爱明、孙垂江、刘进：《市县政府应集中办公》，《中国行政管理》2004 年第 12 期。
③ 魏文章：《关于县级政府职能转变的几个问题》，《中国行政管理》1999 年第 7 期。

二、市县政府集中办公的意义

推行市县政府集中办公,对于我国政治体制改革而言将是一个重大突破。在整个体制无法整体推进的情况下,集中办公是一种有效的制度创新,这样可以建立更为合理的组织机构,缩减政府财政支出,大大提高行政效率,改善政府服务。

(一)有利于建立合理的组织机构

行政改革的直接目标是要建立一套适应社会主义市场经济发展的行政管理体系。从另一个侧面讲,科学的行政管理体系既符合国家的实际,也能自行发挥其整体功能和效应。我国传统的政府机构设置是以计划经济为依据的,所以职能上的政企不分和政府的大包大揽造成了政府的机构繁多、职责不明,因此我国行政改革的关键之一就是建立合理的组织机构。市县政府的合理组织机构,应该朝着最能够接近广大群众,最能够发挥政府各部门、工作人员的积极性和创造性,最能够正确和及时执行中央的政策、方针,并且最能够争取任务完成的速度的方向发展,使政府服务与经济建设、群众生活的需要完全配合起来。作为国家政策的执行和服务部门,市县政府的重要性我们不再赘述,集中办公可以让一个市县地区的大部分甚至全部的事权汇聚到少数综合性强的部门中去,克服机构设置上下对口、左右看齐的弊端,有利于公众更方便地了解和接触政府工作。

(二)精简行政人员

当前县一级政府普遍存在"三多一散两缺乏"的弊病。"三多"指人员多、机构多、管理层次多;"一散"指政府下属部门众多,不仅职责不清,而且力量分散,部门之间不能形成按照一定方向目标进行紧密配合、协同作战并保持正常有效运转的封闭型管理大系统,因而直接影响了政府职能部门产生内聚力,当然也形不成合力,不仅影响政府大系统整体创造力,而且导致整个工作效率低下;"两缺乏"指政策缺乏正确的信息作基础,缺乏智囊参谋部门的科学论证咨询,仍然是"拍脑袋"式的决策。① 精简机构是一场革命。这不是对人的革命,而是对体制的革命②。市县政府吃饭财政越来越严重,行政机构庞大臃肿、人浮于事是主要原因。尤其是我国机构设置和人员编制没有法律控制,容易加重政府自我扩张和人员自我膨胀的趋势。集中办公可以促使市县政府机构的精简合并,减少不必要的重复性开支,节省政府的人力、物力、财力。同时,带动行政工作人员向"少而精"的方向发展,彻底改变以往那种"食之者众,生之者寡"的局面,

(三)节约行政成本,缩减财政支出

从公共部门经济学的视角来看,公共部门在为社会大众提供服务的时候应该考虑到成本效益的核算问题,如果成本过大,就会导致政府生产力的危机——政府管理效率低下和官僚主义盛行。市县政府集中办公,可以在很大程度上减少各部门的基本建设费用支出和大量的人力资源管理成本,从而也就减少了"吃皇粮"的份额,缩减行政性支出,使政府有更多的财力投入到更需要、更能体现民意的领域中,实属一举多得。此外,从社会成本的角度来讲,市县政府集中办公可以节约许多社会资源。因为当前的政府职能部门都各自为政,零星散布在城区的各个角落,不仅占用了大量的公共地皮,而且在无形中增加了建设经费和维修费用;分散办公使得党政部门之间联系不畅,也给群众办事带来了许多不便,盖几个章有时要跑遍城市的东西南北,这样还增加了交通流量、加剧了道路堵塞,给道路交通带来了巨大压力。市县政府集中办公可以有效地解决这些问题,大大节约社会成本。集中办公后可以实行统一的后勤管理,大大缩减财政支出。当前,行政服务中心作为集中办公的过渡,已经在改善机关管理和缩减财政支出方面迈出了实质性的重要一步。例如,佛山市南海区在2001年建立了统一的区级财务结算中心,所有区政府能够收钱的部门,由中心统一开发票,"管住票,出一门",就管住了收入;在支出方面,实施统一核算,每个部门取消财务科,

---

① 张志荣:《行政体制改革与转变政府职能》,社会科学文献出版社1994年版,第426页。
② 顾家麒:《从机构改革到行政体制改革的实践与思考》,中国发展出版社1997年版,第3页。

设置一个兼职的报账员,节约了开支。据统计,结算中心成立前后相比,财务管理人员从130多人减少至20人,节约费用500多万元;以前,18个镇所有行政事业单位共配有财务管理人员1400多人,现在只有145人,仅为原来的1/10,节约了管理费用6000多万元。①

(四)改善政府服务和方便服务对象

市县政府处于我国政府体系的末端,它直接面对基层和社会公众,因此更应该加强服务意识,改善服务质量。现阶段市县政府需要改善的服务内容包括:第一,提供市县区域范围内的制度公共物品,创造经济和社会发展的良好软环境;第二,提供物质公共物品,特别是公共基础设施的建设;第三,提供信息和科教方面的公共服务;第四,改善政府部门的服务质量,提高办事效率。② 推行集中办公,有利于政府功能专一化,集中精力搞好服务;有利于部门间的监督和管理,同时有利于政务公开和接受社会公众的监督,不断改善政府的服务质量。市县政府集中办公还可以最大限度地方便服务对象,逐步实现接受政府服务"零成本"。以往人们到政府部门办事,往往要跑到各部门的所在地去,如果涉及到不同部门,要盖不同的章,整个过程繁琐而又漫长,公众对此抱怨甚多。推行集中办公之后,就可以把各种证明或文件集中化,一个涉及不同部门的文件,可以在此一个窗口备案,其他各部门都依次传送办理,公众只需要在大厅等候即可。这样可以节省人们大量的时间和精力,提高办事效率。随着电子政务的发展,这种服务可以相应地集中到网上办理,通过建立一个统一的电子政府,进一步方便公众。

(五)树立统一的政府形象

政府形象是政府这一巨型组织系统在运作中即在自身的行为与活动中产生出来的总体表现与客观效应,以及公众对这种总体表现与客观效应所做的较为稳定与公认的评价。③ 集中办公可以集合各职能部门的力量,用一个声音传播政府的声音,发布政府的方针和政策;用统一的形象开放政府

---

① 吴爱明:《中国电子政务——理论与实践》,人民出版社2004年版,第576页。
② 谢庆奎:《政治改革与政府创新》,中信出版社2003年版,第248页。
③ 魏文章:《关于县级政府职能转变的几个问题》,《中国行政管理》1999年第7期。

面向社会公众的信息,提供公众接触、了解政府的渠道,构架政府与公众之间的桥梁,统一规划、统一领导、统一建设、统一收费,避免了个别单位分散建设造成的资源浪费和重复建设,做到资源共享,也使各部门在整合之后以统一的政府形象展现在公众面前,树立一个统一的政府形象。[①]

三、市县政府集中办公的可能性

从改革历史来看,中国政府的改革具有复杂性、艰巨性和长期性的特点。在当前行政改革不断推进的大环境下,市县政府集中办公作为制度创新的一种新突破,具有许多机遇性的推动因素,特别是《行政许可法》的生效和行政服务中心的发展,为集中办公提供了法律支持和导向性的制度设计。因此,市县政府推行集中办公是可行的也是可能的。

(一)借机构改革之机,合并与调整政府职能部门。从根本上说,政府机构改革是政治体制改革系统中的一个子系统,它与人的思想观念、思维方式的变革密切相关,因为政府机构改革最终必然要涉及到人的权力和利益,所以在现实改革中会出现来自各方面的阻力。这些年来,我国政府进行了数次机构改革,取得了一些积极的效果,对于市县政府而言,在当前机构改革的设计中,政府职能被进行重新定位,并据此对原有的职能部门进行合并与调整,实现机构精简、编制缩小、权力整合的改革目标。而集中办公提供了一种有效合理的制度设计模式。

(二)借城市改造和重新规划之机。我国的城市化进程不断加快,各市县政府为了配合城市建设和合理布局,都在积极推进旧城改造或城市重新规划,许多党政机关都在建设新的办公场所。在新规划中可以建设一个大院或一座大楼,将所有的政府部门集中于此进行集中办公。推行集中办公,可以由政府将各部门原有的建筑、地皮收回并进行资产置换,这样就可有效避免以上问题的出现,既节约行政成本,又有利于城市规划。在这方面,福建省泉州市和山东省安丘市(县)等市县已经做出了一些探索和尝试。

---

① 吴爱明、孙垂江、刘进:《市县政府应集中办公》,《中国行政管理》2004 年第 12 期。

（三）《行政许可法》生效的促进。新颁的《行政许可法》通过放松政府规制，体现了推动政府职能转变、建设有限政府的立法目的。《行政许可法》在借鉴国外先进经验的基础上，确立了"效率与便民"的原则，强调了政府的公共服务职能。[①]《行政许可法》要求缩短行政审批期限，提高审批效率；减少审批部门，尽量限制多头审批；实行一个窗口对外，阻止内部程序外部化。《行政许可法》的颁布和实施已经促进了各地公共行政服务中心的发展，随着机构改革的深入和行政许可法的深入贯彻，集中办公的推行更成为可能，因为集中办公将大量减少审批部门和事项，更有效地限制行政机关的自由裁量权，进而可以最大限度地实现《行政许可法》"效率与便民"的原则。

（四）行政服务中心和政务大厅奠定了一定的基础。近年来，为了提高政府工作效率、改变老百姓"出门万事难"的状况，我国对行政审批制度进行了大力改革，各级政府相继建立了各类行政服务中心（或称为政务大厅）。从其运行效果来看，大多数行政服务中心到目前为止在廉洁、高效、快速以及优质服务等方面都取得了明显的成绩，受到了社会各界好评。公共行政服务中心虽然自身有许多发展困境[②]，但是作为公共行政改革的一种过渡形式，已经发挥了许多积极的作用，大大提高了行政效率。行政服务中心的现有模式为市县政府集中办公提供了现实的借鉴，同时为集中办公奠定了一定的基础。

四、市县政府集中办公的模式

市县政府推行集中办公究竟应该选择一种什么样的具体模式？这里从总体上描述一个基本的架构。

1. 一个大院或一座大楼，推行大办公室制

---

① 孟召将：《实施＜行政许可法＞，促进政府职能转变》，《成都行政学院学报》，2004 年第 3 期。

② 吴爱明、孙垂江：《我国公共行政服务中心的困境与发展》，《中国行政管理》，2004 年第 9 期。

首先,由政府统一规划在交通方便、配套设施齐全的地段新建一个政府大院或一座独立的行政大楼,或将现有较大的机关大院或大楼改造过来,将政府所有的职能部门都集中在一起办公,各职能部门原有的办公大楼,可由政府收回,然后进行资产置换。其次,在新的办公环境内实行大办公室制,也就是说,将一个部门或几个业务相近部门的公务员集中在一个大办公室内办公,基本上不建或少建 1~2 人间的小办公室。这可以借鉴韩国某些地方政府的经验,例如,于 2000 年建成的釜山市政厅大楼内,有 3 个局的 140 人在一个大房间里办公,大办公室制均采用中央空调,集中供热和制冷,还设有专门人员为公务员倒茶、送饮料和搞卫生,改善了公务员的办公条件。[1] 我国各地市县政府可以根据实际情况适当调整大办公室的公务员人数。再次,与此同时,每个大办公室设立服务窗口,由专人负责完成本大办公室内的业务流程。

2. 低层对外办公,高层对内办公,实现功能分离制。[2] 为方便群众办事,行政大楼可以将涉及对外服务功能较多的部门或机构设在低层办公区,使群众在低层就可享受高效、完整的服务,办完所有的事项。同时,将对内服务部门和涉及对外服务较少的部门设在高层。这种分布格局可以实现功能分离,能够成倍地提高行政大楼的办事效率,也有利于内部的管理和服务。

3. 窗口服务制。行政大楼可以借鉴当前行政服务中心的运作模式,在低层设办事服务大厅或接待中心,各职能部门组织人员进入办事窗口。在窗口推行首问负责制,来行政大楼办事时,由接待中心在窗口指定一名工作人员作为承办第一责任人,第一责任人负责自始至终完成应办全部事项。

4. 设统一的财务中心和机关服务中心,统一财政支出和后勤服务。一级政府设立一个统一的政府财务中心和机关后勤服务中心,对资金和后勤服务进行统一管理。这样既节约了成本和提高了效率,也可以实现政府工

---

① 吴刚:《新型公共服务体系的六个关节点》,公共政策与制度分析网站。
② 吴爱明、孙垂江、刘进:《市县政府应集中办公》,《中国行政管理》2004 年第 12 期。

作人员的待遇公平,同时有利于从源头上制止权力寻租。当然,要实现集中办公还应该建立公众和舆论的监督机制与信息反馈机制,还要在办事工作人员中间推行绩效评估机制,此外,也需要建立健全许多相关的法律规章、配套机制等等。①

---

① 吴爱明、孙垂江、刘进:《市县政府应集中办公》,《中国行政管理》2004 年第 12 期。

参考文献

一、中文著作类:

1. 陈共:《财政学》,中国人民大学出版社 2004 年版

2. 陈建斌:《公仆人格研究论纲》,湖南人民出版社 2004 年版。

3. 陈天祥:《新公共管理—政府再造的理论与实践》,中国人民大学出版社
   2007 年版。

4. 陈新民:《公法学札记》,中国政法大学出版社 2001 年版。

5. 程宇:《聚焦中国公共服务体制》,中国经济出版社 2006 年版。

6. 程样国、韩艺:《国际新公共管理浪潮与行政改革》,人民出版社 2005 年
   版。

7. 戴木才:《管理的伦理法则》,江西人民出版社 2001 年版。

8. 邓小平:《把教育工作认真抓起来》,《邓小平文选》(第三卷),人民出版
   社 1993 年版。

9. 邓小平:《党和国家领导制度的改革》,《邓小平文选》(第二卷),人民出
   版社 1994 年版。

10. 丁煌:《西方行政学理论概要》,中国人民大学出版社 2005 年版。

11. 董克用:《公共治理与制度创新》,中国人民大学出版社 2004 年版。

12. 高培勇:《公共经济学》,中国社会科学出版社 2007 年版。

13. 顾家麒:《从机构改革到行政体制改革的实践与思考》,中国发展出版社
    1997 年版。

14. 顾平安:《电子政务与优化政府公共服务职能》,国家行政学院出版社
    2007 年版。

15. 何怀宏:《契约伦理与社会正义》,中国人民大学出版社1993年版。

16. 井敏:《构建服务型政府:理论与实践》,北京大学出版社2006年版。

17. 江明修:《志工管理》,台湾智胜文化事业公司2003年版。

19. 江泽民:《在庆祝中国共产党成立八十周年大会上的讲话》,《江泽民文选》(第三卷),人民出版社2006年版。

20. 李文良:《中国政府职能转变问题报告》,中国发展出版社2003年版。

21. 李军鹏:《公共服务型政府》,北京大学出版社2004年版。

22. 李军鹏:《公共服务型政府建设指南》,中共党史出版社2005年版。

23. 李军鹏:《公共服务学——政府公共服务的理论与实践》,国家行政学院出版社2007年版。

24. 刘飞宇、王丛虎:《维视角下的行政信息公开研究》,中国人民大学出版社2005年版。

25. 刘少奇:《如何正确处理人民内部矛盾》,《刘少奇选集》(下卷),人民出版社1981年版。

26. 刘祖云:《当代中国公共行政的伦理审视》,人民出版社2006年版。

27. 毛寿龙,李梅,陈幽泓著:《西方政府的治道变革》,中国人民大学出版社1998年版。

28. 毛泽东:《在延安文艺座谈会上的讲话》,《毛泽东选集》(第三卷),人民出版社1991年版。

29. 毛泽东:《中国共产党在民族战争中的地位》,《毛泽东选集》(第二卷),人民出版社1991年版。

30. 毛泽东:《为人民服务》,《毛泽东选集》(第三卷),人民出版社1991年版。

31. 毛泽东:《论联合政府》,《毛泽东选集》(第三卷),人民出版社1991年版。

32. 邱霈恩:《国家公务员公共服务能力》,中国社会科学出版社2004年版。

33. 孙柏英、祈光华:《公共部门人力资源管理》,中国人民大学出版社2004年版。

34. 施雪华:《政府权能理论》,浙江人民出版社 1998 年版。

35. 沈荣华:《政府间公共服务职责分工》,国家行政学院出版社 2007 版。

36. 沈荣华:《政府机制》,国家行政学院出版社 2003 版。

37. 唐铁汉:《中国公共管理的重大理论与实践创新》,北京大学出版社 2007 年版。

38. 王满船:《中国公共服务市场化改革:三思而后行》,国家行政学院出版社 2007 年版。

39. 汪向东:《论公共服务市场化与社会化》,国家行政学院出版社 2007 年版。

40. 汪玉凯:《电子政务在中国:理念、战略与过程》,国家行政学院出版社 2006 年版。

41. 汪永成:《经济全球化与中国政府能力现代化》,人民出版社 2006 年版。

42. 吴爱明:《中国电子政务——理论与实践》,人民出版社 2004 年版。

43. 吴爱明:《中国电子政务——法规与案例》,人民出版社 2004 年版。

44. 吴爱明、夏宏图:《电子政务概论》,首都经济贸易大学出版社 2008 年版。

45. 吴爱明:《公共管理理论与实践》,山西人民出版社 2004 年版。

46. 吴爱明:《国外电子政务》,山西人民出版社 2004 年版。

47. 吴爱明、朱国斌、林震:《当代中国政府与政治》,中国人民大学出版社 2004 年版。

48. 吴爱明:《当代中国政府》,中国人民大学出版社 2005 年版。

49. 夏书章:《行政管理学》(第二版),中山大学出版社 1998 年版。

50. 谢菊:《中国公共服务市场化的社会基础分析》,国家行政学院出版社 2007 年版。

51. 谢庆奎:《政治改革与政府创新》,中信出版社 2003 年版。

52. 谢庆奎、佟福玲:《服务型政府与和谐社会》,北京大学出版社 2006 年版。

53. 许文惠、齐明山、张成福:《行政管理学》,人民出版社 1997 年版。

54. 杨海坤、章志远:《中国行政法基本理论研究》,北京大学出版社 2004 年版。

55. 于安:《德国行政法》,清华大学出版社 1999 年版。

56. 俞可平:《治理与善治》,社会科学文献出版社 2000 年版。

57. 张成福、党秀云:《公共管理学》,中国人民大学出版社 2001 年版。

58. 张金鉴:《行政学典范》,台湾"中国行政学会"1992 年版。

59. 张康之:《公共管理伦理学》,中国人民大学出版社 2003 年版。

60. 张康之:《寻找公共行政的伦理视角》,中国人民大学出版社 2002 年版。

61. 张青:《政府公共服务市场化的思考》,国家行政学院出版社 2007 年版。

62. 张志荣:《行政体制改革与转变政府职能》,社会科学文献出版社 1994 年版。

63. 《中共中央关于完善社会主义市场经济体制若干问题的决定》,人民出版社 2003 年版。

64. 中国(海南)改革发展研究院:《聚焦中国公共服务体制》,中国经济出版社 2006 年版。

65. 中国(海南)改革发展研究院:《中国公共服务体制:中央与地方》,中国经济出版社 2006 年版。

66. 中国(海南)改革发展研究院:《建设公共服务型政府》,中国经济出版社 2004 年版。

67. 钟瑞添等:《政府治理变革与公法发展》,人民出版社 2007 年版。

68. 周志忍:《当代国外行政改革比较研究》,国家行政学院出版社 1999 年版。

69. 卓越:《公共部门绩效评估》,中国人民大学出版社 2004 年版。

二、中文译著类:

70. [美]B.盖伊·彼得斯:《政府未来的治理模式》,吴爱明、夏宏图译,中国人民大学出版社 2001 年版。

71. [美]詹姆斯·麦格雷戈·伯恩斯等:《民治政府——美国政府与政治》

（第二十版），吴爱明等译，中国人民大学出版社2007年版。

72. ［澳］欧文·E.休斯：《公共管理导论》，彭和平等译，中国人民大学出版社2001年版。

73. ［冰岛］思拉恩·埃格特森：《新制度经济学》，吴经邦等译，商务印书馆1996年版。

75. ［德］赫尔穆·沃尔曼、埃克哈特特·施罗德编：《比较英德公共部门改革——主要传统与现代化的趋势》，王锋、林震、方琳译，北京大学出版社2004年版。

76. ［德］哈特穆特·毛雷尔：《行政法学总论》，高家伟译，法律出版社2000年版。

77. ［德］马克思、恩格斯：《法兰西内战》，《马克思恩格斯选集》（第三卷），中共中央马克思恩格斯列宁斯大林著作编译局编译，人民出版社1995年版。

78. ［法］莱昂·狄骥：《公法的变迁·法律与国家》，郑戈、冷静译，辽海出版社、春风文艺出版社1999年版。

79. ［法］亨利·勒帕日：《美国新自由主义经济学》，李燕生译，北京大学出版社1985年版。

80. ［法］托克维尔：《论美国的民主》，董果良译，商务印书馆2004年版。

81. ［法］古斯塔夫·佩泽尔：《法国行政法》，廖坤明、周洁译，国家行政学院出版社2002年版。

82. ［美］戴维·奥斯本、特德·盖布勒：《改革政府——企业精神如何改革着公营部门》，上海市政协编译组、东方编译所编译，上海译文出版社1996年版。

83. ［美］詹姆·斯M.布坎南：《自由市场和国家——80年代的政治经济学》，平新乔、莫扶民译，上海三联书店1989年版。

84. ［美］理查德·D.宾厄姆：《美国地方政府的管理实践中地公共行政》，北京大学出版社1997年版。

85. ［美］詹姆斯·M.布坎南、罗杰·D.康格尔顿：《政治原则，而非利益政治:通向非歧视性民主》,社会科学文献出版社 2004 年版。

86.[美]萨拉蒙:《全球公民———非营利部门视野》,贾西津、魏玉等译,社会科学文献出版社 2002 年版。

87.[美]理查德·A.马斯格雷夫:《比较财政分析》,董勤发译,上海人民出版社、上海三联书店 1996 年版。

88.[美]丹尼斯·C.缪勒:《公共选择理论》,杨春学等译,中国社会科学出版社 1999 年版。

89.[美]珍妮特·V.登哈特、罗伯特·B.登哈特:《新公共服务:服务,而不是掌舵》,丁煌译,中国人民大学出版社 2004 年版。

90.[美]罗伯特·B.登哈特:《公共组织理论》,扶松茂等译,中国人民大学出版社 2003 年版。

91.[美]戴维·奥斯本、彼得·普拉斯特里克:《摒弃官僚制:政府再造的五项战略》,谭功荣,刘霞译,中国人民大学出版社 2002 年版。

92.[美]库珀:《行政伦理学—实现行政责任的途径》,张秀琴译,中国人民大学出版社 2001 年版。

93.[美]V.奥斯特罗姆、D.菲民、H.皮希特编著,王诚译:《制度分析与发展的反思—问题与选择》,商务印书馆 1992 年版。

94.[英]霍布斯:《利维坦》,黎思复、黎廷弼译,商务印书馆 1985 年版。

95.[英]亚当·斯密:《国民财富的性质和原因的研究》(下卷),郭大力、王亚南译,商务印书馆 1988 年版。

96.[英]简·莱恩:《新公共管理》,赵成根等译,中国青年出版社 2004 年版。

97.[英]鲍勃·杰索普:《治理的兴起及其失败的风险:以经济发展为例的论述》,漆芜译,《国际社会科学杂志》(中文版)1999 年第 2 期。

三、中文文章类:

98.安体富、王海勇:《加快公共财政建设步伐促进经济社会协调发展》,《财政与税收》2005 年第 5 期。

99. 柏良泽:《公共服务研究的逻辑和视角》,《中国人才》2007 年第 3 期。

100. 北京市领导科学学会选编:《服务型政府》,中央编译出版社 2005 年版。

101. 陈振明、王海龙等:《地方政府治理变革与公共服务有效提供的理论探索》,《东南学术》2007 年第 2 期。

102. 陈明亮:《中国电子政务建设模式和政府流程再造探讨》,《浙江大学学报(人文社会科学版)》2003 年 7 月第 33 卷第 4 期。

103. 陈昌盛、蔡跃洲:《中国公共服务综合评估报告(摘要)》,《中国经济时报》2007 年 1 月 22 日。

104. 崔义中、刘静波:《公共服务的多主体供给》,《生产力研究》2007 年第 5 期。

105. 丁煌:《服务型政府的理论澄清》,《中国行政管理》2004 年第 11 期。

106. 高尚全:《完善公共服务体系 加快服务型政府建设》,《中国改革》2007 年第 12 期。

107. 傅治平:《邓小平理论是为人民服务的理论》,《中央社会主义学院学报》2001 年第 1 期。

108. 巩建华:《建立服务型政府应树立的基本理念》,《行政论坛》2005 年第 1 期。

109. 郭剑鸣:《公共服务供给主体多元化的理论前景与现实路径———以广东公共服务业多元化发展为例》,见《美中公共管理》2004 年第 1 期。

110. 郭新:《推进电子政务建设与实现服务型政府》,《辽宁行政学院学报》2007 年第 1 期。

111. 郭济:《论我国公共部门人力资源开发》,《中国行政管理》2006 年第 9 期。

112. 高小平:《以科学发展观指导转变政府职能》,《中国行政管理》2005 年第 1 期。

113. 黄世贤:《试论我国现有农村公共服务政策》,《中国党政干部论坛》2008 年第 4 期。

114. 贺大姣:论邓小平的为人民服务思想》,《湘潭大学社会科学学报》2001年第2期。

115. 胡宁生:《构建公共部门绩效管理体系》,《中国行政管理》2006年第3期。

116. 胡锦涛:《扎扎实实推进服务型政府建设 全面提高为人民服务能力和水平》,《中国行政管理》2008年第3期。

117. 宏观经济研究院课题组:《公共服务供给中各级政府事权、财权划分问题研究》,《宏观经济研究》2005年第5期。

118. 淮建军、刘新梅:《公共服务研究:文献综述》,《中国行政管理》2007年第7期。

119. 晋璟瑶等:《城市居住区公共服务设施有效供给机制研究》,《城市发展研究》2007年第6期。

120. 姜华文:《公共服务创新:地方政府改革的着力点》,《国家行政学院学报》2007年第3期。

121. 江泽民:《在新的历史条件下我们党如何做到"三个代表"》,《党的文献》2001年第3期。

122. 刘云龙:《财政联邦主义理论》,《经济学动态》1998年第7期。

123. 刘熙瑞:《服务型政府——经济全球化背景下中国政府改革的目标选择》,《中国行政管理》2002年第7期。

124. 李靖华:《政府一站式服务研究综述》,《科技进步与对策》2005年第9期。

125. 李珍刚、王三秀:《论非营利组织的筹资策略》,《社会科学》2002年第6期。

126. 吕江平:《我国非营利组织的发展困境与出路》,《改革论坛》2005年第4期。

127. 娄成武、尹涛:《论政府在我国公共服务民营化中的作用》,《东北大学学报》2003年第9期。

128. 梁星华:《关于加强公务员能力素质建设的研究》,《山东社会科学》

2006 年第 12 期。

129. 李冠军、聂玮：《电子政务在政府公众服务创新中的作用》，《中国行政管理》2005 年第 9 期。

130. 麻宝斌、周光辉：《公共行政改革的理性思考与现实选择》，《社会主义研究》2002 年第 6 期。

131. 孟召将：《实施＜行政许可法＞，促进政府职能转变》，《成都行政学院学报》2004 年第 3 期。

132. 马俊杰：《邓小平"领导就是服务"思想论析——兼论"领导"与"服务"、"代表"的关系》，《教学与研究》2004 年第 10 期。

133. 马庆钰：《关于"公共服务"的解读》，《中国行政管理》2005 年第 2 期。

134. 牛广轩、张含：《法治视野下的政府职能考量》，《云南行政学院学报》2008 年第 1 期。

135. 齐桂珍：《国内外政府职能转变及其理论研究综述》，《中国特色社会主义研究》2007 年 5 月。

136. 孙彩虹：《责任政府：当代中国政府改革的目标选择》，《中国行政管理》2004 年第 11 期。

137. 沈荣华：《提高政府公共服务能力的思路选择》，《中国行政管理》2004 年第 1 期。

138. 沈荣华：《各级政府公共服务职责划分的指导原则和改革方向》，《中国行政管理》2007 年第 1 期。

139. 沈荣华：《论政府公共服务机制创新》，《北京行政学院学报》2004 年第 5 期。

140. 沈荣华：《改革中的政府角色：服务型政府崛起》，《中国社会导刊》2006 年第 5 期。

141. 宋源：《从管制行政到服务行政——当代中国公共行政发展的必然走向之一》，《黑龙江科技信息》2003 年第 1 期。

142. 唐铁汉、李军鹏：《学习贯彻十七大精神切实加强服务型政府建设》，《新视野》2006 年第 6 期。

143. 唐铁汉:《马克思主义公共管理思想原论》,《新视野》2005 年第 5 期。

144. 唐铁汉、李军鹏:《国外政府公共服务的做法、经验教训与启示》,《国家行政学院学报》2004 年第 5 期。

145. 田华:《论政府社区公共服务绩效评估体系的构建》,《理论界》2007 年第 8 期。

146. 涂晓芳:《公共物品的多元化供给》,《中国行政管理》2004 年第 2 期。

147. 王家永:《公共财政与基本公共服务均等化理论探讨》,《财会研究》2007 年第 10 期。

148. 王锋、陶学荣:《政府公共服务职能的界定、问题分析及对策》,《甘肃社会科学》2005 年第 4 期。

149. 王国泽、柳军:《社会主义市场经济与政府职能的转变》,《山西社会主义学院学报》2003 年第 3 期。

150. 魏文章:《关于县级政府职能转变的几个问题》,《中国行政管理》1999 年第 7 期。

151. 温家宝:《深化行政管理体制改革,加快实现政府管理创新——在国家行政学院省部级干部政府管理创新与电子政务专题研究班上的讲话》,《国家行政学院学报》2004 年第 1 期。

152. 吴爱明、董晓宇:《信息社会政府管理方式的六大变化》,《中国行政管理》2003 年第 4 期。

153. 吴爱明、孙垂江、刘进:《市县政府应集中办公》,《中国行政管理》2004 年第 12 期。

154. 吴爱明、孙垂江:《我国公共行政服务中心的困境与发展》,《中国行政管理》2004 年第 9 期。

155. 吴刚:《新型公共服务体系的六个关节点》,《新视野》2004 年第 1 期。

156. 吴玉宗:《服务型政府:缘起和前景》,《社会科学研究》2004 年 3 月。

157. 吴双:《建设公共服务型政府问题综述》,《信息与研究》2005 年第 3 期。

158. 夏书章:《公共服务》,《中国行政管理》2003 年第 10 期。

159. 谢蕾:《西方非营利组织理论研究的新进展》,《国家行政学院学报》2002 年第 1 期。

160. 杨光斌:《中国经济转型时期的中央地方关系新论—理论、现实与政策》,《学海》2007 年第 1 期。

161. 杨之刚:《加拿大政府间转移支付:简介与评价》,《财贸经济》2002 年第 6 期。

162. 尹继卫:《中国政府公共服务能力建设思考》,《中国行政管理》2004 年第 8 期。

163. 中国行政管理学会深化行政改革课题组:《深化行政管理体制改革的理论与实践》,《中国行政管理》2003 年第 3 期。

164. 岳凯敏、徐光超:《民众本位:当代中国政府绩效评估的基本价值取向》,《成都理工大学学报(社会科学版)》2005 年第 12 期。

165. 中国社科院财贸所课题组:《构建中国公共财政建设指标体系》,《新华文摘》2006 年第 4 期。

166. 张康之:《把握服务型政府研究的理论方向》,《人民论坛》2006 年 5 期。

167. 张长春:《倡导社会公正促进公共服务设施配置的均等化》,《中国经贸导刊》2006 年第 21 期。

168. 张成福:《论公共行政的"公共精神"———兼对主流公共行政理论及其实践的反思》,《中国行政管理》1995 年第 5 期。

169. 张成福:《责任政府论》,《中国人民大学学报》2000 年第 2 期。

170. 张成福:《电子化政府:发展及展望》,《中国人民大学学报》2000 年第 3 期。

171. 周义程:《新公共服务理论批判》,《天府新论》2006 年第 5 期。

四、学位论文类:

172. 李达:《中国政府间转移支付的新政治经济学分析》,复旦大学博士学位论文 2006 年。

173. 李炜:《我国地方政府公共服务型政府职能研究——一种构建社会主义和谐社会的视角》,西北大学硕士论文2008年。

174. 肖陆军:《论服务型政府建设》,中央民族大学博士学位论文2006年。

175. 张彦华:《服务型政府能力研究》,郑州大学硕士学位论文2007年。

五、其他:

176. R. A. W. Rhodes: *Understanding Governance*: *Policy Networks*, *Governance*, *Reflexivity and Accountability*, Open Unibersity Press, 1997.

177. 埃森哲:《电子政务:中国与世界的差距》,http://cnc. cass. cn/showNews. asp? id =1200, 2003212210.

178. 苗树彬、陈文:《北欧模式:政府职能转变和制度安排——芬兰、瑞典、丹麦三国考察报告》,中国选举与治理网,http://www. chinaelections. org/newsinfo. asp? newsid =107657.

179. 温家宝:《提高认识 统一思想 牢固树立和认真落实科学发展观——在省部级主要领导干部"树立和落实科学发展观"专题研究班结业式上的讲话》,《国务院公报》2004年第12期。